CHRISTOPH WALTER HOLLMANN

Vorschlag zu einer Abgrenzung von Tatbestands- und Verbotsirrtum auf Basis des Demokratieprinzips

Strafrechtliche Abhandlungen · Neue Folge

Begründet von Dr. Eberhard Schmidhäuser (†)
em. ord. Prof. der Rechte an der Universität Hamburg

Fortgeführt durch
Dr. Dres. h. c. Friedrich-Christian Schroeder (†)
em. ord. Prof. der Rechte an der Universität Regensburg

Herausgegeben von
Dr. Andreas Hoyer
ord. Prof. der Rechte an der Universität Kiel

und

Dr. Ingke Goeckenjan
ord. Prof. der Rechte an der Ruhr-Universität Bochum

in Zusammenarbeit mit den Strafrechtslehrern der deutschen Universitäten

Band 341

Vorschlag zu einer Abgrenzung von Tatbestands- und Verbotsirrtum auf Basis des Demokratieprinzips

Von

Christoph Walter Hollmann

Duncker & Humblot · Berlin

Zur Aufnahme in die Reihe empfohlen von
Professor Dr. Dr. h.c. Martin Paul Waßmer, Köln

Die Rechtswissenschaftliche Fakultät der Universität zu Köln hat diese Arbeit im Jahre 2025 als Dissertation angenommen.

Bibliografische Information der Deutschen Nationalbibliothek

Die Deutsche Nationalbibliothek verzeichnet diese Publikation in der Deutschen Nationalbibliografie; detaillierte bibliografische Daten sind im Internet über http://dnb.d-nb.de abrufbar.

Satz: 3w+p GmbH, Rimpar
Druck: Prime Rate Zrt., Budapest, Ungarn

ISSN 0720-7271
ISBN 978-3-428-19793-4 (Print)
ISBN 978-3-428-59793-2 (E-Book)

Gedruckt auf alterungsbeständigem (säurefreiem) Papier
entsprechend ISO 9706 ♾

Verlagsanschrift: Duncker & Humblot GmbH, Carl-Heinrich-Becker-Weg 9,
12165 Berlin, Germany | E-Mail: info@duncker-humblot.de
Internet: https://www.duncker-humblot.de

Vorwort

Die vorliegende Arbeit wurde von der Rechtswissenschaftlichen Fakultät der Universität zu Köln im Sommer 2025 als Dissertation angenommen. Literatur und Rechtsprechung wurden bis Dezember 2025 berücksichtigt. Besonderer Dank gilt der Universität zu Köln, welche einerseits durch ihren Publikationsfonds den Delayed-Open-Access finanziert hat, andererseits im Speziellen der Graduiertenschule der Universität zu Köln, welche durch einen großzügigen Zuschuss den Druck dieser Arbeit mitermöglicht hat. Für die Aufnahme in die Schriftenreihe „Strafrechtliche Abhandlungen – Neue Folge" sowie für die freundliche Betreuung bei der Publikation danke ich den Herausgebern und den Verantwortlichen des Verlages Duncker & Humblot, namentlich Frau Diana Güssow und Frau Anke Geidel.

Im Prozess der Anfertigung dieser Schrift konnte ich mir stets einer großen Unterstützung Gewiss sein. In akademischer Hinsicht betrifft dies zuvorderst meinen geschätzten Doktorvater Herrn Prof. Dr. Dr. h.c. Martin Waßmer, der mir einen großen Freiraum in der langen Schaffensphase gewährte, jedoch stets mit Rat und Tat zur Seite stand, wenn es um die entscheidenden Weichenstellungen ging. Ebenso herzlich danken möchte ich meiner Zweitgutachterin Frau Prof. Dr. Eva Kiel, die mir bezüglich der Hingabe für das wissenschaftliche Arbeiten ein großes Vorbild war und mit ihren kritischen Anmerkungen zu der Schrift einen wesentlichen Beitrag zur endgültigen Fassung leistete. Auch gilt mein Dank Herrn Prof. Dr. Dr. h.c. Dr. h.c. Claus Kreß, der durch seine Art, Strafrecht zu lehren, die Begeisterung für den Fachbereich in mir weckte – ohne ihn hätte ich womöglich mein akademisches Zuhause im Zivilrecht gefunden. Des Weiteren möchte ich mich besonders beim gesamten Team des Lehrstuhls meines Doktorvaters bedanken, dessen Teil ich nun bereits seit über 5 Jahren sein darf. Jeder einzelne von ihnen hat einen bedeutsamen Beitrag für das Werk geleistet. Sie sind für mich nicht nur Kollegen, sie sind allesamt gute Freunde. Hervorheben möchte ich dabei Frau Saskia Hohmann und Frau Anna Misera, die in ihrer Zeit als studentische Hilfskräfte bereits über ein derart fundiertes Wissen über die grundlegenden Fragen des Strafrechts verfügten, dass sie mich in mehr als nur einer themenbezogenen Diskussion argumentativ aufs Schärfste unter Druck setzten. Auch im Zuge der Fertigstellung und Lektorierung des Beitrags konnte ich auf die Hilfe einer Vielzahl von Personen weit über die Grenzen des Lehrstuhls hinaus bauen, wofür ich mich gar nicht erkenntlich genug zeigen kann. Das fertige Werk ist nicht zuletzt ihr Verdienst.

In menschlicher Hinsicht begreife ich es als unsagbares Privileg, dass die Anzahl der Unterstützenden die Grenzen einer adäquaten Vorwortfassung bei namentlicher Nennung sprengen würde. Ohne diese hätte ich die nicht immer einfachen Zeiten womöglich nicht mit einem stetigen Lächeln auf den Lippen überstanden. Dazu gehören familiär meine Eltern, Schwestern und deren Kinder. In außerfamiliärer Hinsicht möchte ich meine beste Freundin Frau Anne Sauder hervorheben, die für mich immer Ansporn war und ist, menschlich das Beste aus mir herauszuholen, meinen besten Freund Herrn Florian Dammer, der mir als einer der wenigen Nichtjuristen aus meinem engsten Freundeskreis mehr als nur einmal aufgezeigt hat, dass die Welt nicht nur Jura zu bieten hat, und Frau Ilana Jaret Said, die mir gezeigt hat, dass eine wahre Freundschaft auch größte räumliche Distanzen verträgt. Für die letzte Phase des Projekts konnte ich auch auf meine Partnerin Frau Leonie Terwesten bauen. Die Liebe, die ich für sie im Moment des Schreibens dieses Vorworts empfinde, vermag ich nicht Worte zu fassen, und ich hoffe von Herzen, dass sie für immer andauert.

Die abschließenden Zeilen mag ich aber einer anderen Frau in meinem Leben widmen. Sie ist nicht nur eine Frühförderin meiner Fähigkeiten, sie ist auch in menschlicher Hinsicht Zeit meines Lebens für mich da gewesen. Es vergeht im Grunde keine Woche, in der wir nicht mindestens einmal telefonieren. Und es vergeht kein Telefonat, ohne dass ich über den aktuellen Stand meiner Arbeiten befragt und liebevoll-kritische Anmerkungen gemacht werden. Für diese Hingabe, für dieses Interesse an meiner Person kann ich dir, liebe Oma Gudrun, gar nicht genug danken. Du bist für mich nicht nur eine Großmutter, sondern mit deinem Allzeit hinterfragenden Blick auf soziale Strukturen – im Kleinen wie im Großen – Quelle der Inspiration meines wissenschaftlichen Schaffens. Ihr ist daher zugleich diese Schrift gewidmet.

Köln, im Januar 2026 *Christoph Hollmann*

Inhaltsverzeichnis

Einleitung

Die dogmatische Verarbeitung der gesetzlichen Irrtumsregeln geht sowohl im Kern- als auch im Nebenstrafrecht mit Problemen einher, die so fundamental sind, dass sie notwendigerweise eine Aufarbeitung grundsätzlicher Fragen nach sich zieht. Sie fußen auf einem Vorverständnis von Vorsatz und Schuld, welches seinerseits abhängig von der Interpretation ihrer Funktion im Verbrechensaufbau ist. Hierdurch wird eine enge Anbindung an die Idee der Strafe und deren Aufgabe in der Gesellschaft deutlich.

Die Vielgestaltigkeit des Themenkomplexes macht es zum obersten Ziel dieser Arbeit, ein in sich schlüssiges und transparentes System der Irrtumslehre anzubieten, in welchem die soeben benannten Aspekte aufgegriffen werden und eine konsistente Antwortoption erhalten. Mit Blick darauf wird untersucht, ob sich eine einheitliche Lösung zur Abgrenzung von Tatbestands- und Verbotsirrtum für alle Strafgesetze realisieren lässt, oder ob insbesondere das Nebenstrafrecht eine unterschiedliche Behandlung von Strafvorschriften gebietet. Dabei werden die zur Beurteilung erforderlichen straftheoretischen Erwägungen gebündelt vorangestellt, ohne dass hiermit der Anspruch besteht, ein vollständiges straftheoretisches Konzept zu entwickeln. Sie betreffen zuvorderst den Grund der stärkeren Bestrafung von Vorsatztaten im Vergleich zu Fahrlässigkeitstaten sowie den Grund der Rechtsfolgenunterscheidung bei Tatbestands- und Verbotsirrtum.

Hierbei ist zu berücksichtigen, dass die Beantwortung ohne einen Rückgriff auf Wertentscheidungen unmöglich ist. Sind diese aber getätigt, können die Schlussfolgerungen daraus bis hin zur konkreten Beantwortung einer Rechtsfrage auf ihre innere Konsistenz, also die logische Verträglichkeit,[1] überprüft werden. Diese innere Konsistenz macht ein System wissenschaftlich belastbar. Der Gedanke ist eng verwandt mit den philosophischen Kohärenztheorien.[2] Nach deren Grundidee[3] können Aussagen, zu denen auch wissenschaftliche Überzeugungen gehören, dadurch gerechtfertigt werden, dass sie sich mit möglichst vielen anderen systeminternen Überzeugungen vertragen. Man stelle sich hierzu etwa ein Kreuzworträtsel vor, in welchem ein Eintrag bei mehreren Möglichkeiten dadurch an Plausibilität gewinnt, dass er sich bezüglich der überschneidenden Buchstaben mit kreuzenden

---

[1] *Grundmann*, Erkenntnistheorie, 2017, S. 233.

[2] Dazu im Überblick *Schurz*, Erkenntnistheorie, 2021, S. 97 ff. m. w. N.; zu einzelnen Ansätzen *Bartelborth*, Begründungsstrategien, 1996, S. 169 ff.

[3] Kohärenz als Konsistenz, zurückgehend auf *Neurath*, Erkenntnis 1931, 393 (insb. 403 f.).

Begriffen deckt.[4] Ob dabei eine (gute) Rechtfertigung für Aussagen aus ihrer Verträglichkeit mit anderen Aussagen resultiert,[5] kann hier dahinstehen.[6] Jedenfalls kann sie das Maß der Rechtfertigung einer Aussage verbessern und umgekehrt verleitet eine Inkonsistenz zum kritischen Hinterfragen der Aussage.[7] Es leuchtet ein, dass dieses Unterfangen mit wachsender Anzahl an systeminternen Aussagen schwieriger wird.[8] Wenn es jedoch gelingt, ein zumindest in weiten Teilen schlüssiges Konzept für den Bereich der strafrechtlichen Irrtumslehre zu entwickeln, das sachgerechte Endergebnisse erzielt, erhöht das die Überzeugungskraft der getätigten Aussagen.

Auch unser gesamtes Rechtssystem ist ein Netz von Aussagen, deren Überzeugungskraft dadurch erhöht wird, wenn sie sich wechselseitig nicht widersprechen. Die Feststellung konsistenter Aussagen bedingt allerdings, dass die Aussagen einen klar definierten Aussagegehalt haben. Jedoch wird der Drang zum Unbestimmten insbesondere im Nebenstrafrecht mit jedem Jahrzehnt größer.[9] Begründet wird dies mit der Schnelllebigkeit des modernen Wirtschafts- und Soziallebens.[10] Damit einher geht zudem eine immer weiter wachsende Verrechtlichung[11] des Lebens: Was heute clevere Strategie zur Maximierung eigener Vorteile ist, kann morgen Gegenstand eines Strafverfahrens sein. Eine solche politisch-rechtliche Entwicklung, wie sie Kuhlen[12] mit dem Begriff der „Dynamisierung“ beschreibt, muss beim Umgang mit den strafrechtlichen Irrtumsvorschriften ihren Niederschlag finden. Diesen kommt insoweit eine Ausgleichsfunktion zu, indem die Unbestimmtheit und Schwierigkeit der Kenntnis des Rechts mit der Erwartungshaltung an den Einzelnen bezüglich der korrekten Rechtserfassung in Einklang gebracht wird.[13]

Zu beachten ist dabei der Ausgleich zwischen der notwendigen und/oder erwünschten Anpassung des Rechts durch Gesetz und Richterspruch[14] einerseits und

---

[4] Das Beispiel ist entnommen aus *Grundmann*, Erkenntnistheorie, 2017, S. 239 ff.

[5] Kritisch im Hinblick auf den Überzeugungswert bloßer Konsistenz *Bartelborth*, Begründungsstrategien, 1996, S. 136 f.

[6] Zweifelnd *Sieckmann*, ARS 1994, 227 (236): begrenzter Wert für Normbegründung.

[7] *Grundmann*, Erkenntnistheorie, 2017, S. 238 f.; vgl. auch *Bartelborth*, Begründungsstrategien, 1996, S. 193, der gesteigerte Inkohärenz eines Überzeugungssystems bei erhöhter Widersprüchlichkeit einzelner Aussagen annimmt.

[8] *Bartelborth*, Begründungsstrategien, 1996, S. 172: Aussagenkonkurrenz als Gefahr für Kohärenz.

[9] Äußerst kritisch im Hinblick auf die technische Fehlerhäufigkeit bei moderner Strafgesetzgebung *Saliger/v. Saucken/Graf*, ZRP 2016, 54.

[10] Etwa *Brettel*, in: Brettel/Schneider, Wirtschaftsstrafrecht, 2021, § 2 Rn. 4; *Tiedemann*, FS-Geerds 1995, 95 (97); *Tsoumanis*, Bestimmtheit, 2022, S. 929 f.

[11] *Rosenbaum*, Große Strafrechtskommission, 2004, S. 73.

[12] *Kuhlen*, Irrtum, 1987, S. 381 f.

[13] Siehe dazu insbesondere BVerfG, Beschl. v. 6. 5. 1987 – 2 BvL 11/85, BVerfGE 75, 329 (343); kritisch *Kempf/Schilling*, NJW 2012, 1849 (1854).

[14] Dazu Kap. 4 B. II. 3. c).

dem Bestreben um eine rechtliche Gleichstellung von wesentlich Gleichem andererseits,[15] wie sie als Prinzip in Art. 3 Abs. 1 GG Niederschlag gefunden hat. Denn wer das Recht verändert, erfasst Sachverhalte neu, also nicht mehr so wie zuvor. Gerade in Zeiten einer wachsenden Dichte der Rechtsetzung durch nationale und supranationale Instanzen, wie sie sich zu Beginn des Jahres 2025 in 174 nationalen Gesetzen mit Straf- oder Bußgeldtatbeständen außerhalb des StGB zeigte,[16] muss die Frage gestellt werden, wie viel Veränderung ein für alle gleiches Recht vertragen kann.[17]

Im Rahmen dieser Arbeit wird versucht, diese Probleme nicht über die Modifikation des Vorsatzbegriffs und damit den Tatbestandsirrtum nach § 16 Abs. 1 StGB zu lösen. Dessen fehlende Flexibilität durch die vom Gesetzgeber gewählte „Schwarz-Weiß-Lösung“ wird der Vielschichtigkeit der damit verbundenen Problempunkte nicht gerecht. Vielmehr wird eine Verortung auf der Schuldebene vorgeschlagen, um einen Impuls für die verstärkte Auseinandersetzung mit dem Verbotsirrtum nach § 17 StGB bzw. § 11 Abs. 2 OWiG zu geben.

Stärker hervorgehoben werden soll in diesem Zusammenhang die demokratische Dimension der Gesetzgebung. Grundgedanke des Demokratieprinzips nach Art. 20 Abs. 1 und Abs. 2 GG ist die Ableitung der Staatsgewalt vom Volk, die repräsentativ im Fall der Gesetzgebung durch das Parlament ausgeübt wird.[18] Wird dieses Fundament ernst genommen und der Gedanke der mittelbaren Gesetzgebung durch das Volk in ein System der Irrtumslehre integriert, stellt dies ein wichtiges Argument zugunsten der Hypothese dar, dass das Verkennen des geltenden Rechts im Grundsatz eine andere Behandlung erfahren muss als das Verkennen der sinnlich wahrnehmbaren bzw. sozialen Wirklichkeit. Die Theorie des demokratischen Rechtsstaats begibt sich in einen Widerspruch zu sich selbst, wenn sie auf der einen Seite jedes Gesetz auf den Einzelnen zurückführen will,[19] auf der anderen Seite eine Unkenntnis des Gesetzes durch den Straftäter zum Anlass signifikanter Strafmilderung nehmen möchte, wie dies insbesondere im Fall von normativen Tatbestandsmerkmalen und Blankettmerkmalen praktiziert bzw. diskutiert wird.[20] Es ist vielmehr davon auszugehen, dass sich der Gesetzesadressat als wesentlicher Bestandteil des demokratischen Willensbildungs- und damit Gesetzgebungsprozesses über dessen Ergebnisse im Klaren ist. Folglich müssen besondere Gründe vorliegen, weshalb diese Unkenntnis zugunsten des Straftäters berücksichtigenswert erscheint.

---

[15] Gegenstand des Beitrags von *Sarstedt*, FS-Heusinger 1968, 341; zum Zusammenspiel auch *Schreiber*, Gesetz und Richter, 1976, S. 230 ff.

[16] Die Zahl ergibt sich aus einer Nachfrage des Verfassers beim Bundesministerium der Justiz und für Verbraucherschutz.

[17] Kritisch auch *Naucke*, KritV 1990, 244 (253).

[18] Dazu Kap. 1 B.

[19] *Nettesheim*, in: Grabitz/Hilf/Nettesheim, Das Recht der EU, September 2025, EUV, Art. 10 Rn. 15 f.; vgl. auch *Rinken*, Demokratie, 2020, S. 73.

[20] Dazu Kap. 3 C. II.

Schwierigkeiten bereitet diese Ausgangslage immer dort, wo es sich beim Straftäter um eine Person handelt, die an diesem demokratischen Willensbildungsprozess keine Teilhabe hat. Zu denken ist dabei zum einen an Wahlunmündige, insbesondere Jugendliche und früher aufgrund ihres Geisteszustands vom Wahlrecht ausgeschlossene Personen. Zum anderen aber auch an Personen, denen das Wahlrecht aufgrund des Fehlens der deutschen Staatsbürgerschaft gemäß Art. 116 Abs. 1 GG nicht zusteht, oder solche, die aus dem Ausland heraus handeln und folglich ebenfalls an der hier praktizierten Demokratie keine Teilhabe durch Mitbestimmungsrechte haben.[21] Diese Personengruppen müssen folgerichtig gesondert berücksichtigt werden.[22] Trotzdem wird sich der hiesige Vorschlag einer Irrtumslehre stark an der Weichenstellung zwischen Rechts- und Tatsachenirrtum orientieren. In diesem Zusammenhang soll mittels der Heranziehung des verfassungsrechtlichen Demokratieprinzips zugleich ein Versuch unternommen werden, auf die nachvollziehbare Bemerkung von Busch, dass für diese Trennung „vergleichsweise wenige Argumente" geliefert werden,[23] einzugehen.

Das soeben in aller Kürze[24] konstruierte Auslegungsmodell erfährt im Kernstrafrecht viel Zuspruch. Für das Nebenstrafrecht wird es aber bisweilen in Frage gestellt.[25] Vielfach wird die Gesetzesunkenntnis dort mit im Einzelnen unterschiedlichen Begründungen als vorsatzausschließend eingestuft.[26] Wird das Demokratieprinzip ins Zentrum der Irrtumslehre gestellt, ließen sich daraus zwei Schlüsse ziehen:

Einerseits könnte das demokratische Legitimationsniveau im Nebenstrafrecht geringer sein als im Kernstrafrecht, was es rechtfertigen würde, den Rechtsirrtum dort anders zu behandeln. Dies wäre dann der Fall, wenn der Prozess zwischen der Wahl als Teilhabemöglichkeit des Gesetzesadressaten und der Kreation von Strafgesetzen über die Zwischenschaltung der Legislative hinaus durch weitere Institutionen verlängert würde. Für den Bereich der deutschen Strafgesetzgebung kann diese These aufgrund der Gleichartigkeit der Gesetzgebungsprozesse widerlegt werden. Für Strafgesetze, die sich zumindest auch aus den Vorgaben des Rechts der Europäischen Union zusammensetzen bzw. zwingende Vorgaben umsetzen,[27] kommt dieser Gedanke in Betracht, wenn das demokratische Legitimationsniveau auf der europäischen Gesetzgebungsebene als geringer erachtet wird. Dabei ließe

---

[21] Zu letzterem auch *Oehler*, Internationales Strafrecht, 1983, Rn. 158 f.

[22] Dazu Kap. 1 D. IV. 6.

[23] *Busch*, Rechtsauskunft, 2020, S. 124.

[24] Dazu insbesondere Kap. 1 D. IV. 4.

[25] Exemplarisch *Brettel*, in: Brettel/Schneider, Wirtschaftsstrafrecht, 2020, § 2 Rn. 150 f.; *Bülte*, NStZ 2013, 65 (69, 72); *Lange*, JZ 1956, 73; *Neumann*, in: NK-StGB, 2023, § 17 Rn. 90 ff.

[26] Dazu genauer Kap. 2 B. II.

[27] *Ambos*, Internationales Strafrecht, 2018, § 9 Rn. 18 spricht von „europäisiertem Strafrecht"; ebenso *Dannecker*, ZStW 117 (2005), 697 (697 f.).

sich sowohl an eine zu starke Machtkonzentration beim Europäischen Rat[28] als auch an die schwächer ausgeprägte Repräsentationsfunktion des Europäischen Parlaments anknüpfen.[29] Jedoch ist darauf hinzuweisen, dass eine Repräsentation nach nationalstaatlicher Art aufgrund der unterschiedlichen Bevölkerungsidentitäten der Mitgliedstaaten kaum möglich erscheint.[30] Hinzu kommt, dass das Legitimationsniveau trotz der Einflussnahme des Europäischen Rats und des Rats der Europäischen Union weiterhin hoch ist. Die demokratische Legitimationskette ist nur insoweit verlängert, wie dies funktional notwendig ist.[31] Daher kann jedenfalls nicht von einem so hohen Maß an Legitimationsverlust ausgegangen werden,[32] dass eine Abweichung von jenen Erwägungen zur Irrtumslehre, die auf dem Demokratieprinzip fußen, notwendig wäre. Letztlich ist ebenfalls zu berücksichtigen, dass der nationale Gesetzgeber durch die gewährten Freiheiten bei der Strafmaßbestimmung korrigierend eingreifen könnte, um eine unangemessen hohe Bestrafung zu vermeiden.[33]

Eine andere Schlussfolgerung könnte sein, dass das Nebenstrafrecht strukturelle Merkmale aufweist, die die Rechtsunkenntnis als eine Art „Dauerausnahme" zwingend zum Gegenstand einer Strafmilderung machen.[34] Die Untersuchung dieser These in Kapitel 2 wird zusammen mit den grundsätzlichen Erkenntnissen zur Vorsatz- und Schuldlehre in Kapitel 1 und 3 die entscheidende Weichenstellung für die Konzeption einer einheitlichen Irrtumslehre beim Tatbestands- und Verbotsirrtum für alle Strafvorschriften im Rahmen des Kapitels 4 leisten.

Gegenstand dieser Ausarbeitung bilden dabei ausschließlich die Erscheinungsformen des Tatbestandsirrtums nach § 16 Abs. 1 StGB bzw. § 11 Abs. 1 OWiG und des Verbotsirrtums nach § 17 StGB bzw. § 11 Abs. 2 OWiG. Der Erlaubnistatbestandsirrtum sowie der Entschuldigungstatumstandsirrtum nach § 35 Abs. 2 StGB werden nicht beleuchtet. Ebenso bleiben die wenigen tatbestandsbezogenen Spezialirrtumsregelungen, etwa § 113 Abs. 4 StGB, außer Betracht. Das Problem des sog. „Umkehrirrtums", also die Frage nach der Abgrenzung von strafbarem untauglichen Versuch und straflosem Wahndelikt, wird auf der Grundlage der hier erarbeiteten Konzeption in Kapitel 4 berücksichtigt. Der Irrtum über privilegierende Umstände nach § 16 Abs. 2 StGB wird als Auslegungshilfe im Hinblick auf den Wortlaut des § 16 Abs. 1 StGB in Kapitel 2 Abschnitt A herangezogen.

---

[28] *Mayer*, NJW 2017, 3631 (3635).

[29] *Haag*, in: von der Groeben/Schwarze/Hatje/Terhechte, Europäisches Unionsrecht, 2025, EUV, Art. 10 Rn. 9.

[30] *Kubiciel*, NStZ 2007, 136 (140).

[31] *Kubiciel*, NStZ 2007, 136 (140).

[32] Relativierend auch *Geiger/Kirchmair*, in: Geiger/Khan/Kotzur/Kirchmair, EUV/AEUV, 2023, EUV, Art. 10 Rn. 10 f.

[33] *Dannecker*, ZStW 117 (2005), 697 (724 f.).

[34] Dazu ausführlich *Tiedemann*, Tatbestandsfunktionen, 1969, insbesondere S. 372 ff.

Kapitel 1

Straftheoretische Grundlegung

A. Einführung: Der Zusammenhang von Demokratieprinzip und Straftheorie

Die Ideen vom Zweck des Strafens dürften beinahe so alt sein wie das menschliche Zusammenleben selbst.[1] Die Strafe ist ein ureigenes Instrument zur Durchsetzung eigener und/oder fremder Interessen und spielt sowohl in staatlichen als auch sonstigen sozialen Gefügen eine zentrale Rolle. Immer dort, wo mehrere Personen ihr Dasein miteinander teilen und kooperativ auf die Verwirklichung von Freiheit hinarbeiten, sind Regeln erforderlich, die die Freiheitsausübung anleiten.[2] Ohne diese kann die faktische Freiheit durch das Individuum nicht bzw. nicht vollständig genutzt werden,[3] weil die Konfliktsituation mit den Freiheitsinteressen anderer, die in einer Gemeinschaft unvermeidlich auftritt, offen ist.[4] Daraus folgt entweder eine Paralyse der Beteiligten oder eine Unterdrückung des im konkreten Konfliktfall „Schwächeren".[5]

Die Befolgung von Regeln wird maßgeblich von der Akzeptanz derer beeinflusst, die den Regeln unterworfen sind.[6] Wer eine Regel selbst nicht anerkennt, kann sich intrinsisch nicht dazu motivieren, sie zu befolgen. Es verbleibt dann nur die Möglichkeit, die Regel extrinsisch mittels Zwang durchzusetzen. Dieser Zwang kann entweder physisch durch körperliche Gewalt oder psychisch durch Drohung mit nachteiligen Konsequenzen, eben einer Strafe, vermittelt werden.[7] Eine solche Durchsetzung von Regeln ist allerdings fragil, weil sie zum einen Ungewissheit mit Blick auf das erforderliche Maß des (angedrohten) Zwangs mit sich bringt,[8] zum

---

[1] Dazu *v. Hippel*, Strafrecht, 1932, S. 8 ff.

[2] *Rawls*, A Theory of Justice, 1971, S. 239 f.

[3] Hingegen hebt *v. Hippel*, Strafrecht, 1932, S. 1 ausschließlich die freiheitsbegrenzende Dimension hervor.

[4] *Rawls*, A Theory of Justice, 1971, S. 235 f.

[5] *v. Hippel*, Strafrecht, 1932, S. 3: Kampf aller gegen alle.

[6] *Fischer/Wiswede*, Sozialpsychologie, 2014, S. 608 f.

[7] Zur Bestrafungsmacht *Fischer/Wiswede*, Sozialpsychologie, 2014, S. 553 ff.

[8] Siehe auch den Aufsatz von *Müller-Dietz*, HU 5/1977, 29.

anderen eine desintegrierende Wirkung[9] bezüglich des uneinsichtigen Gruppenmitglieds hat.

Schon aus diesem Grund war und ist es geboten, diejenigen, welche den Regeln unterworfen sind, in den Regelsetzungsprozess aufzunehmen. Als Element prozeduraler Gerechtigkeit[10] stellt dies sicher, dass ein Mindestmaß an Einsicht in die Regelsetzung vorhanden ist, um die Einhaltung bestmöglich zu gewährleisten. Das betrifft einerseits die Kenntnisnahme der Regeln,[11] andererseits den inhaltlichen Nachvollzug der Regelungsmotivation.

Wird sodann durch den Einzelnen gegen eine Regel verstoßen, die er selbst mitgetragen hat, trifft ihn ein größerer Vorwurf. Er muss sich sowohl den Regelverstoß vorhalten lassen als auch einen Widerspruch zu seiner früheren zustimmenden Bekundung bezüglich der Gültigkeit innerhalb der Gesellschaft. Letzteres ist das, was Schuldvorwurf und Strafe untrennbar mit dem Demokratieprinzip verbindet. Und dies wiederum gebietet es, sämtliche strafbegründenden bzw. strafschärfenden Rechtsinstitute auch unter Berücksichtigung des Demokratieprinzips dogmatisch auszugestalten.

Konkret für die Irrtumslehre bedeutet das, dass Vorsatz und Schuld einer das Demokratieprinzip berücksichtigenden Interpretation bedürfen, die im Folgenden vorgenommen wird. Der reine Irrtum über die Grenzen des Rechts steht dabei im Mittelpunkt der Überlegungen, weil eine etwaige entlastende Wirkung zugleich eine Erosion des Demokratieprinzips mit sich bringt.[12]

B. Das Demokratieprinzip als verfassungsrechtliches Gebot

Der Begriff der Demokratie ist ein schillernder Ausdruck der Moderne.[13] Ob im rechtlichen, politischen, historischen oder einfachen gesellschaftlichen Diskurs: Sobald der Argumentationsposten Bezug auf „Demokratie" nimmt, scheint es, als würde dem Redner eine besondere Aufmerksamkeit und der Aussage zugleich eine besondere Überzeugungskraft zuteil. Diese Überhöhung verstellt bisweilen den Blick auf die ureigene Aufgabe, die mit dem Begriff der Demokratie bezeichnet ist. Demokratie ist einerseits technisch betrachtet eine Form der Staatsorganisation, wie

[9] *Albrecht*, Legalbewährung, 1982, S. 11 f.; *Kinzig*, in: TK-StGB, 2025, Vor §§ 38 ff. Rn. 7.

[10] Ausführlich zum sog. „fair-process-effect" *Godt*, Einfluss prozeduraler Gerechtigkeit, 2007, S. 9 ff.

[11] Entscheidend für *Rawls*, A Theory of Justice, 1971, S. 241.

[12] Insb. Kap. 1 D. IV. 4.

[13] *Lessenich*, Grenzen der Demokratie, 2019, S. 7: „Hochwertbegriff der westlichen Moderne"; *Voßkuhle/Flaig*, JuS 2024, 617 (617).

es in der Historie zahlreiche gab. Sie ist andererseits Ausdruck eines möglichst idealen gesellschaftlichen Kompromisses zur Verwirklichung der Freiheit aller.[14]

I. Demokratie als Form der Staatsorganisation

Die Idee einer Gesellschaftsorganisation nach dem Prinzip der Demokratie ist seit der Antike bekannt: Schon in den Poleis des vorchristlichen Griechenlands wurde das Konzept einer gemeinschaftlichen Regentschaft (Kratos = Herrschaft) durch Abstimmung und Partizipation der Gesellschaftsmitglieder (Demos = Volk) erprobt. Auch wenn die damaligen Gesellschaften – dem heutigen Verständnis fremd – an die Erlangung das Partizipationsrechts zahlreiche Anforderungen stellten, die am Charakter einer „Herrschaft durch alle" Zweifel lassen,[15] kann hierin der Ursprung moderner Demokratie erblickt werden.

Kern der Vorstellung ist dabei, dass die Machtausübung innerhalb der Gesellschaft weder jedem noch einem allein zustehen soll. Bei einer individuellen, willkürlichen Machtausübung, wie sie Hobbes beschreibt,[16] besteht für den Einzelnen ein hohes Maß an Unsicherheit, welches das kooperative Zusammenwirken mit anderen – und damit das menschliche Potenzial – erheblich hemmt. Die Übertragung der Machtausübung auf einzelne Personen verbessert diesen Zustand, weil nun die willkürliche Gewaltausübung zum eigenen Nachteil nur noch durch wenige Personen ergehen kann. Allerdings schafft dies erhebliche Missbrauchsgefahren zugunsten der privilegierten Personen, die sich zur Maximierung eigener Vorteile ihrer Macht bedienen können.[17] Insbesondere dann, wenn sich die Rechtfertigung zur Ausübung der Macht auf keine oder wenig verständliche Gründe stützt,[18] kann dies Widerstand hervorrufen, der nachhaltig den gesellschaftlichen Frieden stört.

Aus diesen Gründen dürfte sich die Demokratie, verstanden als Art der Gesellschaftsorganisation von Gleichen,[19] über die letzten Jahrhunderte als verhältnismäßig stabile Form des Zusammenlebens herauskristallisiert haben.[20] Sie minimiert das Risiko willkürlicher Machtausübung durch ein personelles Mehrheitserforder-

---

[14] *Honer*, JA 2025, 1 (1 f.).

[15] So gab es mit den in der Peripherie ansässigen Periöken („Umwohnern") generell politisch exkludierte Gesellschaftsteilnehmer und mit den Metöken („Mitwohnern") sogar anerkannte Einwohner der Polis, die keine Stimmrechte hatten und denen die politische Integration erschwert wurde, siehe zum Ganzen *Meister*, Adel, 2020, S. 125 ff., 353 f.; zur Rolle von Frauen siehe den Aufsatz von *Blok*, HZ 278 (2004), 1.

[16] *Hobbes*, Leviathan, 2011, S. 131, 190 f.

[17] Nach *Brenner*, in: Stern/Sodan/Möstl, Staatsrecht, 2022, § 14 Rn. 27 wird damit ein „Abdriften […] in absolutistische Sphären" verhindert.

[18] Nach *Voßkuhle/Flaig*, JuS 2024, 617 (619) handele es sich bei der Legitimation von Herrschaft um das „Urproblem".

[19] *Honer*, JA 2025, 1 (1 f.).

[20] *Brenner*, in: Stern/Sodan/Möstl, Staatsrecht, 2022, § 14 Rn. 2.

nis, was wegen wechselseitiger Abhängigkeiten der Gesellschaftsmitglieder untereinander zugleich das Erfordernis plausibler Rechtfertigung mit sich bringt.[21] Das hierdurch entstehende Vertrauen in die maßvolle Machtausübung eröffnet eine maximale Entfaltungsmöglichkeit des Einzelnen, der hierdurch seine Fähigkeiten und Talente im gesellschaftlichen Gefüge optimal ausnutzen kann.[22] Dies verspricht strukturell mehr Wohlstand und damit insgesamt bessere Lebensvoraussetzungen für alle.

Kehrseite dieser umfänglichen (Selbst-)Kontrolle ist eine Inertisierung der staatlichen Entscheidungsfindung: Wo viele beteiligt werden und entscheiden müssen, ist ein langwieriger Meinungsbildungsprozess die Folge. In einer komplexen Gesellschaft mit zahlreichen konkreten oder potenziellen Einzelkonflikten würde dies zum vollständigen Zusammenbruch der Handlungsfähigkeit führen.[23] Um dies zu vermeiden, ist eine Kanalisierung der Willensbildung zumindest für das politische „Alltagsgeschäft" unumgänglich.[24] Dies spiegelt sich in den heute gelebten Formen der Demokratie wider: Plebiszitäre Elemente spielen zwar in einigen Staatsordnungen eine durchaus bedeutende Rolle,[25] jedoch sind Volksentscheide regelmäßig nur für Fragestellungen vorgesehen, die eine besondere gesellschaftliche Relevanz haben.[26] Im Übrigen wird die Abwicklung teilweise durch unmittelbar gewählte Vertreter, teilweise durch mittelbar legitimierte Vertreter wahrgenommen.

II. Demokratierealisierung in Deutschland

Das Grundgesetz folgt dem soeben geschilderten Ansatz. Hierbei besteht auch nur ein eingeschränkter Spielraum, weil die Staatsstruktur verbindlich durch Art. 20 Abs. 2 GG (Demokratieprinzip und Republikanisches Prinzip) vorgegeben ist.[27] Elemente plebiszitärer Art, wie sie Art. 20 Abs. 2 GG als möglich eröffnet (Wahlen und Abstimmungen), finden sich sodann nur in Art. 29 Abs. 2 GG wieder, weswegen von einer grundsätzlichen Entscheidung für eine repräsentative Demokratie

---

[21] *Honer*, JA 2025, 1 (7 f.).

[22] So das moderne demokratietheoretische Verständnis, siehe dazu *Honer*, JA 2025, 1 (1 f.).

[23] Ähnlich *Grzeszick*, in: Dürig/Herzog/Scholz, GG, August 2025, Art. 20 Rn. 67.

[24] *Dreier/Wittreck*, Jahrbuch für direkte Demokratie, 2009, 2010, 11 (12 f.).

[25] So etwa in der Schweiz, in der 2007 allein die Hälfte aller Volksabstimmungen weltweit stattfanden, siehe dazu *Tschentscher*, Jahrbuch für direkte Demokratie, 2009, 2010, 205 (205).

[26] Siehe exemplarisch Art. 140 der schweizerischen Bundesverfassung: Änderungen der Bundesverfassung oder auch der Beitritt zu supranationalen Gemeinschaften und Organisationen für kollektive Sicherheit.

[27] *Schröder*, JA 2017, 809 (809, 816); *Sommermann*, in: Huber/Voßkuhle, GG, 2024, Art. 20 Rn. 13; *Voßkuhle/Flaig*, JuS 2024, 617 (619); aus historischer Sicht *Linke*, JA 2023, 353 (357).

gesprochen werden kann.[28] Dabei dienen Parteien (Art. 21 GG) als Bindeglied zwischen Gesellschaft und Staat.[29] Sie werden unter gewissen Restriktionen[30] dazu befugt, sich bei politischen Wahlen (Art. 38 Abs. 2 GG), in denen der Einzelne allgemein, unmittelbar, frei, geheim und gleich seine Stimme abgeben kann, zur Wahl zu stellen (gewählt über die Zweitstimme). Nach dem in Deutschland leitenden, jedoch nicht zwingenden[31] Verhältniswahlsystem spiegelt sich die Repräsentation im Staat sodann nach erlangten Stimmen wider. Hierdurch wird gewährleistet, dass sich die konsensfähigen Anschauungen von Gruppierungen entsprechend ihrem Anteil in der Bevölkerung möglichst ideal repräsentieren lassen.[32] Dies erweist sich im Grundsatz als Vorteil[33] gegenüber Modellen, in denen alle (regionalen) Vertreter ausschließlich nach der absoluten Mehrheit bestimmt werden und die übrigen Gegenstimmen praktisch verfallen. Hierbei droht, wie bei den Präsidentschaftswahlen in den Vereinigten Staaten von Amerika im Jahr 2017 gesehen,[34] die Situation, dass organschaftliche Mehrheiten erzeugt werden, die nicht auf die Mehrheit der Bevölkerung zurückgeführt werden können.[35]

Flankiert wird das Verhältniswahlsystem von der Möglichkeit, im eigenen Wahlbezirk individuelle Vertreter durch absolute Mehrheit unmittelbar zu wählen (Erststimme). Damit soll lokalen und regionalen Besonderheiten Rechnung getragen werden, weswegen insgesamt von einem personalisierten Verhältniswahlsystem gesprochen werden kann.[36] Zwar wurde mit der überwiegend verfassungsgemäßen[37] Wahlrechtsreform 2023[38] eine Veränderung der Erststimmenqualität da-

---

[28] *Voßkuhle/Flaig*, JuS 2024, 617 (619).

[29] *Honer*, JA 2025, 1 (7); *Klafki*, in: von Münch/Kunig, GG, 2025, Art. 21 Rn. 15; *Klein*, in: Dürig/Herzog/Scholz, GG, August 2025, Art. 21 Rn. 159.

[30] Z. B. die Vorlage von Satzung, Programm und des Nachweises demokratischer Wahlen für den Vorstand, siehe BVerfG, Beschl. v. 13. 6. 1956 – 1 BvR 315/53, 1 BvR 309/53, 1 BvR 286/53, BVerfGE 5, 77 (84); zum Ganzen *Schwarz*, in: Dürig/Herzog/Scholz, GG, August 2025, Art. 38 Rn. 137.

[31] Siehe nur BVerfG, Urt. v. 25. 7. 2012 – 2 BvF 3/11, 2 BvR 2670/11, 2 BvE 9/11, BVerfGE 121, 316 (336) m. w. N.; *Magiera*, in: Sachs, GG, 2024, Art. 38 Rn. 115; *Morlok*, JuS 2022, 1019 (1020); *Schwarz*, in: Dürig/Herzog/Scholz, GG, August 2025, Art. 38 Rn. 179.

[32] *Morlok*, JuS 2022, 1019 (1020).

[33] Differenzierend *Voßkuhle/Flaig*, JuS 2024, 617 (625).

[34] So hatte die Kontrahentin Hillary Clinton des späteren Präsidenten Donald J. Trump ca. 3 Millionen mehr Stimmen erringen können, aber trotzdem die Wahl nach Wahlmännern verloren, siehe dazu https://www.bpb.de/kurz-knapp/hintergrund-aktuell/240788/20-januar-2017-donald-trump-wird-als-praesident-der-usa-vereidigt/.

[35] *Morlok*, JuS 2022, 1019 (1019).

[36] *Magiera*, in: Sachs, GG, 2024, Art. 38 Rn. 116; nach der Wahlrechtsreform 2023 hinterfragend *Grzeszick*, NVwZ 2025, 1 (3).

[37] So BVerfG, Urt. v. 30. 7. 2024 – 2 BvF 1/23 u. a., NVwZ 2024, 1323 (1325); kritisch *Grzeszick*, NVwZ 2025, 1 (insb. 8).

[38] BGBl. 2023 I Nr. 147.

hingehend normiert, dass eine durch die mit der Zweitstimme festgelegten Mehrheitsverhältnisse nicht gedeckte Wahl über die Erststimme nicht berücksichtigt wird,[39] jedoch ändert dies am grundsätzlichen Charakter des Wahlsystems nichts.[40]

Die nach diesen Grundsätzen gewählten Vertreter (Abgeordnete) bilden sodann gemeinschaftlich das Zentrum des kondensierten Gesellschaftswillens: Den Bundestag. Aufgrund dessen herausragender Stellung stehen dem Bundestag als Kollektivorgan die mit Abstand weitesten Befugnisse aller Träger staatlicher Gewalt zu: Durch ihn wird der Bundeskanzler als Kopf der Exekutive gewählt (Art. 63 Abs. 1 GG) und er kann durch konstruktives Misstrauensvotum (Art. 67 Abs. 1 GG) auch jederzeit abberufen werden – hierdurch mittelbar auch der Rest der ministerialen Regierung, weil diese durch den Bundeskanzler gebildet wird (Art. 64 Abs. 1 GG). Der Bundestag nimmt sodann durch Richterwahlausschüsse Einfluss auf die Judikative in Gestalt der Besetzung höchster Gerichte (Art. 95 Abs. 2 GG). Seine prominenteste Aufgabe besteht jedoch in der primären Ausübung legislativer Befugnisse: Der Bundestag kann als einziges staatliches Organ im verfassungsrechtlichen Rahmen (Art. 1 Abs. 3, 82 Abs. 1 GG)[41] den Bund betreffende Gesetze (Art. 71 bis 74 GG) gegen den Willen anderer Staatsorgane von der Initiative (Art. 76 Abs. 1 GG) bis zur Verabschiedung (Art. 77 f. GG) beschließen. Umgekehrt kann kein Gesetz, das wesentlich in die Rechte der Bürger eingreift, ohne die zumindest antizipierte (Art. 80 GG) Zustimmung der Mehrheit des Bundestages durch andere Organe verabschiedet werden. Diese einzigartige Stellung ist die zwingende Folge einer ernsthaft gelebten repräsentativen Demokratie, bei der das Volk der Souverän bleibt. Als einziges unmittelbar demokratisch legitimiertes Organ auf Bundesebene müssen umfassende Gestaltungs- und Kontrollrechte bestehen, um die Umsetzung des Volkswillens effektiv vornehmen zu können.[42]

Aus den vorstehenden Ausführungen wird deutlich, dass die geltenden Gesetze eine bestmögliche Koppelung an den durch freiheitliche Wahlen betätigten Willen der Gesellschaftsmitglieder haben. Zu Recht wird daher festgehalten, dass jedes Gesetz auf den Willen des Einzelnen zurückgeführt werden kann.[43] Mit diesem

---

[39] Dazu knapp *Grzeszick*, NVwZ 2025, 1 (1).

[40] *Ruttloff/Niemann/Misztl*, NJOZ 2023, 512 (513); letztlich auch *Grzeszick*, NVwZ 2025, 1 (3).

[41] Zur Bindung des Gesetzgebers an die Verfassung *Sachs/von Coelln*, in: Sachs, GG, 2024, Art. 20 Rn. 94 f.

[42] Vgl. BVerfG, Urt. v. 30.6.2009 – 2 BvE 2/08, 2 BvE 5/08, 2 BvR 1010/08, 2 BvR 1022/08, 2 BvR 1259/08, 2 BvR 182/09, BVerfGE 123, 267 (341 ff., 347 ff.).

[43] Siehe auch BVerfG, Urt. v. 7.9.2011 – 2 BvR 987/10, 2 BvR 1485/10, 2 BvR 1099/10, BVerfGE 129, 124 (169): Menschenwürde als Wurzel des verfassungsrechtlichen Demokratieprinzips; *Rinken*, Demokratie, 2020, S. 73; differenzierend dazu *Augsberg*, in: Voßkuhle/Huber, GG, 2024, Art. 1 Rn. 67.

global betrachtet keinesfalls selbstverständlichen Privileg[44] gehen aber zugleich auch staatsbürgerliche Obligationen einher, die sich allen voran in der Pflicht zur Befolgung dieser Gesetze niederschlägt. Demokratie stellt zwar keine unbeschränkte Herrschaft der Mehrheit über die Minderheit dar;[45] sie ist jedoch ein Kompromiss, bei dem die Minderheit die Entscheidung der Mehrheit akzeptieren, wenn auch nicht gutheißen muss.[46] Dies gilt jedenfalls so lange, wie 1. ein individuelles Mindestmaß an Schutzstandards gewährleistet wird, in Deutschland insbesondere realisiert durch die Grundrechte und grundrechtsgleichen Rechte,[47] und 2. der Minderheit ernsthaft die Möglichkeit gewährt wird, Einfluss auf die Willensbildung zu nehmen und so durch überzeugende Argumente zur Mehrheit zu werden.[48] Hierdurch wird im Mittel die größtmögliche gesellschaftliche Akzeptanz und damit Geltungskraft von Regeln erzeugt.

Bei Strafgesetzen ist das von besonderer Bedeutung, weil diese die stärksten Eingriffe in die Rechte des Einzelnen ermöglichen und daher einer hervorgehobenen demokratischen Rechtfertigung bedürfen. Ist diese demokratische Rechtfertigung aber gegeben, so kommt darin eine besondere Anerkennung der Teilhaber an dieser Demokratie zum Ausdruck, die bei einem Verstoß gegen das Strafgesetz einen kommunikativen Widerspruch erzeugt.[49] Die Auswirkungen dieses Widerspruchs haben nach dem hiesigen Vorschlag einen entscheidenden Einfluss auf die Interpretation von Vorsatz und Schuld im Strafsystem eines freiheitlich-demokratischen Staates, wie sich nachfolgend zeigen wird.

C. Zweckrationale Betrachtung der hervorgehobenen Vorsatzbestrafung unter Berücksichtigung des Demokratieprinzips

Die vorsätzliche Verwirklichung eines tatbestandsmäßigen Verhaltens wird im Strafrecht typischerweise[50] stärker sanktioniert als die fahrlässige Vornahme. Dies lässt sich sowohl an einzelnen Tatbestandspaaren des Besonderen Teils des StGB festmachen als auch an der generellen Anordnung des § 17 Abs. 2 OWiG, nach welcher die fahrlässige Tat (vorbehaltlich einer Spezialregelung) im Höchstmaß nur

---

[44] Siehe dazu den Kurzbeitrag von *Bocksch*, Der Stand der Demokratie, 27.3.2024, unter Rückgriff auf den Democracy Index vom Economist, https://de.statista.com/infografik/20599/economist-democracy-index/.

[45] *Sachs/von Coelln*, in: Sachs, GG, 2024, Art. 20 Rn. 23; *Voßkuhle/Schemmel*, JuS 2021, 1137 (1138).

[46] *Honer*, JA 2025, 1 (8); *Voßkuhle/Flaig*, JuS 2024, 617 (624).

[47] *Honer*, JA 2025, 1 (8).

[48] *Honer*, JA 2025, 1 (5 f.); *Voßkuhle/Flaig*, JuS 2024, 617 (624).

[49] Dazu noch unter Kap. 1 D.IV.4.

[50] Eine Ausnahme bildet z.B. § 316 StGB.

mit der Hälfte des angedrohten Höchstbetrages der Geldbuße geahndet werden kann. Ebenso deutet dies § 15 StGB an, nach dem die fahrlässige Tat nur strafbar ist, wenn das Gesetz dies ausdrücklich anordnet. Damit kommt der Abgrenzung zwischen Vorsatz und Fahrlässigkeit nicht nur dogmatisch, sondern auch praktisch eine herausragende Bedeutung zu. Da die Rechtsfolge eines Tatbestandsirrtums nach § 16 Abs. 1 S. 1 StGB der Vorsatzausschluss ist, ist es für die Untersuchung der hier interessierenden Fragen erforderlich, die Gründe für die strafrechtliche Schlechterstellung des vorsätzlich handelnden Täters in den Blick zu nehmen. Eröffnet ist damit die Frage nach der Funktion des Vorsatzes in der heutigen Strafrechtsdogmatik, die nach einer Kurzdarstellung der jüngeren Rechtsentwicklungen in diesem Bereich behandelt wird.

I. Funktionsentwicklung des Vorsatzes im Verbrechensaufbau

Bis zur Mitte des 20. Jahrhunderts entsprach es der gängigen Lehre, dass der Vorsatz zumindest Teil der Schuld ist.[51] Vorsatz und Fahrlässigkeit wurden als Schuldarten[52] bzw. -formen[53] begriffen und stellten damit keinen Bestandteil der Tatbestandsmäßigkeit dar. Einige Vertreter der sog. psychologisierenden Schuldauffassung gingen dabei so weit, Vorsatz und Schuld in eins zu setzen und damit jeglichen weiteren Erwägungen zur inhaltlichen Ausgestaltung des Schuldbegriffs die Grundlage zu entziehen.[54] Es zeigte sich jedoch, dass es auf der „inneren Tatseite“ Erscheinungen gibt, die durch dieses Konzept nicht mehr sinnvoll abgedeckt werden konnten. Mit der (gesetzlichen) Anerkennung von schuldausschließenden Zuständen und Entschuldigungsgründen traten psychologische Faktoren in den Vordergrund, die in den Kategorien der Kenntnis und des Wollens nicht mehr aufgehen konnten. Leitbegriffe wie Zumutbarkeit,[55] Pflichtwidrigkeit[56] oder Vorwerfbarkeit[57] vermochten sich durchzusetzen und reicherten das Verständnis von Schuld an. Die Gesamtheit jener Lehren wurde sodann als normative Schuldlehren zusammengefasst. Normativ deswegen, weil in den Mittelpunkt der strafrechtlichen Beurteilung nicht mehr nur der psychische Zustand des Täters bei der Tat, vielmehr

---

[51] Exemplarisch *Ebermayer/Eichelbaum/Lobe/Rosenberg*, RStGB, 1920, § 59 1.; *Frank*, Strafgesetzbuch, 1926, 4. Abschn. Vorb. II.; *Hardwig*, GA 1956, 369 (375); *Lang-Hinrichsen*, JR 1952, 302 (insb. 307); *Schröder*, in: Schönke/Schröder, StGB, 1974, § 59 Rn. 76 ff.

[52] So die psychologisierende bzw. psychologische Schuldlehre, dazu *Hardwig*, GA 1956, 369 (374 f.); *Schmidt-Leichner*, Unrechtsbewußtsein, 1935, S. 65 ff., 83 ff.

[53] So bei *Lange*, JZ 1956, 73 (73).

[54] Rigoros *Schmidt-Leichner*, Unrechtsbewußtsein, 1935, der sowohl das Unrechtsbewusstsein für irrelevant hält (S. 78) als auch (übergesetzliche) Schuldausschlussgründe nicht anerkennt (deutlich S. 132).

[55] Dazu ausführlich *Warda*, FS-Welzel 1974, 499 (insb. 527 ff.).

[56] Eingehend *Horn*, Verbotsirrtum, 1969, insb. S. 55 ff.

[57] BGH, Urt. v. 18.3.1952 – 1 GSSt 2/51, BGHSt 2, 194 (200): „Schuld ist Vorwerfbarkeit“; zurückgehend auf *Frank*, Über den Aufbau des Schuldbegriffs, 1907, S. 11.

auch die besonderen Tatumstände traten – und zwar schon vor der Strafzumessung im Einzelfall.[58] Standen sich so mit dem noch immer überwiegend[59] rein psychologisch begriffenen Vorsatz sowie den von gesetzlichen und richterlichen Wertungen durchdrungenen Schuldausschlussgründen auf der Ebene der Schuld zwei kategorial verschiedene Posten gegenüber, erscheint aus heutiger Perspektive der Sprung zu einer Trennung im Verbrechensaufbau nicht weit. Zum Durchbruch verhalfen dieser Einsicht nicht zuletzt prägnante Begriffspaare wie „Objekt der Wertung (= Vorsatz) – Wertung des Objekts (= Schuld)“[60] oder „Einzelwertung (= Vorsatz) – Gesamtwertung (= Schuld)“[61] sowie ad hoc einleuchtende Beispiele wie das von Welzel[62] aufgegriffene[63] Bild der Tötung einer Mücke, die etwas anderes sei (= schon nicht vorsätzlich-tatbestandsmäßig) als die Tötung eines Menschen in Notwehr (= vorsätzlich-tatbestandsmäßig, aber gerechtfertigt). Mit der Etablierung der im Zusammenhang stehenden personalen Unrechtslehre,[64] der finalen Handlungslehre[65] und der Schuldtheorie[66] war eine Verschiebung im Verbrechensaufbau jedenfalls naheliegend.[67] Eine gewisse Rolle zur Durchsetzung dieser Auffassung dürfte auch das Paradoxon gespielt haben, dass beim Versuchsdelikt der Tatentschluss seit jeher als Tatbestandselement begriffen wurde, der Vorsatz beim Vollendungsdelikt hingegen nicht.[68]

---

[58] Anders *Schmidt-Leichner*, Unrechtsbewußtsein, 1935, S. 168: ausschließlich strafzumessungsrelevant.

[59] Kritisch dazu *Oehler*, JR 1951, 65 (67 f.).

[60] *Welzel*, GerS 103 (1933), 440 (deutlich 447); für die Rechtsprechung führt *Tischler*, Verbotsirrtum, 1984, S. 168 eine „dass-was-Formel“ an, die er in Kongruenz zu der von Welzel gegebenen Abgrenzungsmethodik einordnet.

[61] *Mezger*, NJW 1953, 2, der allerdings als Vertreter der Vorsatztheorie einen tatbestandlich vom Unrechtsbewusstsein losgelösten Vorsatz nicht guthieß.

[62] *Welzel*, ZStW 67 (1955), 196 (210).

[63] Es geht vermutlich auf *Kohlrausch*, Irrtum, 1903, S. 64 zurück, der es im gegenteiligen Sinn verwendete.

[64] Ausführlich *Welzel*, ZStW 58 (1939), 491 (insb. 514 ff.).

[65] Wie sie auf *Welzel*, ZStW 51 (1931), 703 (insb. 718) zurückgeht; *Roxin/Greco*, Strafrecht AT I, 2020, § 10 Rn. 67: „entscheidender Anstoß“.

[66] In der Rechtsprechung spätestens durch BGH, Urt. v. 18.3.1952 – 1 GSSt 2/51, BGHSt 2, 194; im Gesetz durch § 17 StGB, so auch *Backmann*, JuS 1972, 452 (455).

[67] Ebenso *Safferling*, Vorsatz und Schuld, 2008, S. 79; *Vogel/Bülte*, in: LK-StGB, 2020, Vor § 15 Rn. 53.

[68] Dazu *Roxin/Greco*, Strafrecht AT I, 2020, § 10 Rn. 64; anerkennend auch *Schmidhäuser*, FS-Schultz 1977, 61 (67); eine Erwiderung findet sich bei *Lange*, ZStW 63 (1951), 456 (468 f.).

II. Vorsatz in der Moderne

Heute ist allgemein anerkannt, dass der Vorsatz ein Element des Tatbestands ist.[69] So erklärt sich auch, dass die Teilnahmevorschriften der §§ 26 f. StGB von einer vorsätzlich begangenen rechtswidrigen Haupttat sprechen, also die Bewertung der Tat als vorsätzlich sprachlich vor der Rechtswidrigkeit eingeordnet wurde. Daraus lässt sich der Rückschluss ziehen, dass der Gesetzgeber die Frage nach der Vorsätzlichkeit einer Tat vor der Frage nach der Rechtswidrigkeit beantwortet sieht. Allerdings ist durch § 17 StGB klargestellt, dass die Einsicht, Unrecht zu tun, nicht Gegenstand des Tatbestands, sondern der Schuld sein soll. Eine Verschiebung des Vorsatzes aus dem Bereich der Schuld hin zur Tatbestandsmäßigkeit ergibt folglich nur dann Sinn, wenn die Unrechtseinsicht vom Vorsatz getrennt werden kann.[70] Eine Vorsatz- und Irrtumsdogmatik sollte dies entsprechend bestmöglich gewährleisten.

Zudem muss diese auf einem Zweckfundament gründen, welches den Rechtsfolgenunterschied zwischen Vorsatz- und Fahrlässigkeitstat erklären kann. Denn immerhin ließe sich der Standpunkt vertreten, dass die natürlichen Schäden und Gefährdungen unabhängig vom Maß der Kenntnis und des Willens beim Täter eintreten. Äußerlich wird die Tat oft für einen Dritten nicht danach unterscheidbar sein, ob sie vorsätzlich oder fahrlässig begangen wurde. Eine pauschal höhere Gefährlichkeit für Rechtsgüter lässt sich der Vorsatztat gegenüber der Fahrlässigkeitstat ebenso wenig attestieren.[71] Die Rechtfertigung für die Strafmaßunterscheidung kann folglich nicht auf diese Umstände zurückgeführt werden. Als Unterscheidungskriterium verbleibt somit nur die psychische Verfassung des Täters bei der Tat.[72]

Das wirft in doppelter Hinsicht Schwierigkeiten auf. Zum einen im Hinblick auf prozessuale Feststellungshindernisse.[73] Zum anderen aber auch dogmatisch, wenn zur Ermittlung der Unrechtseinsicht des Täters ebenfalls auf die psychische Verfassung zurückgegriffen wird.[74] Damit sind in beiden Fällen Einschätzungen des Täters gemeint, also innere Sachverhalte, die jedoch nach dem oben gesagten einen unterschiedlichen Bezugspunkt haben müssen.

Die klare Trennung von Vorsatz und Unrechtseinsicht ist aber auch deshalb so wichtig, weil das Gesetz für die nichtvorsätzliche Begehung regelmäßig signifikante Strafrahmenverschiebungen zugunsten des Täters vorsieht oder gar eine

[69] Weitergehend für eine einheitliche Betrachtung mit dem obj. Tatbestand dabei *Schmidhäuser*, FS-Schultz 1977, 61; ähnlich *Pérez-Barberá*, GA 2013, 454 (472).

[70] Kritisch dazu *Pawlik*, Unrecht, 2012, S. 403: Auseinanderreißen von etwas, was zusammengehöre.

[71] *Jakobs*, Strafrecht AT, 1991, 8. Abschn. Rn. 5; *Puppe*, Vorsatz, 1992, S. 35.

[72] *Frisch*, Vorsatz und Risiko, 1983, S. 3; *Jakobs*, Strafrecht AT, 1991, 8. Abschn. Rn. 5.

[73] Weiterführend hierzu *Hruschka*, FS-Kleinknecht 1985, 191.

[74] Dazu Kap. 1 D. III.

Straflosigkeit eintritt, hingegen fehlende Unrechtseinsicht regelmäßig nur als Milderungsgrund berücksichtigt werden kann. Daher erscheint es ausnahmsweise geboten, ausgehend von den rechtlichen Folgen, die der Gesetzgeber mit der vorsätzlichen Begehung verbunden hat, eine Erklärung zu suchen bzw. eine Dogmatik zu konstruieren, aus der sich diese Unterscheidungen rechtfertigen lassen. Dies ist auch wissenschaftlich nicht völlig unüblich. Zahlreiche gültige Erklärungen wurden aus einem vorhandenen Ausgangspunkt und einem als sicher festgestellten Ergebnis entwickelt. Man denke nur an den Rutherfordschen Versuch zur Ermittlung der Struktur von Atomen, als dieser Alpha-Teilchen auf eine Goldfolie schoss und unerwartete Abprallwinkel beobachtete, die sich mit dem damaligen Atommodell nicht erklären ließen, also eine neue Theorie erforderlich machten.[75] Insoweit ist die Aussage, die Irrtumslehre werde vom Ergebnis her gedacht,[76] kein unangenehmer Vorwurf, sondern eine bloße Feststellung.

1. Materielle Rechtswidrigkeit als Vorsatzgegenstand

Teilweise wurde und wird vorgeschlagen, den eben genannten Zielen und Anforderungen an die Vorsatzdogmatik durch eine Unterscheidung von formeller Rechtswidrigkeit der Tat und Unrecht bzw. materieller Rechtswidrigkeit der Tat Rechnung zu tragen.[77] Dies ließe sich technisch über eine normative Aufladung des Vorsatzbegriffs realisieren.[78] Die Erkenntnis des Tatunrechts sei von solcher Bedeutung für das Verhalten des Täters, dass ihn das Urteil, eine Vorsatztat begangen zu haben, nicht treffen dürfe, wenn ihm diese Erkenntnis fehlt.[79] Begründet wird dies im Wesentlichen damit, dass der regelmäßig gesteigerte Strafrahmen der Vorsatztat gegenüber der Fahrlässigkeitstat nur dadurch legitimiert werden könne, dass den Täter ein erheblich größerer Vorwurf mit Blick auf die Vornahme der Tat trifft.[80] Ein solcher Vorwurf könne aber nur dann erhoben werden, wenn der Täter trotz Kenntnis vom Unrecht, das er verwirklicht, gehandelt hat. Dies gebiete schon der Grundsatz der Verhältnismäßigkeit zwischen Strafandrohung und begangener Tat.[81]

So gewichtig diese Einwände erscheinen und so berechtigt die Mahnungen im Hinblick auf das Rechtsstaatsgebot bzw. den Schuldgrundsatz[82] sind, so sehr wer-

---

[75] *Rutherford*, Philosophical Magazine, Series 6 Vol. 21 (1911), 669.

[76] So *C. Wolf*, Error, 2019, S. 14.

[77] *Arthur Kaufmann*, Parallelwertung, 1982, S. 8 ff.; *ders.*, Schuld und Strafe, 1983, S. 84 f.; *Otto*, GK Strafrecht, 2000, § 7 Rn. 63 ff.; *Schmidhäuser*, NJW 1975, 1807; ausführlich zu den Ansätzen im Einzelnen *Liu*, Rekonstruktion, 2023, S. 25 ff.

[78] *Oehler*, JR 1951, 65 (68).

[79] *Otto*, GK Strafrecht, 2000, § 7 Rn. 64.

[80] *Schmidhäuser*, Strafrecht AT, 1984, Kap. 7 Rn. 36.

[81] So die Folgerung von *Schmidhäuser*, NJW 1975, 1807 (1810).

[82] Nachdrücklich *Schmidhäuser*, NJW 1975, 1807 (1810).

den sie entkräftet, wenn neben der bewussten Überschreitung „materiell-rechtlicher Grenzen“[83] noch ein weiterer Anknüpfungspunkt für die erhöhte Strafandrohung bei Vorsatzdelikten gefunden wird.

a) Aufspaltung der Vorsatzelemente

Mit dieser Herausforderung setzte sich Ziegert auseinander, der festhält, dass aus der isolierten Unrechtsperspektive die Schwere der Strafrahmenverschiebung bisweilen nicht einleuchte, vielmehr erst durch die Koppelung des Vorsatzes mit der Schuld eine befriedigende Legitimationsgrundlage für die Vorsatzstrafe gefunden werden könne.[84] In Ansehung dessen knüpft er den Vorsatzunwert an eine Doppelbelegung des Vorsatzbegriffs[85] auf Tatbestands- und Schuldebene, um trotz dieser Prämisse die Grundsätze der Schuldtheorie in einem Kernbereich aufrechterhalten zu können. Der höhere Strafrahmen des Vorsatzdelikts lasse sich nicht durch eine bloß quantitativ-wissensbezogene Unterscheidung von Vorsatz und Fahrlässigkeit erfassen; vielmehr bedürfte es einer echten qualitativen Unterscheidung.[86] Diese sei in der Fragestellung zu sehen, ob die psychisch-faktische Motivation des Täters verbotswidrig sei.[87] Dabei genüge es für das Vorsatzurteil, wenn sich der Täter in einer entscheidungstypischen Situation bezüglich des verbotswidrigen Verhaltens befand.[88] Im Tatbestand verkörpere der Vorsatz entsprechend den rechtlich-sozialen Sinn der Handlung, in der Schuld das Maß und die Form der Vorwerfbarkeit.[89]

Ziegert kann sich grundsätzlich im Hinblick auf die Existenz zweier vorsatzbezogener Elemente im Verbrechensaufbau auf einen anderen Kontext berufen. So deutet auch die Rechtsprechung im Rahmen des sog. Erlaubnistatbestandsirrtums an, zwischen dem Vorsatz auf Tatbestandsebene einerseits und der Vorsatzschuld auf der Schuldebene andererseits zu unterscheiden.[90] Doch kann er diesen Bereich gerade nicht für seine Argumentation heranziehen, weil der Irrtum über die tatsächlichen Voraussetzungen der Strafbarkeit seinem Verständnis nach das Unrecht ausschließt und sich folglich die Frage nach der Vorsatzschuld gar nicht stellt.[91]

---

[83] Zum Verschwinden materiell-rechtlicher Erwägungen aus dem Fokus der strafrechtswissenschaftlichen Diskussion siehe auch Kap. 2 B. I. 2.

[84] *Ziegert*, Vorsatz, 1987, S. 124.

[85] Zuvor schon etwa *Roxin*, GS-Radbruch 1968, 260 (266).

[86] Deutlich *Ziegert*, Vorsatz, 1987, S. 121, wenn er Frisch vorwirft, eine „qualitative Differenzierung“ zwischen Vorsatz und Fahrlässigkeit zu verfehlen.

[87] *Ziegert*, Vorsatz, 1987, S. 133 f.

[88] *Ziegert*, Vorsatz, 1987, S. 161.

[89] *Ziegert*, Vorsatz, 1987, S. 158.

[90] BGH, Urt. v. 2. 11. 2011 – 2 StR 375/11, NStZ 2012, 272 (273 f.); OLG Hamm, Beschl. v. 30. 6. 1986 – 4 Ss 271/86, NJW 1987, 1034 (1035).

[91] *Ziegert*, Vorsatz, 1987, S. 170.

Entsprechend ist zu untersuchen, ob eine derartige Aufspaltung des Vorsatzbegriffs eine tatsächliche Neuerung ist. Ziegert lässt im tatbestandlichen Vorsatz eine Entscheidungssituation im normgemäßen Sinne ausreichen; innerhalb der Schuld hingegen fordert er die tatsächliche Entscheidung gegen das Rechtsgut. Dies könnte einerseits so verstanden werden, dass der tatbestandliche Vorsatz nur die Kenntnis des unrechtsbegründenden Sachverhalts voraussetzt, womit eine rein intellektuelle Begriffsbestimmung vorgenommen würde. Gegen eine solche wendet er sich aber ausdrücklich.[92] Somit muss seine Interpretation dahingehend gedeutet werden, dass vom Täter zur Begründung des Vorsatzes bereits die Kenntnis des Unwerts seines Verhaltens verlangt ist. Hierfür spricht, dass Ziegert zwar nicht die Kenntnis des Unrechts im formellen Sinne, aber ein negativwertiges Bewusstsein durch vorrechtliche Motivationssysteme voraussetzt.[93] Inwieweit sich diese Motivationssysteme vom geltenden Recht unterscheiden sollen, präzisiert Ziegert nicht näher. Es deutet sich an, dass damit letztlich die Annäherung an einen materiellen Unrechtsgehalt in Gestalt der Sozialwidrigkeit/Sozialschädlichkeit erfolgt, mithin die (eingeschränkte) Vorsatztheorie zum Vorschein kommt.[94] Diese steht allerdings gerade auf der Grundlage der zur Debatte stehenden Behauptung. Daher bieten die Ausführungen Ziegerts insoweit keine weiterführenden Erkenntnisse.

b) Wiederholungsgefahr

Ein anderer Versuch, das Vorsatzunrecht vom Fahrlässigkeitsunrecht zu scheiden, stützt sich auf die Erwägung, dass der Vorsatztäter eine größere Gefahr für die Rechtsordnung als Ganzes, also die Gemeinschaft, schafft. Es handelt sich nach dieser Idee um ein intrasoziales Risikophänomen.[95] In der vorsätzlichen Tatbegehung manifestiert sich das Bild einer Verhaltensordnung, die durch die Gemeinschaft für nicht hinnehmbar erklärt ist. Der Täter nimmt ein Verhalten vor, das als solches aufgrund seiner Risiken für rechtlich geschützte Güter nicht erwünscht ist. Solange der Täter erklären kann, dass das Verhalten ohne Kenntnis der tatbestandsrelevanten Umstände erfolgte, ist eine Wiederholung des Verhaltens durch ihn bzw. durch Dritte nicht absehbar.[96] Der „Geltungserosion" ist jedenfalls dann vorgebeugt, wenn diese „Umstände" nicht das Gesetz selbst betreffen oder aus diesem unmittelbar ableitbar sind. Denn in letzterem Fall kann der Eindruck entstehen, dass ein generelles Desinteresse für Gesetzgebung positive Folgen nach sich

---

[92] *Ziegert*, Vorsatz, 1987, S. 124.

[93] Wie sich aus den Ausführungen *Ziegert*, Vorsatz, 1987, S. 157 f. rückschließend ergibt.

[94] Ausdrücklich für den Bereich des Nebenstrafrechts *Ziegert*, Vorsatz, 1987, S. 157; weiterhin bezeichnet er seine Ergebnisse als mit der Lehre von den negativen Tatbestandsmerkmalen übereinstimmend, S. 171.

[95] *Stein/Schneider*, in: SK-StGB, 2025, § 16 Rn. 15.

[96] Ähnlich *Jakobs*, Strafrecht AT, 1991, 8. Abschn. Rn. 5.

zieht.[97] Eine Auffassung, die in bedenklichem Konflikt mit der Idee des demokratischen Rechtsstaats steht.[98]

Anders liegt der Fall, wenn klar ist, dass der Täter das gesetzeswidrige Verhalten in Kenntnis der tatbestandsrelevanten Umstände an den Tag gelegt hat. Abstrakt lässt sich dieser Bereich so konturieren, dass er immer dann erreicht ist, wenn sich die vom gesetzlichen Tatbestand vorgenommene Situationsbeschreibung in den Verarbeitungsprozess des Täterbewusstseins eingestellt hat und sich dieser trotzdem bzw. deswegen zur Vornahme des Tatverhaltens motivierte.[99] Es ist das, was gemeinhin als *Entscheidung*[100] für das tatbestandsmäßige Verhalten bezeichnet wird. In einem solchen Fall ist die Gefahr einer Wiederholung des Verhaltens selbst bei Eintritt des Taterfolgs durch den Täter,[101] aber auch durch Dritte[102] erhöht. Der Täter hat dann die Herbeiführung eines von der Rechtsordnung als unerwünscht bewerteten Zustands eingepreist, sich also nicht das Ergebnis der getroffenen freiheitlichen Abwägung trotz Kenntnis der dazu notwendigen[103] Umstände zu eigen gemacht. Wer nichts Unrechtes in seinem unrechten Verhalten sieht, ist anfälliger dafür, es zu wiederholen. Anders ist dies bei bewusst oder grob fahrlässigem Verhalten, weil dort die risikorelevanten Faktoren durch persönliche Fehleinschätzung der Situation verzerrt werden, mithin die Abwägung in Kongruenz mit dem Gemeinschaftsurteil steht, wenn die Risikoeinschätzung als wahr unterstellt wird.[104] Kalkuliert der Täter das rechtlich missbilligte Ergebnis hingegen ein, muss durch das strafende Urteil grundsätzlich mit einem (empfindlicheren) Übel reagiert werden, um dem Täter die Ablehnung seines Verhaltens deutlich aufzuzeigen und so die auch künftige Unerwünschtheit des Tatverhaltens durch ihn wie durch Dritte mit Nachdruck zu kommunizieren. Nur dadurch wird ein eingetretener gesellschaftlicher Vertrauensverlust in die Geltung des Strafgesetzes adäquat kompensiert.[105]

---

[97] Vgl. dazu *Kuhlen*, Irrtum, 1987, S. 343 f., der hervorhebt, dass dadurch die individuelle Geltung zur Disposition des Täters stünde.

[98] Dazu Kap. 1 D. IV. 4.

[99] Ähnlich *Ambrosius*, Vorsatzabgrenzung, 1966, S. 29 ff.; zu den Einzelheiten Kap. 3.

[100] Maßgebendes Kriterium auch bei *Brammsen*, JZ 1989, 71 (79); *Duttge*, HRRS 2012, 359 (359); *ders.*, in: D/D/K/R, Gesamtes Strafrecht, 2022, StGB, § 16 Rn. 19; *Frisch*, Vorsatz und Risiko, 1983, S. 111; *ders.*, NStZ 1991, 23 (24); *Kiel*, Risiko als Konstruktion, 2024, S. 184; *Puppe*, ZStW 103 (1991), 1 (14 f.); *Roxin*, JuS 1964, 53 (58); *Schuster*, in: TK-StGB, 2025, § 15 Rn. 80.

[101] *Frisch*, Vorsatz und Risiko, 1983, S. 49 f., 69 f., 72.

[102] *Frisch*, Vorsatz und Risiko, 1983, S. 100; allein auf die erhöhte Generalpräventionsbedürftigkeit abstellend *Stein/Schneider*, in: SK-StGB, 2025, § 15 Rn. 22 ff.

[103] Dazu Kap. 3.

[104] Am Beispiel der Untreue *Frisch*, Vorsatz und Risiko, 1983, S. 213 f.

[105] Ähnlich *Kiel*, Risiko als Konstruktion, 2024, S. 184 f.; *Stein/Schneider*, in: SK-StGB, 2025, § 16 Rn. 4.

Es ist also das Handeln in Kenntnis der tatbestandsspezifischen Gefährdungslage, welches das Urteil über die Tat als vorsätzlich begangen legitimiert.[106] Daher lässt sich festhalten, dass die Frage, ob der Täter *trotz* Kenntnis der tatbestandsrelevanten Umstände gehandelt hat, falsch gestellt ist. Vielmehr ist zu fragen, ob der Täter *wegen* der Kenntnis der tatbestandsrelevanten Umstände gehandelt hat.[107]

Um eine saubere Scheidung von Vorsatz und Unrechtseinsicht zu gewährleisten, darf bei der Untersuchung dieser Motivationslage jedoch nicht darauf abgestellt werden, welche persönlich-emotionale Einstellung der Täter zur Tatsituation hat, also ob ihm der Taterfolg erwünscht oder unerwünscht ist[108] bzw. welches „Motiv" im Sinne eines Fernziels dahintersteckt.[109] Ausschlaggebend ist einzig, ob der Täter eine Situation vorgefunden und in seine Entscheidungsfindung aufgenommen hat, die der Umschreibung eines Straftatbestands entspricht und er daraufhin seinen notwendigen Beitrag dazu leistete, um die dort getätigte Umschreibung zu verwirklichen. Es ließe sich auch schlagformelartig formulieren: Zu fragen ist, ob der Täter Kenntnis von der *tatbestandsmäßigen Situation* hat, nicht, ob der Täter Kenntnis von der *Tatbestandsmäßigkeit der Situation* hat. Folglich sind Vorsatzgegenstände grundsätzlich nur ontologische, also seinsbezogene Erscheinungen, die den Wortlaut des Tatbestands als korrekte Umschreibung der Wirklichkeit erscheinen lassen. Eine materielle Rechtswidrigkeit hat dann, sofern eine solche überhaupt anerkannt wird,[110] keine Bedeutung für die Frage nach der Abgrenzung von Vorsatz und Fahrlässigkeit.

Diese ontologischen Erscheinungen können dabei nicht nur sinnesfällige Tatsachen meinen, sondern auch solche, die sich aus sozialer Konvention ergeben. Die Gesamtheit der Erscheinungen kann als *bedeutungserhebliche Tatsachen* bezeichnet werden. Erst die Erfassung des Bedeutungsgehalts einer Situation vermittelt dem Täter ein zutreffendes Bild der Auswirkungen seines Verhaltens. Wer einen angekündigten Testalarm für echt hält und daraufhin mit „Pauken und Trompeten" die Nachbarschaft in Atem hält, hat alle im Moment der Verhaltensentscheidung relevanten sinnlich zugänglichen Reize wahrgenommen. Ihm fehlte allerdings die Zusatzinformation, dass es sich nur um einen Testalarm handelt. Erst bei Kenntnisnahme dieser Zusatzinformation wird dem Irrenden die Tragweite seines Verhaltens bewusst. Erst dann kann er sich erklären, warum er mit seinem Verhalten so viel Unmut und soziales Unverständnis entgegengebracht bekam. Auf die Strafrechtslehre gemünzt bedeutet dies, dass die zu untersuchende Entscheidung des Täters

[106] *Frisch*, Vorsatz und Risiko, 1983, S. 69 f.; *Frister*, Strafrecht AT, 2023, § 11 Rn. 1.

[107] Auch *Frister*, Strafrecht AT, 2023, § 11 Rn. 1: „bewusste Entscheidung des Täters für das im objektiven Tatbestand beschriebene Geschehen".

[108] BGH, Urt. v. 1.3.2018 – 4 StR 399/17, NStZ 2018, 409 (411) m.w.N. aus der Rechtsprechung; *Kulhanek*, in: MüKo-StGB, 2024, § 16 Rn. 63; *Schladitz*, ZStW 134 (2022), 97 (119); *Stein/Schneider*, in: SK-StGB, 2025, § 16 Rn. 34; *Schuster*, in: TK-StGB, 2025, § 15 Rn. 11.

[109] *Kulhanek*, in: MüKo-StGB, 2024, § 16 Rn. 25.

[110] Dazu noch sogleich unter Kap. 1 C. II. 1. c).

von anderer Gestalt ist, wenn er die Situation in ihrer tatbestandsrelevanten Dimension nicht erfasst hat. Dieser Irrtum kann folglich nicht nur daraus resultieren, dass dem Täter unmittelbar sinnlich erfassbare Umstände verborgen geblieben sind. Er kann sich vielmehr auch daraus speisen, dass der Täter Umständen einen fehlerhaften Bedeutungsgehalt zumisst und in der Folge tatbestandsrelevante Elemente der Situation verkennt, die ihm insgesamt die Einsicht in die Auswirkungen seines Verhaltens versperren. Wer also den mit Strichen versehenen Bierdeckel[111] für einen „Gag" des Kellners hält, misst diesem Objekt einen falschen Bedeutungsgehalt zu, verkennt damit die tatbestandsrelevante Situation und kann die Tragweite der Ergänzung oder Veränderung des Bierdeckels nicht erfassen. Gleichermaßen verhält es sich dort, wo der Täter den über einen Stuhl gehängten Mantel versehentlich für den eigenen hält. Auch hier nimmt er alle sinnlich erfassbaren Umstände korrekt wahr, verkennt aber die Bedeutung seines Verhaltens. Die Wiederholungsgefahr ist in diesen Fällen nicht durch die Vornahme des Verhaltens indiziert, weil in der Entscheidung keine generelle Neigung zur Gefährdung fremder Rechtsgüter zu sehen ist. Es lässt sich somit im Grundsatz festhalten, dass es das Verhalten in situationsbezogener Bedeutungskenntnis ist, welches als Entscheidung für ein tatbestandsmäßiges Verhalten besonders strafwürdig ist.

Hiermit ist ein Kriterium gefunden, welches eine Scheidung von Vorsatz und Fahrlässigkeit bereits auf Tatbestandsebene ermöglicht und unter zweckrationalen Aspekten angemessene Lösungen liefert, ohne dabei Rückgriff auf die Kenntnis des Täters von der materiellen Wertwidrigkeit oder gar der Unrechtseinsicht insgesamt zu nehmen. Entsprechend ist es jedenfalls nicht notwendig, auf die Kenntnis des Unrechtsgehalts abzustellen, um die stärkere Bestrafung aus dem Strafrahmen des Vorsatzdelikts zu erklären.[112] Da es sich um eine Wertungsfrage handelt, lässt sich dem entgegenhalten, dass die hier dargelegten präventiven Interessen kein ausreichender Zweck, vielmehr andere oder weitere Kriterien heranzuziehen seien.[113] Die Nachvollziehbarkeit dieser Unterscheidung zwischen Vorsatz und Fahrlässigkeit auf Grundlage der Prämissen dürfte aber kaum zu bestreiten sein.

c) Vorteil gegenüber dem Konstrukt der materiellen Rechtswidrigkeit

Ein Beleg für die Plausibilität der Herangehensweise kann darin gesehen werden, dass sich hiermit auch jene Strafgesetze erklären lassen, die für die vorsätzliche und fahrlässige Begehung keine Strafrahmenunterscheidung vorgeben. Ein Beispiel hierfür bietet § 316 StGB, der sowohl das vorsätzlich- als auch fahrlässig-trunkene Bewegen eines Kraftfahrzeugs im Straßenverkehr mit derselben Strafandrohung

[111] Zurückgehend auf RG, Urt. v. 23. 12. 1914 – V. 871/14, DStrZ 1916, 77.

[112] Zu diesem Ergebnis kommt auch *Safferling*, Vorsatz und Schuld, 2008, S. 136: „Für eine Trennung zwischen Unrechtsbewusstsein und dem Bewusstsein der Rechtswidrigkeit besteht weder ein Grund noch ein Bedürfnis".

[113] *Schroth*, Vorsatz und Irrtum, 1998, S. 10.

belegt. Hierbei handelt es sich um ein hochgefährliches Verhalten für andere Verkehrsteilnehmer. Geht man von Unterscheidungsgründen auf Basis der Prävention aus, lässt sich in diesem Fall argumentieren, dass die Gefahren einer Wiederholung des Verhaltens unabhängig von der Entscheidung des Täters ähnlich hoch sind. Denn die Situation der Trunkenheit kommt mit gewisser Regelmäßigkeit vor,[114] sodass eine im Strafmaß zum Ausdruck kommende Nachsichtigkeit bei Fahrlässigkeit zum Schutz der Rechtsgüter anderer Verkehrsteilnehmer besonders kontraproduktiv scheint. Ein Strafverzicht oder eine Milderung würde einen großen Vertrauensverlust in die Integrität des Straßenverkehrs bedeuten und die Gesetzesgeltung in einem dringend ordnungsbedürftigen Bereich nachhaltig infrage stellen. Wer hingegen in der Beurteilung der Tat als vorsätzlich einen erhöhten Vorwurf sieht,[115] muss erklären, warum hier keine Differenz vorliegen soll, die eine andere Strafrahmenerfassung gebieten würde. Wer die materielle Rechtswidrigkeit als Gegenstand des Vorsatzes betrachtet, also die Kenntnis des sozial-ethischen Unwerturteils aufnimmt,[116] wird kaum umhinkommen, einen höheren Vorwurf gegen den Täter zu erheben, der in diesem Wissen trotzdem seine eigenen Interessen über die der anderen Verkehrsteilnehmer stellt. Aus dieser Perspektive ist eine Gleichstellung des Strafrahmens unschlüssig.

Hauptkritikpunkt eines an der materiellen Rechtswidrigkeit orientierten Vorsatzes ist aber, dass die Abgrenzung zwischen formeller und materieller Rechtswidrigkeit mit erheblichen Unsicherheiten belastet ist. Denkbar ist nach diesem Ansatz zwar eine Orientierung an einem vorpositiven „quasi-rechtlichen" Fundament. Eine Ordnung, die nicht kodifiziert ist, kann jedoch nicht objektiv erkannt werden. Der Interpret bleibt auf seine durch Introspektion gewonnenen Erkenntnisse beschränkt, woraus nur eine personenabhängige, plurale Meinungsbildung über den Gehalt dieser Ordnung begründet werden kann. Dies verträgt sich mit den verfassungsrechtlichen Ansprüchen an die Strafrechtsordnung aus Art. 103 Abs. 2 GG, allen voran dem Bestimmtheitsgrundsatz, und dem Demokratieprinzip nicht.[117] Alternativ wird vorgeschlagen, aus dem geschriebenen Tatbestand den Zweck bzw. die Idee des solchen zu gewinnen und als Grundlage des materiellen Unrechtsbewusstseins fruchtbar zu machen. Mit Recht hebt Otto hervor, dass dann eine erhebliche Schnittmenge zur Idee des Vorsatzes als bewusste Rechtsgutsverletzung

---

[114] So gaben im ESA (Epidemiological Survey of Substance Abuse) 2021 ca. 12 Mio. Menschen in Deutschland an, in den letzten 30 Tagen zumindest einmal mehr als 5 Gläser Alkohol am Stück konsumiert zu haben, siehe dazu https://www.aerzteblatt.de/archiv/226329/Konsum-psychoaktiver-Substanzen-in-Deutschland.

[115] So *Pérez-Barberá*, GA 2013, 454 (466); *H. Schröder*, ZStW 65 (1953), 178 (194).

[116] Auch *Engisch*, Untersuchungen, 1930, S. 186 ff., insb. 189 durch Einbeziehung der Gleichgültigkeit in den Vorsatz; *Armin Kaufmann*, ZStW 70 (1958), 64 (insb. 75) durch Verlangen eines betätigten Vermeidewillens.

[117] *Gärditz*, Der Staat 49 (2010), 331 (346 f., 349); insoweit mahnend auch *Roxin/Greco*, Strafrecht AT I, 2020, § 14 Rn. 14.

besteht.[118] Die Erkenntnis einer Rechtsguts*verletzung* bedingt einerseits, dass der Täter um die Beeinträchtigung eines rechtlich geschützten Interesses weiß, und andererseits, dass diese Beeinträchtigung nicht aufgrund eigener verfassungsrechtlich gewährleisteter Freiheitsrechte legitimiert ist. Hierin liegt zugleich im Kern die Antwort auf die Frage, ob Verhaltensweisen sanktionierbar sind oder nicht.[119] Die Entscheidung über letzteres obliegt jedoch nicht Einzelnen,[120] sondern der Gemeinschaft in Gestalt der von ihr gegebenen Gesetze. „Rechtsgut" im demokratischen Staat ist nach hiesigem Verständnis nicht etwas vorrechtlich Vorgegebenes,[121] sondern ein Interesse, welches die Gemeinschaft für derart wichtig erachtet, dass sie dieses rechtsförmig ausgestaltet[122] und hierdurch einen Durchsetzungswillen[123] erkennen lässt. Bei Zugrundelegung dieses Verständnisses von Rechtsgütern droht mindestens eine starke Verwässerung der Grenze zwischen formeller und materieller Rechtswidrigkeit, was deswegen problematisch ist, weil jedenfalls die formelle Rechtswidrigkeit aufgrund der Anordnung von § 17 StGB zwingend dem Bereich der Schuld zugewiesen ist.

Insgesamt lässt sich daher festhalten, dass die materielle Rechtswidrigkeit unter dem Gesichtspunkt des Zwecks von Strafe kein notwendiger Bestandteil des Vorsatzes ist. Auch strafrechtsdogmatisch lassen sich gute Gründe für ein präventionsbezogenes Verständnis vom Zweck der typischerweise höheren Strafrahmenausgestaltung bei Vorsatzdelikten finden, die den Einschluss einer materiellen Rechtswidrigkeit entbehrlich machen. Zur Förderung der Klarheit bei der Abgrenzung von §§ 16 Abs. 1 und 17 StGB bzw. § 11 Abs. 1 und Abs. 2 OWiG ist daher auf das Kriterium zu verzichten.

2. Die Appellfunktion an der Schnittstelle von Vorsatz und Schuld

Mit Naka[124] wird die Formulierung der Appellfunktion bzw. Appellwirkung des Vorsatzes verbunden. Sie fand und findet sich damals und heute in zahlreichen gängigen Werken bzw. Beiträgen[125] und bildet damit eine wichtige Säule im Kon-

---

[118] *Otto*, GK Strafrecht, 2000, § 7 Rn. 69.

[119] *Gärditz*, Der Staat 49 (2010), 331 (351 ff.).

[120] Dem Täter ebenso wenig wie Gerichten und Experten, siehe auch *Gärditz*, Der Staat 49 (2010), 331 (337, 343 f.).

[121] BVerfG, Beschl. v. 28.2.2008 – 2 BvR 392/07, BVerfGE 120, 224 (242); bestätigend BGH, Urt. v. 12.10.2021 – 3 StR 31/20, BGHSt 65, 176 (183).

[122] *Gärditz*, Der Staat 49 (2010), 331 (352).

[123] Dazu *Roughley*, in: Moral als Vertrag?, 2003, 213 (226).

[124] *Naka*, JZ 1961, 210.

[125] *Enderle*, Blankettstrafgesetze, 2000, S. 323; *Glandien*, Markenstrafrecht, 2018, S. 82 f.; *Groteguth*, Verbots(un)kenntnis, 1993, S. 113 f.; *Kaspar*, in: Leitner/Rosenau, WSS, 2022, StGB, § 16 Rn. 20; *Leite*, GA 2015, 517 (523 f.); *Momsen*, in: S/S/W, StGB, 2024, § 16 Rn. 2; *Roxin*, FS-Neumann 2017, 1023; *Schulz*, FS-Bemmann 1997, 246 (255 ff.); *Vogel/Bülte*, in: LK-StGB, 2020, § 15 Rn. 39; kritisch zu diesem Begriff und den damit verbundenen Inhalten

zept der herrschenden Vorsatzdogmatik. Ausgangspunkt der Erwägungen bildet die Frage, welche Funktion der Vorsatz im allgemeinen Verbrechensaufbau noch hat,[126] wenn es sich bei der Unrechtseinsicht um einen Schuldbestandteil handelt. Die Antwort lautet – mit Unterschieden im Detail – regelmäßig, dass der Täter durch die Verwirklichung der tatbestandlichen Umschreibung einen Vermeideappell als psychologisches Hemmnis überbrücken müsse.[127] Erfolgt dies, verwirkliche der Täter aufgrund der Missachtung dieses Appells ein gesteigertes Unrecht, welches das höhere Strafmaß legitimiere. Unabhängig von der Frage, ob es sich dabei um eine zielführende Grundlegung für die Rechtfertigung der erhöhten Vorsatzstrafe handelt, zeigt sich, dass eine Einsicht des Täters auf Tatbestandsebene verlangt wird, die der Unrechtseinsicht zumindest verwandt zu sein scheint.[128] Wenn die Unrechtseinsicht aber durch Gesetz der Schuldebene zugewiesen ist, besteht dadurch die Gefahr einer Verstrickung von Vorsatz und Schuld.[129] Dies ist besonders dort auffällig, wo sowohl auf der Ebene des Vorsatzes als auch auf der Ebene der Schuld im Rahmen der Erörterungen zu § 17 StGB von der Appellwirkung die Rede ist. So findet sich bei Roxin/Greco die Formel einerseits im Rahmen der Ausführungen zum vorsatzausschließenden Irrtum nach § 16 StGB,[130] andererseits auch im Rahmen der Erörterungen zum unvermeidbaren Verbotsirrtum nach § 17 StGB.[131] Ähnlich verlangt Rudolphi zur vollen Unrechtseinsicht im Wirtschaftsstrafrecht Kenntnis des materiellen Unrechtsgehalts, weil „nur in diesem Fall der Normappell den Täter in seiner vollen Stärke“ erreiche.[132] Damit soll nicht behauptet werden, dass sich die Ausführungen widersprechen; vielmehr soll damit nur angedeutet werden, dass die Idee der „Appellfunktion“ geeignet ist, die Grenze zwischen Vorsatz und Schuld in die eine wie die andere Richtung aufzuweichen.[133] Bezeichnend sind insoweit auch die Ausführungen von Tiedemann,[134] der schreibt: „Ohne Kenntnis der Fremdheit einer Sache entsteht kein Unrechtsappell im Hin-

---

Backes, Steuerstrafrecht, 1981, S. 123; *Horn*, Verbotsirrtum, 1969, S. 19; zuvor schon *Armin Kaufmann*, Bindings Normentheorie, 1954, S. 181.

[126] Dazu soeben unter b).

[127] *Jenny*, SchwZStR 107 (1990), 241 (258); *Naka*, JZ 1961, 210; *Roxin*, FS-Tiedemann 2008, 375 (375, 381); ebenso *Groteguth*, Verbots(un)kenntnis, 1993, S. 114 ff.: richtiger Kern; *Alaor*, GA 2015, 517 (523 f.): unverzichtbar.

[128] Kritisch daher *Safferling*, Vorsatz und Schuld, 2008, S. 132; für das Steuerstrafrecht *Maiwald*, Unrechtskenntnis, 1984, S. 19 f.

[129] So auch *Heuser*, ZStW 132 (2020), 330 (365); *Safferling*, Vorsatz und Schuld, 2008, S. 132 fragt daher: „Was unterscheidet die wertende Erkenntnis im Rahmen des Vorsatzes von dem Unrechtsbewusstsein im Rahmen der Schuld?“.

[130] *Roxin/Greco*, Strafrecht AT I, 2020, § 12 Rn. 104a, auch § 14 Rn. 66 f.

[131] *Roxin/Greco*, Strafrecht AT I, 2020, § 21 Rn. 41.

[132] *Rudolphi*, Unrechtsbewusstsein, 1969, S. 88 f.

[133] Naheliegend daher die Feststellung von *Wissmann*, Urheberstrafrecht, 2017, S. 166 f., dass bei sog. normativen Tatbestandsmerkmalen bisweilen Unrechtseinsicht und Vorsatz in eins fallen; kritisch auch *Backes*, Steuerstrafrecht, 1981, S. 123.

[134] *Tiedemann*, FS-Geerds 1995, 95 (107) [Herv. d. Verf.].

blick auf einen *schuldhaft* begangenen Diebstahl“, um nur kurz darauf auf Grundlage dieser Erwägung den Irrtum über normative Tatbestandsmerkmale als vorsatzrelevant zu erklären.

Nach dem oben dargelegten Verständnis von Vorsatz ist eine von den Umständen ausgehende Appellwirkung, sofern diese tatsächlich existiert,[135] jedenfalls irrelevant.[136] Anknüpfungspunkt für die Beurteilung der Tat als vorsätzlich soll gerade nicht das psychische Faktum der Überwindung eines irgendwie gearteten inneren Widerstands im konkreten Fall sein, sondern vielmehr die Entscheidung zur Leistung des für die Erfüllung des Tatbestands notwendigen Beitrags. Nur auf diesem Wege kann der Schwierigkeit entgangen werden, dass es Verhaltensweisen gibt, deren Strafbewehrung mehr oder weniger etabliert im Bewusstsein der Bevölkerung ist, ohne zugleich dann eine unterschiedliche Handhabung der Irrtumsdogmatik vorzunehmen.[137] Mit der Figur der Appellfunktion des Vorsatzes werden diese Probleme bloß kaschiert, nicht jedoch einer Lösung zugeführt. Im Gegenteil: Sie führt dazu, dass Fragen der Vorwerfbarkeit eines Irrtums in zahlreichen Bereichen des Rechts nahezu nach Belieben zwischen der Vorsatz- und Schuldstufe verschoben werden können.[138] Nachvollziehbar hat Arthur Kaufmann daher die Lehre von der Appellfunktion als Bestätigung seines Bildes eines durch materielles Unrechtsbewusstsein aufgeladenen Vorsatzes begriffen.[139] Wenn Vorsatz regelmäßig als Entscheidung gegen das Rechtsgut charakterisiert wird,[140] läuft dies in aller Regel darauf hinaus, dass der Täter eine zugrundeliegende, appellierende Norm kennen muss.[141] Gefordert wird nämlich die Ermittlung des Rechtsgutscharakters durch den Täter.[142] Dies bedingt aber die Vorstellung, dass ein Interesse auch durch das Recht geschützt wird. Wird eine Entscheidung gegen etwas verlangt, setzt dies ein Alternativverhältnis (Recht/Unrecht) in der Vorstellung des Täters voraus, welches nur bestehen kann, wenn Alternativen erkannt werden.[143] Soll als Norm dann nicht das Gesetz als solches begriffen – und damit Kenntnis der formellen Rechtswidrigkeit verlangt – werden, muss auf eine dem Gesetz immanente Norm

---

[135] Zweifelnd *Arzt*, ZStW 91 (1979), 857 (862); *Stein/Schneider*, in: SK-StGB, 2025, § 16 Rn. 13.

[136] Hiergegen ausdrücklich *Leite*, GA 2015, 517 (523 f.).

[137] Dazu noch Kap. 2 B.II. 1. und 2.

[138] Ähnlich kritisch *Liu*, Rekonstruktion, 2023, S. 70; *Lüderssen*, FS-Roxin 2001, 457 (459 f.); *C. Wolf*, Error, 2019, S. 50 f.

[139] *Arthur Kaufmann*, FS-Lackner 1987, 185 (189).

[140] *Kühl*, Strafrecht AT, 2017, § 5 Rn. 28; *Roxin/Greco*, Strafrecht AT I, 2020, § 12 Rn. 23; *Schladitz*, ZStW 134 (2022), 97 (147); *Schulz*, FS-Bemmann 1997, 246 (256); *Schuster*, in: TK-StGB, 2025, § 15 Rn. 80.

[141] Plakativ *Duttge*, HRRS 2012, 359 (361): „[…] muss der Täter diese *Rechtslage* wenigstens ihrer sozialrelevanten Essenz nach […] tatsächlich (‚laienhaft‘) nachvollzogen haben“; kritisch auch *Pawlik*, Unrecht, 2012, S. 404 ff.

[142] *Schlüchter*, Normative Tatbestandsmerkmale, 1983, S. 103 ff.

[143] *Tiedemann*, Tatbestandsfunktionen, 1969, S. 374.

abgestellt werden, deren Charakter bisher nicht überzeugend vom Gegenstand des materiellen Unrechtsbewusstseins im Sinne der Lehre Arthur Kaufmanns abgegrenzt wurde. Die mit letzterer Auffassung verbundenen Schwierigkeiten wurden bereits aufgezeigt.[144] Die Folge eines solches Vorgehens ist auch hier jedenfalls eine erhebliche Rechtsunsicherheit zulasten des Gesetzesadressaten, die in Anbetracht der stark abweichenden Konsequenzen des Fehlens von Vorsatz einerseits und Unrechtseinsicht andererseits nicht hinnehmbar ist.

3. Zur Figur der Vorsatzschuld

Eine in diesem Sinne problematische Verschränkung von Vorsatz und Schuld verbirgt sich – da terminologisch bereits die Brücke schlagend – vermeintlich im Konstrukt der Vorsatzschuld,[145] wie es im Rahmen der Lösung des Problems um die rechtliche Behandlung des Erlaubnistatbestandsirrtums teilweise bemüht wird. Gallas und ihm folgend bedeutende Teile der Literatur[146] sowie gelegentlich auch die Rechtsprechung[147] sehen den Täter einem besonderen Schuldvorurteil ausgesetzt durch die Tatsache, dass er vorsätzlich ein Rechtsgut geschädigt hat. Dieses Vermutungsurteil könne dann lediglich durch das Vorhandensein besonderer schuldausschließender Umstände negiert werden. Wird der Vorsatz gleichermaßen als „Entscheidung gegen das geschützte Rechtsgut“ begriffen, ist der Einwand von Renzikowski berechtigt, dass Vorsatz und typisierter Vorsatzschuldvorwurf identisch seien.[148]

Allerdings lässt sich auch eine Interpretation des Vorsatzschuldbegriffs finden, die von dieser Kritik nicht berührt wird. Ausgangspunkt der Überlegungen bildet die schuldtheoretische Prämisse, dass Fragen rund um die Vorwerfbarkeit der Tat Gegenstand der Schuldprüfung sind. Konsequent ist es daher, zu untersuchen, ob im Rahmen der Vorsatzentwicklung möglicherweise ein Defizit vorlag, welches einen Ausschluss der Strafbarkeit aus dem Vorsatzdelikt nach sich ziehen könnte. Grundsätzlich kann zwar vermutet werden, dass der Vorsatz schuldhaft entwickelt worden ist. Jedoch kann dort eine Unrechtsverwirklichung ohne Schuld vorliegen, wo sich der Täter im Irrtum über Umstände befindet, die – wenn sie tatsächlich vorlägen – das Urteil einer gerechtfertigten Tat mit sich bringen. Im Erlaubnistatbestandsirrtum fehlt es dann an der Schuld bezüglich der Voraussetzung „Vorsatz“,

---

[144] Kap. 1 C. II. 1. b).

[145] Zurückgehend auf *Gallas*, ZStW 67 (1955), 1 (45 f. Fn. 89).

[146] *Eisele*, in: TK-StGB, 2025, Vor § 13 Rn. 120, 121; *Rengier*, Strafrecht AT, 2025, § 30 Rn. 22; kritisch *Frister*, Strafrecht AT, 2023, § 14 Rn. 34; *Roxin/Greco*, Strafrecht AT I, 2020, § 14 Rn. 73.

[147] BGH, Urt. v. 2. 11. 2011 – 2 StR 371/11, NStZ 2012, 272 (273); OLG Hamm, Beschl. v. 30. 6. 1986 – 4 Ss 271/86, NJW 1987, 1034 (1035).

[148] *Renzikowski*, in: Matt/Renzikowski, StGB, 2020, Vor § 13 Rn. 42; *Schmidhäuser*, Strafrecht AT, 1984, Kap. 7 Rn. 38 sieht dies als Beleg dafür, dass es sich beim Vorsatz in Wahrheit um eine Schuldfrage handelt.

nicht aber zwangsläufig an der Schuld bezüglich eines korrespondierenden Fahrlässigkeitstatbestands. Wenn gegen eine so verstandene Figur der Vorsatzschuld vorgetragen wird, dass nicht erklärbar sei, weshalb bei bestehendem Vorsatz die Tatschuld entfalle,[149] dann zielt der Einwand an der Idee der Auffassung vorbei. Es wird nicht bestritten, dass eine Entscheidung gegen das Rechtsgut bzw. für die tatbestandsmäßige Situation vorlag. Sie kann jedoch in Anbetracht der erdachten Rechtfertigungslage nicht zum Vorwurf gemacht werden. Es kann sich also um eine vorsätzliche Tat handeln, die nicht schuldhaft begangen worden ist. Es wird dann auch deutlich, dass es sich nicht um einen Überrest der Verortung des Vorsatzes auf der Schuldebene, sondern um eine konzeptionell schlüssige Anwendung der modernen Trennung von Vorsatz und Schuld handelt. Eine „dogmatische Missgeburt"[150] ist in dieser Konstruktion jedenfalls nicht zu sehen.

Ein solches Begriffsverständnis von Vorsatzschuld lässt sich auch mit den von Puppe aufgezeigten Folgen für die Rechtfertigungslehre vereinbaren. Puppe hebt hervor, dass die Auswirkungen des Fehlens von Vorsatz im Hinblick auf die rechtfertigenden Umstände strukturell auf gleicher Ebene veranschlagt sein müssten, wie die Auswirkungen vom Bestehen eines solchen.[151] Dies lässt sich dadurch gewährleisten, dass zur Rechtfertigung kumulativ das Bestehen der objektiven und subjektiven Voraussetzungen des Rechtfertigungsgrunds verlangt wird.[152] Dann ist die diesbezügliche Tatsachenvorstellung immer notwendige, aber niemals hinreichende Bedingung zur Rechtfertigung des Täters. Und die Frage danach, ob die Bildung der Handlungsmotivation in Anbetracht der Vorstellungen des Täters vorwerfbar ist, ist dann eigenständiger Gegenstand der Schuld.[153]

Eine andere Frage ist es, ob in solchen Fällen noch die Möglichkeit einer Fahrlässigkeitsbestrafung eröffnet ist. Problematisch ist dies, wenn neben einer speziellen Vorsatzschuld auch ein Aliudverhältnis[154] zwischen Vorsatz- und Fahrlässigkeitsdelikt angenommen wird. Dann ist der Rechtsanwender dazu gezwungen, auch die Vorsätzlichkeit der Tat zu negieren, um nicht den Fall des Erlaubnistatbestandsirrtums der Straflosigkeit preiszugeben. Anderenfalls drohte ein innerer Widerspruch, weil Vorsatz und Fahrlässigkeit zugleich vorliegen müssten. Dieser wird bisweilen unter dem Topos des „normativ-ethischen Stufenverhältnisses" hingenommen.[155] Wird hingegen ein logisches Stufenverhältnis zugrunde gelegt, ist die

---

149 So *Duttge*, in: D/D/K/R, Gesamtes Strafrecht, 2022, StGB, § 16 Rn. 13.

150 So die Formulierung von *B. Schünemann*, GA 1985, 341 (350).

151 *Puppe*, in: NK-StGB, 2023, § 16 Rn. 135; ähnlich *Streng*, FS-Paeffgen 2015, 231 (239) m.w.N. zu diesem Gegenargument.

152 So auch zugestehend *Puppe*, FS-Stree/Wessels 1993, 183 (199).

153 Damit besteht dann auch entgegen *Puppe*, FS-Stree/Wessels 1993, 183 (189 f.) ein eigenständiger Gegenstand, der untersucht werden kann.

154 BGH, Beschl. v. 18.8.1983 – 4 StR 142/82, NStZ 1984, 74 (75): „normativ-ethische[s] Stufenverhältnis[se]"; *Duttge*, in: MüKo-StGB, 2024, § 15 Rn. 105; *Kudlich*, in: BeckOK-StGB, Stand 1.11.2025, § 15 Rn. 29.2; dagegen *Puppe*, NK-StGB, 2023, § 13 Rn. 5.

155 Siehe dazu BGH, Beschl. v. 18.8.1983 – 4 StR 142/82, NStZ 1984, 74 (75).

Annahme von Fahrlässigkeit bei bestehendem Vorsatz bruchlos möglich, da das Fahrlässigkeitsdelikt als Grundform des Vorsatzdelikts behandelt wird.[156]

4. Zwischenergebnis

Es hat sich gezeigt, dass sich der regelmäßig erhöhte Strafrahmen des Vorsatzdelikts mit der gesteigerten Wiederholungsgefahr durch den Täter selbst, aber auch durch Dritte erklären lässt. Die Berücksichtigung dessen bringt einen entscheidenden Vorteil mit sich: Die Wiederholungsgefahr ist entkoppelt von einer konkreten ethischen Bewertung des vom Strafgesetz erfassten Verhaltens. Hierdurch wird die strukturelle Trennung von Vorsatz und Schuld gefördert.

D. Strafwürdigkeit beim Verbotsirrtum

Ebenso gewichtig für die Strafe des Täters wie die Unterscheidung von Vorsatz- und Fahrlässigkeitstat kann die Unterscheidung zwischen dem Tatbestandsirrtum nach § 16 Abs. 1 S. 1 StGB und dem Verbotsirrtum nach § 17 StGB sein. Während ersterer bereits den Vorsatz ausschließt, beeinflusst letzterer die Schuld und lässt diese nur bei Unvermeidbarkeit des Irrtums gemäß § 17 S. 1 StGB vollständig entfallen. Daher werden an dieser Stelle die Gründe für die unterschiedliche Handhabung der Irrtumsarten untersucht. Dies macht es erforderlich, zunächst Zweck und Funktion der Schuldstufe im Verbrechensaufbau zu entfalten. Nach einem kurzen etymologischen Einstieg wird die rechtshistorischen Entwicklung von Schuld im Strafrecht skizziert, welche mit den heute anerkannten Grundsätzen des Schuldstrafrechts ihren Abschluss findet. Auf dieser Grundlage können die jüngeren Entwicklungen zur Funktion der Schuldstufe besser[157] in den Blick genommen und ein Urteil über die Aufgabe und Verfassungsmäßigkeit des § 17 StGB im Lichte des Demokratieprinzips getroffen werden.

I. Ein sprachhistorischer Einstieg

Etymologisch leitet sich das Wort „Schuld" mutmaßlich vom gotischen Wort „Skuld" ab, das so viel wie „man muss" oder „man ist verpflichtet" bedeutete,[158] wobei das dazugehörige Verb „sculan" mit dem heutigen Modalverb „sollen" in der

---

[156] Etwa RG, Urt. v. 2.7.1908 – I 489/08, RGSt 41, 389 (391 f.); *Herzberg*, ZIS 2011, 444 (449); *Pérez-Barberá*, GA 2013, 454 (467); *Puppe*, in: NK-StGB, 2023, § 13 Rn. 5; *dies.*, Vorsatz, 1992, S. V; *Rostalski*, JuS 2021, 827 (828); *Stein/Schneider*, in: SK-StGB, 2025, § 15 Rn. 15.

[157] *Gerhold*, JuS 2021, 97 (103).

[158] So jedenfalls die Einschätzung von *Berg*, Schuldlehre, 1927, S. 44.

Bedeutung vergleichbar ist.[159] Es ist also eine sprachhistorisch enge Verknüpfung der Begriffe „Schuld" und „Sollen" gegeben, was als erstes vorsichtiges Indiz für die Interpretation des Schuldbegriffs herangezogen werden kann. Denn eine Begriffsauslegung ist auch im juristischen Bereich an der gemeinen Bedeutung zu orientieren, wobei Abweichungen zwar nicht ausgeschlossen, aber doch je nach Intensität erhöhten Begründungsanforderungen unterliegen.[160] Relativierend muss berücksichtigt werden, dass das Bezugsobjekt des Begriffs schon damals eine konventionelle Tatsache war. Konventionen sind jedoch von der jeweiligen Gesellschaft abhängig. Und da sich die Gesellschaft im Verlauf der letzten 1000 Jahre sowohl im Hinblick auf die Selbst- als auch die Fremderkenntnis stark verändert hat, kann aus der damaligen Begriffsverwandtschaft von „Schuld" und „sollen" nur eine Interpretation damaliger Überzeugungen belastbar gewonnen werden. Unter Berücksichtigung eines derart langen Zeitraums der Entwicklung sind daher wortursprüngliche Erwägungen für die moderne Charakterisierung von Schuld nur „randnotizenhaft" zu gebrauchen.[161] Trotzdem ist die Beleuchtung entgegen der Auffassung von Schmidt-Leichner[162] nicht völlig wertlos. Sprache und Idee interferieren vermittelt durch den Denkvorgang miteinander,[163] sodass jede sprachliche Analyse auch zugleich eine Interpretationsmöglichkeit aufzeigt und schon deswegen brauchbar ist. So liegt auch hier mit der Verwandtschaft zum Begriff des Sollens eine erste Idee für die Ausfüllung des strafrechtlichen Begriffs der Schuld vor, die bis heute Niederschlag in der kontroversen Auseinandersetzung findet.

II. Rückblick: Schuldgrundsatz in vorkonstitutioneller Zeit

Die historische Entwicklung des Schuldstrafrechts von einem emotional-kultisch geprägten Bild der Straflegitimation hin zu einem rational-positivrechtlichen ist auch für die moderne Interpretation des Schuldbegriffs von Bedeutung. In ihr kommt zum Ausdruck, dass der Täter als verantwortungsfähiges und verantwortliches Subjekt im Zentrum des modernen Strafverfahrens steht und daher auf dessen psychische Verfassung im Zeitpunkt der Tat, die wesentlich durch Irrtümer beeinflusst werden kann, Rücksicht genommen werden muss.

---

[159] Begriff „Schuld", in: *W. Pfeifer et al.*, Etymologisches Wörterbuch des Deutschen, 1993; vgl. zum aktuellen Stand der etymologischen Forschung beim Wort „sculan" die Diplomarbeit von *P. Pfeifer*, „Waz skel iz sin?", 2021, S. 27 ff., 41 ff.

[160] Exemplarisch hierfür ist der Sitzblockaden-Fall des BVerfG, Urt. v. 11.11.1986 – 1 BvR 713/83, 1 BvR 921/84, 1 BvR 1190/84, 1 BvR 333/85, 1 BvR 248/85, 1 BvR 306/85, 1 BvR 497/85, BVerfGE 73, 206 (244 ff.).

[161] *Berg*, Schuldlehre, 1927, S. 44 f.

[162] *Schmidt-Leichner*, Unrechtsbewußtsein, 1935, S. 84.

[163] Monografisch zum Zusammenhang *Panfilov*, Sprache und Denken, 1974.

Die Ursprünge eines Schuldstrafrechts lassen sich bis in die griechische Klassik zurückführen.[164] Durch Zuschreibung von Verantwortlichkeiten erwies sich die Schuld als zentraler Baustein, um Konflikte ohne wechselseitige Gewalt zu lösen.[165] Ein den Rechtsfrieden sichernder Aspekt früher praktizierter Strafverhängung war sodann das Prinzip der Erfolgs- bzw. Zufallshaftung.[166] Für notwendig erachtet wurde ein Ausgleich der angerichteten Störung im Frieden, der sich in der vollzogenen Strafe manifestierte.[167] So wurden vor dem Hintergrund schicksalhafter Fügungen teilweise ohne jede Bezugnahme auf ein Element des Vorwurfs schädigende Ereignisse Personen zugerechnet, deren Einwirkung hierfür nicht oder lediglich im natürlichen Sinne kausal war, ohne dass es auf einen Verantwortlichkeitsvorwurf ankam. Daher lässt sich auch die Bezeichnung „Schuldstrafrecht“ für diese Art des Strafmechanismus in Frage stellen.[168] Gleichwohl finden sich schon bei Aristoteles[169] Hinweise zu einer Differenzierung der Strafwürdigkeit menschlichen Verhaltens nach dem Prinzip strafrechtlicher Verantwortlichkeit, wenn dieser strukturell zwischen vorsätzlich, fahrlässig und unverschuldet herbeigeführten Taterfolgen unterschied. Bis in das Frühmittelalter hinein vermochte sich diese Einsicht jedoch nicht entscheidend durchzusetzen. Vielmehr blieb zumeist das Prinzip der Erfolgsbzw. Zufallshaftung maßgebend für die geltenden Rechtsordnungen.[170]

Terminologisch wurde diese Idee auch bis in das späte 19. Jahrhundert noch weitergetragen. So nahm v. Rohland[171] noch die Notwendigkeit einer Zufallshaftung zulasten des Täters an. Jedoch zeigen seine Beispiele, dass er in Wahrheit an ein Element der Vorwerfbarkeit anknüpft und damit das Feld der Zufallshaftung verlässt. So solle derjenige wegen Mordes bestraft werden, der einen anderen Menschen nur deswegen trifft, weil dieser im Moment der Schussabgabe ausrutscht.[172] Dieses Problem, dass heute unter dem Topos „Irrtum über den Kausalverlauf“ bekannt ist, stellt keine Zufallshaftung im obigen Sinne dar, weil sich hier eine unerlaubte Risikoschaffung auch tatsächlich realisiert und somit mindestens Fahrlässigkeit im Hinblick auf den Taterfolg vorliegt. Folgerichtig kommt auch v. Rohland zu dem Ergebnis, dass die Handlung „erfahrungsmässig ihrem Wesen nach die Möglichkeit des Erfolges in sich [barg]“[173] und deswegen die Tat schuldhaft begangen sei.

---

[164] Zusammenfassend *Bader*, in: Frey (Hrsg.), Schuld – Verantwortung – Strafe, 1964, 61.

[165] Ausführlich *Schiefelbein*, Schuld, 2010, S. 39 ff.

[166] *Schiefelbein*, Schuld, 2010, S. 68 ff.

[167] *Bader*, in: Frey (Hrsg.), Schuld – Verantwortung – Strafe, 1964, 61 (65).

[168] So *Bader*, in: Frey (Hrsg.), Schuld – Verantwortung – Strafe, 1964, 61 (66, 69).

[169] *Aristoteles*, Eudemische Ethik, Buch II, 1223a, in: Grumach/Flashar, Aristoteles Werke, 1979, S. 30.

[170] So die Einschätzung von *Bader*, in: Frey (Hrsg.), Schuld – Verantwortung – Strafe, 1964, 61 (72).

[171] *v. Rohland*, Die Gefahr im Strafrecht, 1888, S. 67 ff.

[172] *v. Rohland*, Die Gefahr im Strafrecht, 1888, S. 70.

[173] *v. Rohland*, Die Gefahr im Strafrecht, 1888, S. 70.

Diese Bezugnahme auf individuelle Befindlichkeiten des Täters lässt sich in Grundzügen auch in der Constitutio Criminalis Carolina (CCC) beobachten, wenn sie den Richter anwies, auch die täterbezogenen Tat- und Lebensumstände sowie das Charakterbild des Täters für die Bildung der Strafe heranzuziehen.[174] Charakter- oder fähigkeitsbeschreibende Begriffe wie „boshaft" in Art. 130 der CCC, aber auch „Unfleiß oder Unkunst" in Art. 134 CCC zeugen ebenso wie das Abstellen auf kognitive Elemente durch Verwendung der Begriffe „irrig" und „wissentlich" in Art. 150 CCC von einer Hinwendung zu einem Strafrecht, welches den Täter genauer in den Blick nimmt, ohne indes den einzelnen Umständen zwingend strafrechtliche Relevanz zuzuweisen. Bemerkenswert ist insofern auch, dass der Begriff der „Entschuldigung" quantitativ den der Schuld in der CCC weit überwiegt. Dies kann ebenfalls als Indiz dafür herangezogen werden, dass die Notwendigkeit gesehen wurde, eine Abwägung zwischen dem (vermeintlichen) Bedürfnis der Verhängung einer Strafe einerseits und mangelnder Verantwortlichkeit des Täters für die Tat andererseits vorzunehmen.

Von einem endgültigen Siegeszug eines an die Verantwortlichkeit des Täters gekoppelten Strafrechts kann mit den Publikationen ab Ende des 19. Jahrhunderts gesprochen werden. So orientierte sich zum Beispiel Hälschner zur Bestimmung einer strafwürdigen, schuldhaften Verhaltensweise an der Kenntnis der Pflichtwidrigkeit des Verhaltens.[175] Schott zog zur Feststellung der Unwertigkeit einer Verhaltensweise das individuelle Verschulden des Täters heran. Hierin sah er die Grundlage jeder Strafe.[176] Prominent wurde die Vernetzung der Begriffe Schuld und Vorwerfbarkeit sodann durch den Beitrag „Über den Aufbau des Schuldbegriffs" von Reinhard Frank aus dem Jahr 1907, der den bis heute viel zitierten[177] Satz „Schuld ist Vorwerfbarkeit"[178] beinhaltet. Gleichwohl kam es noch bis in die Mitte des 20. Jahrhunderts vor, dass Täter ohne vorwerfbare Verwirklichung von Straftatbeständen belangt worden sind: Die Rede ist vom unvermeidbaren Verbotsirrtum. Die pauschale Behauptung der Irrelevanz des strafrechtlichen Verbotsirrtums durch das Reichsgericht[179] kann als letzter Überrest eines primär um Ausgleich bestrebten Strafrechts begriffen werden. Sie wurde darum auch vielfach kritisiert[180]

---

174 *Bader*, in: Frey (Hrsg.), Schuld – Verantwortung – Strafe, 1964, 61 (75).

175 *Hälschner*, Strafrecht, 1881, S. 253, 256.

176 *Schott*, Zufälliger Erfolg, 1895, S. 34.

177 So auch der Große Senat des BGH, Urt. v. 18.3.1952 – 1 GSSt 2/51, BGHSt 2, 194 (200).

178 *Frank*, Schuldbegriff, 1907, S. 11.

179 RG, Urt. v. 25.8.1880 – 1862/80, RGSt 2, 268 (269); Urt. v. 27.1.1881 – 15/81, RGSt 3, 300 (303); Urt. v. 15.4.1887 – 650/87, RGSt 15, 421; Urt. v. 3.5.1904 – 838/04, RGSt 37, 139 (142); Urt. v. 8.5.1929 – II 1368/28, RGSt 63, 215 (218 f.); Urt. v. 23.2.1940 – 1 D 39/40, RGSt 74, 91 (95); dazu auch *Rosenbaum*, Große Strafrechtskommission, 2004, S. 51 ff.

180 Siehe etwa *Ebermayer/Eichelbaum/Lobe/Rosenberg*, RStGB, 1920, § 59 2.; heute dazu *Roxin/Greco*, Strafrecht AT I, 2020, § 21 Rn. 5; anders *Arthur Kaufmann*, Unrechtsbewusstsein, 1949, S. 59: „Das Unzulängliche an der Rechtsprechung des RG ist also nicht, daß es den

und mit der Entscheidung des Bundesgerichtshofs (BGH) vom 18.3.1952 endgültig für rechtlich unhaltbar erklärt.[181]

III. Schuld als notwendige Voraussetzung des Strafens

Der endgültige Durchbruch gelang dem Erfordernis von Schuld im historisch erarbeiteten Verständnis für jegliche Form des Strafens nach deutschem Recht erst in der Mitte des 20. Jahrhunderts durch ein Urteil, dessen Tragweite gar nicht hoch genug bewertet werden kann. In der Entscheidung des Großen Senats für Strafsachen vom 18.3.1952[182] sollten die folgenden Worte die Strafrechtspraxis und -wissenschaft nachhaltig beeinflussen:

„Der vom Reichsgericht übernommene und unbeirrt festgehaltene Satz, der Irrtum über das Strafgesetz schließe die Strafbarkeit nicht aus, führt demnach bei unverschuldetem Verbotsirrtum zur Bestrafung, obwohl ein Schuldvorwurf gegen den Täter nicht erhoben werden kann und damit zur Verletzung des unantastbaren Grundsatzes allen Strafens, daß Strafe Schuld voraussetzt".

Unabhängig von etwaigen verfassungsrechtlichen Maßgaben, die erst mit dem Inkrafttreten des Grundgesetzes ab 1949 Verbindlichkeit erlangt hatten, formuliert der BGH in einer Selbstverständlichkeit, wie sie in Anbetracht der andersartigen Dekaden reichsgerichtlicher Rechtsprechung auch heute noch bemerkenswert erscheint. Ohne Zweifel ist daher heute, dass die Schuld unverzichtbarer Bestandteil eines rechtsstaatlichen Strafsystems ist, in dem der Bestrafte nicht zweckrationalisiert wird, sondern eine individuelle, auf ihn und seine Tat zugeschnittene strafrechtliche Begutachtung erfährt.[183] Damit scheinen auf den ersten Blick alle Formen generalpräventiver Erwägungen im Widerspruch zu stehen, mittels derer die Funktion von Schuld im Verbrechenssystem erklärt werden soll. Wer den Blick auf das Kollektiv richtet, scheint ihn vom Individuum abzuwenden. Dafür könnte auch indiziell sprechen, dass präventive Erwägungen bereits die Leitlinie für die Auslegung des Vorsatzbegriffs ausmachten[184] und der Gesetzgeber mit der Umsetzung der Schuldtheorie beide Bereiche strikt voneinander trennen wollte. Ein echter Dissens wird aber erst dort begründet, wo die generalpräventiven Erwägungen das Wesen der Schuld dergestalt prägen, dass die Schuld zum ausschließlichen Instru-

---

Verbotsirrtum als Irrelevant behandelte […]"; zum Einwand der willkürlichen Trennung zwischen strafrechtlichem und außerstrafrechtlichem Irrtum siehe auch *Binding*, Normen I, 1922, S. 93 ff.; *Kohlrausch*, Irrtum, 1903, S. 178 ff.; *Troemer*, Die Lehre vom Irrtum, 1926, S. 30.

[181] BGH, Urt. v. 18.3.1952 – 1 GSSt 2/51, BGHSt 2, 194 (202).

[182] BGH, Urt. v. 18.3.1952 – 1 GSSt 2/51, BGHSt 2, 194 (202).

[183] Siehe dazu etwa BVerfG, Urt. v. 30.6.2009 – 2 BvE 2/08, 2 BvE 5/08, 2 BvR 1010/08, 2 BvR 1022/08, 2 BvR 1259/08, 2 BvR 182/09, BVerfGE 123, 267 (413); *Adam/Schmidt/Schumacher*, NStZ 2017, 7 (13); *Eisele*, in: TK-StGB, 2025, Vor § 13 Rn. 103, 104.

[184] Kap. 1 A.II.1.b).

ment für die gesamtgesellschaftliche Verhaltenssteuerung wird. Angedeutet wird dies bei Krauß, wenn er hervorhebt, dass bei einer unsicheren Rechtslage ein erhöhtes Bedürfnis nach Generalprävention besteht, weshalb Zweifel an der individuellen Schuld dann zurückstehen müssten.[185] Angesichts dessen wird deutlich, dass der Mehrwert für die moderne strafrechtliche Auseinandersetzung nicht dem Erfordernis von Schuld im Allgemeinen entspringt, sondern vielmehr dem dahinterliegenden Urteil, dass *der Schuldspruch zumindest auch eine auf den Täter und die Tat zugeschnittene Reaktion* sein muss, und das eine so verstandene Schuld die Grenze bildet, bei deren Überschreitung die Durchsetzung gesellschaftlicher Interessen auf Kosten des Einzelnen nicht mehr hinnehmbar ist.[186]

1. Bezugsobjekt der Schuld

Mit diesem Ergebnis wird implizit eine weitere Aussage getätigt, die als allgemeines Gedankengut bezeichnet werden kann. Ebenso sicher wie die Tatsache, dass Schuld im Sinne einer individualisierten Reaktion eine Voraussetzung des Strafurteils ist, ist es heute, dass dem Schuldbegriff ein konkretes Bezugsobjekt zugewiesen ist, welchem er einen Inhalt zuordnen kann. Dieser Fixpunkt wird als „Tat" bezeichnet. Diese Erkenntnis ist nicht selbstverständlich, sondern vielmehr das Ergebnis einer über Jahrhunderte hinweg fundierten Auseinandersetzung mit dem Sinn und Zweck des Strafens. Noch Welzel[187] hat sich intensiv mit dem Gedanken der Lebensführungsschuld[188] befasst und zu denjenigen bekannt, die den Schuldvorwurf nicht einzig an ein konkret-individualisiertes Geschehen anknüpfen wollen, sondern es darüber hinaus als legitim erachteten, dem Menschen wegen seines Charakters einen generellen Schuldvorwurf zu machen.[189]

Für den Bereich der Irrtumslehre ist die Figur der Lebensführungsschuld von besonderem Interesse, weil der Vorwurf der Vermeidbarkeit von Gesetzesunkenntnis zumindest teilweise nicht mehr im Tatzeitpunkt erhoben werden kann, sondern auf einen früheren Zeitpunkt vorverlagert werden muss. Die Rede ist von Fällen, in denen der Täter es versäumt hat, sich rechtliche Spezialkenntnisse[190] anzueignen. Exemplarisch sei auf Straftaten im Zusammenhang mit der Zusammensetzung von Lebensmitteln hingewiesen, deren Tatbeginn zugleich eine Stufe des

---

[185] *Krauß*, in: Unrechtsbewußtsein, 1982, 30 (54).

[186] *Hart*, Recht und Moral, 1971, S. 75.

[187] *Welzel*, ZStW 60 (1941), 428 (insb. 457 ff.).

[188] Dieser wird Aristoteles zugerechnet, dazu Nikomachische Ethik, Buch 3, 7. Kapitel 1113b bis 1114b, wo er auf die Straftatbegehung im betrunkenen Zustand eingeht.

[189] Gebilligt auch durch *v. Bar*, Schuld, 1907, S. 443 f.; *Mezger*, Moderne Wege, 1950, S. 35 f.; *Rudolphi*, Unrechtsbewusstsein, 1969, S. 265 ff.; *ders.*, in: Unrechtsbewußtsein, 1982, 1 (19 ff.); auch *Horn*, Verbotsirrtum, 1969, S. 148 f. erklärt diesen Weg für prinzipiell gangbar.

[190] So die Formulierung von *Roxin/Greco*, Strafrecht AT I, 2020, § 21 Rn. 49; dazu noch Kap. 4 B.II.2.a).

internen Produktionsprozesses sein kann, in welchem eine Rechtslagenüberprüfung faktisch nicht mehr möglich ist. Man stelle sich buchstäblich den Fabrikarbeiter vor, der am Fließband stehend keine Möglichkeit hat zu überprüfen, ob die Beifügung von Zusatzstoffen mit dem Lebensmittelrecht im Einklang steht. Trotzdem bestehen im Ergebnis keine Zweifel daran, dass eine Straflosigkeit wegen unvermeidbaren Verbotsirrtums nicht pauschal in Betracht kommen darf.[191] Auch dieses Phänomen lässt sich mit dem Begriff der Lebensführungsschuld sinnvoll belegen.[192] Der Begriff ist also mit zwei verschiedenen Inhalten ausfüllbar. Inhalt der Lebensführungsschuld, wie sie etwa v. Bar zum Gegenstand seiner Erörterung erhoben hat, ist die gesamte Persönlichkeitsstruktur des Täters, die sich in der konkreten Tat manifestieren solle.[193] Wird diese Interpretation des Begriffs „Lebensführungsschuld" zugrunde gelegt, ist es nachvollziehbar, einen unlösbaren Widerspruch zur reinen Tatbezogenheit der Strafe zu sehen, weil sodann doch an Umstände angeknüpft wird, die den Täter charakterisieren, und nicht mehr an die Tat als solche. Dass ein solches Schuldverständnis nicht mit dem geltenden Strafrecht und auch nicht mit geltenden Verfassungsprinzipien in Einklang zu bringen ist, dürfte mittlerweile einen gemeinsamen Kern aller modernen Schuldlehren darstellen.[194] Auch Engisch knüpft an den Charakter des Täters an und argumentiert, dass die Tat Ausdruck hiervon sei und entsprechend durch die Strafe auf diesen Charakter eingewirkt würde.[195] Soweit damit allgemein darauf hingewiesen wird, dass das menschliche Handeln Ausdruck jener Eigenschaften ist, die uns ausmachen, kann dem uneingeschränkt beigepflichtet werden. Die Tat darf jedoch nicht bloßer Anlass für die Maßregelung des Täters wegen seiner Wesenszüge sein.[196]

Allerdings wird die Annahme der Vermeidbarkeit insbesondere im Zeitpunkt einer berufsbezogenen Straftatbegehung nicht mit dem Charakter des Täters begründet, sondern mit den spezifischen Anforderungen an Information und Kenntnis, die das einschlägige Berufsfeld mit sich bringt. Es handelt sich gerade nicht um eine Bezugnahme auf das Leben des Täters insgesamt, sondern auf seine Rolle und die damit einhergehenden Verpflichtungen im berufsbezogenen Gefüge.[197] Ob und inwieweit hierauf im Rahmen des Verbotsirrtums abgestellt werden kann, damit auf

---

[191] *Kulhanek*, in: MüKo-StGB, 2024, § 17 Rn. 81 ff.; *Neumann*, in: NK-StGB, 2023, § 17 Rn. 59; *Roxin/Greco*, Strafrecht AT I, 2020, § 21 Rn. 49 f.; siehe auch *Rudolphi*, Unrechtsbewusstsein, 1969, S. 266 mit zahlreichen Belegen zur damaligen Rechtsprechung in Fn. 27.

[192] *Arzt*, ZStW 91 (1979), 857 (886).

[193] *v. Bar*, Schuld, 1907, S. 443 f.

[194] *Börchers*, Schuldprinzip, 2010, S. 108: „nicht mit dem Schuldprinzip zu vereinbaren"; *Roxin/Greco*, Strafrecht AT I, 2020, § 19 Rn. 62: „eine ‚schuldhafte' Lebensführung ist keine schuldhafte Tatbestandserfüllung, und nur diese ist strafbar".

[195] *Engisch*, Willensfreiheit, 1965, S. 50 ff.

[196] *Rudolphi*, Unrechtsbewusstsein, 1969, S. 263.

[197] So der Sache nach auch *Roxin/Greco*, Strafrecht AT I, 2020, § 21 Rn. 50, die ein Vorverschulden für mit dem Tatschuldprinzip vereinbar halten, wenn es sich auf „umgrenzbare Sorgfaltsmängel" stützt; ähnlich *Rudolphi*, Unrechtsbewusstsein, 1969, S. 263 f.

die Schuld insgesamt geschlossen werden darf, ist Gegenstand kontroverser Auseinandersetzung, die im weiteren Verlauf dieser Arbeit[198] wieder aufgegriffen wird. Klar ist aber: Der Täter hat sich nicht dafür zu verantworten, wer er ist, sondern dafür, was er getan hat.

2. Schuld als Vernunftherrschaft über die eigenen Sinne

Das Gesetz gibt mit den Entschuldigungsgründen bereits ein Mindestmaß an Voraussetzungen vor, die an eine rechtswidrige Tat gestellt werden müssen, damit sie als schuldhaft bezeichnet werden kann. Die gesetzlichen Erscheinungen lassen sich dabei blaupausenmäßig als Verlust der vernunftgeleiteten Steuerungsherrschaft, umgekehrt als Voraussetzungen einer vernunftgeleiteten Steuerungsherrschaft bezeichnen.[199] Diese Formulierung schließt zum einen die biologischen Grundvoraussetzungen einer freien Willensentscheidung ein, wie diese gemäß § 20 StGB beim Täter vorliegen müssen, um die Tat ahnden zu können. Daneben treten zum anderen auch situativ-psychologische Grundvoraussetzungen wie etwa das Fehlen asthenischer Affekte (§ 33 StGB), das Fehlen einer motivatorischen Kollisionslage (§ 35 StGB) sowie das Vorhandensein der Kenntnisgrundlage für eine vernunftgesteuerte Entscheidungsbildung gegen die Tat (§ 17 StGB).

Es sei darauf hingewiesen, dass es sich hierbei um eine starke Vereinfachung handelt, die weder geeignet ist noch den Anspruch erhebt, dogmatische Geltung für sich zu beanspruchen. Vielmehr soll hierdurch lediglich die Idee der gesetzgeberischen Grundlage angedeutet werden, die von einer modernen Schuldlehre berücksichtigt werden muss.

3. Zugehörigkeit der formellen Unrechtseinsicht zur Schuld

Nicht bezweifelt wird, dass die Einsicht in die Strafbarkeit aus dem Bereich des Tatbestands auszusparen ist.[200] Gegen die These von v. Liszt, dass „auch die richtige Subsumption der Tatsachen unter das Gesetz" zum Vorsatz gehörte,[201] setzte sich der pragmatische Einwand zügig durch, dass, wer zum Vorsatz die Einsicht in die Strafrechtsauslegung verlangt, nur noch Juristen wegen Vorsatztaten bestrafen

---

[198] Kap. 4 B. II. 2. a).

[199] Ähnlich *Geisler*, Objektive Bedingungen, 1998, S. 95 ff., 102 ff.: Relative Freiheit des Einzelnen; auf die Motivationsfähigkeit im Hinblick auf Rechtspflichten abstellend *Armin Kaufmann*, FS-Eb. Schmidt 1961, 319 (321 f.).

[200] So auch die Vertreter der Lehre vom materiellen Unrechtsbewusstsein, s. nur *Arthur Kaufmann*, FS-Lackner 1987, 185 (188); *Otto*, GS-Meyer 1990, 583 (602).

[201] *v. Liszt*, Deutsches Strafrecht, 1908, S. 174; dazu schon *Kohlrausch*, Irrtum, 1903, S. 117, insb. Fn. 2.

könne.[202] Wenn v. Liszt sodann auch das Bewusstsein der Rechtswidrigkeit nicht als zum Vorsatz zugehörig einordnet,[203] wird deutlich, dass er den Begriff der Subsumtion nicht als Herstellungsprozess sprachlicher Kongruenz zwischen der Sachverhaltsumschreibung und dem Gesetzeswortlaut verwendet,[204] sondern damit das Verkennen des Bedeutungsgehalts einzelner Merkmale meint. Daher ist Tischler zuzustimmen, dass – soweit ersichtlich – niemals die Einsicht in die Strafbarkeit pauschal als Voraussetzung für das Vorhandensein von Vorsatz angenommen wurde.[205]

Nicht hingegen kann behauptet werden, dass es allgemeiner Anschauung entspräche, die Einsicht in die formelle Rechtswidrigkeit aus der Tatbestandsebene heraus zu verlagern. Hintergrund hiervon ist die Verortung von Strafvorschriften in Nebengesetzen. Aufgrund deren vermeintlicher ethischen Farblosigkeit[206] wird zum Teil die Einsicht in die formelle Rechtswidrigkeit zum Vorsatz gefordert.[207] Zum Teil wird dem entgegen davon ausgegangen, dass die (fehlende) Einsicht in die formelle Rechtswidrigkeit ein strafrechtliches Nullum ist, also überhaupt keine Berücksichtigung bei der Frage nach dem Vorliegen strafrechtlicher Schuld finden solle.[208] Im Lichte des § 17 StGB wird aber überwiegend die Unrechtseinsicht als Kenntnis vom „Verbotensein der Tat“ interpretiert,[209] sodass auch die formelle Einsicht in die Rechtswidrigkeit hierunter fällt und mithin der Schuldebene zugewiesen wird. Doch auch hier zeigen sich Unterschiede: So wird zum Teil verlangt, dass dem Täter die Strafbarkeit seines Verhaltens bewusst gewesen sein müsste, weil erst dann die Steuerungswirkung des Strafrechts auf das Verhalten des Täters voll wirken könne.[210]

---

[202] *Arthur Kaufmann*, Unrechtsbewusstsein, 1949, S. 172; ähnlich *Schlüchter*, Normative Tatbestandsmerkmale, 1983, S. 103; *Troemer*, Die Lehre vom Irrtum, 1926, S. 22 zieht diesen Schluss auch für die materielle Rechtswidrigkeit.

[203] *v. Liszt*, Deutsches Strafrecht, 1908, S. 178 f.

[204] So entspricht es der gängigen Lesart, siehe nur *Engisch*, Juristisches Denken, 2018, S. 80 f., 86 ff.

[205] *Tischler*, Verbotsirrtum, 1984, S. 243.

[206] Dazu noch Kap. 2 B. I. 2.

[207] So ausdrücklich für das Ordnungswidrigkeitenrecht *Arthur Kaufmann*, FS-Lackner 1987, 185 (190); ähnlich auch *Puppe*, GA 1990, 145 (158).

[208] *Backmann*, JuS 1972, 452 (455); *Tischler*, Verbotsirrtum, 1984, S. 243.

[209] *Duttge*, in: D/D/K/R, Gesamtes Strafrecht, 2022, StGB, § 17 Rn. 5; *Gaede*, in: Matt/Renzikowski, StGB, 2020, § 17 Rn. 7; *Vogel/Bülte*, in: LK-StGB, 2020, § 17 Rn. 19; ähnlich *Schuster*, in: TK-StGB, 2025, § 17 Rn. 5: Erkenntnis des Unrechts nach Laienart; nicht eindeutig die Rechtsprechung, wenn nach BGH, Urt. v. 19. 5. 1999 – 2 StR 86/99, BGHSt 45, 97 (100 f.) die Einsicht in die „spezifische Rechtsgutsverletzung“ vorliegen müsse.

[210] *Neumann*, in: NK-StGB, 2023, § 17 Rn. 20; dem zustimmend *Kulhanek*, in: MüKo-StGB, 2024, § 17 Rn. 17 ff.; im Einzelnen Kap. 4 B. I. 1.

An dieser Stelle lässt sich also nur eine kleine konsensfähige Schnittmenge finden, die noch dazu nicht die Schuldebene berührt: Die Einsicht in die Strafbarkeit ist nicht dem Vorsatz zuzuordnen.

4. Tatbestandsbezogenheit der Unrechtseinsicht

Heute akzeptiert ist die Tatsache, dass sich die (formelle) Unrechtseinsicht als Komponente der Schuld nur auf jene Ge- und Verbote erstreckt, die dem Täter bei der Tatbegehung auch tatsächlich bewusst sind.[211] Es hat sich die Erkenntnis durchgesetzt, dass die irrig angenommene Erfüllung eines Straftatbestands in Kombination mit der tatsächlichen Erfüllung eines anderen Tatbestands nicht immer der Situation gleichzustellen ist, dass die vom Täter diesbezüglich vorgenommene Einschätzung wahr ist. Evident wird dies immer dort, wo das im Tatbestand zum Ausdruck kommende Unwerturteil gänzlich anderer Art ist:[212] Wer irrig annimmt, eine Schusswaffe erlaubt führen zu dürfen, sich aber als strafbar eines Totschlags wähnt, wenn er einen Angriff auf das eigene Leben durch eine Schussabgabe abwendet, hat gerade keine Einsicht im Hinblick auf das durch ihn verwirklichte Unrecht des unerlaubten Führens einer Schusswaffe. Diese am Beispiel des strafbaren Verwandtenbeischlafs[213] entwickelte Maßgabe hat auch in anderen Bereichen des Strafrechts Bedeutung erlangt. So kann es an der Unrechtseinsicht im Hinblick auf einen Verstoß gegen ein Embargo nach § 34 Abs. 4 AWG fehlen, wenn ein gestohlenes Kfz ins Ausland verbracht wird, auch wenn der Täter davon ausgeht, sich im Hinblick auf das Eigentümerinteresse „irgendwie" strafbar gemacht zu haben.[214] Die früher[215] angenommene Pauschalität der Unrechtseinsicht, welche sich auf sämtliche Strafgesetze erstrecken sollte, die der Täter durch sein Verhalten verletzt, wenn ihm auch nur eines dieser bewusst gewesen ist, ist heute nur noch von rechtshistorischem Interesse.

Die konkrete Frage jedoch, wann sich die Einsicht des Täters auf den erfüllten Straftatbestand erstreckt, ist im Detail bislang nicht eindeutig beantwortet und wird

[211] BGH, Urt. v. 6.12.1956 – 4 StR 234/26, NJW 1957, 229; Urt. v. 13.12.1995 – 3 StR 514/95, NStZ 1996, 236 (237); *Backmann*, JuS 1972, 452 (456); *Duttge*, in: D/D/K/R, Gesamtes Strafrecht, 2022, § 17 Rn. 8; *Fischer/Anstötz*, in: Fischer, StGB, 2025, § 17 Rn. 4; *Gaede*, in: Matt/Renzikowski, StGB, § 17 Rn. 8 f.; *Heuchemer*, in: BeckOK-StGB, Stand 1.11.2025, § 17 Rn. 9; *Jakobs*, Strafrecht AT, 1991, 19. Abschn. Rn. 27 f.; *Kindhäuser/Hilgendorf*, in: LPK-StGB, 2022, § 17 Rn. 6; *Kulhanek*, in: MüKo-StGB, 2024, § 17 Rn. 20; *Neumann*, in: NK-StGB, 2023, § 17 Rn. 35; *Otto*, GK Strafrecht, 2000, § 7 Rn. 110; *Rönnau/Becker*, JuS 2022, 491 (493 f.); *Roxin/Greco*, Strafrecht AT I, 2020, § 21 Rn. 16; *Rudolphi*, Unrechtsbewusstsein, 1969, S. 78 ff.; *Schuster*, in: TK-StGB, 2025, § 17 Rn. 8; auch für die Teilbarkeit beim Verhältnis Grundtatbestand-Qualifikation *Valerius*, JA 2010, 481 (486).

[212] Allgemein dazu *Stam*, GA 2019, 338 (341).

[213] BGH, Urt. v. 6.12.1956 – 4 StR 234/26, NJW 1957, 229.

[214] BGH, Urt. v. 11.7.1995 – 1 StR 242/95, NStZ-RR 1996, 24 (25).

[215] BGH, Urt. v. 9.12.1952 – 1 StR 495/52, NJW 1953, 471; so auch noch *Horn*, Verbotsirrtum, 1969, S. 154.

daher bei der Bestimmung der Voraussetzungen eines Verbotsirrtums noch aufzugreifen sein.[216]

5. Zwischenergebnis

Es lassen sich also folgende Gemeinsamkeiten festhalten:

- Das Verfassungsrecht verlangt einen Schuldbegriff, der auf die Menschenwürde so Rücksicht nimmt, dass der Täter nicht zum bloßen Instrument staatlicher Ordnungsvorstellungen wird;
- Anknüpfungspunkt für die Schuld ist die begangene Straftat, wohingegen der Charakter des Täters nur insoweit eine Rolle spielen darf, wie er in der Tatbegehung Niederschlag gefunden hat. Ausgeschlossen ist in jedem Fall eine Begründung der Strafe auf Grundlage des Charakters eines Täters;
- das Gesetz statuiert mit den §§ 17, 20, 33 und 35 StGB zwingende Voraussetzungen für die Bewertung einer Tat als schuldhafte, die sich stark vereinfacht als „Vernunftherrschaft über das eigene Verhalten" beschreiben lassen;
- die formelle Strafrechtseinsicht ist kein Bestandteil des Tatbestands;
- es gibt keine pauschale Unrechtseinsicht dergestalt, dass die Annahme, eine Straftat zu begehen, stets zur Ablehnung eines die Schuld berührenden Verbotsirrtums führt.

IV. Strömungen moderner Schuldlehren

Neben dieser fragmentarischen Einigkeit in Einzelfragen haben sich unterschiedliche Strömungen moderner Schuldlehren herausgebildet bzw. bewährt. An dieser Stelle bietet es sich an, auf das vorhandene Angebot an Überblicksliteratur zum aktuellen und vergangenen Stand von Interpretationsansätzen für den Schuldbegriff zu verweisen, statt diese erneut aufzubereiten.[217] Vielmehr wird im Folgenden eine problemorientierte Annäherung an die einzelnen Vorschläge anhand der für die Auslegung der Irrtumsvorschriften relevanten Fragestellungen durchgeführt.

---

[216] Kap. 4 B. I. 2.

[217] *Roxin/Greco*, Strafrecht AT I, 2020, § 19 Rn. 18 ff.; knapper *Baumann/Weber/Mitsch/Eisele*, Strafrecht AT, 2021, § 16 Rn. 7 ff.; *Jescheck/Weigend*, Strafrecht AT, 1996, § 38 I. u. II.; monografisch *Erber-Schropp*, Schuld und Strafe, 2016, insb. S. 37 ff.

1. Gegenstand der Schuld: Psychisches Substrat vs. normative Wertentscheidung

Die erste Frage, die es zur Ermittlung des vorzugswürdigen Verständnisses von Schuld im Kontext irrtumsrechtlicher Fragestellungen zu beantworten gilt, ist, welche Gegenstände überhaupt Teil dessen sind, was als Schuld zu begreifen ist. Entscheidend ist insoweit die Weichenstellung zwischen ontischen, also seinsbezogenen Umständen einerseits, und axiologischen, also wertenden Urteilen andererseits. In diesem Punkt unterscheiden sich die sog. Vorsatztheorie (und deren Derivate) und die sog. Schuldtheorie (und deren Derivate) am stärksten.[218] Nach der Vorsatztheorie besteht die Schuld in ihrem Kern zumindest auch aus dem Vorsatz als psychisches Substrat, womit der Schuldbegriff durch die Welt, das Sein als solches,[219] mitbestimmt wird. Mezger hält dazu exemplarisch fest, dass das Unrechtsurteil unpersönlich-objektiv, das Schuldurteil hingegen Ausdruck der persönlichen Zurechnung sei.[220] Dabei soll nicht das Missverständnis erweckt werden, dass nach der Vorsatztheorie das Unrechtsbewusstsein nicht vorauszusetzen wäre. Im Gegenteil: Es ist den Vertretern ein besonderes Anliegen, das Unrechtsbewusstsein als umfassende Frage nach der individuellen strafrechtlichen Zurechnung sogar mit dem Vorsatz in eins zu setzen. § 16 Abs. 1 StGB müsse daher zumindest analog auf die Situation fehlenden Unrechtsbewusstseins angewendet werden.[221] Vorsatz als „falsche Entscheidung des Täters gegen das Recht" könne gerade nicht vom Bewusstsein, Unrecht zu tun, getrennt werden.[222]

Hingegen lehnen die aufgrund der Gesetzeslage[223] heute zahlenmäßig weit überwiegenden[224] Vertreter der Schuldtheorie eine Gleichstellung beider Elemente ab, rekurrieren stattdessen auf den Vorsatz als Element des festzustellenden Tatbestands und sparen diesen somit aus der Schuld aus. Die Konsequenz ist vereinfacht gesprochen eine Verschiebung des Schuldgegenstands von einem psychischen Substrat hin zur Bewertung dieses psychischen Substrats. Dieser Gegensatz, der schlagformelartig nach Welzel[225] als Gegensatz „Objekt der Wertung – Wertung

---

[218] Dazu im Einzelnen *Rosenbaum*, Große Strafrechtskommission, 2004, S. 62 ff.

[219] Aber nicht nur, wie *Mezger*, NJW 1953, 2 (4) betont.

[220] *Mezger*, NJW 1953, 2 (3).

[221] *Schmidhäuser*, JZ 1979, 361 (365).

[222] Nachdrücklich *H. Schröder*, ZStW 65 (1953), 178 (194); jüngst auch wieder *Herzberg*, ZfIStW 1 (2022), 253 (insb. 267 ff.); zu letzterem kritisch *Lichtenthäler/Scheinfeld*, ZfIStW 1 (2022), 420.

[223] De lege ferenda für vorzugswürdig halten die Vorsatztheorie etwa *Duttge*, in: D/D/K/R, Gesamtes Strafrecht, 2022, StGB, § 17 Rn. 1; *Walter*, Kern, 2006, insb. S. 393 ff.; wohl auch *Jakobs*, FS-Rudolphi 2004, 107 (109 ff.).

[224] St. Rspr. seit BGH, Urt. v. 18. 3. 1952 – 1 GSSt 2/51, BGHSt 2, 194 (209); *Bockelmann*, NJW 1950, 830 (831); *Fischer/Anstötz*, in: Fischer, StGB, 2025, Vor § 13 Rn. 50; *Heuchemer*, in: BeckOK-StGB, Stand 1. 11. 2025, § 17 Rn. 4; *Roxin/Greco*, Strafrecht AT I, 2020, § 21 Rn. 8; *C. Wolf*, Error, 2019, deutlich S. 170 f.; vermittelnd *Kindhäuser*, JuS 2019, 953 (956 f.).

[225] *Welzel*, Rechtsphilosophie, 1974, S. 23 (24 ff.).

des Objekts", von Mezger[226] als Einzelwertung – Gesamtwertung und von L. Wolter[227] als Gegensatz Sinnkenntnis – Wertungskenntnis[228] beschrieben wurde, eröffnet in seiner Reinform das Leitbild eines Tatbestandsvorsatzes, der nur als gegeben oder nicht gegeben feststellungsmöglich und -bedürftig ist.[229] Das Leitbild der Schuld ist dann hingegen von rechtlichen Wertungen abhängig und einer verschiedentlichen Interpretation durch rechtlich anerkannte Zwecksetzungen zugänglich. Die hierdurch entstandene „Lücke" auf der Schuldebene wurde durch das Verlangen eines zumindest vermeidbar fehlenden Unrechtsbewusstseins gefüllt.[230] Zu dieser Idee kongruent verhält sich die Konzeption der Irrtumsvorschriften sowohl in den §§ 16 und 17 StGB als auch in § 11 Abs. 1 und Abs. 2 OWiG. Während der Vorsatzausschluss des § 16 Abs. 1 StGB sowie des § 11 Abs. 1 StGB auf die Verkennung von Umständen, die zum gesetzlichen Tatbestand gehören, abstellt, also ein seinsbezogenes Kenntnissubstrat zum Gegenstand hat, fragen § 17 StGB und § 11 Abs. 2 OWiG danach, ob dem Rechtsunterworfenen die Einschätzung, dass die Tat Unrecht darstellt, möglich war oder nicht. Nicht zuletzt deswegen sind mittlerweile diejenigen Vertreter, die in der Gesetzgebungsnovelle zum 1. 1. 1975 keine in Gesetz gegossene Entscheidung zugunsten der Schuldtheorie gesehen haben,[231] nahezu[232] verstummt.

2. Schuld und ihr Verhältnis zur Unrechtseinsicht des Täters

Eine genauere Betrachtung der Auseinandersetzung zwischen Vorsatz- und Schuldtheorie zeigt, dass die Fronten längst nicht so verhärtet sind, wie es die grundverschiedenen Ausgangsprämissen andeuten. Mehr noch: Diese starke Gegensätzlichkeit wurde bereits früh durch Zugeständnisse namhafter Vertreter an die jeweils andere Seite relativiert.[233]

---

[226] *Mezger*, NJW 1953, 2 (5), wobei zu beachten ist, dass er Anhänger einer (eingeschränkten) Vorsatztheorie ist. Sein Begriffspaar passt aber auch insofern in den Geist der Schuldtheorie hinein, als dass es den Fokus der Schuld auf die Gesamt*bewertung* der Tat verschiebt, somit der Tendenz zur Axiologisierung des Schuldbegriffs Vorschub leistete.

[227] *L. Wolter*, MonKrimPsych 21 (1930), 455 (463 ff.).

[228] So zusammengefasst von *Tischler*, Verbotsirrtum, 1984, S. 168.

[229] Kritisch zum Vorsatz als bloße feststellbare Tatsache *Hruschka*, FS-Kleinknecht 1985, 191 (201 f.).

[230] So schon *Welzel*, NJW 1951, 577 (577).

[231] *Langer*, GA 1976, 193; *Schmidhäuser*, NJW 1975, 1807; *Koriath*, JURA 1996, 113 (113 f.) hält es nur für „plausibler", dass eine Entscheidung zugunsten der Schuldtheorie durch den Gesetzgeber vorlag.

[232] Siehe dementgegen *Herzberg*, ZfIStW 1 (2022), 253 (insb. 267 ff.).

[233] Dazu auch *Tiedemann*, FS-Geerds 1995, 95 (101 f.).

Als Beispiel für ein solches Zugeständnis der Schuldtheorie lässt sich der Gedanke der „Parallelwertung in der Laiensphäre“[234] heranziehen. Unabhängig von der Frage, ob der Begriff der Wertung treffend für die Beschreibung des damit verbundenen Aussagegehalts ist,[235] sind die Vertreter dieses Gedankens inhaltlich darin übereingekommen, dass der Vorsatz des Täters sich nicht nur aus den sinnlich wahrnehmbaren Tatsachen zusammensetze, sondern ebenso eine mit den Tatsachen verbundene, übergeordnete soziale Bedeutungskenntnis einschließe. So wies schon Welzel darauf hin, dass „die soziale Welt des praktischen Handelns […] nicht das sinnindifferente Sein der Naturwissenschaft, sondern eine von Sinnbezügen durchzogene, bedeutungshaltige Wirklichkeit“ sei.[236] Fehle diese tatbestandsrelevante Bedeutungskenntnis, wisse der Täter nicht, was er tue, folglich könne ihm nicht die vorsätzliche Tatbegehung vorgeworfen werden.[237] Daraus folgt immer dann eine starke Annäherung an die Vorsatztheorie, wenn der Bedeutungsgehalt von Tatumständen und Verhaltensweisen zugleich den Kern des Unrechts i. S. d. § 17 StGB ausmacht. Fallen Bedeutungskenntnis und (Un-)Rechtseinsicht derart zusammen, verlangen viele Vertreter der Schuldtheorie nichts anderes als die Vertreter der Vorsatztheorie.[238] So kommt es, dass klassischerweise ein Irrtum über die Erwerbstatbestände nach den §§ 929 ff. BGB zu eigenen Gunsten einen vorsatzausschließenden Tatbestandsirrtum bezüglich der §§ 242 Abs. 1, 246 Abs. 1 StGB wegen der Verkennung der Bedeutung des Tatbestandsmerkmals „fremd“ nach sich zieht, ohne Rücksicht darauf, ob dieser auf einer Verkennung der Tatsachen oder einer Verkennung der Zivilrechtslage gründete.[239] Unter Berufung auf diesen Gedanken werden von Teilen der Literatur darüber hinaus nicht nur einzelne Tatbestände bzw. Tatbestandsmerkmale, sondern ganze Gruppen von Tatbeständen einer solchen Gleichstellung von Bedeutungs- und (Un-)Rechtseinsicht unterworfen: Die

---

234 Er wird der Formulierung nach auf *Mezger*, JW 1927, 2006 (2007) zurückgeführt: „[…] in der Gedankensphäre des Täters parallele Wertung mit derjenigen des Richters“.

235 Kritisch etwa *Puppe*, GA 1990, 145 (157 f.); *dies.*, ZStW 136 (2024), 255 (268 f.); *Mezger* selbst verwendet in seiner Kommentierung zu § 59 Anm. II, 10 in: Ebermayer/Lobe/Rosenberg, StGB, 1957 dann auch schon den Begriff der „Bedeutungskenntnis“.

236 *Welzel*, JZ 1953, 119 (120); mit Wohlwollen wurde daher dann die von *Welzel*, JZ 1954, 276 (279) gebrauchte Formulierung „parallele Beurteilung im Täterbewußtsein“ als Präzisierung der Formulierung „Parallelwertung in der Laiensphäre“ aufgegriffen, so etwa von *Jakobs*, Strafrecht AT, 1991, 8. Abschn. Rn. 49.

237 *Puppe*, GA 1990, 145 (158).

238 Nicht umsonst ist das Werk „Die Parallelwertung in der Laiensphäre“ aus dem Jahr 1982 mit Arthur Kaufmann von einem Vertreter der Vorsatztheorie verfasst worden; auch *Otto*, GS-Meyer 1990, 583 (587) integriert diese in seine vorsatztheorienahe Konzeption; kritisch daher *Schulz*, FS-Bemmann 1997, 246 (257 f.).

239 Zumeist erfolgt der pauschale Hinweis, dass der Irrtum über die Eigentümerstellung tatbestandsausschließend sei, siehe etwa *Bosch*, in: TK-StGB, 2025, § 242 Rn. 45; *Kindhäuser*, in: NK-StGB, 2023, § 242 Rn. 67; *Schmitz*, in: MüKo-StGB, 2021, § 242 Rn. 123; konkreter dazu *Roxin/Greco*, Strafrecht AT I, 2020, § 12 Rn. 100; *Jakobs*, Strafrecht AT, 1991, 8. Abschn. Rn. 56 verlangt „zum Vorsatz […] die Kenntnis des dortigen [gemeint ist die Eigentumsordnung der §§ 929 ff. BGB] Regelungseffekts“.

Rede ist von Blanketttatbeständen.[240] Es zeigt sich hier, dass zentrale Vertreter der Schuldtheorie mit der Anerkennung von Tatbestandsmerkmalen, die dem Täter Rechtskenntnisse abverlangen, einen Überschneidungsbereich von Vorsatz und Unrechtseinsicht akzeptieren,[241] was sich zwangsläufig auch in der im Ausgangspunkt klaren[242] Trennung von Tatbestands- und Verbotsirrtum niederschlagen muss.[243]

Auf Seiten der Vorsatztheoriker hingegen lässt sich mit der Akzeptanz der Vorsatzstrafbarkeit wegen Rechtsblindheit[244] bzw. Rechtsgleichgültigkeit ein starkes Zugeständnis an die Schuldtheorie finden. Wenn nur ein Täter vorsätzlich handeln soll, der Einsicht in das Unrecht seiner Tat hat, müsste der Vorsatz immer entfallen, wenn der Täter diese Einsicht nicht hatte. Dieser Schluss wurde allerdings nicht konsequent durchgehalten, weil er die Gründe für die fehlende Unrechtseinsicht außer Acht ließ. Zwar wird heute bestritten, dass der Rekurs auf Affekttäter,[245] Rechtsblinde und Rechtsgleichgültige tatsächlich geeignet ist,[246] das argumentative Fundament der Vorsatztheorie zu erschüttern.[247] Jedoch führten diese Fallgruppen tatsächlich zu diversen Ausnahmen vom Dogma des Vorsatzes als (materielle) Unrechtseinsicht und sorgten somit für eine Annäherung an die Schuldtheorie, indem für bestimmte Fallgruppen die Berufung auf die fehlende Unrechtseinsicht auch auf Seiten der Vorsatztheoretiker versagt wurde.

Erkennbar wird also ein gemeinsames Substrat von Vorsatz- und Schuldtheorie dahingehend, dass es Fälle gibt, in denen der fehlenden Einsicht in das Recht Bedeutung für den Vorsatz beigemessen wird. Andererseits ist festzuhalten, dass es auch Fälle gibt, in denen eine fehlende Unrechtseinsicht für weniger beachtlich oder völlig unbeachtlich im Rahmen der Schuld gehalten wird.[248] Insoweit überrascht es,

---

[240] So konstatiert etwa *Puppe*, GA 1990, 145 (157 f.) für das Nebenstrafrecht: „so muß man sich eben damit abfinden, daß die Vorstellungsseite des Vorsatzes gewisse juristische Kenntnis erfordert".

[241] Deutlich wird dies auch, wenn die Rechtsprechung die Parallelwertung in der Laiensphäre mit dem Vorsatzschuldvorwurf kombiniert, BGH, Urt. v. 23.7.2019 – 1 StR 107/18, BGHSt 64, 161 (167).

[242] Ohne Begründung kritisch *zu Dohna*, Recht und Irrtum, 1925, S. 26 f.

[243] *Schulz*, FS-Bemmann 1997, 246 (254); *C. Wolf*, Error, 2019, S. 131 ff.

[244] Die Idee wird auf den Beitrag von *Mezger*, FS-Kohlrausch 1944, 180 zurückgeführt; dem folgend *Oehler*, JR 1951, 65 (68 f.); *Rinck*, Deliktsaufbau, 2000, S. 380 ff.: Dolus ignorantiae iuris causa.

[245] Die u. a. *Welzel*, JZ 1952, 340 (341) ins Feld führte und die auch BGH, Urt. v. 18.3. 1952 – GSSt 2/51, BGHSt 2, 194 (206) aufgriff.

[246] So BGH, Urt. v. 18.3.1952 – GSSt 2/51, BGHSt 2, 194 (206 f.).

[247] Gegen den Affekttäter als Argument zugunsten einer Restriktion des Vorsatzerfordernisses *Frisch*, GS-Armin Kaufmann 1989, 311 (326); gegen den Rechtsblinden oder -gleichgültigen als Argument zugunsten einer Restriktion bei der Unrechtseinsicht *Walter*, Kern, 2006, S. 413 f.

[248] *Gaede*, in: Matt/Renzikowski, StGB, 2020, § 17 Rn. 1; *Armin Kaufmann*, FS-Eb. Schmidt 1961, 319 (326).

wenn teilweise zu lesen ist, dass die Unrechtseinsicht erforderlich ist, um volle Schuld zu begründen.[249] Schon die Tatsache, dass der Richter gemäß § 17 S. 2 StGB im Falle vermeidbar fehlender Unrechtseinsicht eine Milderung vornehmen kann, aber nicht muss, zeigt, dass dieses Urteil nicht mit der gesetzlichen Ausgangslage übereinstimmt.[250]

Eine wichtige Konsequenz daraus ist, dass in den modernen Schuldlehren die Unrechtseinsicht unabhängig von den gewählten Prämissen keine generell notwendige Bedingung für die Beurteilung des unrechtverübenden Täters als einer Vorsatztat schuldig ist.

3. Schuld als Vorwerfbarkeit der Gesetzesübertretung

Es erscheint zunächst naheliegend, dass jedenfalls der strafrechtliche Begriff der Schuld, sofern man diesem ein Element der Vorwerfbarkeit beimisst,[251] auch und ausschließlich Bezug auf die Gesetzesübertretung nimmt. Doch wird teilweise einerseits (darüberhinausgehend) die Vorwerfbarkeit bezüglich eines Wertverstoßes gefordert,[252] andererseits die Notwendigkeit der Vorwerfbarkeit der Gesetzesübertretung generell in Frage gestellt.[253]

So könne sich nach Krauß „Schuld im materiellen Sinne [...] nicht in der Kenntnis der positivierten Verbotsnorm erschöpfen. Schuld ist nicht die Entscheidung gegen die Norm, sondern gegen den Wert, den die Norm schützt".[254] Hierzu muss aber kritisch gefragt werden, ob nicht erst das Gesetz die Idee von einem schutzwürdigen Interesse zum akzeptierten Wert erhebt.[255] Ein anderes Verständnis ließe sich nur naturrechtlich bzw. mittels einer überpositiven Wertordnung erklären, die durch das positive Recht nur noch weiter ausgestaltet und ausgeformt wird bzw. werden muss. Ob allerdings in Anbetracht der Geschichte des Menschen überzeugend eine zumindest regional gültige, nicht rechtsförmige Werteordnung postuliert werden kann, erscheint selbst bei der Achtung elementarer menschlicher Bedürfnisse zweifelhaft. Vielmehr stehen Anschauungen zu Existenz und Gewicht von Rechten und Rechtsgütern in starker Abhängigkeit zu gesellschaftlichen Strukturen und auftretenden Ereignissen, wie im Rahmen der Covid-19-Pandemie und der

[249] *Kulhanek*, in: MüKo-StGB, 2024, § 17 Rn. 2; *Nestler*, NZWiSt 2014, 303 (305); *Rudolphi*, Unrechtsbewusstsein, 1969, S. 117.

[250] Ebenso *Jakobs*, Strafrecht AT, 1991, 19. Abschn. Rn. 1.

[251] Dazu BVerfG, Beschl. v. 7.12.2022 – 2 BvR 1404/20, NStZ 2023, 215 (218); *Papathanasiou*, Normative Tatbestandsmerkmale, 2014, S. 252 ff.

[252] *Krauß*, in: Unrechtsbewußtsein, 1982, 30 (55).

[253] In diesem Sinne *Jakobs*, Schuld und Prävention, 1976.

[254] *Krauß*, in: Unrechtsbewußtsein, 1982, 30 (55).

[255] Vgl. auch *Theile*, NZWiSt 2022, 311 (316): „Denn das, was in einer komplexen Gesellschaft als sozial adäquat oder inadäquat gilt, wird maßgeblich durch das Recht bestimmt [...]".

Verschärfung klimatischer Lebensbedingungen deutlich zu Tage trat bzw. tritt. Darüber hinaus dürfte schon zwecks Achtung des demokratisch legitimierten Gesetzgebers für eine vorpositive Werteordnung im deutschen Rechtssystem kein Raum sein,[256] sodass die Vorwerfbarkeit, sofern sie als zentraler Gegenstand der Schuld begriffen wird, einzig auf die Gesetzesübertretung Bezug nehmen darf.

Teilweise wird auch ein so verstandenes Element der Vorwerfbarkeit insgesamt abgelehnt. Jakobs erachtet eine von generalpräventiven Zwecken her gedachte Schuld immer dann als gegeben, wenn eine staatliche Strafe notwendig ist, um das Vertrauen in die Geltung der Rechtsordnung nach einer Gesetzesübertretung wieder zu stabilisieren.[257] Geschehen soll dies dadurch, dass der Täter aus den gesellschaftlichen Strukturen ausgesondert wird, um die Wirkungen seiner Verfehlung von der Rechtsordnung fernzuhalten.[258] Dieser funktionale Ansatz zur Bestimmung des Gegenstands der Schuld, der nach Jakobs untrennbar mit dem Zweck des Strafens verbunden ist,[259] ist im Ergebnis nichts anderes als eine vollständige Normativierung des Schuldbegriffs. Der Ansatz stellt nur aufgrund der Rückkopplung an die konkret begangene Tat einen noch hinreichenden Bezug zur Person des Straftäters her,[260] wie es der verfassungsrechtliche Schuldgrundsatz in der Ausprägung der Rechtsprechung des BVerfG gebietet. Die Gefahr einer reinen Zweck-Mittel-Relation zwischen Strafzweck und Schuld liegt daher auf der Hand: Je weiter der Schuldbegriff für generalpräventive Erwägungen geöffnet wird, desto mehr wird der Fokus von der Begutachtung des Täters und seiner Tat auf die Wirkungen im gesamtgesellschaftlichen Gefüge verlagert. Dabei drohen rechtsstaatliche Bedürfnisse und individuelle Freiheit(-sgewährleistung) als Keimzelle eben dieses Rechtsstaats gegeneinander ausgespielt zu werden.[261]

Um generalpräventive Erwägungen, deren Hintergrund im Kern sowohl plausibel ist als auch durch den Gesetzgeber[262] und die Rechtsprechung[263] aufgegriffen wird, in eine angemessene Balance mit dem fest verankerten Prinzip der individuellen Verantwortlichkeit des Täters für die Tat zu bringen, ist eine Kategorie der Bezugnahme zwischen Täter und Tat – gleich, ob man diese mit dem Begriff der Vorwerfbarkeit, Pflichtwidrigkeit oder Zumutbarkeit belegen mag – auch für ein rechtssicheres und rechtssicherndes Strafen unverzichtbar. Deren Ausfüllung darf

[256] Siehe auch Kap. 2 B. I. 2.

[257] *Jakobs*, Schuld und Prävention, 1976, S. 9 ff., 31.

[258] *Jakobs*, Schuld und Prävention, 1976, S. 12 f.

[259] *Jakobs*, Schuld und Prävention, 1976, S. 3.

[260] Jakobs erreicht dies, indem er fragt, ob die Tat und ihr Ergebnis von der Gemeinschaft selbst getragen werden kann; anhand dessen erläutert er die gesetzlichen Ausnahmefälle fehlender Schuld.

[261] *Papathanasiou*, Normative Tatbestandsmerkmale, 2014, S. 257 hält diesen Ansatz für unvereinbar mit Art. 1 GG.

[262] Exemplarisch im Zusammenhang mit dem Täter-Opfer-Ausgleich nach § 46a StGB BT-Drs. 12/6853, S. 21.

[263] Deutlich BVerfG, Urt. v. 21. 6. 1977 – 1 BvL 14/76, BVerfGE 45, 187 (256).

nicht lediglich darin bestehen, dass ein verobjektivierter Verhaltensmaßstab entwickelt und auf die begangene Tat bezogen wird. Wenn Nowakowski dementgegen anregt, dass der Täter nach dem „Maß des richtigen Wertempfindens" hafte, auch „wenn es ihm persönlich unerreichbar war",[264] dann ist hier der verfassungsrechtlich zulässige Bereich der Heranziehung generalpräventiver Erwägungen überschritten. Das Strafrecht und der daran anknüpfende Strafausspruch sind nach hiesigem Verständnis nicht nur ein Schutzmechanismus für die Rechtsordnung insgesamt, sondern Ausdruck einer persönlichen Begutachtung des Einzelnen und seiner Rolle im Sozialgefüge anhand des Verhaltens, welches er in der Tatsituation vornahm. Dies verträgt sich auch mit jüngeren Ansätzen zur Bedeutung des Schuldspruches, nach welchen das kommunikative Element in den Vordergrund zu rücken sei.[265] Denn die Reaktion des Staats durch den Schuldspruch richtet sich auch in ihrem Kommunikationsgehalt nach diesen Faktoren.[266]

Im Folgenden wird zur sprachlichen Erfassung am Begriff der Vorwerfbarkeit festgehalten, da er seiner Wortbedeutung nach[267] am ehesten geeignet ist, Individualität und Kollektivität im Topos der Schuld in Einklang zu bringen. So kommt dem Begriff der „Pflichtwidrigkeit" eine zu stark objektivierende Tendenz zu. Der Begriff der Pflicht wird regelmäßig mit einem objektiven Maßstab assoziiert, an dem sich eine Person messen lassen muss.[268] Hingegen ist der Begriff der Zumutbarkeit seiner Bedeutung im allgemeinen Sprachgebrauch nach nicht geeignet, das Phänomen der Vermeidbarkeit in § 17 StGB bzw. § 11 Abs. 2 OWiG zu erfassen. Die Möglichkeit zur Einsichtserlangung ist dort jedenfalls nach herrschendem Verständnis nicht unzumutbar, sondern oftmals insgesamt nicht hinreichend gegeben.[269] Darüber hinaus lässt sich kaum von Unzumutbarkeit der gesetzestreuen Verhaltensweise sprechen, wenn jemand aufgrund von Defiziten i. S. d. § 20 StGB nicht in der Lage ist, sich an die Vorgaben der Rechtsordnung zu halten.[270]

4. Schuld und Demokratieprinzip – Zugleich zur Verfassungsmäßigkeit von § 17 StGB

Bis zu diesem Punkt wurde ein besonderes Augenmerk auf die individualisierende Funktion des Schuldvorwurfs gelegt. Allerdings setzt bei aller Notwendigkeit

---

[264] *Nowakowski*, ZStW 65 (1953), 379 (388).

[265] *Rostalski*, Tatbegriff, 2019, S. 26 f.

[266] Siehe dazu auch *Freund/Rostalski*, Strafrecht AT, 2019, § 1 Rn. 7 f., § 9 Rn. 18; *Rostalski*, Tatbegriff, 2019, S. 32 ff.

[267] Vorwurf verstanden als Äußerung der Rüge, siehe Duden, https://www.duden.de/rechtschreibung/Vorwurf; dazu auch *Armin Kaufmann*, Bindings Normentheorie, 1954, S. 182 f.

[268] Siehe dazu DWDS, Bedeutungsübersicht 1.: „von historisch gewordenen gesellschaftlichen Normen bestimmte Forderung […]", https://www.dwds.de/wb/Pflicht.

[269] Zum Begriff ausführlich *Löw*, Erkundigungspflicht, 2001, S. 51 ff., zur herrschenden Lesart S. 52.

[270] So aber *Mezger*, Moderne Wege, 1950, S. 36.

hierzu ein gleiches und damit gerechtes Strafrecht auch objektive Maßstäbe voraus, an denen der Verhaltensfehler des Einzelnen aufgezeigt werden kann und der dann den schuldrelevanten Vorwurf begründet. Erster Anknüpfungspunkt hierfür sind die im Gesetz vorgenommenen Typisierungen von schuldlosem Verhalten, wie sie schon oben[271] zur Sprache kamen. Diese zwingenden Grenzen der Schuldzuweisung auf einfach-rechtlicher Ebene werden auch von verfassungsrechtlichen Maßgaben flankiert, die einen gemeinsamen Korridor bilden, in dem Raum für ausfüllendes Gedankengut zur Schuldidee besteht. Dieses ist nicht nur auf allgemeine Vernunftüberlegungen oder auf interdisziplinäre Erkenntnisgewinnung begrenzt. Vielmehr lässt sich ein ebenso naheliegender wie vielversprechender Ansatz darin finden, die weiteren Rechtssätze und die ihnen zugrundeliegenden Prinzipien auf ihre Brauchbarkeit zur inhaltlichen Ausgestaltung des strafrechtlichen Schuldbegriffs zu untersuchen.

Ein selten herangezogener Leitgedanke stellt dabei das Demokratieprinzip dar.[272] Fußend auf Art. 20 Abs. 2 GG stellt die Ausrichtung auf die Herrschaftsform der Demokratie eine normative Vorgabe[273] und Staatszielbestimmung[274] zugleich dar.[275] Sie dient nicht zuletzt dazu, der im Zentrum stehenden individuellen Selbstbestimmung, wie sie durch Art. 2 Abs. 1 GG gewährleistet wird,[276] auf Gemeinschaftsebene ein kollektives Mitbestimmungsrecht beizuordnen.[277] Dieses kollektive Mitbestimmungsrecht gewährleistet das „Ausgehen" der Staatsgewalt vom Volk durch die Legitimation einer aus der regelmäßigen Wahl hervorgehenden Volksvertretung,[278] wobei durch die Beteiligung vieler zugleich eine Distanz geschaffen wird, die eine gemeinschaftliche Willensbildung ermöglicht.[279] Von hervorgehobener Bedeutung für die vorliegende Untersuchung sind die Implikationen des so verstandenen Demokratieprinzips für die (Straf-)Gesetzgebung: Die Strafrechtssätze, an die jede Person gebunden werden soll, die der deutschen Strafgewalt unterliegt,

---

[271] Kap. 1 D. III. 2.

[272] So auch die Einschätzung von *Appel*, Verfassung und Strafe, 1998, S. 330; zentraler Gegenstand aber schon bei *Günther*, in: JRE 1994, 143.

[273] *Sommermann*, in: Huber/Voßkuhle, GG, 2024, Art. 20 Rn. 87: „Mindeststandard".

[274] BVerfG, Beschl. v. 5.12.2002 – 2 BvL 5/98, 2 BvL 6/98, BVerfGE 107, 59 (91).

[275] BVerfG, Beschl. v. 5.12.2002 – 2 BvL 5/98, 2 BvL 6/98, BVerfGE 107, 59 (91); *Dreier*, in: Dreier, GG, 2015, Art. 20 (Demokratie) Rn. 60; a. A. *Sommermann*, in: Huber/Voßkuhle, GG, 2024, Art. 20 Rn. 89 ff., der den Charakter als Staatsziel generell in Abrede stellt.

[276] Noch weitergehend: *Rux*, in: BeckOK-GG, Stand 15.11.2025, Art. 20 Rn. 58, 62: Untrennbar mit der Gewährleistung der Menschenwürde durch die Staatsorgane verbunden; a. A. *U. Schröder*, JA 2017, 809 (809), der das Demokratieprinzip nicht aus den Freiheitsrechten herzuleiten vermag.

[277] *Schmidt-Aßmann*, AöR 116 (1991), 329 (335); *U. Schröder*, JA 2017, 809 (809): Demokratie als „Brücke zwischen Gesellschaft und Staat".

[278] Im Einzelnen dazu *Sachs/von Coelln*, in: Sachs, GG, 2024, Art. 20 Rn. 35 ff.

[279] *Schmidt-Aßmann*, AöR 116 (1991), 329 (336).

bedürfen aufgrund der Schwere[280] der mit dem Fall eines Verstoßes einhergehenden Eingriffe in die Freiheit eines besonders hohen Legitimationsniveaus. Diese Anforderung wird nach konsentierter Lesart ebenfalls in Art. 103 Abs. 2 GG deutlich, der die gesetzliche Bestimmung als Parlamentsgesetz einfordert.[281] Durch diesen Mechanismus wird grundsätzlich[282] sichergestellt, dass die Strafe, die den Täter trifft, schlussendlich (auch) auf dessen Willen zurückgeführt werden kann[283] und somit ein entgegenstehendes Verhalten nicht nur als Widerspruch gegen die Rechtsordnung, sondern als Selbstwiderspruch – und damit als für die Gesellschaft überraschende Bekundung – begriffen werden kann.[284] Wird der Einzelne als vernunftbegabtes Wesen akzeptiert, wie es als Prämisse für die Ausformung des Grundgesetzes unverzichtbar ist,[285] kann ihm dieses widersprüchlich-unvernünftige Verhalten durch den Schuldspruch vorgeworfen werden.[286]

Günther versucht unter Berufung auf Kant[287] hierbei, den Bürger differenziert zwischen seiner Stellung als Normautor und Normadressat zu betrachten. Erst wenn der Täter als Normautor angesprochen wird, werde es ermöglicht, dass ihm die Erfüllung eines Straftatbestands zum Vorwurf gemacht werden kann.[288] An den Normautor werde die Anforderung gestellt, Gesetze aufgrund der Einsicht in die Gründe zu akzeptieren.[289] Hingegen könne eine neutrale Betrachtung der Ursachen, die zur fehlenden Normbefolgungsbereitschaft führten, erst dadurch ermöglicht werden, dass der Täter in seiner Aufgabe als Normadressat beleuchtet wird.[290] In

---

[280] BVerfG, Beschl. v. 9. 3. 1994 – 2 BvL 43/92, 2 BvL 51/92, 2 BvL 63/92, 2 BvL 64/92, 2 BvL 70/92, 2 BvL 80/92, 2 BvR 2031/92, BVerfGE 90, 145 (172); *Rostalski*, Tatbegriff, 2019, S. 16: „Das ‚schärfste Schwert'".

[281] BVerfG, Beschl. v. 5. 7. 2019 – 2 BvR 167/18, NJW 2019, 2837 (2838); *Degenhart*, in: Sachs, GG, 2024, Art. 103 Rn. 63; *Kunig/Saliger*, in: v. Münch/Kunig, GG, 2025, Art. 103 Rn. 35; *Remmert*, in: Dürig/Herzog/Scholz, GG, August 2025, Art. 103 Abs. 2 Rn. 77; *Wolff/Kluth*, in: Hörnig/Wolff/Kluth, GG, 2025, Art. 103 Rn. 15.

[282] Zu den Ausnahmen sogleich unter Kap. 1 D. IV. 6.

[283] Darauf weisen auch die Vertreter des sog. diskursiven Schuldbegriffs hin, etwa *Kindhäuser/Zimmermann*, Strafrecht AT, 2024, § 21 Rn. 14; *Günther*, in: JRE 1994, 143 (155) spricht von „Mitautorenschaft".

[284] Ähnlich *Groteguth*, Verbots(un)kenntnis, 1993, S. 48.

[285] Anschaulich *Kirchhof*, in: Dürig/Herzog/Scholz, GG, August 2025, Art. 3 Abs. 1 Rn. 78; *Richter*, ZaöRV 2007, 319 (322); siehe auch *Antoni*, in: Hörnig/Wolff/Kluth, GG, 2025, Art. 1 Rn. 4; ähnlich mit Blick auf das Funktionieren einer Demokratie *Gärditz*, Der Staat 49 (2010), 331 (342); allgemein als Grundlage des Rechts ansehend *Hegel*, Grundlinien, hrsgg. v. Klenner, 1981, S. 72 f.

[286] In der Begründung etwas abweichend *Rostalski*, Tatbegriff, 2019, S. 31 f.; *Zaczyk*, Versuchte Tat, 1989, S. 201; abweichend, da einen Vorwurf durch das Schuldurteil insgesamt ablehnend, *Günther*, in: JRE 1994, 143 (156).

[287] Nachweis bei *Günther*, in: JRE 1994, 143 (146).

[288] *Günther*, in: JRE 1994, 143 (155).

[289] *Günther*, in: JRE 1994, 143 (155).

[290] *Günther*, in: JRE 1994, 143 (156).

dieser Funktion werde vom Bürger (nur) Gehorsam erwartet.[291] Als Argument gegen eine einheitliche Betrachtung bringt Günther hervor, dass sich ein Selbstwiderspruch des Täters als Grundlage des Schuldvorwurfs dann nicht ergebe, wenn er gegen das Gesetz votiert bzw. von dem Teilhaberecht keinen Gebrauch macht.[292] Dies überzeugt aber nur auf den ersten Blick: Im freiheitlichen Staat besteht die Möglichkeit, sich dem Willen der Mehrheit dadurch zu entziehen, dass der Geltungsbereich der Regeln verlassen wird. Daher darf auch unterstellt werden, dass derjenige, welcher seine individuelle Freiheit in diesem Staat auslebt, auch die Regeln mitträgt, die gegen oder ohne seinen Willen erlassen wurden. Die darin zum Ausdruck kommende Akzeptanz stellt einen zentralen Baustein einer funktionierenden Demokratie dar.[293]

Es kommt im vollen Schuldspruch also grundsätzlich auch zum Ausdruck, dass der Täter in der Tatsituation als fähig angesehen wird, sich an die von ihm selbst mitkonstituierten Gesetze zu halten und das eigene Verhalten daran auszurichten.[294] Dass damit auch zugleich das Persönlichkeitsrecht des Täters Anerkennung findet, wird vor diesem Hintergrund kaum zu bestreiten sein.[295] Ob er einen solchen Ausdruck wünscht, ist dabei irrelevant: Es handelt sich um eine Anforderung, die der moderne Rechtsstaat an sich selbst stellt und die deswegen nicht durch den Täter disponibel ist.[296]

Mittels dieser Interpretation von Schuld erfolgt zugleich die Einordnung des Täters als *vernünftiger Teilnahmeberechtigter am demokratischen Willensbildungsprozess*. Ist Schuld als individuelle Vorwerfbarkeit zu begreifen und der Widerspruch gegen die Rechtsordnung zugleich eine Frage individueller Fehlleistung als Widerspruch „gegen sich selbst“, ist dann auch die Verortung des Verbotsirrtums als Aspekt der Schuld insgesamt schlüssig. Daher ist festzuhalten, dass die Einordnung des Irrtums über rechtliche Grundlagen, wie sie in § 17 StGB bzw. § 11 Abs. 2 OWiG erfolgte, das verfassungsrechtliche Leitbild des vernunftbegabten Menschen sinnvoll konkretisiert.[297]

Folgt man den soeben getroffenen Erwägungen, ergibt sich daraus noch ein weiteres: Wo von einem vernünftigen Teilnahmeberechtigten am demokratischen

---

291 *Günther*, in: JRE 1994, 143 (155).

292 *Günther*, in: JRE 1994, 143 (147 f.).

293 Ähnlich *Zaczyk*, versuchte Tat, 1989, S. 184 f., wobei dieser unter „Akzeptanz“ mehr als bloß kritiklose Hinnahme versteht; dazu ausführlich noch Kap. 1 D. IV. 6. e).

294 Entscheidend auch für die Überlegungen von *Momsen*, FS-Jung 2007, 569 (579): „Anerkennung eines ‚funktional ethischen Status‘: Der zweckrational realisierbaren Möglichkeit, sich pflichtenkonform zu verhalten“.

295 So aber *Roxin*, ZStW 96 (1984), 641 (649 f.).

296 Vgl. dazu auch *Günther*, in: JRE 1994, 143 (147).

297 Im Ergebnis übereinstimmend, aber unter Rückgriff auf die Differenzierung von Bewertungs- und Bestimmungsnorm *Papathanasiou*, Normative Tatbestandsmerkmale, 2014, S. 236.

Willensbildungsprozess ausgegangen wird, muss als Kehrseite zugleich auch zumindest im Regelfall von der Kenntnisnahme dieser demokratisch erzielten Ergebnisse ausgegangen werden.[298] Dies betrifft nicht nur aktuelle bzw. „erlebte" Gesetzesvorhaben, sondern auch solche, die weiterhin als gültig akzeptiert werden. Mit jeder Neuwahl des Parlaments besteht für das Volk mittelbar die Möglichkeit, Gesetze aufzuheben.[299] Erfolgt dies nicht, bedeutet das im Umkehrschluss, dass die Rechtslage als mitgetragen zu unterstellen ist. Wer diese Folgerungen nicht zieht, muss nach dem oben Gesagten entweder eingestehen, dass der Entscheidungsgegenstand trügerisch, also vom Entscheider selbst verkannt wurde,[300] oder dass der Einzelne nicht am demokratischen Willensbildungsprozess beteiligt war.[301] Beides stellte als Grundsatz ein bedenkliches Signal dar im Hinblick auf die Zielbestimmung der Herrschaft durch den mehrheitlich[302] zur Wahl aufgerufenen Teil derjenigen, die von den Strafgesetzen betroffen sind. Daher ist im Ausgangspunkt an der These festzuhalten, dass das geltende Recht zu kennen ist,[303] mit der Folge, dass eine Tat im Irrtum hierüber eine strengere Beurteilung rechtfertigt als eine Tat im Irrtum über die nichtrechtlichen Gegebenheiten.[304]

Pawlik hingegen verneint eine Korrelation zwischen der Art des Irrtums und dem Grad der Vorwerfbarkeit, welcher dahinter stünde.[305] Er zieht sich hierbei zurück auf die abstrakte Gegenüberstellung von Fällen des Irrtums über wahrnehmbare Umstände, welche Ausdruck völligen Desinteresses gegenüber anderen Mitbürgern sein könnten, und Fällen von Verbotsirrtümern im Bereich des Nebenstrafrechts, welche häufig lediglich einen Mangel an Aufmerksamkeit attestierten.[306] Dass dies auf den Einzelfall zutreffen mag, kann nicht ernstlich bestritten werden. Doch ist

---

298 Auch *Towfigh*, Der Staat 48 (2009), 29 (48).

299 *U. Schröder*, JA 2017, 809 (812).

300 Das wird im Lichte des § 17 StGB den Einschluss des Bestimmtheitsgebots in die Ebene der Schuld erlauben, dazu Kap. 4 B. II. 2.

301 Zu den einschlägigen Personengruppen Kap. 1 D. IV. 6.

302 Bei der Bundestagswahl 2021 waren ca. 61,18 Mio. Menschen wahlberechtigt, siehe dazu https://www.bpb.de/kurz-knapp/zahlen-und-fakten/bundestagswahlen/506248/wahlberechtigte/, was bei Annahme einer Bevölkerungszahl von ca. 83,24 Mio. Menschen, https://de.statista.com/statistik/daten/studie/2861/umfrage/entwicklung-der-gesamtbevoelkerung-deutschlands/, ca. 73,5 % der Bevölkerung entspricht. Zu beachten ist freilich, dass auch Personen, die sich außerhalb des Staatsgebiets aufhalten, der deutschen Strafgewalt unterworfen sein können.

303 Auch *Pawlik*, Person, Subjekt, Bürger, 2004, S. 84 f.; *ders.*, Unrecht, 2012, S. 318: Unverzichtbarer Beitrag; *Rinck*, Deliktsaufbau, 2000, S. 380; *Walter*, Kern, 2006, S. 316; für einen Kernbereich an Gesetzen auch *Roxin*, FS-Neumann 2017, 1023 (1029 f.); für das Steuerrecht *Maiwald*, Unrechtskenntnis, 1984, S. 41.

304 Dazu *Puppe*, ZStW 136 (2024), 255 (265 ff.); knapp auch *Haft*, JA 1981, 281 (284); unter Rückgriff auf die generalpräventive Notwendigkeit *Rönnau/Becker*, JuS 2022, 491 (494).

305 *Pawlik*, Unrecht, 2012, S. 320 ff. m. w. N. zu dieser Position.

306 *Pawlik*, Unrecht, 2012, S. 321.

eine Gegenüberstellung von Extremen nicht geeignet, eine typisierende Aussage in ihrem Fundament zu erschüttern. Nur weil es Fälle gibt, in denen der Typus nicht zutrifft, heißt es nicht, dass die Typisierung falsch ist. So kann auch hier ohne einen Verlust der Überzeugungskraft zugestanden werden, dass die Gesamtvorwerfbarkeit beim Irrtum über Gesetze geringer sein kann als beim Irrtum über die Umstände des Tatbestands. Unberührt hiervon bleibt jedenfalls, dass der Täter über sich eine andere Art des Vorwurfs zusätzlich ergehen lassen muss, nämlich denjenigen der Entscheidung gegen sich selbst. Und genau dieser Vorwurf ist es, welcher geeignet ist, eine andere Einordnung im Verbrechensaufbau zu rechtfertigen.[307]

5. Einwände gegen die gezogenen Schlussfolgerungen

Zunächst sei zu zwei Einwänden Stellung bezogen, die sich gegen die hier gezogenen Schlussfolgerungen richten.

a) Unmöglichkeit der Kenntnis aller Gesetze

Teilweise wird die Akzeptanz der Prämisse unbedingter Gesetzeskenntnis mangels Möglichkeit hierzu in Abrede gestellt.[308] Niemand sei in der Lage, sich den gesamten Rechtsbestand der Bundesrepublik Deutschland gedanklich einzuverleiben.[309] Dass diese Grenzen des menschlichen Leistungsvermögens in der Handhabung des gesetzesbezogenen Irrtums im Rahmen des § 17 StGB bzw. § 11 Abs. 2 OWiG ihren Niederschlag finden müssen, ganz im Sinne des Grundsatzes ultra posse nemo obligatur, kann und soll nicht in Abrede gestellt werden. Jedoch entspricht es ebenso einer bloßen Gedankenkonstruktion, von einem einzigen Adressaten für alle geltenden Gesetze auszugehen. Viele Strafvorschriften richten sich ausschließlich an Beteiligte eines exklusiven Lebens- und Berufskreises.[310] Vor diesem Hintergrund ist es zumindest deutlich verzerrend, wenn die Gesamtheit der geltenden Normen einem einzelnen „Super-Adressaten" gegenüber gestellt wird, denn diesen gibt es nicht. Daneben ist zu berücksichtigen, dass mit der Steigerung der Gesetzesmenge auch die Methoden der Informationsgewinnung zugunsten des Adressaten erweitert wurden. Es wird sich daher zeigen, dass eine Berücksichtigung der real existierenden Problemstellung im Rahmen des § 17 StGB bzw. § 11 Abs. 2 OWiG nicht nur möglich, sondern auch zielführend ist.[311]

---

[307] Zum konkreten Vorschlag siehe Kap. 4 A.III.

[308] *Tiedemann*, FS-Geerds 1995, 95 (98).

[309] Für die Gesamtheit der Strafvorschriften *Roxin*, FS-Tiedemann 2008, 375 (375).

[310] *Jakobs*, Strafrecht AT, 1991, 19. Abschn. Rn. 19; *Rosenbaum*, Große Strafrechtskommission, 2004, S. 74; *Schmidt-Leichner*, Unrechtsbewußtsein, 1935, S. 74.

[311] Unter Kap. 4 B.II.2.a).

b) Verstoß gegen das Tatschuldprinzip

Gewichtiger scheint auf den ersten Blick der Einwand, dass einem solchen Ansatz das anzuerkennende Tatschuldprinzip entgegenstehe. Es werde durch eine solche Handhabung des Gesetzesirrtums unzulässig der Blick von der Schuldhaftigkeit der Tatbegehung auf die Schuldhaftigkeit bezüglich der Gesetzesunkenntnis verlagert.[312] Beflügelt wird ein solches Verständnis etwa von Horn, wenn dieser den Einwand für richtig erklärt und die Tatschuld beim vermeidbaren Verbotsirrtum genau hieran koppeln möchte.[313] Ähnlich suggeriert Zaczyk, dass eine (Vorsatz-) Schuld im Hinblick auf die Tatbegehung zweifelhaft sei, wenn bei der Tat nur Rechtsfahrlässigkeit zur Last falle.[314]

Der Ausgangspunkt des Arguments ist unter Berücksichtigung verfassungsrechtlicher Maßgaben unbestreitbar: Nicht (allein) die fehlende Gesetzeskenntnis darf dem Täter im Hinblick auf seine Bestrafung zum Vorwurf gemacht werden. Zwar ist es namentlich John Locke, der gerade die Nichterfüllung von (bürgerlichen) Pflichten zum besonderen Gegenstand des Vorwurfs erhebt.[315] Diese Idee hat im geltenden Recht jedoch keinen Niederschlag gefunden. Das Bemühen um Gesetzeskenntnis folgt im Recht gerade keinem Selbstzweck,[316] sondern ist Ausdruck der Akzeptanz eigener Freiheitsgrenzen und Anerkennung fremder Freiheitsbereiche. Allerdings suggeriert die dargestellte Kritik, dass sich die Schuldprüfung einzig auf die Kenntnis des Gesetzes reduzieren würde. Dem ist aber nicht so. Vielmehr wird das als rechtswidrig festgestellte Verhalten auch weiterhin umfänglich auf seine Zurechenbarkeit zum Täter hin untersucht, was sich schon daran zeigt, dass Fälle des Verbotsirrtums auch mit anderen gesetzlich anerkannten Schuldausschlussgründen zusammenfallen können.[317] Dem Täter wird auch weiterhin die rechtswidrige Tat als solche vorgehalten. Eine Tat, die nur unter der Prämisse verboten werden darf, dass sie in einem nicht hinnehmbaren Maße die Rechte anderer Rechteinhaber beeinträchtigt. Nur kann der Vorwurf, der gegen ihn im Hinblick auf die wissentlich herbeigeführte Tatbestandssituation erhoben wird, durch fehlendes Verschulden im Hinblick auf das Verkennen der Rechtsgrundlagen ausnahmsweise entfallen. Es ist also nicht so, dass dem Täter die vermeidbare Rechtsunkenntnis vorgeworfen wird, sondern die unvermeidbare Rechtsunkenntnis den bestehenden

---

[312] *Arthur Kaufmann*, Schuld und Strafe, 1983, S. 119 f.; kritisch auch *Blei*, JA 1970, 205 (668).

[313] *Horn*, Verbotsirrtum, 1969, S. 149.

[314] *Zaczyk*, JuS 1990, 889 (892).

[315] *Locke*, Verstand, Band II, Buch IV, insb. S. 391 f.; siehe auch *Armin Kaufmann*, Bindings Normentheorie, 1954, S. 160 ff., der die Fähigkeit zur Pflichtbefolgung zum Zentrum seiner Schuldlehre macht.

[316] *Armin Kaufmann*, FS-Eb. Schmidt 1961, 319 (328); *Lesch*, JA 1996, 607 (610); *Rudolphi*, Unrechtsbewusstsein, 1969, S. 193; *J. Wolter*, JuS 1979, 482 (485).

[317] Zum strittigen Verhältnis von §§ 17 und 20 f. StGB siehe *Streng*, in: MüKo-StGB, 2024, § 20 Rn. 16 f.

Vorwurf bezüglich der Vornahme der Tat entkräftet. Das Tatschuldprinzip wird daher bei korrekter Handhabung der dargestellten Grundsätze gewahrt.

6. Zum Einwand des Fehlgehens bei nicht-wahlberechtigten und nichtwählenden Strafrechtsadressaten

Ein separat zu behandelnder Einwand im Hinblick auf die hier getätigten Aussagen könnte dahingehen, dass die Realität daran vorbeigehe. Es gibt zahlreiche Personengruppen, die entweder keine Möglichkeit haben, auf das Strafrecht durch Wahlen Einfluss zu nehmen, aber trotzdem dessen Geltungsbereich unterliegen, oder aber sich schlicht nicht an Wahlen beteiligen. Im Folgenden werden diese Adressaten in den Blick genommen, um die Möglichkeit der schlüssigen Einordnung in das hier konzipierte Prämissensystem aufzuzeigen.

a) Minderjährige

Wer das 18. Lebensjahr nicht vollendet hat, ist gemäß Art. 38 Abs. 2 Hs. 1 GG und § 12 Abs. 1 Nr. 1 des Bundeswahlgesetzes (BWahlG) nicht wahlberechtigt; folglich scheidet eine demokratische Teilhabe durch Wahlen jedenfalls auf Bundesebene[318] aus. Dem Minderjährigen kann also nicht der Vorwurf widersprüchlichen Verhaltens bei einem Gesetzesverstoß gemacht werden. Entsprechend ist der Schuldvorwurf gegenüber Minderjährigen typischerweise gemindert oder ausgeschlossen. Eine Kenntnis der Strafgesetze kann allenfalls aus der Sozialisierung abgeleitet werden, nicht hingegen aus demokratietheoretischer Fiktion. Diese Konsequenz wird durch das geltende Recht auch realisiert: Wer das 14. Lebensjahr nicht vollendet hat, ist gemäß § 19 StGB schuldunfähig. Wer das 14. Lebensjahr vollendet hat, aber noch nicht das 18. Lebensjahr, wird als Jugendlicher dem Anwendungsbereich des Jugendgerichtsgesetzes (JGG) nach § 1 Abs. 2 JGG unterstellt. In § 2 Abs. 1 JGG kommt sodann zum Ausdruck, dass die Anwendung des Jugendstrafrechts primär einen erzieherischen Gedanken verfolgt. Es steht also nicht die Erhebung eines Vorwurfs im Vordergrund, sondern die Förderung der jugendlichen Entwicklung durch sozialisierende Maßnahmen.[319] Sogar die Berücksichtigung des JGG bei Heranwachsenden gemäß § 1 Abs. 2 JGG, also Personen, die das 18. Lebensjahr, nicht aber das 21. Lebensjahr vollendet haben, findet unter diesem Gesichtspunkt – wenn auch zufällig – dahingehend eine Erklärung,

---

[318] Auf kommunaler Ebene gibt es mittlerweile nur noch fünf Bundesländer (Bayern, Sachsen, Saarland, Rheinland-Pfalz, Hessen), in denen das aktive Wahlrecht erst ab dem Alter von 18 Jahren gilt; überwiegend liegt es bei 16 Jahren; in sechs Bundesländern sind diese auch bei den Landtagswahlen aktiv wahlberechtigt (Baden-Württemberg, Brandenburg, Hamburg, Bremen, Mecklenburg-Vorpommern, Schleswig-Holstein).

[319] BT-Drs. 16/6293, S. 9 f.; *Kölbel*, in: Eisenberg/Kölbel, JGG, 2025, § 2 Rn. 3; *Ostendorf*, in: Ostendorf, JGG, 2021, § 2 Rn. 1; *Rössner/Bannenberg*, in: HK-JGG, 2024, § 2 Rn. 2 f.

dass das Wahlrecht nur turnusmäßig ausgeübt werden kann, also nicht mit Sicherheit gesagt werden kann, dass Personen dieses Alters auch tatsächlich von ihrem Wahlrecht bis zur Tatbegehung Gebrauch machen konnten. Indes wird ihnen selbst in diesem Fall eine Karenzzeit zuzusprechen sein, in der sie sich die damit einhergehende Verantwortung bewusstwerden lassen können.

Es zeigt sich also, dass Minderjährige als nicht wahlberechtigte Gemeinschaftsmitglieder auch nach geltendem Recht konsequent im Lichte der individuellen Schuld anders behandelt werden als wahlberechtigte Volljährige.

b) Historisch: Vom Wahlrecht aufgrund geistiger Beeinträchtigung ausgeschlossene Menschen

Eine weitere Personengruppe, die vom aktiven Wahlrecht ausgeschlossen war, sind Menschen, die aufgrund geistiger Beeinträchtigung nicht in der Lage sind, die Tragweite von demokratischen Wahlen zu erkennen. Hierzu führte das BVerfG aus, dass politische Wahlen einen kommunikativen Akt zwischen dem Volk und der zu wählenden Volksvertretung darstellen.[320] Ein Ausschluss vom aktiven Wahlrecht könne entsprechend dann legitimiert sein, wenn bei einer bestimmten Personengruppe davon auszugehen sei, dass die Möglichkeit der Teilnahme am Kommunikationsprozess zwischen Volk und Staatsorganen nicht in hinreichendem Maße besteht.[321] Dass dies nicht pauschal bei einer Vollbetreuung und aus einer Schuldunfähigkeit im strafrechtlichen Sinne und einer damit verbundenen Unterbringung in einem psychiatrischen Krankenhaus abgeleitet werden kann, hat das BVerfG mit seiner Entscheidung zum Wahlrechtsausschluss nach § 13 Nr. 2 und Nr. 3 BWahlG a. F. klargestellt.[322] Es können insbesondere keine Rückschlüsse von der Schuldunfähigkeit im strafrechtlichen Sinne auf die Wahlunmündigkeit gezogen werden, weil sich das verurteilende Gericht ausschließlich mit der Schuld bei der Tatbegehung auseinandersetzt und aufgrund der diesbezüglich ermittelten Erkenntnisse Anordnungen zur Unterbringung in einem psychiatrischen Krankenhaus trifft.[323] Die Frage nach politisch-kommunikativer Einsichtsfähigkeit wird dort nicht behandelt, sodass die Verknüpfung als willkürlich bezeichnet wurde,[324] ihr jedenfalls aber die Eignung zur Ermittlung der Wahlunmündigkeit abzusprechen ist.[325] Aus diesem Grund wurden § 13 Nr. 2 und Nr. 3 BWahlG a. F. ersatzlos gestrichen; eine angepasste Neuregelung, wie sie nach dem BVerfG prinzipiell als möglich in

---

[320] BVerfG, Beschl. v. 29. 1. 2019 – 2 BvC 62/14, BVerfGE 151, 1 (19 f.).

[321] BVerfG, Beschl. v. 29. 1. 2019 – 2 BvC 62/14, BVerfGE 151, 1 (20); zuvor schon BVerfG, Beschl. v. 4. 7. 2012 – 2 BvC 1/11, 2 BvC 2/11, BVerfGE 132, 39 (51); ebenso *Müller/Drossel*, in: Huber/Voßkuhle, GG, 2024, Art. 38 Rn. 68.

[322] BVerfG, Beschl. v. 29. 1. 2019 – 2 BvC 62/14, BVerfGE 151, 1 (49 ff.).

[323] So schon *Oelbermann/Pollähne*, R & P 33 (2015), 86 (89).

[324] *Oelbermann/Pollähne*, R & P 33 (2015), 86 (91).

[325] BVerfG, Beschl. v. 29. 1. 2019 – 2 BvC 62/14, BVerfGE 151, 1 (48 f.).

Aussicht gestellt wurde, ist bislang nicht erfolgt, sodass derzeit kein Wahlhindernis für geistig Beeinträchtigte besteht.[326]

Sollte der Gesetzgeber in Zukunft allerdings eine verfassungsgemäße Regelung schaffen, nach welcher ein Wahlrechtsentzug an die politisch-kommunikative Einsichtsfähigkeit geknüpft wird, so ist damit zugleich ein Urteil über die Schuldfähigkeit dieser Personen im strafrechtlichen Sinne gesprochen. Es ist anzunehmen, dass, wer nicht in der Lage ist, Bedeutung und Tragweite des Prozesses demokratischer Willensbildung zu erkennen und wer deswegen ganz ausnahmsweise – selbst im Lichte des Grundsatzes der Allgemeinheit der Wahl – das Wahlrecht entzogen bekommt, ebenso wenig in der Lage sein wird, das Unrecht seiner Taten einzusehen. Entsprechend sind diese Personen keine tauglichen Adressaten eines Vorwurfs der oben[327] herausgearbeiteten Art und folglich als schuldunfähig zu behandeln.

c) Wahlrechtsentzug als strafende Maßnahmen, § 45 StGB i. V. m. § 13 BWahlG

Einen Sonderfall bildet der Entzug des aktiven Wahlrechts als strafende Maßnahme nach § 45 Abs. 5 StGB. Demnach kann das Wahlrecht entzogen werden, wenn das Gesetz eine solche Folge ausdrücklich vorsieht. Dies ist insbesondere dann der Fall, wenn der Täter durch seine Tat eine staatsfeindliche Gesinnung zum Ausdruck bringt, weil er etwa Staatsgeheimnisse preisgibt (§ 93 StGB) oder auch systemische Angriffe auf die freiheitlich-demokratische Grundordnung vornimmt (z. B. durch unlautere Wahlbeeinflussung, §§ 107 ff. StGB). Anknüpfend daran ordnen §§ 101 und 109i StGB diese Möglichkeit an. In solchen Fällen besteht gerade kein Konnex zwischen Wahlmündigkeit und Wahlrechtsentzug. Vielmehr soll dem Täter schlicht ein weiteres Übel auferlegt werden, weil sich der Täter aufgrund seiner Tat als „wahlunwürdig" herausstellt.[328] Mit den hier dargebotenen Prämissen ist § 45 Abs. 5 StGB nicht verträglich: Die Gewährleistung des Wahlrechts ist eine zentrale Grundlage für die Erhebung des vollen Vorwurfs gegenüber dem Täter. Wenn diesem die Möglichkeit der Einflussnahme auf die Strafgesetzgebung entzogen wird, wird ein wesentlicher Teil der Legitimation einer Strafverhängung und Strafvollstreckung zu seinen Lasten aufgegeben. Hierfür ist kein adäquater Grund im Lichte des Schuldprinzips ersichtlich.[329] Anders als im Hinblick auf das passive Wahlrecht nach § 45 Abs. 1 bis 4 StGB wird hierdurch auch nicht die „Reinhaltung" staatlicher Institutionen[330] vor „Infiltration" mit Gesetzesuntreuen gefördert, da ohnehin nur hinreichend Gesetzestreue nach Maßgabe des § 45 Abs. 1 bis 4 StGB

---

[326] *Thum*, in: Schreiber, BWahlG, 2025, § 13 Rn. 14, 21.

[327] Kap. 1 D. IV. 3. und 4.

[328] Daher auch als Reminiszenz an das „Ehrenstrafrecht" bezeichnet, siehe *Albrecht*, in: NK-StGB, 2023, § 45 Rn. 1; *Kinzig*, in: TK-StGB, 2025, § 45 Rn. 1.

[329] So auch *Albrecht*, in: NK-StGB, 2023, § 45 Rn. 1.

[330] *Radtke*, in: MüKo-StGB, 2020, § 45 Rn. 44.

gewählt werden können. Im Gegenteil läuft dies den Zwecken sogar zuwider, weil hierdurch die Möglichkeit zur ordnungsgemäßen und damit wünschenswerten Partizipation an der demokratischen Willensbildung beschnitten wird, und der Täter erst recht aus dem demokratischen System isoliert wird. Daher ist § 45 Abs. 5 StGB als verfassungswidrig einzustufen. Die Anwendungspraxis zeigt schließlich, dass von der Möglichkeit des Entzugs auch kein Gebrauch mehr gemacht wird: In der Strafverfolgungsstatistik 2021 wird kein Fall ausgewiesen, in dem es zu Nebenstrafen nach § 45 StGB kam.[331] Im Jahr 2020 ist ein einziger Fall im Zusammenhang mit Straftaten gegen den Staat, die öffentliche Ordnung und im Amt verzeichnet.[332] Die Vorschrift ist also auch praktisch irrelevant und daher zu streichen.

d) Nichtdeutsche i. S. d. Art. 116 GG

Zudem ist nach § 12 Abs. 1 BWahlG vom Wahlrecht ausgeschlossen, wer nicht Deutscher i. S. d. Art. 116 GG ist. Nach dem BVerfG ist diese Vorgabe Ausdruck der „mitgliedschaftlichen Verbindung und rechtlichen Zugehörigkeit zur staatlichen Gemeinschaft".[333] Aufgrund dessen stellt sie auch keine verfassungswidrige Beschränkung der Allgemeinheit der Wahl nach Art. 38 Abs. 1 GG dar.[334] Indes führt dies zu der Situation, dass Nichtdeutsche i. S. d. Art. 116 GG als nicht wahlberechtigte Personen innerhalb des Geltungsbereichs der deutschen Strafgewalt für rechtswidrige Taten zur Verantwortung gezogen werden können. Das betrifft zum einen Personen, die auf deutschem Staatsgebiet zumindest vorübergehend Aufenthalt nehmen und sich dort deliktisch verhalten. Zum anderen ist es auch möglich, dass Personen aufgrund von § 7 StGB für im Ausland begangene Taten durch die deutsche Strafgewalt zur Verantwortung gezogen werden können.

Für die erste Fallgruppe kennt das deutsche Strafrecht keine spezifischen Regeln. Es verbleibt beim Grundsatz gemäß §§ 3, 9 StGB, nach welchem die deutsche Justiz die Tat uneingeschränkt verfolgen darf, sofern entweder das vorgeworfene Tatverhalten im Inland vorgenommen wurde oder der Taterfolg im Inland eintritt. Gleichwohl ist zu berücksichtigen, dass der Vorwurf gegenüber demjenigen, welcher keinen Einfluss auf die Strafgesetzgebung nehmen kann, mangels Selbstwiderspruchs grundsätzlich gemindert ist. Mit Recht wird daher teilweise für Nichtdeutsche i. S. d. Art. 116 GG eine hervorgehobene „Großzügigkeit" bei der Anwendung der Milderungsmöglichkeit nach § 17 S. 2 StGB eingefordert, die dann

[331] https://www.destatis.de/DE/Themen/Staat/Justiz-Rechtspflege/Publikationen/Downloads-Strafverfolgung-Strafvollzug/strafverfolgung-2100300217004.pdf?__blob=publicationFile.

[332] https://www.destatis.de/DE/Themen/Staat/Justiz-Rechtspflege/Publikationen/Downloads-Strafverfolgung-Strafvollzug/strafverfolgung-2100300207004.pdf?__blob=publicationFile.

[333] BVerfG, Beschl. v. 21. 5. 1974 – 1 BvL 22/71, 1 BvL 21/72, BVerfGE 37, 217 (247).

[334] *Seedorf*, in: Schreiber, BWahlG, 2025, § 12 Rn. 5.

aber regelmäßig an die fremde Sozialisierung gekoppelt wird,[335] wohingegen die fehlende Teilhabemöglichkeit am Zustandekommen der Gesetze nicht eigens herangezogen wird. Auch muss dieser Umstand für die Beantwortung der Frage, ob der Irrtum unvermeidbar gemäß § 17 S. 1 StGB war, besondere Berücksichtigung zu Gunsten des Täters finden.[336] Wenn Hörnle dementgegen bei einem Eingriff in zentrale Freiheitsrechte stets eine Gleichbehandlung einfordert,[337] findet das Zusammenspiel von demokratischer Verantwortung für die Rechtslage und Verantwortung für die rechtswidrige Tat keine hinreichende Berücksichtigung. Wer nicht mitbestimmen kann, muss es sich selbst nicht zum Vorwurf machen lassen, gegen eine Regel verstoßen zu haben, die er mitgetragen hat. Dies muss in den Erwägungen bezüglich des Schuldspruchs mildernd Berücksichtigung finden, was die Anwendung von § 17 S. 2 StGB indiziert.

Für die zweite Fallgruppe weist bereits § 7 StGB den richtigen Weg. Die Vorschrift setzt die Strafbarkeit des Täters im Ausland in Abhängigkeit zu der Strafbarkeit des Verhaltens am Tatort. Trägt der Täter für die dortige Rechtslage als Teilhaber am Gesetzgebungsprozess Mitverantwortung, besteht der beschriebene Widerspruch zwischen seinem Tatverhalten und seiner Mitwirkung am Strafgesetz. Es kann grundsätzlich nicht erwartet werden, dass eine Verhaltensweise, die in der „eigenen" Rechtsordnung sanktionsbewehrt ist, in der fremden Rechtsordnung nicht sanktionsbewehrt ist. Entsprechend ist in diesem Fall keine täterfreundliche Handhabung der Irrtumsregeln angezeigt. Die Frage, ob es ausreichend ist, dass die Verhaltensweise im Auslandsstaat überhaupt verboten ist, oder ob die Strafbarkeit der Verhaltensweise zu verlangen ist, hängt untrennbar mit der Frage zusammen, ob nur die Kenntnis von der Strafbarkeit einen Verbotsirrtum ausschließt oder nicht. Sie wird daher erst im Zusammenhang mit der Auslegung von § 17 StGB bzw. § 11 Abs. 2 OWiG behandelt.[338]

Trägt der Täter für die geltende Rechtsordnung hingegen keine Verantwortung, etwa, weil ihm kein dem deutschen Rechtssystem vergleichbares Wahlrecht zusteht oder Ausgangspunkt der Rechtsordnung kein demokratisches System ist, verhält es sich strukturell äquivalent zu den Fällen, in denen die Tat im Inland begangen wird, ohne dass dem Täter das aktive Wahlrecht zusteht. Es sollte also grundsätzlich bei Vorliegen eines Verbotsirrtums zu einer Strafmilderung kommen; eine Unvermeidbarkeit – und damit ein Schuldausschluss – ist besonders zu prüfen.

---

[335] Ähnlich *Vogel/Bülte*, in: LK-StGB, 2020, § 17 Rn. 100; im Grundsatz auch *Kulhanek*, in: MüKo-StGB, 2024, § 17 Rn. 91 ff.

[336] *Neumann*, in: NK-StGB, 2023, § 17 Rn. 65.

[337] *Hörnle*, Gutachten C zum 70. DJT, 2014, C 73 f.

[338] Kap. 4 B. I. 1.

e) Umgang mit Nichtwählern

In der politischen Wahlpraxis bekannt und bedauert ist der Umstand, dass die Wahlbeteiligung der Wahlberechtigten in der Regel weit entfernt von einer optimalen 100%-Quote ist. Bei der Bundestagswahl 2021 lag die Wahlbeteiligung bei etwa 76,6%.[339] Daraus folgt, dass beinahe ein Viertel der Wahlberechtigten keine sich in der Zusammensetzung des Bundestags niederschlagende Stellungnahme zum politischen Geschehen abgeben.

Dies könnte auf den ersten Blick darauf hindeuten, dass bei dieser Personengruppe eine Sonderbehandlung vorzunehmen ist, ähnlich wie bei den soeben dargestellten Personengruppen ohne Wahlberechtigung. Immerhin könnte man sich auf den Standpunkt stellen, dass diesen Personen ein kommunikativer Widerspruch nicht zum Vorwurf zu machen ist, da sie sich der Stimme enthalten. Dass dies nicht richtig sein kann, liegt auf der Hand: Ein voraussehender Täter könnte dann seine eigene Strafe gezielt dadurch abmildern, dass er vor der Tat von seinem Wahlrecht keinen Gebrauch macht, um nachfolgend einen fehlenden Widerspruch vorzutragen.

Im Rahmen dieses Vorschlags lässt sich eine solche Konsequenz bei richtiger Interpretation des Nichtwählerverhaltens vermeiden. Denn es ist nicht zwingend, aus einer Nichtwahl zugleich zu schlussfolgern, dass der Täter keine Stellungnahme zum politischen Geschehen abgibt. Denn eine Enthaltung kann auch bedeuten, dass man mit allen möglichen Ausgängen einer Wahl einverstanden ist.[340] Dann ist ein Einverständnis mit allen historischen und neuen Gesetzgebungsvorhaben gegeben.[341] Ist die Enthaltung hingegen Ausdruck einer Abkehr vom demokratischen System, weil dessen Sinnhaftigkeit ernstlich in Frage gestellt wird,[342] kann die Teilhabe am System durch Ausübung von Freiheiten innerhalb des Staates jedenfalls als Akzeptanz ausgelegt werden. Im freiheitlich-demokratischen Staat steht es den Bürgern frei, das Staatsgebiet zu verlassen und hiermit den endgültigen Vertrauensentzug in die staatliche Organisation zu dokumentieren.[343] Bleiben die Betroffenen dennoch sesshaft, so ist darin auch ein hinreichendes Maß an Zustimmungsbekundung zu erblicken, um einen Widerspruch zum strafbaren Verhalten zu begründen.

---

[339] Siehe die Pressemitteilung Nr. 52/21 der Bundeswahlleiterin vom 15.10.2021, https://bundeswahlleiterin.de/info/presse/mitteilungen/bundestagswahl-2021/52_21_endgueltiges-ergebnis.html.

[340] Siehe dazu die Studie „Nichtwähler in Deutschland“ der Friedrich-Ebert-Stiftung 2013, S. 21, https://library.fes.de/pdf-files/dialog/10076.pdf.

[341] Kap. 1 D.IV.4.

[342] Dazu die Studie „Nichtwähler in Deutschland“ der Friedrich-Ebert-Stiftung 2013, S. 21 ff., 72 ff., https://library.fes.de/pdf-files/dialog/10076.pdf.

[343] Nach h.M. geschützt durch Art. 2 Abs. 1 GG, siehe *Ogorek*, in: BeckOK-GG, Stand 15.11.2025, Art. 11 Rn. 15 m.w.N.

7. Zwischenergebnis

Mit den vorstehend gewonnenen Erkenntnissen zur Schuld soll es sein Bewenden haben. Sie sind ausreichend, um im Folgenden schlüssige Antworten auf die entscheidenden Fragen im Rahmen der Irrtumslehre nach §§ 16 f. StGB bzw. § 11 OWiG zu finden. Es hat sich gezeigt, dass

- Schuld kein bloßes psychisches Substrat ist, sondern auf eine Bewertung des Täters Bezug nimmt;
- die Unrechtseinsicht kein notwendiger Bestandteil für die Annahme voller Schuld ist;
- sich Schuld im strafrechtlichen Sinne weder allein durch eine Generalbeurteilung noch durch eine bloße individuelle Täteranalyse sinnvoll bestimmen lässt;
- der Begriff der Vorwerfbarkeit zur Konkretisierung des Schuldinhalts geeignet ist;
- § 17 StGB auch im Lichte des Verfassungsrechts legitimierbar ist;
- das Demokratieprinzip als wichtiges Indiz dafür herangezogen werden kann, Fragen des Irrtums über Gesetze zum Gegenstand der Vorwerfbarkeit zu machen.

V. Zusammenfassung und (erste) Schlussfolgerungen für die allgemeine Irrtumsdogmatik

Mit diesem Kapitel wurden die zentralen Weichenstellungen für die einheitliche Irrtumsdogmatik im Strafrecht gelegt. Aus den Gründen der Trennung von Vorsatz und Schuld wurde die Funktion dieser Institute abgeleitet.

Die Vorsatztat ist gekennzeichnet durch ein gesteigertes Maß an Kenntnis jener Umstände, die die Merkmale des gesetzlichen Tatbestands erfüllen. Der regelmäßig erhöhte Strafrahmen der Vorsatzstrafbarkeit lässt sich mit der gesteigerten Wiederholungsgefahr der Tatbegehung sowohl durch den Täter als auch durch Dritte plausibel begründen. Nicht erforderlich ist die Aufladung des Vorsatzes mit materiellem Unrechtsbewusstsein oder mit der Überwindung eines inneren Vermeideimpulses[344], wie dies durch die Annahme der „Appellfunktion des Vorsatzes" regelmäßig geschieht. Ein solches Vorgehen birgt die Gefahr der Vermengung von Vorsatz als bewusste Tatumstandsverwirklichung und Schuld als vermeidbar fehlende Unrechtseinsicht, wie beides durch die §§ 16 und 17 StGB bzw. § 11 Abs. 1 und Abs. 2 OWiG angeregt wird. Dies sorgt für schwierige Abgrenzungsprobleme im Rahmen der Irrtumsbehandlung.

---

[344] So aber *Sackreuther*, in: Graf/Jäger/Wittig, WSS, 2024, StGB, § 15 Rn. 10a.

Der heute vorherrschende normativ geprägte Schuldbegriff weist im Hinblick auf seine (auch verfassungsrechtliche) Herkunft einige konsentierte Wesenszüge auf, die im Rahmen der Auslegung berücksichtigt werden müssen. So darf etwa der Schuldbegriff nicht völlig losgelöst von Täter und konkreter Tat bestimmt werden. Er fußt auf der Einsicht eines vernunftbegabten Individuums, was immer dann zu einem Ausschluss der Schuld zu führen hat, wenn der Täter nicht vernünftig im Rechtssinne handelte. Mit dem Begriff der Vorwerfbarkeit wird diese Einsicht treffend beschrieben. Im Zusammenspiel mit dem Demokratieprinzip aus Art. 20 Abs. 2 GG lässt sich einerseits ableiten, dass der Verbotsirrtum erst innerhalb der Schuld Relevanz hat, nicht hingegen bereits bei der Frage nach der Vorsätzlichkeit der Begehung. Andererseits lässt sich in diesem Lichte die Prämisse von der (Möglichkeit der) Kenntnisnahme des Rechts durch die Adressaten auch in Anbetracht des beträchtlichen quantitativen Ausmaßes strafrechtlicher Vorschriften im Einklang mit dem Tatschuldprinzip begründen. Wer an der Strafgesetzgebung teilhaben kann, begibt sich bei einem Verstoß gegen diese Gesetze in einen Widerspruch, der die Schuld des Täters steigert. Daraus erhellt sich, dass diejenigen Personen, die daran nicht teilhaben können, eine besondere irrtumsrechtliche Beurteilung erfahren müssen. Dies geschieht de lege lata auch bereits, was als Indiz für die Fruchtbarkeit der Heranziehung des Demokratieprinzips für diesen Bereich zu sehen ist.

Kapitel 2

Analyse der gesetzlichen Grundlagen

Im Anschluss an die theoretische Grundlegung werden in diesem Kapitel die für die Irrtumslehre relevanten Rechtsgrundlagen einer Analyse unterzogen. Der Fokus liegt dabei auf der grammatikalischen und systematischen Interpretation des Vorschriftenfundus, wobei zunächst die supranationalen und sodann die nationalen Rechtssätze beleuchtet werden.

A. Rechtsgrundlagen zur Irrtumslehre

Zentral für die hiesigen Überlegungen ist die gesetzliche Grundlage und die Stellung des Rechtsanwenders zu dieser. Unschwer zu erkennen ist dabei, dass es sich um mehr handeln muss als die konkrete Deliktsumschreibung, wie sie in den besonderen Tatbeständen des Kern- und Nebenstrafrechts zu finden ist.[1] Dies ergibt sich zum einen daraus, dass weite Teile allgemeiner Regelungen in den Bereich des Allgemeinen Teils des Strafrechts gebündelt und auf diese Weise ausgeklammert wurden. Zum anderen stellt das einfach-gesetzliche Strafrecht nur einen Teil des Mittelbaus der Normenhierarchie dar. Es ist den verfassungsmäßigen Prinzipien sowie den Vorgaben der Europäischen Union und dem durch die Bundesrepublik Deutschland anerkannten bzw. zwingenden Völkerrecht untergeordnet,[2] einmal im Sinne eines Geltungsnachrangs[3] und einmal im Sinne eines Anwendungsnachrangs.[4]

---

[1] Einführend *Tiedemann*, JZ 1980, 489.

[2] *Dannecker*, ZStW 117 (2005), 697 (701).

[3] Siehe nur *Huber*, in: Handbuch des Verfassungsrechts, 2021, § 6 Rn. 25 ff.; *Kotzur*, in: v. Münch/Kunig, GG, 2025, Art. 20 Rn. 137; *Sachs/v. Coelln*, in: Sachs, GG, 2024, Art. 20 Rn. 95; *Schulze-Fielitz*, in: Dreier, GG, 2015, Art. 20 (Rechtsstaat) Rn. 81 ff.; *Sommermann*, in: Huber/Voßkuhle, GG, 2024, Art. 20 Rn. 253; insgesamt zum Verhältnis zwischen Verfassung und einfachem Recht *Wahl*, Der Staat 20 (1981), 485.

[4] Für das Recht der Europäischen Union siehe *Nettesheim*, in: Grabitz/Hilf/Nettesheim, Das Recht der EU, September 2025, AEUV, Art. 1 Rn. 71 ff.; als „Konsens" bezeichnet von *Ruffert*, in: Calliess/Ruffert, EUV/AEUV, 2022, AEUV, Art. 1 Rn. 16; kritisch hierzu *Hwang*, EuR 2016, 355 (363 ff.); zum Verhältnis zwischen Verfassungs- und EU-Recht verhält sich in jüngerer Zeit ausführlich EuGH, Urt. v. 21. 12. 2021 – C-357/19, C-379/19, C-547/19, C-811/19, C-840/19, BeckRS 2021, 39583 Rn. 244 ff.; für das Völkerrecht BVerfG, Beschl. v. 29. 1. 1974 – 2 BvN 1/69, BVerfGE 36, 342 (365); ebenso *Heintschel von Heinegg/Frau*, in:

Bereits dieses Konglomerat an verschiedenen Rechtsgrundlagen – und damit verbunden verschiedenen rechtsetzenden Instanzen – erschwert eine allgemeingültige, deduktive Ableitung von Prinzipien für die Tatbestandslehre und darauf aufbauend für die Vorsatz- und Irrtumslehre. Hinzu kommt, dass die übergeordneten Rechtsquellen dem Abstrakten den Vorzug vor dem Konkreten geben.[5] Daher kann auch an dieser Stelle auf eigene Wertentscheidungen bei der Auslegung der gesetzlichen Grundlagen nicht verzichtet werden. Problematisch ist dies aber nicht, soweit die auf dem Vorschriftengebilde errichtete Dogmatik die nahezu notwendig bestehenden Lücken innerhalb des Rechts ausfüllt.

I. Vorgaben der Europäischen Union

Vergleichsweise kurz lassen sich die Ausführungen zum Einfluss des europäischen Rechts auf die deutsche Irrtumsdogmatik bzw. deren weitere Grundlagen halten. Denn die Europäische Union ist gemäß Art. 83 AEUV nur in speziellen Bereichen der grenzüberschreitenden Kriminalität befugt, unmittelbar Vorgaben für die Sanktionierung bestimmter Verhaltensweisen an die Mitgliedstaaten zu machen.[6] Die Notwendigkeit eines solchen eng begrenzten Kompetenzbereichs der EU auf dem Gebiet des Strafrechts hat das Bundesverfassungsgericht (BVerfG) deutlich hervorgehoben, wenn es im Urteil zum Vertrag von Lissabon ausführt, dass das Strafrecht als verkörperte Werteordnung der Gemeinschaft einen wesentlichen Teil der demokratischen Selbstbestimmung ausmache. Entsprechend müssten die Kompetenzen, die es der Europäischen Union ermöglichen, Einfluss auf das Strafrecht zu nehmen, besonders eng ausgelegt werden. Keinesfalls dürfe das Strafrecht zur bloßen Effektuierung der internationalen Zusammenarbeit gebraucht werden.[7]

Damit wird deutlich, dass der europäische Gesetzgeber die Grundlagen des Strafens allenfalls in den ausgewählten Spezialbereichen, welche diesem überantwortet werden, mitgestalten darf.[8] Zu beachten ist jedoch, dass mit der zunehmenden Internationalisierung zugleich ein wachsendes Bedürfnis zur Bekämpfung grenzüberschreitender Kriminalität einhergeht, woraus eine steigende Anzahl und inhaltliche Dichte der rechtlichen Vorgaben folgt.[9] Diese können einerseits die un-

---

BeckOK-GG, Stand 15.11.2025, Art. 25 Rn. 28; *Wolff/Kluth*, in: Hörnig/Wolff/Kluth, GG, 2025, Art. 25 Rn. 4; der Sache nach auch *Streinz*, in: Sachs, GG, 2024, Art. 25 Rn. 20.

[5] So für die Verfassung *Eisele*, in: TK-StGB, 2025, Vor § 13 Rn. 10a.

[6] *Ambos*, Internationales Strafrecht, 2018, § 9 Rn. 18.

[7] BVerfG, Urt. v. 30.6.2009 – 2 BvE 2/08, 2 BvE 5/08, 2 BvR 1010/08, 2 BvR 1022/08, 2 BvR 1259/08, 2 BvR 182/09, BVerfGE 123, 267 (408, 410).

[8] *Dannecker*, ZStW 117 (2005), 697 (743 f.).

[9] Eine Zusammenstellung von strafrechtsrelevanten Sekundärrechtsakten findet sich zum Stand Dezember 2019 in der Veröffentlichung European Union Instruments in the field of criminal law and related texts, https://op.europa.eu/en/publication-detail/-/publication/648bf528-14d7-11eb-b57e-01aa75ed71a1/.

mittelbare Verpflichtung der Mitgliedstaaten zum Erlass von Strafvorschriften beinhalten, andererseits auch die Auslegung des bestehenden Strafrechts beeinflussen und damit mittelbar Einfluss auf das nationale Strafrecht nehmen. Daher ist festzuhalten, dass die Einwirkungen des Rechts der Europäischen Union auf das deutsche Strafrecht zwar von zentraler Bedeutung sind;[10] sie betreffen jedoch in erster Linie die Ausgestaltung und Auslegung ausgewählter Strafvorschriften.

Auswirkungen auf die Dogmatik des Allgemeinen Teils des Strafrechts sind dagegen nur vereinzelt zu beobachten. Ein Beispiel[11] hierfür bietet der Umgang mit der Figur des tatbestandsausschließenden Einverständnisses. So ist gemäß Art. 2 Abs. 1 der Menschenhandelsrichtlinie[12] die Anwerbung zum Zwecke der Ausbeutung durch Täuschung unter Strafe zu stellen. Da aber gemäß Art. 2 Abs. 4 das erlangte Einverständnis bei einer Täuschungshandlung unbeachtlich ist, hätte dies zur Konsequenz, dass auch eine minimale Irrtumserregung beim Angeworbenen zur Unwirksamkeit des (tatbestandsausschließenden) Einverständnisses – und damit zur Strafbarkeit – führen müsste.[13] Nach gängiger Interpretation der deutschen Strafrechtswissenschaft genügt indes nicht jeder Irrtum, um ein tatbestandsausschließendes Einverständnis zu verneinen.[14]

Eine weitere Ausnahme bildet die Fahrlässigkeitsdogmatik.[15] Das Sekundärrecht kann Maßstäbe vorgeben, anhand derer zu ermitteln ist, ob ein Verhalten sorgfaltsgemäß oder sorgfaltswidrig ist. Durch die Verbindlichkeit dieser Vorgaben wird ein Urteil über die Einhaltung der objektiv gebotenen Sorgfalt gefällt.[16] Exemplarisch sei hierfür auf die Medizinprodukte-Verordnung[17] verwiesen, welche in Anhang I grundlegende Sicherheits- und Leistungsanforderungen für das Inverkehrbringen von medizinischen Produkten bereithält und damit die Sorgfaltsanforderungen auch im Hinblick auf drohende Fahrlässigkeitsstrafbarkeiten verbindlich konkretisiert. Allerdings ist zu bemerken, dass es nicht die Fahrlässigkeitsdogmatik ist, welche durch das EU-Recht beeinflusst wird, sondern die zur Umsetzung erforderlichen praktischen Maßstäbe. Letztlich findet auch hier keine grundsätzliche Veränderung der dogmatischen Grundlage statt.

---

[10] *Dannecker*, ZStW 117 (2005), 697 (698).

[11] Es ist dem Beitrag von *Satzger*, ZIS 2016, 771 (775) entnommen.

[12] Richtlinie 2011/36/EU des Europäischen Parlaments und des Rates vom 5. April 2011 zur Verhütung und Bekämpfung des Menschenhandels und zum Schutz seiner Opfer sowie zur Ersetzung des Rahmenbeschlusses 2002/629/JI des Rates.

[13] *Satzger*, ZIS 2016, 771 (775).

[14] *Roxin/Greco*, Strafrecht AT I, 2020, § 13 Rn. 97 ff.; *Sternberg-Lieben*, in: TK-StGB, 2025, Vor §§ 32 ff. Rn. 49.

[15] Dazu *Satzger*, Europäisierung, 2001, S. 606 ff.

[16] *Satzger*, Europäisierung, 2001, S. 610 f.

[17] Verordnung (EU) 2017/745 des Europäischen Parlaments und des Rates vom 5. April 2017 über Medizinprodukte, zur Änderung der Richtlinie 2001/83/EG, der Verordnung (EG) Nr. 178/2002 und der Verordnung (EG) Nr. 1223/2009 und zur Aufhebung der Richtlinien 90/385/EWG und 93/42/EWG des Rates.

Bedeutend häufiger ist das Phänomen zu beobachten, dass der europäische Gesetzgeber in den erlassenen Rechtsakten Bezeichnungen des Allgemeinen Teils des Strafrechts verwendet, diese jedoch nicht weiter konkretisiert. So sind nach Art. 14 und 15 der Marktmissbrauchsverordnung[18] der Versuch des Tätigens von Insidergeschäften (Art. 14 lit. a)) sowie der Versuch der Marktmanipulation (Art. 15) verboten. Der Begriff des Versuchs wird jedoch in der Verordnung nicht definiert. Art. 4 der Richtlinie 2005/35/EG[19] erklärt unter den zusätzlichen Voraussetzungen des Rahmenbeschlusses 2005/667/JI[20] die Einleitung von Schadstoffen in Gebiete nach Art. 3 Abs. 1 der Richtlinie, primär größere Gewässer, zur Straftat, wenn der Verstoß vorsätzlich, leichtfertig oder grob fahrlässig erfolgt. Auch hier werden die Begriffe des Vorsatzes, der Leichtfertigkeit und der groben Fahrlässigkeit nicht erläutert. Es fehlt also eine europarechtliche Basis bei der Auslegung und Anwendung von Regeln und Begriffen des Allgemeinen Teils des Strafrechts.[21] Es kann somit festgehalten werden, dass eine Einflussnahme auf die allgemeine Vorsatz- und Irrtumsdogmatik jedenfalls derzeit nicht stattfindet.[22]

II. Vorgaben des Völkerrechts

1. Das Römische Statut

Das Römische Statut des Internationalen Strafgerichtshofs enthält Regeln zum Allgemeinen Teil des Völkerstrafrechts. Diese Vorgaben beschränken sich ausweislich der Art. 5 und 22 des Statuts auf die Begehung von Verbrechen nach den Art. 5 Abs. 2 sowie 6 bis 8 des Statuts und nehmen daher keinen unmittelbaren Einfluss auf die nationale Vorsatz- und Irrtumsdogmatik, sondern nur auf die des Völkerstrafgesetzbuchs, welches die Vorgaben des Römischen Statuts in nationales Recht transferiert.[23] Gleichwohl lohnt ein Blick in das Statut, um Impulse für die Interpretation des Vorsatz- und Irrtumsbegriffs zu bekommen.

In Art. 30 des Römischen Statuts findet sich eine Definition des Vorsatzes als Wollen des Verhaltens (Abs. 2 lit. a)) bzw. als Wollen im Hinblick auf die Folgen

---

[18] Verordnung (EU) Nr. 596/2014 des Europäischen Parlaments und des Rates vom 16. April 2014 über Marktmissbrauch (Marktmissbrauchsverordnung) und zur Aufhebung der Richtlinie 2003/6/EG des Europäischen Parlaments und des Rates und der Richtlinien 2003/124/EG, 2003/125/EG und 2004/72/EG der Kommission.

[19] Richtlinie 2005/35/EG des Europäischen Parlaments und des Rates vom 7. September 2005 über die Meeresverschmutzung durch Schiffe und die Einführung von Sanktionen für Verstöße.

[20] Rahmenbeschluss 2005/667/JI des Rates vom 12. Juli 2005 zur Verstärkung des strafrechtlichen Rahmens zur Bekämpfung der Verschmutzung durch Schiffe.

[21] *Satzger*, ZIS 2016, 771 (775).

[22] Die Einschätzung von *Tiedemann*, FS-Jescheck 1985, 1411 (1433), die Vorsatz- und Irrtumslehre auf Unionsebene sei nur schwach entwickelt, ist daher noch immer zutreffend.

[23] Dazu ausführlich *Satzger*, Internationales und Europäisches Strafrecht, 2022, § 17.

oder das Bewusstsein, dass diese Folgen im gewöhnlichen Verlauf der Ereignisse eintreten werden (Abs. 2 lit. b)). Bemerkenswert ist dabei, dass das „Wissen“ in Art. 30 Abs. 3 des Statuts noch einmal eigenständig als „Bewusstsein, dass ein Umstand vorliegt oder dass im gewöhnlichen Verlauf der Ereignisse eine Folge eintreten wird“ festgehalten wird. Auch Art. 30 Abs. 1 des Statuts differenziert begrifflich zwischen vorsätzlich und wissentlich. Jedoch dürfte dies auf die Schwierigkeiten zurückzuführen sein, die in der Übertragung des Gehalts eines angloamerikanischen Vorsatzbegriffes belegen sind.[24] Eine inhaltliche Aussage, die über die Voraussetzung eines voluntativen sowie kognitiven Elements hinausgeht, steht dahinter nicht.[25] Dies deckt sich mit der gängigen Kurzinterpretation des Vorsatzbegriffs in § 15 StGB als „Wissen und Wollen“.[26]

Ebenfalls wird in Art. 32 des Römischen Statuts der Begriff des Irrtums erläutert. Während sich Abs. 1 mit dem Tatirrtum befasst und diesen für beachtlich erklärt, soweit er „die für den Verbrechenstatbestand erforderlichen subjektiven Tatbestandsmerkmale aufhebt“, schließt Abs. 2 S. 1 beim Rechtsirrtum die Beachtlichkeit grundsätzlich aus. Ausnahmsweise[27] ist nach Abs. 2 S. 2 der Rechtsirrtum beachtlich, wenn „er die für den Verbrechenstatbestand erforderlichen subjektiven Tatbestandsmerkmale aufhebt oder wenn die in Art. 33 genannten Umstände vorliegen“. Es findet also eine dem common law ähnliche[28] Differenzierung zwischen Tat- und Rechtsirrtum statt, wie sie in Deutschland von der Trennung zwischen Tatbestands- und Verbotsirrtum abgelöst wurde.[29] Interessant ist dabei, dass hieraus teilweise andere praktische Konsequenzen gezogen werden als im deutschen Recht. Nach Korte sei der Irrtum eines Soldaten, der beim Artilleriefeuer die Aussagekraft des Schutzzeichens „Roter Halbmond“ verkennt, als Irrtum über die rechtliche Bewertung seines Verhaltens zu behandeln, mithin also dem Anwendungsbereich der Tatirrtumsregel entzogen.[30] Vielmehr solle der Irrtum als beachtlicher Rechtsirrtum nach Art. 32 Abs. 2 S. 2 des Römischen Statuts auszulegen sein, der aber auch die Strafbarkeit des Verhaltens ausschließt.[31] Im deutschen Strafrecht wird der Bedeutungsirrtum typischerweise der tatsächlichen Ebene zugesprochen oder dem Irrtum auf dieser Ebene zumindest gleichgestellt und zwar unabhängig davon, ob

---

[24] *Ambos*, Völkerstrafrecht AT, 2004, S. 760 f.

[25] Vgl. *Ambos*, Völkerstrafrecht AT, 2004, S. 760.

[26] KG, Beschl. v. 24.6.2021 – 3 Ws (B) 131/21 – 122 Ss 60/21, DAR 2022, 159 (159); LG Berlin, Urt. v. 27.2.2017 – (535 Ks) 251 Js 52/16 (8/16), NStZ 2017, 471 (476); *Fromm*, SVR 2011, 110 (111); *Kudlich*, in: BeckOK-StGB, Stand 1.11.2025, § 15 Rn. 3; *Kühl*, Strafrecht AT, 2017, § 5 Rn. 6; *Ransiek/Hüls*, NStZ 2011, 678 (678 f.); *Schuster*, in: TK-StGB, 2025, § 15 Rn. 9; für unmaßgeblich hält beides *Pérez-Barberá*, GA 2013, 454 (455).

[27] Vom „Ausnahmecharakter“ spricht auch *Korte*, ZIS 2008, 419 (422).

[28] *Korte*, ZIS 2008, 419 (419 f.).

[29] Im StGB realisiert durch das zweite Gesetz zur Reform des Strafrechts vom 4.7.1969, BGBl. I, S. 717.

[30] *Korte*, ZIS 2008, 419 (420).

[31] *Korte*, ZIS 2008, 419 (424).

sich der Bedeutungsgehalt aus rein sozialen Regeln oder (auch) aus Rechtsregeln ergibt.[32]

Es zeigt sich also, dass das Vorgehen innerhalb des Völkerstrafrechts und des nationalen Strafrechts bei der Behandlung von Irrtümern unterschiedlich ist. Daraus resultiert aufgrund des fehlenden überschneidenden Anwendungsbereichs zwar kein Konflikt; es regt gleichwohl zur kritischen Überprüfung der nationalen Interpretation an.

2. Territorialitätsprinzip nach § 7 StGB

Ein weiterer Blick kann in diesem Zusammenhang auf das völkerrechtlich anerkannte Territorialitätsprinzip[33] geworfen werden. Dieses ist Ausdruck der Achtung der souveränen Gleichheit aller Staaten.[34] Durch geöffnete Staatsgrenzen und eine umfassende digitale Vernetzung von Computersystemen auf der ganzen Welt ist anzunehmen, dass die Anzahl der Straftatbegehungen mit Auslandsbezug in Deutschland kontinuierlich steigt.[35] So können sich Auswirkungen von nach deutschem Recht strafbaren Verhaltensweisen auf deutschem Staatsgebiet realisieren, die von Ausländern aus einem anderen Staat heraus vorgenommen werden, in dem die fragliche Verhaltensweise nicht unter Strafe steht. Einer Bestrafung des Ausländers steht dann § 7 StGB entgegen, der verlangt, dass die Tat auch im Auslandsstaat unter Strafe steht. Gemeint ist damit nicht nur eine tatbestandliche Entsprechung auf Seiten des Auslandsstaates. Vielmehr muss die konkrete Verhaltensweise dort einem Strafgesetz unterfallen,[36] wobei dieses sowohl bei Straftaten gegen Deutsche nach § 7 Abs. 1 StGB als auch bei sonstigen Straftaten nach § 7 Abs. 2 StGB nicht dieselbe Schutzrichtung aufweisen muss.[37] Daher sind auch solche Fälle gemäß § 7 Abs. 2 Alt. 1 StGB vom Anwendungsbereich des deutschen Strafrechts ausgenommen, in denen der Täter eine nach dem Auslandsrecht erlaubte Handlung vornimmt, etwa eine Unterstützungshandlung für eine durch einen anderen begangene Steuerhinterziehung,[38] die in Deutschland als strafbare Beihilfehandlung eingeordnet wird. Die abweichenden Bewertungsmaßstäbe sind aufgrund des Gebots der Achtung staatlicher Souveränität auf die nationale Sachverhaltsbewertung zu übertragen.[39]

---

[32] Siehe dazu Kap. 1 D.IV.2.

[33] Dazu *Ambos*, in: MüKo-StGB, 2024, Vor § 3 Rn. 24 m.w.N.

[34] *Jescheck/Weigend*, Strafrecht AT, 1996, § 18 II 1.

[35] Im Jahr 2024: 642.210 Straftaten aus dem Ausland heraus, siehe PKS-Ausland 2024, T01-A.

[36] *Werle/Jeßberger*, in: LK-StGB, 2020, § 7 Rn. 27, 29.

[37] BGH, Urt. v. 23.10.1996 – 5 StR 183/95, BGHSt 42, 275 (277); *Heger*, in: Lackner/Kühl/Heger, StGB, 2025, § 7 Rn. 2.

[38] Das Beispiel stammt von *Dannecker*, ZStW 117 (2005), 697 (718).

[39] *Dannecker*, ZStW 117 (2005), 697 (718 f.).

Doch nicht selten wird es dem Auslandstäter (zumindest teilweise) an der Unrechtseinsicht fehlen, wenn das Auslandsstaatsrecht die Straftat zwar erfasst, aber dort eine erheblich geringere oder anders geartete Unrechtsbewertung ausdrückt. Hier kann der besonderen Tatsituation einerseits auf der Ebene der Strafzumessung Rechnung getragen werden.[40] Andererseits kann dem Täter, sofern das deutsche Strafrecht Anwendung findet, mit besonderer Nachsicht durch das Zugeständnis eines Verbotsirrtums nach § 17 StGB bzw. § 11 Abs. 2 OWiG begegnet werden.[41] Schon Germann wies insoweit darauf hin, dass „das Bewusstsein von Recht und Unrecht und insbesondere des strafbaren Unrechts in erster Linie von der Umwelt abhängt, in der man lebt [...]".[42] Dies gilt allerdings nicht nur für das „Ob" des verwirklichten Unrechts, sondern auch für dessen Art[43] und Ausmaß.

Eine solche Handhabung wird sich insbesondere in den Fällen anbieten, in denen die Tat im Ausland lediglich von einer Strafvorschrift erfasst wird, die eine andere Schutzrichtung aufweist als diejenige, gegen welche nach deutschem Recht verstoßen wird. Beispiele lassen sich im Bereich der Annahme von Versuchs- und Vorbereitungsstrafbarkeiten nach deutschem Recht finden, welche im Recht des Auslandsstaates keine Entsprechung haben, sondern lediglich von Nebenstrafgesetzen aufgrund abstrakter Gefahren erfasst sind.[44] Hiermit lässt sich eine Kompromisslösung im Hinblick auf die kritischen Gegenstimmen realisieren, die für eine Anwendung des deutschen Strafrechts (zumindest im Rahmen des § 7 Abs. 2 Alt. 1 StGB) eine parallel gelagerte Ausrichtung der Strafvorschriften fordern.[45] Die Grenze der Berücksichtigungsfähigkeit ist allerdings dort zu ziehen, wo sich der Auslandstäter nicht mehr auf eine staatliche Rechtsordnung beruft, sondern auf eine (vermeintliche) soziale Sittenordnung.[46]

3. Zwischenergebnis

Zusammenfassend ist zu konstatieren, dass auch das Völkerrecht nur punktuell Einfluss auf die Handhabung der nationalen strafrechtlichen Irrtumsvorschriften nimmt. Dies hängt auch damit zusammen, dass der Gesetzgeber bei der Schaffung des VStGB Bezug auf die deutschen Maßgaben zur Irrtumslehre genommen hat, § 2 VStGB. Festzuhalten bleibt aber, dass das Römische Statut des IStGH Bedeutungsirrtümer, die auf der Verkennung geltenden Völkerrechts basieren, als

---

[40] *Werle/Jeßberger*, in: LK-StGB, 2020, § 7 Rn. 24.

[41] Dazu *Neumann*, in: NK-StGB, 2023, § 17 Rn. 65; *Oehler*, Internationales Strafrecht, 1983, Rn. 159; siehe auch Kap. 4 B. II. 3. d).

[42] *Germann*, SchwZStR 69 (1954), 237 (240).

[43] Zur Tatbestandsbezogenheit der Unrechtseinsicht Kap. 1 D. III. 4.

[44] *Oehler*, Internationales Strafrecht, 1983, Rn. 151a.

[45] *Böse*, in: NK-StGB, 2023, § 7 Rn. 14; *Werle/Jeßberger*, in: LK-StGB, 2020, § 7 Rn. 36; dagegen *Ambos*, in: MüKo-StGB, 2024, § 7 Rn. 7.

[46] *Hörnle*, Gutachten C zum 70. DJT, 2014, C 70.

Rechtsirrtum einordnet. Dies zeigt, dass ein anderer Umgang mit Rechtsirrtümern denkbar ist und praktisch gehandhabt wird. Es verleitet dazu, die andersartige Handhabung nach dem nationalen Recht auf den Prüfstand zu stellen.

III. Vorgaben des Verfassungsrechts

Erheblichere Auswirkungen auf die Strafrechtsdogmatik des Allgemeinen Teils haben die kodifizierten Rechtsgrundsätze der Verfassung. Sie sind der letzte Gradmesser, an dem sich eine neukonzipierte oder aufrechterhaltene Dogmatik zum strafrechtlichen Irrtum messen lassen muss.[47] Dies begründet sich formal mit dem Geltungsvorrang des ranghöheren Rechts,[48] der wiederum materiell auf der Identifikations- und Integrationsfunktion der Verfassung im Hinblick auf das Staatsvolk fußt.[49] Es sind hier die unerschütterlichen Prinzipien verbürgt, die die unter ihr vereinigte Rechtsgemeinschaft uneingeschränkt zu akzeptieren hat und regelmäßig auch akzeptiert. Im Folgenden werden jene Prinzipien entfaltet, die für das straftatbezogene Unterverfassungsrecht die maßgebende Grenze sind.[50] Hierdurch wird ein erster Rahmen gebildet, innerhalb dessen sich eine Irrtumsdogmatik bewegen muss, um nicht von vornherein aufgrund von Verfassungswidrigkeit auszuscheiden. Außerdem liefert die Entfaltung zentraler Verfassungsprinzipien die argumentative Grundlage dafür, den bereits angesprochenen Ausgleich zwischen den Interessen des sich irrenden Täters und der Gemeinschaft an Erhalt und Durchsetzung der gesetzlichen Ordnung zu schaffen.

1. Art. 1 Abs. 1 GG: Die Menschenwürde

Pathetisch mutet die so häufig überinterpretierte Prinzipienlegung des Art. 1 Abs. 1 GG an, wenn es dort heißt: „Die Würde des Menschen ist unantastbar“. Überinterpretiert deswegen, weil ihr aufgrund dieser Formulierung ein Status der Absolutheit und ein weitreichender Anwendungsbereich zugesprochen wird.[51] Doch die wenigen Urteile, in denen das BVerfG einen Verstoß gegen die Men-

---

[47] *Wahl*, Der Staat 20 (1981), 485 (514).

[48] *Voßkuhle*, in: Huber/Voßkuhle, GG, 2024, Art. 93 Rn. 17.

[49] Der BayVerfGH, Entsch. v. 17.9.1999 – Vf. 12 – VIII – 98, NVwZ-RR 2000, 65 (69) weist auf das „Verfassungsinteresse an breitem Konsens“ hin; ausführlich zum formellen und materiellen Vorrang der Verfassung sowie der historischen Entwicklung *Wahl*, Der Staat 20 (1981), 485.

[50] Ähnlich *Enderle*, Blankettstrafgesetze, 2000, S. 100, 122; zu konkreten Einflussnahmemodellen siehe *Wahl*, Der Staat 20 (1981), 485 (insb. 505 ff.).

[51] Das BVerfG selbst verführt zu diesen Aussagen, wenn es etwa in BVerfG, Urt. v. 10.10. 1995 – 1 BvR 1476/91, 1 BvR 1980/91 – 1 BvR 102/92, 1 BvR 221/92, BVerfGE 93, 266 (293) festhält: „[…] die Menschenwürde als Wurzel aller Grundrechte ist mit keinem Einzelgrundrecht abwägungsfähig“.

schenwürde angenommen hat,[52] legen zwei Optionen nahe: Entweder, dass es um die Schrankenlosigkeit dieses allgemeinen Dogmas kaum bestellt sein kann,[53] oder, dass die Menschenwürde nur in seltenen Fällen berührt ist.[54]

Ein Blick in das Verwaltungsrecht verhilft zu einem besseren Verständnis der Formulierungsstruktur. Dort wird unterschieden zwischen Ermessen auf der Rechtsfolgenseite und unbestimmten Rechtsbegriffen als Tatbestandsvoraussetzungen des Rechtssatzes. Entsprechend lässt sich sowohl über die interpretatorische Weite der Tatbestandsbegriffe als auch der Rechtsfolge die Reichweite von Eingriffs- und Gewährleistungsvorschriften regulieren.[55] Für die Menschenwürde hat der parlamentarische Rat entgegen den übrigen Grundrechtsausgestaltungen eine Konstruktion aus gebundener Entscheidung und einem unbestimmten Rechtsbegriff, eben der Menschenwürde,[56] gewählt. Überzeugend ist daher die Interpretation, dass im Rahmen der Menschenwürde die Abwägung bloß auf die Ebene des Schutzbereichs vorverlagert ist.[57] Das bedeutet nicht, dass dieser ungewöhnlichen verfassungsrechtlichen Konstruktion kein besonderer Stellenwert bei der Auslegung beizumessen wäre. Allerdings darf nicht der Blick davor verschlossen werden, dass auch die Menschenwürde ein Begriff ist, der dem Geist der Zeit folgt.[58] So wird eine liberale Gesellschaft den Begriff der Menschenwürde stärker mit dem der Freiheit verbinden, eine autoritäre Gesellschaft mit dem der Sicherheit.

Diese Kurzbetrachtung soll die Bedeutung des Grundrechts, welche durch die Erfassung von Art. 1 GG in der Ewigkeitsklausel des Art. 79 Abs. 3 GG noch einmal deutlich vor Augen geführt wird, nicht in Abrede stellen. Vielmehr soll sie eine Seite hervorheben, die für einen demokratischen Rechtsstaat eine unverzichtbare Prämisse darstellt: Die Suche nach Gerechtigkeit durch Abwägung von Interessen.[59]

---

[52] Fallgruppen bilden Haftunterbringungen (dazu exemplarisch BVerfG, Beschl. v. 8.12. 2020 – 1 BvR 149/16), Diffamierungen (dazu exemplarisch BVerfGE 93, 266) und das menschenwürdige Existenzminimum (i. V. m. Art. 20 Abs. 1 GG, dazu BVerfG, Urt. v. 9.2.2010 – 1 BvL 1/09, 1 BvL 3/09, 1 BvL 4/09, BVerfGE 125, 175); im Allgemeinen verstärkt eine Sichtung der Urteile, die durch *Hillgruber*, in: BeckOK-GG, Stand 15.11.2025, Art. 1 Rn. 41 ff. zum Menschenwürdeverstoß mit Blick auf strafende und strafprozessuale Maßnahmen sowie Auslieferungen gesammelt wurden, den Eindruck, dass in den meisten Fällen ein Menschenwürdeverstoß zwar abstrakt als möglich anerkannt, aber im Einzelfall doch abgelehnt wird.

[53] Kritisch auch *Elsner/Schobert*, DVBl 2007, 278 (279 ff.).

[54] So wohl *Kunig/Kotzur*, in: v. Münch/Kunig, GG, 2025, Art. 1 Rn. 20; *Höfling*, in: Sachs, GG, 2024, Art. 1 Rn. 10: „Beides zusammen – also: große praktische Relevanz und absoluter Unbedingtheitsanspruch – ist nicht zu haben".

[55] Zusammenfassend *Geis*, in: Schoch/Schneider, Verwaltungsrecht, 2022, VwGO, § 40 Rn. 20.

[56] Zurückgehend auf Art. 1 des Herrenchiemseer Entwurfs, dazu und zur Intention des mutmaßlichen Urhebers Hans Nawiasky *Jaber*, Menschenwürde-Garantien, 2003, S. 204 ff.

[57] So auch *Elsner/Schobert*, DVBl 2007, 278 (280).

[58] *Höfling*, in: Sachs, GG, 2024, Art. 1 Rn. 9: „besondere normative Offenheit".

[59] *Hart*, Recht und Moral, 1971, S. 67: Recht als „Kompromiß".

Die Tatsache, dass die Rechte Einzelner und der Gemeinschaft unter- und gegeneinander abgewogen werden (müssen), um für alle Beteiligten die bestmögliche Lösung zu suchen, stellt eine Errungenschaft dar, die vielleicht noch wichtiger ist als die verbindliche Kodifikation dieser Rechte selbst.[60] Und diese Errungenschaft wird auch nicht durch Art. 1 Abs. 1 GG infrage gestellt.[61] Vielmehr ist auch die Verbürgung der Menschenwürde Ausfluss jenes Zielstrebens nach der gerechtesten Lösung. Nur[62] das Verhalten eines Mitmenschen oder des Staates zulasten eines Einzelnen, welches den jedermann aufgrund seiner Menschqualität zustehenden Respektanspruch vermissen lässt, darf im Lichte des Art. 1 Abs. 1 GG nicht hingenommen werden.[63] Dafür bedarf es aber einer Wertung, die sich in der Frage manifestiert, was jener Kernbestand an Umgangskautelen ist, der in einem Abwägungsprozess stets die Oberhand behält.

Das BVerfG beweist hierfür ein sensibles Gespür, wohlwissend, dass jede Erweiterung oder Verkleinerung dieses Minimalgehalts an Rechtszuweisung erhebliche Auswirkungen auf das System der Abwägungsprozesse haben könnte. Und letztendlich wurde eine strafrechtliche Verurteilung in der Geschichte der Bundesrepublik Deutschland noch nie wegen eines Menschenwürdeverstoßes aufgehoben, obgleich sich die Dogmatik des Allgemeinen Teils des Strafrechts in den letzten 70 Jahren durchaus bewegt hat.[64] Es drängt sich daher auf, dass die Menschenwürde für die Frage nach einer tragfähigen Linie der Irrtumsdogmatik lediglich eine absichernde Funktion hat, um ein absolutes Mindestmaß an individueller Rechtszuweisung zu gewährleisten.

2. Der Schuldgrundsatz

a) Verfassungsrecht: Art. 1 Abs. 1, 20 Abs. 3 GG

Zu größerer Bedeutung gelangt der Grundsatz der Menschenwürde in Verbindung mit dem Rechtsstaatsprinzip. Aus der Kombination vom Leitbild eines gerechten Staates und dem des Einzelnen, der nicht bloßes Objekt staatlichen Willens ist, sondern dem als Subjekt ein größtmögliches Maß an Autonomie zu gewähren ist, schöpft das BVerfG eine Prämisse, die für das Strafrecht im Allgemeinen, aber auch im Besonderen für die Irrtumsdogmatik von herausragender Bedeutung ist:

---

[60] Vgl. *Jarass*, in: Jarass/Pieroth, GG, 2024, Art. 20 Rn. 112 zum Verhältnismäßigkeitsgrundsatz: „kaum zu überschätzende Bedeutung".

[61] So aber *Rinken*, Demokratie, 2020, S. 98, der darin den Ausdruck eines vorpositiven ethisch-moralischen Mindestmaßstabs sieht.

[62] Mahnend zum restriktiven Gebrauch auch *Hufen*, JA 2010, 1 (2).

[63] Sog. „Objektformel" von *Dürig*, in: Maunz/Dürig, GG, 1958, Art. 1 I Rn. 28, aufgegriffen seit BVerfG, Beschl. v. 8.1.1959 – 1 BvR 396/55, BVerfGE 9, 89 (95); vorher schon andeutungsweise BVerfG, Beschl. v. 18.6.1957 – 1 BvR 41/57, BVerfGE 7, 53 (58).

[64] Siehe dazu Kap. 1 D.III. und IV.

Den Schuldgrundsatz.[65] Erstmals zur Sprache brachte das BVerfG den Schuldgrundsatz in der Entscheidung „Wirtschaftsstrafgesetz"[66], wo es heißt: „Es ist im modernen Strafrecht selbstverständlich, daß eine Bestrafung Schuld voraussetzt und daß dem Täter Tat und Schuld nachgewiesen werden müssen".[67] Mittels einer Vernetzung von Rechtsstaatsprinzip und allgemeinem Persönlichkeitsrecht aus Art. 2 Abs. 1 i.V.m. Art. 1 Abs. 1 GG erfolgte zehn Jahre später erstmals eine normative Anknüpfung des Schuldprinzips.[68] Die ausdrückliche Hinzuziehung von Art. 20 Abs. 3 GG lässt sich erst weit später im Jahr 2011 beobachten.[69] Damit ergab sich insoweit keine Neuerung, als dass auf das Rechtsstaatsprinzip bereits früher Bezug genommen wurde. Es handelt sich also bloß um eine Klarstellung. Diese Normentrias hat sich als Grundlage des Schuldgrundsatzes mittlerweile etabliert.[70] Unabhängig von der genauen Verortung dürfte es vor diesem Hintergrund als unerschütterlich anzusehen sein, dass der Schuldgrundsatz existiert und sich aus der Verfassung herleiten lässt.[71]

Auffällig ist zugleich, dass sich das BVerfG bei der inhaltlichen Ausgestaltung dieses Grundsatzes zurückhält.[72] Symptomatisch dafür ist die Entscheidung zur Verfassungsmäßigkeit des § 17 StGB.[73] Dort hielt das BVerfG fest, dass dem Schuldgrundsatz als Verfassungsprinzip dadurch Genüge getan wurde, dass § 17 S. 2 StGB beim Fehlen der Unrechtseinsicht eine Strafmilderung ermögliche, ohne diese zwingend vorzusehen. Damit könne das Maß der individuellen Schuld hinreichend in das Strafmaß einfließen. Höhere Anforderungen seien dem Verfassungsrecht nicht zu entnehmen.[74] Wenn dies aber die einzige Vorgabe ist, die sich aus dem Verfassungsrecht zum Schuldgrundsatz ableiten lässt, dann hält es für die hier interessierenden Fragestellungen um die Irrtumsdogmatik keine neuen Erkenntnisse bereit. Die Tatsache, dass ein Fehler in der Unrechtsbewertung Niederschlag in der verhängten Strafe finden muss, war bereits zuvor anerkannt.[75] Damit ergibt sich von Verfassungs wegen lediglich ein Ausschluss all jener Konzeptionen, die entweder auf eine Schuld generell verzichten, oder aus dieser die Bewertung des

---

[65] Nach *Geisler*, Objektive Bedingungen, 1998, S. 160 das „oberste normative Ordnungsprinzip des modernen Strafrechts".

[66] BVerfG, Beschl. v. 4.2.1959 – 1 BvR 197/53, BVerfGE 9, 167.

[67] BVerfG, Beschl. v. 4.2.1959 – 1 BvR 197/53, BVerfGE 9, 167 (169).

[68] BVerfG, Beschl. v. 26.2.1969 – 2 BvL 15/68, 2 BvL 23/68, BVerfGE 25, 269 (285).

[69] BVerfG, Beschl. v. 7.12.2011 – 2 BvR 1857/10, BVerfGE 130, 1 (26).

[70] So etwa aus jüngerer Zeit BVerfG, Beschl. v. 21.9.2020 – 2 BvR 660/20, BeckRS 2020, 25709 Rn. 5.

[71] *Sachs/v. Coelln*, in: Sachs, GG, 2024, Art. 20 Rn. 103; insoweit kongruent zur strafrechtlichen Entwicklung, siehe Kap. 1 D.III.

[72] So auch *Enderle*, Blankettstrafgesetze, 2000, S. 122 Fn. 70.

[73] BVerfG, Beschl. v. 17.12.1975 – 1 BvL 24/75, BVerfGE 41, 121.

[74] BVerfG, Beschl. v. 17.12.1975 – 1 BvL 24/75, BVerfGE 41, 121 (125 f.).

[75] Siehe dazu die wegweisende Entscheidung BGH, Urt. v. 18.3.1952 – GSSt 2/51, BGHSt 2, 194.

eigenen Verhaltens durch den Täter in Gänze ausklammern. Ob hierin alle schuldbezogenen Begrenzungen durch das Verfassungsrecht zu sehen sind, soll an dieser Stelle offen gelassen werden. Das BVerfG begegnet dem Bundesgesetzgeber jedenfalls mit einer gewissen Großzügigkeit, da es weite Spielräume zur Ausfüllung des in der Verfassung angelegten Erfordernisses von Schuld bei einer strafrechtlichen Verurteilung belässt.

Daneben lässt sich dem Schuldgrundsatz zugleich die Idee der schuldangemessenen Strafe entnehmen.[76] Die verhängte Strafe darf das Maß der individuellen Schuld nicht übersteigen.[77] Die Schuld (jedenfalls im verfassungsrechtlichen Sinne) erfüllt im Vergleich zur strafbegründenden Wirkung des Unrechts zumindest auch eine strafbegrenzende Funktion im Hinblick auf die Sanktionierung des Einzelnen anhand dieses Unrechts.[78] Das bedeutet, dass sich jede Unterscheidung im Strafrahmen an dem so verstandenen verfassungsrechtlichen Schuldgrundsatz messen lassen muss.[79] Dies muss jedenfalls dann gelten, wenn die Strafe mit dem Maß der Schuld korreliert.[80] Eine Abgrenzung von Vorsatz und Fahrlässigkeit, ebenso wie von Tatbestands- und Verbotsirrtum, welche jeweils unterschiedliche Strafrahmen oder gar Strafbarkeiten überhaupt nach sich ziehen, muss vor diesem Hintergrund plausibel machen können, warum in den begutachteten Lebenssachverhalten eine strukturell unterschiedliche Bewertung mit gravierend auseinanderfallenden Rechtsfolgen erfolgt. Mit den Anknüpfungspunkten der Wiederholungsgefahr[81] einerseits und des Demokratieprinzips[82] andererseits ist hierfür bereits ein Konzept geliefert worden, welches im Einzelnen bei der Entwicklung einer konkreten Irrtumslehre entfaltet wird.[83]

b) Schuldgrundsatz auf europäischer und völkerrechtlicher Ebene

Der Schuldgrundsatz findet keine ausdrückliche Erwähnung in den europäischen Rechtsgrundlagen, woraus teilweise geschlossen wurde, dass der Schuldgrundsatz

---

[76] *Sachs/v. Coelln*, in: Sachs, GG, 2024, Art. 20 Rn. 103.

[77] So ausdrücklich BVerfG, Urt. v. 5.2.2004 – 2 BvR 2029/01, NJW 2004, 739 (746).

[78] Überwiegend wird der Schuld beides beigemessen, siehe nur jüngst BVerfG, Beschl. v. 7.12.2022 – 2 BvR 1404/20, NStZ 2023, 215 (218) sowie BGH, Beschl. v. 20.8.1996 – 4 StR 361/96, BGHSt 42, 226 (228); *Dästner*, Kartellrecht, 2016, S. 46; *Eisele*, in: TK-StGB, 2025, Vor § 13 Rn. 107; *Eisenberg/Kölbel*, Kriminologie, 2024, § 23 Rn. 14; *Erber-Schropp*, Schuld und Strafe, 2016, S. 64; *Frisch*, NStZ 2013, 249 (250); *Renzikowski*, in: Matt/Renzikowski, StGB, 2020, Einleitung Rn. 22.

[79] *Adam/Schmidt/Schumacher*, NStZ 2017, 7 (9 f.): Bisher noch keine Verstöße gemäß dem BVerfG.

[80] So gebietet es unter anderem BVerfG, Beschl. v. 26.2.1969 – 2 BvL 15/68, 2 BvL 23/68, BVerfGE 25, 269 (285).

[81] Kap. 1 C.II.1.b).

[82] Kap. 1 D.IV.4.

[83] Kap. 4 A.III. und B.

kein selbstständiger Bestandteil des Rechts der Europäischen Union darstelle.[84] Jedoch lassen sich die soeben erarbeiteten Vorgaben in Teilen aus den Bestimmungen der Art. 48 Abs. 1 und Art. 49 Abs. 3 der Europäischen Grundrechte-Charta (EuCh) herauslesen. Gemäß Art. 48 Abs. 1 EuCh gilt der Angeklagte bis zum rechtsförmig erbrachten Beweis seiner Schuld als unschuldig. Daraus lässt sich schlussfolgern, dass auch nach europäischer Rechtsauslegung die Schuld unverzichtbare Voraussetzung der Bestrafung ist.[85] Zudem muss die Strafe gemäß Art. 49 Abs. 3 EuCh verhältnismäßig zur Straftat sein, womit auch die strafbegrenzende Funktion der Schuld angedeutet wird.[86] Weitergehende Vorgaben zur inhaltlichen Ausgestaltung sind dem EU-Recht jedoch nicht zu entnehmen.[87] Nicht zuletzt deswegen dürfte es dem EuGH bisweilen möglich gewesen sein, den Verbotsirrtum zulasten von Unternehmen bei eingeholtem Rechtsrat als schuldirrelevant herauszustellen.[88] Mattern sieht darin im Ergebnis zwar lediglich einzelfallbezogene Entscheidungen, die das Urteil einer Allgemeingültigkeit nicht tragen.[89] Jedoch gelangt er zu dieser Einschätzung erst durch eine vertiefte Analyse und Interpretation der Entscheidungen, die auch erforderlich ist, um den allgemeingültigen Charakter der Aussagen zu entkräften. Ein Unternehmen könne einer Geldbuße auch nicht entgehen, „wenn der Zuwiderhandlung ein Irrtum dieses Unternehmens über die Rechtmäßigkeit seines Verhaltens zu Grunde liegt, der auf dem Inhalt eines Rechtsrats eines Anwalts oder einer Entscheidung einer nationalen Wettbewerbsbehörde beruht".[90] Zudem wurde auf die Ausführungen in den Schlussanträgen der Generalanwältin Kokott zum fraglichen Verfahren, die explizit darauf hinwies, dass ein unvermeidbarer Verbotsirrtum schuldausschließend sein kann,[91] nicht Bezug genommen. Daher ist es

[84] Zu dieser Auffassung ausführlich und überzeugend widerlegend *Dästner*, Kartellrecht, 2016, S. 47 ff.

[85] *Brettel/Thomas*, ZWeR 2013, 272 (277); *Dästner*, Kartellrecht, 2016, S. 51 f.; *Eser*, FS-Stree/Wessels 1993, 833 (845 sowie Fn. 88); allgemein aus dem Unionsrecht leiten dies ab *Böse*, in: Schwarze/Becker/Hatje/Schoo, EU-Kommentar, 2019, AEUV, Art. 83 Rn. 18; *Meyer*, in: von der Groeben/Schwarze/Hatje/Terhechte, Europäisches Unionsrecht, 2025, AEUV, Art. 83 Rn. 68; *Satzger*, in: Streinz, EUV/AEUV, 2018, AEUV, Art. 83 Rn. 5; *Tiedemann*, FS-Jescheck 1985, 1411 (1435); *Vogel/Eisele*, in: Grabitz/Hilf/Nettesheim, Das Recht der EU, September 2025, AEUV, Art. 83 Rn. 46; auch GA *Colomer*, Schlussantrag v. 11.2.2003, C-204/00, Slg. 2004, I-00123, Rn. 63.

[86] *Blanke*, in: Calliess/Ruffert, EUV/AEUV, 2022, Charta der Grundrechte der Europäischen Union, Art. 49 Rn. 7; *Dästner*, Kartellrecht, 2016, S. 51; *Jarass*, Charta der Grundrechte der EU, 2021, Art. 49 Rn. 19; *Kubiciel/Großmann*, in: Meyer/Hölscheidt, EU-Grundrechtecharta, 2024, Art. 49 Rn. 39 f.

[87] *Hochmayr*, ZIS 2016, 226 (230).

[88] Siehe etwa EuGH, Urt. v. 1.2.1978 – Rs. 19/77, EuGHE 1978, 131; Urt. v. 18.6.2013 – C-681/11, NJW 2013, 3083 (3085); kritisch dazu *Brettel/Thomas*, ZWeR 2013, 272 (282 ff.).

[89] *Mattern*, Kartellbußgeldrecht, 2023, S. 149 ff.

[90] EuGH, Urt. v. 18.6.2013 – C-681/11, NJW 2013, 3083 (3085 Rn. 43).

[91] GA *Kokott*, Schlussanträge vom 28.2.2013, C-681/11, NZKart 2013, 147 (149 Rn. 55).

nachvollziehbar, wenn dem EuGH bis heute kritisch eine Missachtung des Schuldgrundsatzes in diesem Bereich attestiert wird.[92]

Unabhängig davon ist jedoch festzuhalten, dass für die Auslegung des Schuldgrundsatzes keine weitergehenden Vorgaben aus dem Recht der Europäischen Union entnommen werden können. Das deutsche Verfassungsrecht ist insoweit spezifischer.[93]

Die Europäische Menschenrechtskonvention (EMRK) als Teil des Völkerrechts erwähnt die Schuld ebenfalls nur im Kontext prozessualer Voraussetzungen, wenn Art. 6 Abs. 2 EMRK ganz ähnlich wie Art. 48 Abs. 1 EuCh festhält, dass jede Person bis zum gesetzlichen Beweis ihrer Schuld als unschuldig gilt. Hierbei wird nach wohl herrschender Lesart aber lediglich auf die nationalen Voraussetzungen verwiesen.[94] Nur vereinzelt wird ein eigenständiger Schuldgrundsatz aus Art. 7 EMRK gefolgert.[95] Eine Bezugnahme auf den Verhältnismäßigkeitsgrundsatz findet sich ebenfalls nicht,[96] sodass die Vorgaben der EMRK zur inhaltlichen Ausgestaltung des Schuldgrundsatzes noch hinter denen der EuCh zurückbleiben.

3. Die allgemeine Handlungsfreiheit, Art. 2 Abs. 1 GG

Insbesondere im Kontext des § 17 StGB und des § 11 Abs. 2 OWiG ist mit der allgemeinen Handlungsfreiheit nach Art. 2 Abs. 1 GG ein weiterer möglicher Anknüpfungspunkt für legislatorische und dogmatische Beschränkungen der Irrtumslehre gefunden. Jedes menschliche Verhalten[97] innerhalb der Gemeinschaft genießt durch diese Vorschrift verfassungsrechtlichen Schutz. Insoweit lässt sich Art. 2 Abs. 1 GG unmittelbar auf die Anerkennung des Menschen als freies Handlungssubjekt zurückführen und weist einen engen Bezug zu Art. 1 Abs. 1 GG auf.[98] Dass dieser Grundsatz durch unzählige gesetzliche Verpflichtungen beschränkt ist, ändert an seiner Ausstrahlungskraft nichts. Ein jeder Akt der staatlichen Gewalt muss sich an der freiheitssichernden Wirkung der allgemeinen Handlungsfreiheit messen lassen; eine Strafrechtsdogmatik hat diese freiheitssichernde Wirkung zu integrie-

---

[92] *Brettel/Thomas*, ZWeR 2013, 272 (284); *Dästner*, Kartellrecht, 2016, S. 219, 232 f.; *Eidam*, ZStW 127 (2015), 120 (124, 137); *Fleischer*, EuZW 2013, 326 (327).

[93] Siehe auch *Weigend*, in: Zieschang/Hilgendorf, Strafrecht und Kriminalität in Europa, 2003, 57 (72).

[94] *Lohse/Jakobs*, in: KK-StPO, 2023, MRK, Art. 6 Rn. 68.

[95] So *Gaede*, in: MüKo-StPO, 2018, EMRK, Art. 7 Rn. 26 unter Bezugnahme auf EGMR, Urt. v. 29. 10. 2013 – 17475/09, BeckRS 2013, 201899 Rn. 71 f.

[96] *Grabenwarter/Pabel*, Europäische Menschenrechtskonvention, 2021, § 24 Rn. 146.

[97] St. Rspr. seit BVerfG, Urt. v. 16. 1. 1957 – 1 BvR 253/56, BVerfGE 6, 32; BVerfG, Beschl. v. 9. 3. 1994 – 2 BvL 43/92 u. a., BVerfGE 90, 145 (171); BVerfG, Beschl. v. 5. 8. 2020 – 2 BvR 1985/19, 2 BvR 1986/19, NJW 2020, 2953 (2954).

[98] *Di Fabio*, in: Dürig/Herzog/Scholz, GG, August 2025, Art. 2 Abs. 1 Rn. 2.

ren.[99] Es darf schlussendlich nur derjenige bestraft werden, der nicht von seiner durch die Verfassung gewährleisteten Betätigungsfreiheit Gebrauch macht, sondern diese über Gebühr zulasten Einzelner oder der Gemeinschaft ausreizt.[100]

Dieser Leitsatz, der sich in den verschiedenen speziellen Freiheitsgrundrechten fortführt, beschränkt zum einen den Gesetzgeber im Hinblick auf die Schaffung von Verbotsgesetzen, zum anderen aber auch die Rechtsprechung, welche zur Verwirklichung dieses Grundsatzes eine Strafe dann nicht aussprechen darf, wenn der Einzelne in Ansehung seiner anzuerkennenden Freiheitsrechte von der Tat nicht abgelassen hat. Dies steht im Einklang mit der rechtsphilosophischen Ansicht, dass (auch) der einzige Zweck des Strafrechts darin belegen ist, der Freiheit des Einzelnen zu dienen.[101] Auf diesen Grundgedanken, der in seiner Konsequenz das Kriterium des „Anlasses" zur Überprüfung der Rechtmäßigkeit eigenen Verhaltens hervorgebracht hat,[102] wird bei der Frage nach der Vermeidbarkeit im Sinne des § 17 StGB zurückzukommen sein, von der letztlich die Strafbarkeit eines im Verbotsirrtum befindlichen Täters abhängt.[103]

4. Der Bestimmtheitsgrundsatz, Art. 103 Abs. 2 GG

Einen weiteren relevanten Grundsatz des Verfassungsrechts bildet die Anordnung des Gesetzlichkeitsprinzips aus Art. 103 Abs. 2 GG für Strafvorschriften, die dem Gewährleistungsgehalt des supranationalen Rechts in nichts nachsteht.[104] Sie findet ihre Entsprechung in den §§ 1 und 2 StGB bzw. §§ 3 und 4 OWiG.[105] Demnach muss die Strafbarkeit einer Verhaltensweise bereits im Zeitpunkt der Tatbegehung feststehen.[106] Besonders hervorzuheben für die hier vorgenommene Untersuchung ist dabei der Bestimmtheitsgrundsatz. Ein Gesetz muss derart formuliert sein, dass der Einzelne zumindest das Risiko einer Strafbarkeit durch eine Verhal-

---

[99] *Schick*, GA 2020, 14 (insb. 22 f.) erhebt die allgemeine Handlungsfreiheit des Einzelnen zur Legitimationsgrundlage allen Strafrechts.

[100] Ähnlich *Geisler*, Objektive Bedingungen, 1998, S. 143, 161; abgeleitet aus einem staatsvertraglichen Denken von *Momsen*, FS-Jung 2017, 569 (576); *Schick*, GA 2020, 14 (28) unter Rückgriff auf die Lehren von *Hegel*, Grundlinien, hrsgg. v. Klenner, 1981, S. 64, 70.

[101] Zum Staatsrecht *Hegel*, Grundlinien, hrsgg. v. Klenner, 1981, S. 70; allgemein *Kahlo*, Unterlassung, 2001, S. 69 f.

[102] Dazu *Roxin/Greco*, Strafrecht AT I, 2020, § 21 Rn. 53; siehe auch Kap. 4 B. II. 2. a).

[103] Kap. 4 B. II.

[104] *Schmitz*, in: MüKo-StGB, 2024, § 1 Rn. 3; für Art. 7 EMRK siehe auch BVerfG, Beschl. v. 9.2.2022 – 2 BvL 1/20, BVerfGE 160, 284 (323 f.); zu Art. 49 EuCh siehe den Beitrag von *Schuhr*, in: Gesetzlichkeit und Strafrecht, 2012, 255.

[105] *Radtke*, in: BeckOK-GG, Stand 15.11.2025, Art. 103 Rn. 18; *Rössner*, in: D/D/K/R, Gesamtes Strafrecht, 2022, StGB, § 1 Rn. 1.

[106] Zu den einzelnen Grundsätzen Nulla poena sine lege certa/scripta/stricta/praevia *B. Schünemann*, Nulla poena, 1978.

tensweise erkennen[107] und sich wenigstens unter Hinzuziehung von Expertenrat das richtige Urteil über die Erlaubtheit der Tat bilden kann.[108] Das bedeutet zwar nicht, dass sich der Gesetzgeber nicht auch abstrakter, ausfüllungsbedürftiger Begriffe bedienen darf.[109] Gleichwohl muss sich mit den anerkannten wissenschaftlichen Methoden der Gesetzesinterpretation das Bewertungsergebnis eines Gerichts, also die Verurteilung, ableiten lassen.[110] Dieser Maßgabe muss eine Irrtumslehre Rechnung tragen, um dem Bürger das Risiko einer unverständlichen Strafgesetzkonzeption nicht einseitig aufzubürden.[111]

Ein in diesem Zusammenhang diskutiertes Problem ist die Frage nach der hinreichenden Bestimmtheit von Strafvorschriften, deren inhaltliche Ausfüllung in anderen Vorschriften (sog. unechte Blankettstrafgesetze) oder durch andere Rechtsetzungsinstanzen (sog. echte Blankettstrafgesetze) erfolgt.[112] Augenfällig wird die Problematik immer dort, wo sich die Strafbarkeit eines Verhaltens erst aus einem Konglomerat an nationalen und supranationalen Vorschriften durch aufwendige und präzise Lektüre ermitteln lässt. Dabei sind zwei Aspekte voneinander zu trennen. Eine Frage ist, ob ein solches „Verweisungslabyrinth" vom Einzelnen tatsächlich nachvollzogen werden kann. Diese ist als Gegenstand der inhaltlichen Verständlichkeit dem Problembereich der Bestimmtheit zuzuordnen. Eine andere Frage ist dann, ob diese Vorgaben tatsächlich durch eine dazu legitimierte Instanz erfolgten. Dieser Aspekt ist nach überwiegender Auffassung ebenfalls am Maßstab des Art. 103 Abs. 2 GG zu prüfen,[113] womit dieser zusätzlich die Einhaltung der Gewaltenteilung im Strafrecht schützt. Ob diese Erweiterung tatsächlich im Lichte der bestehenden Art. 20 Abs. 2, Abs. 3 GG erforderlich ist, kann für die Irrtumslehre offenbleiben.[114] Jedenfalls kann die Idee des strengen Gesetzesvorbehalts dort Eingang finden, wo sich ein Täter nicht über formell-gesetzliche Grundlagen irrt,

[107] BVerfG, Beschl. v. 17. 1. 1978 – 1 BvL 13/76, BVerfGE 47, 109 (121); seitdem ständige Rspr., vgl. BVerfG, Beschl. v. 23. 10. 1985 – 1 BvR 1053/82, BVerfGE 71, 108 (115); Beschl. v. 10. 1. 1995 – 1 BvR 718/89, 1 BvR 722/89, 1 BvR 723/89, BVerfGE 92, 1 (12); kritisch hierzu *B. Schünemann*, Nulla poena, 1978, S. 34 f.

[108] Ähnlich BVerfG, Beschl. v. 9. 1. 2014 – 1 BvR 299/13, NJW 2014, 1431 (1432): „zumindest durch Auslegung ermitteln lassen".

[109] BVerfG, Beschl. v. 10. 1. 1995 – 1 BvR 718/89, 1 BvR 722/89, 1 BvR 723/89, BVerfGE 92, 1 (12); zur Notwendigkeit im Hinblick auf sprachliche Grenzen *Tsoumanis*, Bestimmtheit, 2022, S. 931 f.

[110] BVerfG, Beschl. v. 9. 1. 2014 – 1 BvR 299/13, NJW 2014, 1431 (1432).

[111] BVerfG, Beschl. v. 17. 1. 1978 – 1 BvL 13/76, BVerfGE 47, 109 (121): unzulässige Risikoverlagerung; im Einzelnen dazu Kap. 4 B. II. 3. b) und c).

[112] Dazu *Appel*, Verfassung und Strafe, 1998, S. 127 ff.; *Enderle*, Blankettstrafgesetze, 2000, insb. ab S. 283 ff.; *Kuhlen*, Irrtum, 1987, S. 386 ff.; *Papathanasiou*, Normative Tatbestandsmerkmale, 2014, S. 42 ff.; *Walter*, Kern, 2006, S. 360 ff.

[113] BVerfG, Beschl. v. 6. 5. 1987 – 2 BvL 11/85, BVerfGE 75, 329 (342); *Enderle*, Blankettstrafgesetze, 2000, S. 185, 187 f.; *Tiedemann*, Tatbestandsfunktionen, 1969, S. 183.

[114] Auf Art. 20 GG verwies in diesem Zusammenhang schon *Lange*, JZ 1956, 73 (75).

sondern über Ausgestaltungen durch das Über- und Untergesetzesrecht.[115] Es handelt sich hierbei um den Problembereich des Irrtums bei Blankettstrafgesetzen.[116]

5. Legitimer Zweck des Strafens, Art. 20 Abs. 3 GG

Darüber hinaus muss eine Irrtumslehre Ausdruck einer plausiblen Antwort auf die Frage sein, auf welcher Grundlage Strafe fußt bzw. fußen darf. Diese Frage, die seit über 2000 Jahren[117] so intensiv wie sonst kaum eine Frage des Strafrechts diskutiert wird, soll hier nicht abschließend beantwortet werden. Vielmehr wird im Folgenden eine Beschränkung auf die der Verfassung immanenten Grundsätze vorgenommen.

Es handelt sich bei der Verhängung staatlicher Strafe um einen der schwerwiegendsten Eingriffe in die Sphäre des Einzelnen.[118] Neben den klassischen Eingriffsformen der Geld- (Art. 2 Abs. 1 GG) und Freiheitsstrafe (Art. 2 Abs. 2 S. 2 GG) können auch u. a. Berufs- (Art. 12 Abs. 1 GG) oder Fahrverbote (Art. 2 Abs. 1 GG) erfolgen. Damit einher geht typischerweise ein stigmatisierendes Gemeinschaftsurteil,[119] welches in das allgemeine Persönlichkeitsrecht des Täters (Art. 2 Abs. 1 i. V. m. Art. 1 Abs. 1 GG) eingreift. Ändert sich die Gesetzeslage, kommen auch Fragen des Gleichheitssatzes (Art. 3 Abs. 1 GG) zur Sprache, weil ein Verhalten, beispielsweise der Handel mit bestimmten Rauschmitteln, vor der Verbotsaufstellung erlaubt war und nun unter Strafe steht.[120]

Eine Strafe muss daher die allgemeinen und besonderen Anforderungen an die Rechtfertigung von Eingriffen erfüllen. Dazu zählt in materieller Hinsicht insbesondere das Verhältnismäßigkeitsgebot, wie es sich zumindest auch aus Art. 20 Abs. 3 GG ergibt.[121] In seinem Zentrum steht die Legitimationsgrundlage, also der

---

[115] Die Verzahnung auf europarechtlicher Ebene wird deutlich bei EuGH, Urt. v. 17.5. 1984 – 83/83, BeckRS 2004, 73799 Rn. 36 f.; anders *C. Wolf*, Error, 2019, S. 167, nach welchem die verfassungsrechtlichen Fragen von jenen der Irrtumslehre „grundverschieden" seien; offenlassend *Schuhr*, in: Gesetzlichkeit und Strafrecht, 2012, S. 255 (270 f.); zu letzterem siehe auch noch Kap. 4 B. II. 3. b).

[116] Insgesamt dazu unter Kap. 3 C. II. 2.

[117] Dazu vgl. z. B. die Arbeit von *Loening*, Aristoteles, 1903 im Hinblick auf Unrechts-, Schuld- und Strafbegründung.

[118] *Rostalski*, Tatbegriff, 2019, S. 16 bezeichnet es als das „schärfste Schwert".

[119] BVerfG, Beschl. v. 9. 7. 1997 – 2 BvR 1371/96, BVerfGE 96, 245 (249); *Frisch*, in: Positive Generalprävention, 1998, 125 (140); *Hörnle*, Strafzumessung, 1999, S. 114 ff.; *Rostalski*, Tatbegriff, 2019, S. 33 f.; nur eine faktische Wirkung misst dem *Stuckenberg*, JZ 2015, 714 (715) bei.

[120] Zu dem damit verbundenen Widerspruch *Sarstedt*, FS-Heusinger 1968, 341 (343).

[121] Siehe nur BVerfG, Beschl. v. 6. 7. 2005 – 2 BvR 2259/04, BVerfGE 113, 154 (162); *Jarass*, in: Jarass/Pieroth, GG, 2024, Art. 20 Rn. 112; für das supranationale Recht siehe Kap. 2 A. III. 2. b).

legitime Zweck.[122] Gemeinhin wird darunter jeder Zweck verstanden, welcher der Verfassung nicht zuwider läuft.[123] Dieser sehr großzügige Maßstab ermöglicht es, auf eine Vielzahl von Gründen zurückzugreifen, um ein Strafgesetz bzw. einen Strafausspruch jedenfalls im Lichte des Verfassungsrechts zu fundieren. Damit können sowohl präventive als auch repressive Zwecke, sowohl individuelle als auch kollektive Interessen, ebenso wie tatabschreckende und geltungsfördernde Gedanken zur legitimen Grundlage dieser Eingriffe gemacht werden. Dem BVerfG ist daher beizupflichten, wenn es den verfassungsrechtlichen Gestaltungsspielraum des Bundesgesetzgebers an dieser Stelle nicht einengt, sondern vielmehr „Schuldausgleich, Prävention, Resozialisierung des Täters, Sühne und Vergeltung für begangenes Unrecht“[124] jeweils für taugliche Argumente im Rahmen des Strafrechts- und Sanktionenkonzepts hält.[125]

Zwar kann nicht geleugnet werden, dass sich die Zweckvorstellungen teilweise wechselseitig ausschließen.[126] Jedoch trifft dies einen vereinigenden Ansatz insoweit nicht, als dass die Gründe nicht nebeneinander, sondern austauschbar gehandhabt werden. Dem mag kritisch eine gewisse Willkür entgegengehalten und daran anknüpfend eine begrenzende Wirkung der Strafgewalt in Frage gestellt werden.[127] Doch liegt dies im Wesen des Verhältnismäßigkeitsgrundsatzes begründet, der die Abwägung aller anerkannten Staats- und Bürgerinteressen ermöglicht, ja sogar einfordert.[128] Denn letztlich handelt es sich nicht nur bei Bürgerinteressen in Gestalt der Grundrechte um optimierungsbedürftige Prinzipien,[129] sondern auch bei anerkannten Staatsinteressen.[130] Folglich kommt es auch nicht darauf an, ob der Gesetzgeber diese Interessen konkret bedacht hat.[131] Von dieser

---

[122] *Jarass*, in: Jarass/Pieroth, GG, 2024, Art. 20 Rn. 116 f.

[123] *Rux*, in: BeckOK-GG, Stand 15.11.2025, Art. 20 Rn. 215 f.; positiv formulierend *Sommermann*, in: Huber/Voßkuhle, GG, 2024, Art. 20 Rn. 314; ähnlich BVerfG, Beschl. v. 4.11.2009 – 1 BvR 2150/08, BVerfGE 124, 300 (331): „Legitim ist grundsätzlich jedes öffentliche Interesse, das verfassungsrechtlich nicht ausgeschlossen ist“.

[124] BVerfG, Urt. v. 21.6.1977 – 1 BvL 14/76, NJW 1977, 1525 (1531).

[125] Ähnlich *Hart*, Recht und Moral, 1971, S. 60: verschiedene Prinzipien an verschiedenen Punkten am Platze.

[126] *Kinzig*, in: TK-StGB, 2025, Vor § 38 Rn. 11; *Maier*, in: MüKo-StGB, 2020, § 46 Rn. 46 f.

[127] So *Roxin*, ZStW 96 (1984), 641 (646).

[128] Zur Verhältnismäßigkeit als umfassende Abwägungsstufe *Rux*, in: BeckOK-GG, Stand 15.11.2025, Art. 20 Rn. 211 ff.

[129] Dazu *Voesch*, Gleichheit und Verhältnismäßigkeit, 2023, S. 84 ff. unter Rückgriff auf die Lehren von Alexy.

[130] Siehe z.B. BVerfG, Beschl. v. 26.8.2013 – 2 BvR 371/12, NJW 2013, 3228 (3231): „Sicherheitsinteressen der Allgemeinheit“; Urt. v. 26.2.2020 – 2 BvR 2347/15, 651/16, 1261/16, 1593/16, 2354/16, 2527/16, BVerfGE 153, 182 (283): „Interessen des Gemeinwohls“; vgl. auch *Rux*, in: BeckOK-GG, Stand 15.11.2025, Art. 20 Rn. 215.1.

[131] Dazu BVerfG, Beschl. v. 31.3.1998 – 1 BvR 2167/93, 2198/93, NJW 1998, 1776 (1777); kritisch *Manssen*, Staatsrecht II, 2024, § 8 Rn. 217.

verfassungsmäßigen Großzügigkeit wird bisweilen auch in der Strafrechtswissenschaft Gebrauch gemacht, wenn sogar die Theorie vom Verwaltungsstrafrecht nach Goldschmidt[132] heutzutage noch Anhänger findet.[133] Letztlich steht von Verfassungs wegen einer Verurteilung aufgrund verschiedener anerkannter Strafzwecke nichts entgegen.

Daneben gebietet der Verhältnismäßigkeitsgrundsatz eine Strafverhängung, die in angemessenem Verhältnis zur Schwere der Straftat steht.[134] Dies schlägt sich im geltenden Strafrecht insbesondere im abgestuften Verhältnis der Strafrahmen nieder, welche im Zusammenspiel mit den kodifizierten Anleitungen für die Strafzumessungserwägungen ein Gesamtsystem der Rechtsfolgen bilden. Gleichwohl obliegt es dem Richter, im konkreten Einzelfall eine tatangemessene Strafe innerhalb dieses Rahmens zu bilden. Von Bedeutung ist dieser Grundsatz der tatangemessenen Strafe ferner für die Irrtumsdogmatik: Die §§ 16 und 17 StGB bzw. § 11 Abs. 1 und 2 OWiG sehen unterschiedliche Rechtsfolgen vor, die auch das Strafmaß betreffen. Während bei § 16 Abs. 1 S. 1 StGB bzw. § 11 Abs. 1 OWiG die Vorsatzstrafbarkeit entfällt, folgt auf ein Vorliegen der Voraussetzungen nach § 17 StGB bzw. § 11 Abs. 2 OWiG die Milderung/der Ausschluss von Strafe bzw. Schuld. Das bedeutet, dass eine Dogmatik für die Einordnung von Irrtümern unter diese Vorschriften nur Ergebnisse produzieren darf, die im Lichte dieser Rechtsfolgen eine tatangemessene Bestrafung des Täters ermöglichen.

Was insgesamt auffällt, ist eine starke Parallele zwischen dem Verhältnismäßigkeitsgrundsatz und dem Schuldgrundsatz.[135] Das BVerfG selbst betont bisweilen einen Ableitungszusammenhang zwischen dem Verhältnismäßigkeitsgrundsatz und dem Prinzip schuldangemessenen Strafens.[136] Das betrifft nicht nur die gemeinsame Herleitung aus Art. 20 Abs. 3 GG, sondern auch die Anforderungen an die Verhängung von Strafe insgesamt. Die Verhältnismäßigkeit ist mit dem Erfordernis eines legitimen Zwecks des staatlichen Eingriffs sowohl dazu in der Lage, eine strafbegründende Facette der Schuld aufzunehmen, als auch mit dem Erfordernis der Angemessenheit von Strafe der strafbegrenzenden Wirkung der Schuld Rechnung zu tragen.[137] Letzteres wird auch durch die Prämisse gewährleistet, dass bei einem Schuldmaß von „Null" eine Bestrafung unter allen erdenklichen Gesichtspunkten unangemessen ist. Hierdurch kann dem von Frisch aufgezeigten Problem einer drohenden Legitimation der Bestrafung eines Schuldlosen effektiv begegnet

---

[132] *Goldschmidt*, Das Verwaltungsstrafrecht, 1902, insb. S. 546 ff.

[133] Etwa *Dehne-Niemann*, wistra 2008, 361 (362), der für § 284 StGB davon ausgeht, dass nur der bloße Verwaltungsungehorsam sanktioniert werden soll.

[134] *Sachs/v. Coelln*, in: Sachs, GG, 2024, Art. 20 Rn. 103.

[135] *Grzeszick*, in: Dürig/Herzog/Scholz, GG, August 2025, Art. 20 VII. Rn. 126.

[136] BVerfG, Beschl. v. 13.2.1973 – 2 BvL 8/71, BVerfGE 34, 261 (267); Beschl. v. 14.1. 2004 – 2 BvR 564/95, BVerfGE 110, 1 (13).

[137] A.A. *Frisch*, NStZ 2013, 249 (insb. 254 ff.); *Mattern*, Kartellbußgeldrecht, 2023, S. 61 ff.; *Roxin*, ZStW 96 (1984), 641 (646).

werden.[138] Wenn darüber hinaus teilweise argumentiert wird, der Verhältnismäßigkeitsgrundsatz gebe keine leitenden Kriterien vor, an denen sich die Abwägung orientieren kann,[139] bleibt offen, weshalb dies beim Schuldgrundsatz anders sein sollte. Wenn in diesem Zuge etwa hervorgebracht wird, dass eine hohe Strafe aus präventiven Gründen gerechtfertigt und damit verhältnismäßig sein könne, hingegen aber mit dem Schuldprinzip unvereinbar sei, wird verkannt, dass die Verhältnismäßigkeit gerade eine umfassende Abwägung aller rechtlich geschützten Interessen gebietet. Und dabei ist der Schutz der Gemeinschaft nur ein Aspekt von vielen, die es beim Eingriff des Staates in die Freiheitsrechte des Einzelnen zu berücksichtigen gilt. Insoweit „kann"[140] der Verhältnismäßigkeitsgrundsatz nicht nur im Lichte des Schuldgrundsatzes ausgelegt werden; dies ist vielmehr von Verfassungs wegen geboten.

Letztlich bedarf die Frage, ob sich zwischen dem verfassungsrechtlichen Verhältnismäßigkeitsgrundsatz und dem verfassungsrechtlichen Schuldgrundsatz (sowie gegebenenfalls einem andersartigen strafrechtlichen Schuldgrundsatz) Differenzen ausfindig machen lassen, für die hiesigen Zwecke keine genauere Beleuchtung.[141]

IV. Vorgaben des einfachen Rechts: Aussagekraft und ihre Grenzen

Aus den soeben getroffenen Erwägungen lässt sich festhalten, dass das Verfassungsrecht zwar wichtige, aber doch nur wenige zwingende Beschränkungen für eine Verurteilung des Täters wegen einer Vorsatztat bereithält. Es wurde allerdings bereits angedeutet, dass es im Strafrecht auch intrasystematische Schranken gibt, deren Überschreitung unter Berücksichtigung einer gemeinhin akzeptierten Kerndogmatik ausscheiden muss. Das betrifft zum einen den Wortlaut von Vorschriften des einfachen Rechts, welcher in Verbindung mit Art. 103 Abs. 2 GG (bzw. Art. 20 Abs. 3 GG, sofern es um Vorschriften geht, die nicht dem Bestimmtheitsgebot des Art. 103 Abs. 2 GG unterfallen) die Grenzen zulässiger Rechtsanwendung markiert. Zum anderen ist damit auch das über die einzelnen Strafgesetze hinausgehende, gemeinsame Gedankengut gemeint, welches unserem Strafrechtssystem zugrunde liegt und sich daraus ablesen lässt. Beides wird im Folgenden eine präzise Analyse erfahren. Zuvor wird überblicksartig die Historie zur strafrechtlichen Irrtumslehre auf gesetzgeberischer Ebene seit Mitte des 19. Jahrhunderts skizziert. Dies wird

---

138 *Frisch*, NStZ 2013, 249 (250).

139 *Mattern*, Kartellbußgeldrecht, 2023, S. 62.

140 *Mattern*, Kartellbußgeldrecht, 2023, S. 63.

141 Eine solche konkretisierende bzw. begrenzende Funktion des Schuldprinzips nehmen an *Appel*, Verfassung und Strafe, 1998, S. 578 sowie *Eisele*, in: TK-StGB, 2025, Vor § 13 Rn. 10a.

dazu beitragen, die aktuellen Formulierungen und damit verbundenen Auslegungsprobleme zu verdeutlichen.

1. Entwicklung der Irrtumsgesetzgebung im Strafgesetzbuch

Die neuere[142] Geschichte des Täterirrtums im Recht und in der Rechtspraxis wurde in der Literatur bereits vielfach aufgegriffen und zielführend interpretiert,[143] sodass an dieser Stelle eine Beschränkung auf die Nennung einiger Eckdaten erfolgt.

Vor der Gründung des Deutschen Reichs 1871 erwies sich die Irrtumsgesetzgebung – wie auch die geopolitische Landschaft des Deutschen Bundes insgesamt – als der berühmt gewordene „Flickenteppich“. Während die Rechtsordnungen den Irrtum des Täters im Hinblick auf tatsächliche Umstände regelmäßig für vorsatzausschließend erklärten,[144] wurde der Irrtum über die Verbotenheit der Handlung überwiegend pauschal als irrelevant deklariert.[145] Das Bayerische Strafgesetzbuch vom 1. 10. 1813[146] hingegen verlangte in Art. 39 Abs. 1 für das Vorliegen von „rechtswidrigem Vorsaze“ im Kontrast hierzu auch das Bewusstsein der Strafbar-

[142] Hiermit ist der Zeitraum ab der Mitte des 19. Jahrhundert gemeint; eine knappe Herleitung des Verbotsirrtums seit der Antike findet sich bei *Karami*, Unrechtsbewusstsein, 2020, S. 25 ff.

[143] Insbesondere sei auf die Arbeit von *Tischler*, Verbotsirrtum, 1984 verwiesen; für die deutschen Gesetzgebungsprozesse zwischen 1909 und 1925 siehe die Dissertation von *Troemer*, Die Lehre vom Irrtum, 1926; speziell für den Rechtsirrtum *Löw*, Erkundigungspflicht, 2001, S. 21 ff.; siehe auch die knappen Ausführungen in BGH, Urt. v. 18. 3. 1952 – GSSt 2/51, BGHSt 2, 194 (199 f.).

[144] Exemplarisch Art. 95 Abs. 1 des Strafgesetzbuches für das Königreich Sachsen vom 11. 8. 1855: „Irrthum oder Unwissenheit über Thatsachen, durch welche eine an sich erlaubte Handlung zu einem Verbrechen, oder eine schon an sich strafbare Handlung zu einem schwereren Verbrechen wird, schließen die Zurechnung aus, soweit sie auf die Handlung von Einfluß gewesen sind“; ähnlich auch Art. 63 des Thüringischen StGB von 1850: „Wird eine Handlung begangen, welche nicht schon an sich, sondern nur wegen thatsächlicher, dem Thäter ohne sein Verschulden unbekannt gebliebener Umstände ein Verbrechen ist, so ist der Täter straflos“.

[145] So etwa Art. 95 Abs. 2 des Strafgesetzbuches für das Königreich Sachsen vom 11. 8. 1855: „Durch Unbekanntschaft mit dem Gesetze, welches die Handlung mit Strafe bedroht wird ein begangenes Verbrechen ebenso wenig, als durch den Wahn, als ob dieselbe nach dem Gewissen oder der Religion erlaubt oderverdienstlich sei, entschuldigt“.

[146] Zentralgestalt bei der Konzeption ab 1805 war Johann Anselm von Feuerbach; eine knappe Übersicht zu den weiteren Neuerungen und dessen Hintergründen bietet der Kurzaufsatz von *Grziwotz*, 200 Jahre Bayerisches Strafgesetzbuch v. 16. 5. 2013 in der LTO, abrufbar unter: https://www.lto.de/recht/hintergruende/h/feuerbach-strafgesetzbuch-bayern-abschaffung-folter/.

keit, also der formellen Rechtswidrigkeit.[147] Zum Teil verhielten sich die Rechtsordnungen auch nicht ausdrücklich zu den Fragen des Irrtums eines Täters.[148]

Im Zuge der Neugründung des Deutschen Reichs zum 1.1.1871 trat das Reichsstrafgesetzbuch (RStGB = StGB 1871) als erste gesamtdeutsche Strafrechtsordnung am 15.5.1871 in Kraft.[149] Dieses sah in § 59 RStGB[150] eine einzige allgemeine Irrtumsregelung vor, die lautete: „Wenn Jemand bei Begehung einer strafbaren Handlung das Vorhandensein von Thatumständen nicht kannte, welche zum gesetzlichen Thatbestande gehören oder die Strafbarkeit erhöhen, so sind ihm diese Umstände nicht zuzurechnen."

Die in ihrem Kern schon mit dem heutigen § 16 Abs. 1 StGB sehr vergleichbare Regelung[151] fand sich stark abgewandelt in § 44 des preußischen Strafgesetzbuchs (PrStGB) wieder, was als Beleg gegen die teilweise vertretene These angesehen werden kann, das RStGB stelle lediglich eine Überarbeitung desselben dar.[152] Sie wurde vielfach aufgrund der fehlenden Erwähnung des Irrtums über die Verbotenheit der Tat als Aussage darüber gedeutet, dass der direkte Verbotsirrtum weder von § 59 RStGB erfasst werden noch sonst Auswirkungen auf die Strafbarkeit des Täters haben sollte.[153] Dies deckt sich auch mit den Gesetzgebungsmaterialien des Entwurfs zum PrStGB von 1836, welches trotz der Einflüsse anderer Rechtsordnungen dem späteren RStGB im Kern zur Grundlage diente. Die noch im Entwurf von 1827 vorhandene Regelung des § 68: „Weder die Meinung, was das Gesetz mit Strafe bedrohe […] noch […] schließen die Rechtswidrigkeit des Vorsatzes aus" wurde nur deshalb gestrichen, weil „die darin gegebene Regel sich so sehr von selbst verstehe, daß sie zu Zweifeln nie Veranlassung gegeben habe und eine dies-

---

[147] Zu bemerken ist, dass 1848 die „Gesetze die Abänderungen des ersten und zweiten Theiles des Strafgesetzbuches vom Jahre 1813 betreffend" in Artikel 8 die Aufhebung des Artikels 39 bewirkt haben.

[148] So etwa der Entwurf des Strafgesetzbuchs für die preußischen Staaten vom 1851, der den Tatbestandsirrtum über § 44 Abs. 1 implizit erfasste, indem er die Zurechnung der Handlung zum Täter ausschloss, wenn diesem „Verhältnisse oder Umstände […] unbekannt waren", welche „besondere[n] Umstände[n], unter welchen die Handlung begangen wurde", darstellten und in Abhängigkeit zur Strafbarkeit der Handlung standen; dazu auch *Strohkendl*, Strafgesetzbuch für die Preußischen Staaten, 2019, S. 158.

[149] RGBl. 1871, S. 127.

[150] Die Vorschrift ist vollständig übernommen aus der noch am 8.6.1870 im BGBl. des Norddeutschen Bundes, Band I, Nr. 16, S. 197 bekanntgemachten Fassung eines Strafgesetzbuches für den Norddeutschen Bund.

[151] Zu den Beratungen bzgl. des späteren § 59 RStGB siehe *Schubert*, GA 1982, 191 (213 f.).

[152] Hiergegen auch *Schubert*, GA 1982, 191 (217) Fn. 92.

[153] Statt vieler *Mezger*, in: Ebermayer/Lobe/Rosenberg, StGB, 1957, § 59 Anm. II, 14. c); siehe auch die Nachweise bei *Strohkendl*, Strafgesetzbuch für die Preußischen Staaten, 2019, S. 167 Fn. 397 zum Preußischen Strafgesetzbuch, welches ebenfalls keine ausdrückliche Regelung des Rechtsirrtums beinhaltete.

fällige Bestimmung daher ganz zwecklos sei".[154] Wenn teilweise hervorgebracht wurde, dass die Nichtregelung aus Sicht des Gesetzgebers einen Spielraum für die Wissenschaft eröffnen sollte,[155] kann dies nicht belegt werden. Aus den Gesetzgebungsmaterialien zum PrStGB 1851 geht hervor, dass eine eigene Regelung zum Verbotsirrtum nur deswegen nicht diskutiert worden ist, weil es als bereits „gemeinen Rechtens" angenommen wurde, dass dieser unbeachtlich sei.[156] Zudem fand der Vorschlag aus dem Entwurf des PrStGB von 1833, der in § 103 Abs. 1 eine Milderungsmöglichkeit beim Strafbarkeitsirrtum vorsah,[157] in der Folgezeit keinen Niederschlag mehr.

Auch das Reichsgericht hat dem Verbotsirrtum bis zum Zerfall der Weimarer Republik regelmäßig keine Bedeutung beigemessen.[158] Anders hingegen verfuhr es, wenn es Irrtümer vorfand, die sich über das strafrechtliche Ver- bzw. Gebot hinaus auf die übrigen rechtlichen Grundlagen bezogen, die die Strafbarkeit mitbestimmten, also allen voran das Zivilrecht. Der Irrtum wurde dann als vorsatzausschließend i.S.d. § 59 RStGB eingeordnet.[159] Diese vielfach kritisierte,[160] aber beharrlich durchgehaltene Rechtsprechung des Reichsgerichts fand ihre endgültige Ablehnung erst mit der Entscheidung des Großen Strafsenats vom 18.3.1952.[161] Doch auch schon vorher hatte der Gesetzgeber die Möglichkeiten einer Integration des Verbotsirrtums als schuldbeeinflussend erörtert. In § 1 der Kriegswirtschaftsverordnung vom 18.1.1917[162] hat der Gesetzgeber erstmalig dem unverschuldeten Verbotsirrtum in Bezug auf Rechtsvorschriften, die auf Grundlage von § 3 des

---

154 Berathungs-Protokolle der zur Revision des Strafrechts ernannten Kommission des Staatsraths, den ersten Theil des Entwurfs des Strafgesetzbuchs betreffend, 1839, S. 66 f., abgedruckt in: *Schubert/Regge*, Gesetzrevision (1825–1848), Abt. I Bd. 4 Teil 1, S. 68 f.

155 *Ebermayer/Eichelbaum/Lobe/Rosenberg*, RStGB, 1920, § 59 2.

156 *Goltdammer*, Materialien, 1851, S. 434.

157 *Goltdammer*, Materialien, 1851, Teil I, S. 378.

158 Plakativ RG, Urt. v. 25.8.1880 – 1862/80, RGSt 2, 268 (269): „Es ist in Theorie und Praxis kein Zweifel darüber, daß die Unwissenheit des Thäters über das Bestehen des speciellen Strafgesetzes ohne Einfluß sei"; in diesem Sinne die nachfolgende Rechtsprechung, Urt. v. 27.1.1881 – 15/81, RGSt 3, 300 (303); Urt. v. 15.4.1887 – 650/87, RGSt 15, 421; Urt. v. 3.5.1904 – 838/04, RGSt 37, 139 (142); Urt. v. 8.5.1929 – II 1368/28, RGSt 63, 215 (218 f.); teilweise wurde hiervon abgewichen, wenn das Merkmal der Rechtswidrigkeit im Wortlaut des gesetzlichen Tatbestands vorkam, so etwa in RG, Urt. v. 12.3.1889 – 459/89, RGSt 19, 87 (90).

159 RG, Urt. v. 24.11.1898 – 3673/98, RGSt 31, 341 (347); das Sächsische Strafgesetzbuch vom 11.8.1855 erklärte in Art. 95 ebenfalls nur den Strafrechtsirrtum für unbeachtlich, wenn es dort hieß: „Durch Unbekanntschaft mit dem Gesetze, welches die Handlung mit Strafe bedroht".

160 BGH, Urt. v. 18.3.1952 – GSSt 2/51, BGHSt 2, 194 (203); *Binding*, Normen I, 1922, S. 93 ff.; *Ebermayer/Eichelbaum/Lobe/Rosenberg*, RStGB, 1920, § 59 2.; *Kohlrausch*, Irrtum, 1903, S. 178 ff.; *Troemer*, Die Lehre vom Irrtum, 1926, S. 30; heute dazu *Roxin/Greco*, Strafrecht AT I, 2020, § 21 Rn. 5.

161 Dazu schon Kap. 1 D.III.

162 RGBl. 1917, S. 58.

„Gesetzes über die Ermächtigung des Bundesrats zu wirtschaftlichen Maßnahmen [u. s. w.]“ ergingen, schuldausschließende Wirkung beigemessen. Der Entwurf eines Allgemeinen Deutschen Strafgesetzbuchs vom 14. 5. 1927[163] sah in § 20 vor, dass ein Täter, der sich „in einem entschuldbaren Rechtsirrtum, der ihn das Unrechtmäßige seiner Tat nicht erkennen läßt“, befand, straffrei sein sollte; bei Unentschuldbarkeit konnte die Strafe gemildert werden. Damit hielt der Entwurf von 1927 schon 25 Jahre vor der wegweisenden Entscheidung des Großen Strafsenats die mit den heutigen Vorschriften vergleichbaren Antworten auf das Problem des Verbotsirrtums bereit.

Mit der Entscheidung des Großen Senats wurden sodann die Weichen gestellt, um dem Verbotsirrtum in der Bundesrepublik Deutschland eine eigenständige Regelung zuzuweisen.[164] Der Entwurf des Allgemeinen Teils eines Strafgesetzbuchs von 1956 mit § 17 Abs. 2 (der dem heutigen § 16 Abs. 1 S. 2 StGB entspricht), § 18 (der dem heutigen § 16 Abs. 1 S. 1 StGB entspricht) und § 20 (der dem heutigen § 17 StGB entspricht)[165] sowie der Entwurf 1959 mit seinen Irrtumsregelungen in §§ 19 und 21[166] knüpften unmittelbar an die soeben zitierte Entscheidung des BGH an.[167] Letztere enthielt bereits die sprachlich zum Großteil erhalten gebliebenen heutigen Regelungen, einerseits zum Tatbestandsirrtum („Wer bei der Begehung der Tat einen Umstand nicht kennt, der zum gesetzlichen Tatbestand gehört, handelt nicht vorsätzlich. Die Strafbarkeit wegen fahrlässiger Begehung bleibt unberührt“) sowie andererseits zum Verbotsirrtum („Wer bei Begehung der Tat irrig annimmt, kein Unrecht zu tun, ist ohne Schuld, wenn der Irrtum ihm nicht vorzuwerfen ist. Ist ihm der Irrtum vorzuwerfen, so kann die Strafe gemildert werden“).[168] Bemerkenswert ist an dieser Stelle, dass sich abweichende Vorschläge nicht durchzusetzen vermochten. Mezger und Bockelmann machten den Vorschlag, dass keine vorsätzliche Tatbegehung vorliegen sollte, wenn der Täter irrtümlich annimmt, kein Unrecht zu tun.[169] Gallas plädierte für diese Fälle auf ein Fehlen der Vorsatz-

---

[163] RT-Drs. III/3390.

[164] Vgl. auch den Vortrag von Welzel vor der 14. Sitzung der Großen Strafrechtskommission am 1. 2. 1955, abgedruckt in: Niederschriften über die Sitzungen der Großen Strafrechtskommission, 2. Band, Bonn 1958, S. 5 (12 f.) sowie von Mezger am selben Ort, S. 19 (23), welche beide zum Einstieg der Erörterung auf das Urteil Bezug nehmen.

[165] Entwurf des Allgemeinen Teils eines Strafgesetzbuchs nach den Beschlüssen der Großen Strafrechtskommission in erster Lesung (abgeschlossen im Dezember 1956), Bonn 1958, S. 9.

[166] Zu finden in: Niederschriften über die Sitzungen der Großen Strafrechtskommission, 12. Band, Bonn 1959, Anhang B, S. 574.

[167] *Engisch*, ZStW 70 (1958), 566 (574).

[168] Siehe dazu die Niederschriften über die Sitzungen der Großen Strafrechtskommission, 2. Band, Bonn 1958, Anhang Nr. 8 Vorschlag 5, der sich in den Beratungen durchzusetzen vermochte, siehe dazu das Protokoll zur 17. Sitzung, S. 105 (106).

[169] Niederschriften über die Sitzungen der Großen Strafrechtskommission, 2. Band, Bonn 1958, Anhang Nr. 8 Vorschlag 2 und 4.

schuld.[170] Dies zeigt, dass sich die Kommission mit der Vorsatztheorie und anderen Konzeptionsmöglichkeiten auseinandersetzte[171] und sich trotzdem für eine Kodifikation i. S. d. Schuldtheorie entschied. Damit war frühzeitig auch für das weitere Gesetzesvorhaben klargestellt, dass das künftig abgeänderte Strafgesetzbuch der Schuldtheorie folgen wird.

Der Entwurf des StGB von 1960 übernahm die Vorschriften wortgleich. Aufschlussreich für die Interpretation ist die Entwurfsbegründung. So wird zum Tatbestandsirrtum festgehalten, dass es „gleichgültig" sei, ob der Irrtum des Handelnden „auf einer Sinnestäuschung oder einem Gedankenfehler beruht".[172] Somit ist aus historischer Sicht festzuhalten, dass die Bedeutungskenntnis Gegenstand des Vorsatzes sein sollte.[173] Sodann wird festgehalten: „Wer glaubt, daß er durch den bloßen Kauf einer Sache deren Eigentümer werde, handelt hinsichtlich des Umstandes ‚fremde Sache' nicht vorsätzlich".[174] An dieser Stelle offenbart sich, dass der Gesetzgeber mit „Gedankenfehler" unter Umständen auch falsche geistige Operationen meinte, die aus fehlender Gesetzeskenntnis – hier die Eigentumszuordnung – resultieren. Diese Festlegung beeinflusste die Dogmatik nachhaltig, weil sie mit der Eröffnung der Möglichkeit eines Vorsatzausschlusses bei reinen Rechtsirrtümern die Grenze zwischen Tatbestands- und Verbotsirrtum erheblich erschütterte.

Einer genauen Interpretation der Formulierung „Tatumstände" enthielt sich der Gesetzgeber folgerichtig und ließ der Rechtslehre und -praxis Spielraum. Allerdings hielt er zugleich fest, dass „der Umstand, daß die Handlung in ihrer Gesamtheit das Recht verletzt", gerade nicht zum Tatbestand gehöre. Bekräftigt wird dies noch einmal in der Begründung zu § 21, wo es heißt: „Der Entwurf schließt sich mit der Rechtsprechung des Bundesgerichtshofes der Schuldtheorie an".[175] Wichtige Spielarten der Vorsatztheorie wurden in Betracht gezogen, aber aus unterschiedlichen Gründen für nicht tauglich erachtet.[176] Von einem vollständigen Offenlassen der Entscheidung, wie es Langer behauptete,[177] kann also aus gesetzgeberischer Sicht kaum die Rede sein.

Im Entwurf des StGB von 1962 wurden die Vorschriften zu den Irrtümern wortgleich übernommen. Dies gilt, soweit ersichtlich, ebenfalls für die Begründung; die in der Einleitung vermerkte Berücksichtigung der Beratungen der Län-

---

[170] Niederschriften über die Sitzungen der Großen Strafrechtskommission, 2. Band, Bonn 1958, Anhang Nr. 8 Vorschlag 3.

[171] Monografisch dazu *Rosenbaum*, Große Strafrechtskommission, 2004, S. 51 ff.

[172] Entwurf eines Strafgesetzbuches (StGB) E 1960 mit Begründung, Bonn 1960, S. 125.

[173] Zum straftheoretischen Hintergrund siehe Kap. 1 C. II. 1. b).

[174] Entwurf eines Strafgesetzbuches (StGB) E 1960 mit Begründung, Bonn 1960, S. 125.

[175] Entwurf eines Strafgesetzbuches (StGB) E 1960 mit Begründung, Bonn 1960, S. 127.

[176] Entwurf eines Strafgesetzbuches (StGB) E 1960 mit Begründung, Bonn 1960, S. 127 f.

[177] *Langer*, GA 1976, 193 (216).

derkommission,[178] die vom 29.9.1959 bis 12.1.1962 weiterhin über den Entwurf debattierte, sind jedenfalls an dieser Stelle ohne Einfluss geblieben.

Der 1966 verfasste Alternativentwurf zum Entwurf von 1962 sah an diversen Stellen Modifikationen vor, die im Anschluss auch durch den Sonderausschuss für die Strafrechtsreform einer eingehenden Prüfung unterzogen worden sind.[179] Für § 19 des Entwurfs von 1962, der zu diesem Zeitpunkt bereits als § 16 StGB des zweiten Gesetzes zur Reform des Strafrechts (2. StrRG) geführt worden war, wurde im Alternativentwurf die Formulierung „über einen gesetzlichen Tatumstand irrt" vorgeschlagen. Sie setzte sich letztlich nicht durch, da befürchtet wurde, die bloße Unkenntnis der Umstände auszuschließen und damit tatsächlich eine positive Fehlvorstellung zu verlangen.[180] Ähnliche Erwägungen veranlassten sodann dazu, § 21 des Entwurfs von 1962, der nun als § 17 StGB des 2. StrRG geführt wurde, dahingehend anzupassen, dass die Formulierung „irrig annimmt" durch „Fehlt dem Täter bei Begehung der Tat die Einsicht, Unrecht zu tun [...]" ersetzt wurde.[181] Der Begriff der Einsicht sollte eingefügt werden, um eine Zusammengehörigkeit zu den §§ 20 und 21 StGB des 2. StrRG, also den Vorschriften zur Schuldfähigkeit, anzuzeigen. Dasselbe sollte für die Begriffsauswechslung von „Vorwerfbarkeit" hin zur „Vermeidbarkeit" gelten.[182] Erwähnenswert sind auch die Äußerungen zum vermeidbaren Verbotsirrtum. Es wurde festgehalten, dass eine Tat im vermeidbaren Verbotsirrtum dieselbe Schuld begründen könne wie eine Tat in Kenntnis der Verbotenheit.[183] Der Gesetzgeber schien also davon auszugehen, dass die fehlende Kenntnis des Gesetzes schuldirrelevant sein kann, wenn der Fall der Verbotskenntnis mit demjenigen der vermeidbaren Verbotsunkenntnis gleichgestellt wird. Dass dieses Vorgehen ohne Verstoß gegen den Schuldgrundsatz im Lichte des Demokratieprinzips möglich ist, wurde bereits gezeigt.[184] Im Übrigen deutet dies ebenfalls darauf hin, dass die Unrechtseinsicht nicht zur Begründung des vollen Schuldvorwurfs erforderlich ist.[185]

---

[178] Entwurf eines Strafgesetzbuches (StGB) E 1962 (mit Begründung) – Bundestagsvorlage, 96.

[179] Der einschlägige Bericht findet sich in BT-Drs. V/4095.

[180] So der zweite schriftliche Bericht des Sonderausschusses für die Strafrechtsreform, BT-Drs. V/4095, S. 9; hierzu aus sprachlicher Sicht Kap. 2 A.IV.3.b).

[181] Zweiter schriftlicher Bericht des Sonderausschusses für die Strafrechtsreform, BT-Drs. V/4095, S. 9.

[182] Zweiter schriftlicher Bericht des Sonderausschusses für die Strafrechtsreform, BT-Drs. V/4095, S. 9 f.

[183] Zweiter schriftlicher Bericht des Sonderausschusses für die Strafrechtsreform, BT-Drs. V/4095, S. 10.

[184] Kap. 1 D.IV.2.–4.

[185] Kap. 1 D.IV.2.

Am 25.6.1969 wurde sodann das 2. StrRG durch den Bundestag verabschiedet,[186] welches den heutigen Rechtsstand zu den §§ 16 und 17 StGB mit sich brachte.

2. Entwicklung der Irrtumsgesetzgebung im Ordnungswidrigkeitenrecht

Parallel zu der Entwicklung der Irrtumsregeln im StGB wurde insbesondere nach dem zweiten Weltkrieg die Anpassung des Ordnungswidrigkeitenrechts durch Schaffung eines eigenen Gesetzes vorangetrieben.[187] Während das RStGB von 1871 dem Prinzip der Dreiteilung aus Verbrechen, Vergehen und Übertretungen folgte, wurde durch die Reformentwürfe des Strafgesetzbuches in den 1910er bis 1930er Jahren sukzessive eine Auslagerung bestimmter Straftatbestände forciert, deren Verwirklichung als bloßes „Verwaltungsunrecht" angesehen wurde. Im Entwurf zu einem Deutschen Strafgesetzbuch von 1936 wurde die Kategorie der Übertretungen letztlich aufgegeben. Diese wurden zum Teil als „kriminelle Delikte" aufgenommen; im Übrigen wurde sich vorbehalten, die weiteren Tatbestände in ein eigenes Ordnungsstrafgesetzbuch zu übernehmen.[188] Teilweise fand bereits eine Auslagerung der Ahndung bestimmter Straftaten mit Geldbuße auf die Verwaltung statt, so etwa in § 15 Abs. 1 S. 1 der Verordnung über den Warenverkehr in der Fassung vom 11.12.1942, wonach „der Reichsbeauftragte gegen den schuldigen [...] eine Ordnungsstrafe bis zu 10.000 Reichsmark im Einzelfalle festsetzen" konnte.[189] Auch nach dem Zerfall des Deutschen Reichs 1945 setzte sich diese Tendenz fort: So ermöglichte etwa das Bewirtschaftungsnotgesetz vom 30.10.1947[190] in § 22 Abs. 2 weitreichend die Wahrnehmung von Ermittlungsaufgaben durch die zuständige Fachbehörde (Satz 1). Zudem erlaubte es die Ahndung von Verstößen mittels einer Ordnungsstrafe durch die Fachbehörde, sofern nicht die Staatsanwaltschaft den Fall an sich zog (Satz 2). Im Wirtschaftsstrafgesetz vom 26.7. 1949[191] (WiStrG 1949) trat dann erstmalig mit § 6 eine Vorschrift in Kraft, die einen Abgrenzungsversuch zwischen (Wirtschafts-)Straftaten und Ordnungswidrigkeiten vornahm. In Abs. 2 hieß es dazu: „Eine Zuwiderhandlung ist Wirtschaftsstraftat, wenn sie das Staatsinteresse an Bestand und Erhaltung der Wirtschaftsordnung im Ganzen oder in einzelnen Bereichen verletzt [...]". Nach Abs. 3 sollte in allen anderen Fällen eine Ordnungswidrigkeit vorliegen. Auffällig ist, dass der Gesetzgeber

---

[186] BGBl. 1969 I, S. 645.

[187] Dazu BT-Drs. V/1269, S. 22 f.; siehe auch BVerfG, Beschl. v. 16.7.1969 – 2 BvL 2/69, BVerfGE 27, 18 (29 ff.).

[188] Siehe dazu die Begründung zum Entwurf eines Deutschen Strafgesetzbuchs 1936, S. 303, abgedruckt in: *Schubert et al.*, Quellen zur Reform des Straf- und Strafprozeßrechts, Abt. II Band 1 Teil 2: Entwürfe eines Strafgesetzbuchs, 1990.

[189] Siehe dazu RGBl. 1942 I, S. 686, abgedruckt in *Fuhrmann*, Wirtschaftsstrafverordnungen, 1943, S. 67 (81).

[190] Gesetzblatt der Verwaltung des Vereinigten Wirtschaftsgebietes 1948, S. 3.

[191] Gesetzblatt der Verwaltung des Vereinigten Wirtschaftsgebietes 1949, S. 193.

die Unterscheidung an den Auswirkungen der Tat, nicht aber am verwirklichten Tatbestand festmachte. Dies kann als Indiz dafür gedeutet werden, dass eine Trennung der Tatbestände in einen festen Kern- und Nebenbereich für nicht zielführend erachtet wurde.[192]

Von besonderem Interesse für den Gegenstand dieser Arbeit ist auch die in § 31 WiStrG 1949 getroffene Regelung zum Verbotsirrtum. Dort heißt es in Abs. 1: „Wer in unverschuldetem Irrtum über das Bestehen oder die Anwendbarkeit einer rechtlichen Vorschrift seine Tat für erlaubt gehalten hat, bleibt straffrei". Diese Regelung dürfte den Prototyp des heutigen § 11 Abs. 2 OWiG darstellen, der ebenfalls bei einem unverschuldeten Verbotsirrtum die Strafe entfallen lässt. Umso bemerkenswerter ist es, dass § 31 Abs. 2 WiStrG 1949 anders als der heutige § 11 Abs. 2 OWiG für den verschuldeten Verbotsirrtum eine fakultative Strafmilderung anordnete, wie sie sich heute (nur noch) aus § 17 S. 2 StGB ergibt. Daher lässt sich konstatieren, dass das WiStrG 1949 insoweit seiner Zeit voraus gewesen ist. In § 31 Abs. 3 des WiStrG 1949 wurde indes betont, dass die Vorschriften auch für die Ordnungswidrigkeiten des Gesetzes entsprechend gelten. Auch nach der heutigen Rechtslage wird der inhaltliche Gleichlauf der Irrtumsregeln angenommen, obgleich dies nicht aus der Formulierung des § 11 OWiG hervorgeht, weil dieser keinen Bezug auf den vermeidbaren Verbotsirrtum nimmt.[193] Im Wirtschaftsstrafgesetz vom 9. 7. 1954[194] (WiStrG 1954) wurde die Abgrenzungsregelung zwischen Straftaten und Ordnungswidrigkeiten in § 3 sinngemäß übernommen und etwas verdichtet. Auch die Irrtumsvorschrift des § 31 WiStrG 1949 wurde im neuen § 6 nahezu inhaltsgleich übernommen. Einzig der klarstellende Abs. 3 wurde gestrichen.

In die erste Fassung des Ordnungswidrigkeitengesetzes vom 25. 3. 1952[195] (OWiG 1952) wurde die Regelung des § 31 WiStrG 1949 ebenfalls sinngemäß in § 12 unter Streichung des Abs. 3 übernommen. Das OWiG 1952 fand gemäß § 1 Abs. 1 bis 3 Anwendung auf alle Tatbestände, deren Erfüllung im konkreten Fall mit einer Geldbuße sanktioniert war. Anknüpfungspunkt für die Einordnung als Ordnungswidrigkeit blieb weiterhin die konkrete Tat, wobei die heute gültige Trennung nach Tatbeständen bereits dadurch anklang, dass bei Tatbeständen, die entweder nur eine Strafe oder nur eine Geldbuße vorsahen, die Zuordnung zum Straf- und Ordnungswidrigkeitenrecht starr erfolgte, vgl. § 1 Abs. 1 und 2 OWiG 1952. Indes nahm § 11 Abs. 2 OWiG 1952 unmittelbar Bezug auf den zu diesem Zeitpunkt noch geltenden § 59 StGB 1871 zum Tatbestandsirrtum, sodass dieser nunmehr auch Anwendung auf das neugeschaffene OWiG 1952 fand.

---

[192] Hierzu Kap. 2 B.

[193] Dazu *Krenberger/Krumm*, OWiG, 2024, § 11 Rn. 35; *Valerius*, in: BeckOK-OWiG, Stand 1. 10. 2025, § 11 Rn. 36.

[194] BGBl. 1954 I, S. 175.

[195] BGBl. 1952 I, S. 177.

Im Zuge der weiteren Modernisierung des Rechts im nachfolgenden Jahrzehnt, inklusive Schaffung neuer Bußgeldtatbestände in verschiedenen Lebensbereichen, sah der Gesetzgeber das Bedürfnis zur Kreation eines einheitlichen Regelungswerks für das Ordnungswidrigkeitenrecht und begann sodann mit der Ausarbeitung eines Ordnungswidrigkeitengesetzes mit eigenen Tatbeständen. Ziel sollte ausweislich der Gesetzesbegründung eine Bündelung aller Delikte sein, deren Tatbestandsverwirklichung entweder „ethisch farblos" sei, „deren Bekämpfung jedoch im Interesse der öffentlichen Ordnung notwendig ist", oder deren Unrechtsgehalt so gering sei, dass „kein Grund für das sittliche Pathos des Strafens gegeben ist".[196] Dies ist als endgültige Abkehr vom ursprünglichen Grundgedanken der Trennung von Ordnungswidrigkeiten und Straftaten zu begreifen, wie er noch in § 6 WiStrG 1949 Niederschlag gefunden hat. Während dort eine Trennung aufgrund der Tat als solcher vorgenommen wurde, hat sich auf Grundlage dieser neuen Prämissenlage eine Trennung aufgrund der Verortung des Tatbestands durchgesetzt. Es ist naheliegend, dass auch dies zur heute üblichen[197] Trennung vom Kern- und Nebenstrafrecht führte.

In der Fassung des OWiG vom 24.5.1968[198] (OWiG 1968) wurden die Regelungen der §§ 11 f. OWiG 1952 teilweise in § 6 OWiG 1968 übernommen. § 6 Abs. 1 OWiG 1968 stellte wiederum klar, dass § 59 StGB 1871 auch weiterhin Anwendung finden sollte. In Abs. 2 formulierte der Gesetzgeber ganz ähnlich dem § 12 Abs. 1 OWiG 1952: „Handelt der Täter ohne das Bewußtsein, Unrecht zu tun, und ist ihm dies nicht vorzuwerfen, so kann die Handlung nicht als Ordnungswidrigkeit geahndet werden". Damit war der unvermeidbare Verbotsirrtum ebenfalls in den Blick genommen worden. Nicht übernommen wurde hingegen die Regelung des § 12 Abs. 2 OWiG 1952, der für den vermeidbaren Verbotsirrtum noch eine fakultative Strafmilderung angeordnet hatte. Der Gesetzgeber erachtete eine solche Regel als überflüssig, weil es „im Recht der Ordnungswidrigkeiten künftig keine von § 11 Abs. 1 abweichende Mindestbußgelddrohung mehr geben" würde.[199] Dies funktionierte ohne dogmatischen Bruch nur dadurch, dass der Gesetzgeber mit der Beurteilung einer Tat als Ordnungswidrigkeit kein „Element sozialethischer Missbilligung" verband.[200] So vermied der Gesetzgeber eine Stellungnahme zur Schuld im Bereich des OWiG. Dieser pauschalen Behauptung ist heute zumindest in der Konsequenz nicht notwendiger individueller Schuld entgegenzutreten,[201] sodass das Fehlen einer Regelung zum vermeidbaren Verbotsirrtum im OWiG als gesetzgeberischer Missstand zu begreifen ist, der bis heute nicht korrigiert wurde und daher

---

[196] BT-Drs. V/1269, S. 23; ähnlich schon zum OWiG 1952 BT-Drs. I/2100, S. 14.

[197] Dazu Kap. 2 B.

[198] BGBl. 1968 I, S. 481.

[199] BT-Drs. V/1269, S. 47.

[200] BT-Drs. V/1269, S. 46.

[201] *Klesczewski*, in: Klesczewski/Krenberger, OWiR, 2023, § 5 Rn. 6; siehe auch Kap. 1 D. III.

durch Heranziehung des Rechtsgedankens von § 17 S. 2 StGB kompensiert werden muss.[202]

Mit der Anpassung weiterer Vorschriften im Zuge der Änderungen durch das 2. StrRG wurde auch das OWiG zum heutigen Stand hin angepasst. § 6 OWiG 1968 wurde nun wie schon im OWiG 1952 als § 11 OWiG geführt. Der Verweis auf § 59 StGB 1871 ist entfallen, stattdessen wurde der Wortlaut des § 16 StGB in § 11 Abs. 1 OWiG überwiegend aufgenommen. Bei § 11 Abs. 2 OWiG orientierte sich der Gesetzgeber sodann an der Formulierung des § 17 S. 1 StGB und sprach nun nicht mehr vom Unrechtsbewusstsein, sondern von der fehlenden Einsicht, etwas Unerlaubtes zu tun. Durch diese Formulierung sollte der regelmäßig fehlenden sozialethischen Missbilligung der Verhaltensweisen Rechnung getragen werden, im Übrigen aber keine sachliche Unterscheidung vorgenommen werden.[203]

3. Vorgaben des StGB

Mit den §§ 16 und 17 StGB in ihrer heutigen Fassung hält der Gesetzgeber entgegen der Einschätzung von Rinck[204] wichtige Erkenntnisse fest, die bei der Konzeption einer Irrtumslehre zu berücksichtigen sind. Es folgt an dieser Stelle eine umfassende Analyse des Wortlauts, um aufzuzeigen, welche Schlussfolgerungen hieraus für die Irrtumslehre tatsächlich zwingend sind.

a) § 16 Abs. 1 StGB

Nach dem Wortlaut des § 16 Abs. 1 S. 1 StGB handelt ein Täter nicht vorsätzlich, wenn er bei der Begehung der Tat einen Umstand nicht kennt, der zum gesetzlichen Tatbestand gehört. Die Strafbarkeit wegen fahrlässiger Begehung bleibt gemäß § 16 Abs. 1 S. 2 StGB unberührt. In Anlehnung an den Wortlaut „gesetzlicher Tatbestand" wird teilweise von einem Tat*be*standsirrtum[205], in Anlehnung an die Formulierung „Umstand" von einem Tat*um*standsirrtum[206] gesprochen.

[202] *Fromm*, in: Haus/Krumm/Quarch, Verkehrsrecht, 2021, § 11 Rn. 9; *Krenberger/Krumm*, OWiG, 2024, § 11 Rn. 35; *Valerius*, in: BeckOK-OWiG, Stand 1.10.2025, § 11 Rn. 36.

[203] So jedenfalls die vorherrschende Interpretation, siehe dazu beispielhaft *Rengier*, in: KK-OWiG, 2025, § 11 Rn. 50; implizit *Valerius*, in: BeckOK-OWiG, Stand 1.10.2025, § 11 Rn. 29; in der Gesetzesbegründung heißt es, dass mit der Formulierung den „Besonderheiten des Ordnungswidrigkeitenrechts" Rechnung getragen würde, BT-Drs. VI/3250, S. 330 f., die Bezugnahme auf BT-Drs. V/2600, S. 3 zeigt aber an, dass der Gesetzgeber noch immer von einer fehlenden sozialethischen Missbilligung ausging und deswegen die Formulierung beibehielt.

[204] *Rinck*, Deliktsaufbau, 2000, S. 373.

[205] BGH, Urt. v. 9.2.2023 – III ZR 117/20, NZG 2023, 857 (860); Beschl. v. 8.11.2022 – 2 StR 102/22, BeckRS 2022, 43910 Rn. 26; BayObLG, Beschl. v. 19.10.2023 – 201 StRR 325/23, BeckRS 2023, 28706 Rn. 6; *Kudlich*, in: BeckOK-StGB, Stand 1.11.2025, § 16 Überschrift zu B.; *Schuster*, in: TK-StGB, 2025, § 16 Rn. 1.

Die Wortwahl in dieser Vorschrift beinhaltet einige einengende Aspekte, an denen sich eine Irrtumsdogmatik messen lassen muss. Banal erscheint dabei zunächst die Tatsache, dass das Irrtumssubjekt nach anerkanntem Verständnis des Begriffs „wer“[207] ein Mensch sein muss. So selbstverständlich dies heute noch scheint, muss ein knapper Blick in die Zukunft herhalten, um den Sinn dieser Hervorhebung zu untermauern. Wie das gesamte Strafrechtssystem wird sich auch die Irrtumsdogmatik mit der Frage auseinandersetzen müssen, wie mit Irrtümern autonomer Künstlicher Intelligenzen (KI oder auch im englischen „Artificial Intelligence“, AI) umzugehen ist. Nach derzeitiger Rechtslage bzw. derzeitigem Begriffsverständnis wären diese keine tauglichen Adressaten der Regelung. Dies gliedert sich in das gesamte Strafrechtssystem nahtlos ein, da die Vorschriften stets menschenbezogen formuliert sind. Ob und unter welchen Voraussetzungen sich Formen von KI auf Irrtumsregelungen berufen können (sollen), wird Gegenstand von Untersuchungen werden müssen. Es handelt sich dabei um eine Frage, deren Relevanz für die kommenden Jahrzehnte von derart großer Bedeutung ist, dass es hierfür einer eigenständigen Abhandlung bedarf.

Die Formulierung „bei Begehung der Tat“ signalisiert eine Begrenzung des irrtumsrelevanten Zeitraums. Dabei lässt sich der Tatbegriff sprachlich kaum sinnvoll weiter konkretisieren, bestenfalls als „Tätigkeit“. Typischerweise wird unter dem Tatbegriff in zeitlicher Hinsicht das tatsächliche Geschehen zwischen dem Versuchsbeginn als erste rechtlich berücksichtigenswerte Gefahrenschaffung einerseits und dem Verhaltensabschluss als letzter Akt des Vollzugs dieser Gefährdung andererseits verstanden.[208] Wird dies als Prämisse akzeptiert, die bereits die Ebene der reinen Wortlautauslegung verlassen hat, lassen sich zwei Erkenntnisse gewinnen: Zum einen sind Irrtümer über Umstände der Tat nach dem letzten Vollzugsverhalten, also zum Zeitpunkt nach der Vollendung der Tat, nicht mehr von Bedeutung für die Frage nach dem Vorsatz. Zum anderen wird deutlich, dass ein vorsatzausschließender Irrtum auch im Versuchsstadium vorliegen kann.[209] Eine weitere Beschränkung kann der Formulierung indes nicht entnommen werden, weil Tatbeginn und Tatende sowohl von dem konkreten Deliktstatbestand als auch den Sachverhaltsumständen abhängen.

Eine intensivere Beleuchtung bedarf die Wendung „nicht kennt“. Das zum hier negierten Verb zugehörige Nomen ist die Kenntnis. Diese erfasst nach allgemeinem

---

[206] BGH, Beschl. v. 13.3.2019 – 1 StR 520/18, NZWiSt 2019, 343 (345); Urt. v. 10.1. 2023 – 6 StR 133/22, NJW 2023, 1075 (1078): Irrtum über tatsächliche Umstände; *Karstens*, in: Joecks/Jäger/Randt, Steuerstrafrecht, 2023, AO, § 369 Rn. 102; *Murmann*, Strafrecht AT, 2024, § 24 Rn. 39; zu § 11 OWiG *Valerius*, in: BeckOK-OWiG, Stand 1.10.2025, § 11 Rn. 3.

[207] „Wer“ als Fragewort für eine Person, siehe dazu DWDS, Begriff „Wer“, https://www.dwds.de/wb/wer.

[208] Im Einzelnen nach Art des Delikts und Beteiligtenstellung aufschlüsselnd *Basak*, in: Matt/Renzikowski, StGB, 2022, § 8 Rn. 3 ff.; *Böse*, in: NK-StGB, 2023, § 8 Rn. 2 f.; *Eser/Weißer*, in: TK-StGB, 2025, § 8 Rn. 3 f.

[209] *Heuser*, ZStW 132 (2020), 330 (355 ff.).

Sprachgebrauch das Wissen um Tatsachen.[210] Von Unkenntnis lässt sich sinnvoll in zweierlei Fällen sprechen: Einmal bei einer fehlenden Erfassung von etwas („Zuwenigerfassen“), ein anderes Mal bei der fehlerhaften Erfassung von etwas („Aliud- oder Zuvielerfassen“). Es handelt sich um Unterkategorien der Unkenntnis.[211]

Anhand der Verwendungsbeispiele im Duden[212] sowie der Verwendung des Begriffs „Tatsache“ wird deutlich, dass der Begriff eine Kopplung zur Gegenwart und zur Vergangenheit besitzt. Kenntnis im allgemeinsprachlichen Sinne kann ein Mensch also nur von Erscheinungen haben, die kognitiv oder sinnlich erfassbar sind oder waren. Im Umkehrschluss bedeutet dies, dass all diejenigen Erscheinungen, die der Zukunft zuzuweisen sind, nicht Gegenstand von Kenntnis sein können. Die damit einhergehende Wortsinnproblematik für die Anwendung von § 16 Abs. 1 S. 1 StGB auf in der Zukunft liegende Ereignisse – namentlich den Eintritt des Taterfolgs – wird noch deutlicher, wenn der Begriff der Kenntnis genauer beleuchtet wird.

Soeben wurde Kenntnis mit dem Wissensbegriff in Verbindung gebracht.[213] Das erscheint auch im ersten Moment intuitiv, da die Begriffe häufig synonym gebraucht werden.[214] Wird aber der (klassische)[215] erkenntnistheoretische Begriff des Wissens zugrunde gelegt, lässt sich daran zweifeln. Demnach setzt Wissen mindestens[216] drei Dinge voraus: Wahrheit, Überzeugung und Rechtfertigung,[217] wobei Rechtfertigung hier nicht im juristischen Sinne gebraucht wird, sondern die „Plausibilität“ der Überzeugungsbildung meint. Während der Täter diese Voraussetzungen zumindest nach der Tat erfüllen kann,[218] gilt dies nicht für den Zeitraum vor der Vollendung: Zwar kann der Täter sich seines Verhaltens als wahr, überzeugt und

---

[210] Duden, Begriff „Kenntnis“, https://www.duden.de/rechtschreibung/Kenntnis.

[211] Unterstellt man eine Bedeutungsgleichheit von „Unkenntnis“ und „Irrtum“, so formulieren *Jescheck/Weigend*, Strafrecht AT, 1996, § 29 V 1. a übereinstimmend: „Irrtum bedeutet ganz allgemein die Nichtübereinstimmung von Bewusstsein und Wirklichkeit“; ebenso *Walter*, Kern, 2006, S. 244.

[212] Duden, Begriff „Tatsache“, https://www.duden.de/rechtschreibung/Tatsache.

[213] Ausführlich *Frisch*, Vorsatz und Risiko, 1983, S. 165 ff.

[214] Siehe dazu etwa den Zirkelverweis des Duden: Kenntnis als „das Wissen von etwas“ und Wissen als „Kenntnis“ bzw. „Gesamtheit der Kenntnisse“, https://www.duden.de/rechtschreibung/Wissen sowie https://www.duden.de/rechtschreibung/Kenntnis; auch schon *Frisch*, Vorsatz und Risiko, 1983, S. 57 f., 162 ff.; *Safferling*, Vorsatz und Schuld, 2008, S. 125; dies vermeidet *Wissmann*, Urheberstrafrecht, 2017, S. 61 f.

[215] Zurückgehend auf *Platon*, Menon 97e–98a, in: Ebert, Platon Menon, Sammlung Tusculum, S. 123.

[216] Kritisch mit Blick auf das Rechtfertigungserfordernis *Sartwell*, APQ, 28.2.1991, 157; nicht ausreichend nach *Gettier*, Analysis 23.6.1963, 121 (123); *Turri*, Synthese (2012), 247 (insb. 255 ff.).

[217] *Ayer*, Knowledge, 1956, S. 34; *Frisch*, Vorsatz und Risiko, 1983, S. 167; *Schurz*, Erkenntnistheorie, 2021, S. 16 ff.

[218] Auf diesen Zeitpunkt kommt es aber nicht an, siehe *Frisch*, Vorsatz und Risiko, 1983, S. 57 f.

gerechtfertigt bewusstwerden, nicht aber bezieht sich das auch auf die (kausale) Wirkung des in Rede stehenden Verhaltens. Diese ist im Lichte des zu verwirklichenden, angestrebten Geschehens als (noch) unwahre Bedingung zu qualifizieren. Der Täter kann diesbezüglich nur eine Prognose treffen. Entsprechend hat der Täter gerade kein Wissen vom Zusammenhang seiner Handlung und dessen Wirkung.[219] Dies könnte dazu verleiten zu sagen, der Täter sei im Unwissen und „irre" daher über das regelmäßig ungeschriebene, gelegentlich immerhin mittels Wendungen wie „durch" angedeutete, gesetzliche Tatbestandsmerkmal der Kausalität und des Erfolgseintritts. Das wiederum könnte zu dem Ergebnis verführen, einen Fall des § 16 Abs. 1 StGB bezüglich der Tatbestandsverwirklichung anzunehmen, sodass eine Strafbarkeit aus dem Vorsatzdelikt bei Erfolgsdelikten kategorisch ausgeschlossen sein müsste.

Der (vermeintliche) Widerspruch zwischen dem Verlangen von Tatsachenkenntnis und der Konzeption zukunftsgerichteter Erfolgsdelikte lässt sich auf zwei Wegen beheben. Eine Möglichkeit liegt darin, den tatbestandlichen Erfolg nicht zum Gegenstand des gesetzlichen Tatbestands i. S. d. § 16 Abs. 1 S. 1 StGB zu erklären.[220] Dies würde jedoch voraussetzen, den Begriff des gesetzlichen Tatbestands generell auf die situationsumschreibenden objektiven Merkmale bei der Vornahme des Verhaltens zu reduzieren.[221] Gelingen kann das, wenn als „Tatbestand" nur eine Verhaltensnorm dergestalt begriffen wird, dass sie nur die verhaltensbezogenen Komponenten erfasst und damit zukünftige Wirkungen aus dem Vorsatztatbestand ausspart.[222] Hiergegen ist auf der Wortlautebene einzuwenden, dass mit der Formulierung „*gesetzlicher* Tatbestand" eine Orientierung am geschriebenen Wortlaut der Strafgesetze angelegt ist. Zwar ist es richtig, dass der Gesetzgeber nicht an eine Wortlautauslegung gebunden werden soll, die in sich nicht schlüssig ist,[223] jedoch darf die Interpretation dann nicht beliebig weit von derjenigen entfernt sein, die nahe liegt.[224] Eine in diesem Sinne verstandene Verhaltensnorm reduziert jedoch den gesetzlichen Bezug erheblich.[225] Wenn § 212 Abs. 1 StGB verkürzt lautet: „Wer tötet, wird bestraft", dann wäre der Vorsatzgegenstand bezogen auf die Verhaltensnorm nach soeben geschilderten Maßstäben: „Nimm keine Verhaltensweise vor, die potenziell tödlich ist". Die Kenntnis müsste sich demnach nicht auf ein

---

219 So auch *Frisch*, Vorsatz und Risiko, 1983, S. 57 ff., 200; a. A. *Kühl*, Strafrecht AT, 2017, § 5 Rn. 7, der das „Prognosewissen" ausreichen lässt; ähnlich *Ziegert*, Vorsatz, 1987, S. 115 f.

220 Etwa *J. Wolter*, Zurechnung, 1981, S. 150, 178.

221 *J. Wolter*, Zurechnung, insb. S. 27 f., 122 ff.

222 *Frisch*, Vorsatz und Risiko, 1983, S. 68, 101 f.; *Kiel*, Risiko als Konstruktion, 2024, S. 181; *J. Wolter*, Zurechnung, 1981, S. 25.

223 *Frisch*, Vorsatz und Risiko, 1983, S. 63 f.

224 So auch letztlich *Frisch*, Vorsatz und Risiko, 1983, S. 64.

225 Auch *Frisch*, Vorsatz und Risiko, 1983, S. 67 fordert zumindest Wissen um das konkrete Tötungsrisiko.

Verhalten beziehen, das mit dem Begriff des Tötens belegt ist, sondern auf ein Verhalten, das als „tötungsgeeignet“ bezeichnet werden kann.

Der gängigere Weg liegt daher darin, den Kenntnisbegriff vom Wissensbegriff im Sinne absoluter Gewissheit abzulösen und stattdessen auf eine Prognose zu reduzieren.[226] Diese Lösung stellt eine Abkehr von dem philosophisch erarbeiteten Wissensbegriff dar, weswegen es schon unter diesem Gesichtspunkt ratsam ist, den Begriff des Wissens aus der Definition des Vorsatzes auszusparen und alternativ auf den im Wortlaut des § 16 Abs. 1 S. 1 StGB bereits verwendeten Begriff der Kenntnis auszuweichen, um Missverständnisse zu vermeiden.[227]

Daneben ist eine Gleichstellung der Begriffe noch aus einem weiteren Grund abzulehnen. Im alltäglichen Sprachgebrauch wird mit dem Wissen das „Wissen, dass etwas so ist“ bezeichnet, das sog. propositionale Wissen.[228] Jedoch umfasst das Wissen auch eine Komponente, die sich darunter nicht ohne Weiteres einordnen lässt. Gemeint ist das „Wissen, wie etwas geht“.[229] Dazu zwei Beispiele: A zückt eine Waffe und schießt auf B. Er verfehlt diesen, weil er ungeübt im Umgang mit Waffen ist. Bereits in diesem Fall ist es sprachlich unrund, zu behaupten, dass A einem Irrtum unterliegt, es ihm an Kenntnis fehlt. Dies ließe sich allenfalls konstruieren, indem der Umstand des Umgangs mit der Waffe als „Wissen, dass“ eine Waffe in bestimmter Art und Weise zu führen und zu bedienen ist, deklariert wird. Nun sei dies in Beispiel zwei geändert: A zückt eine Waffe und schießt auf B. Er verfehlt diesen, weil er ungeschickt im Umgang mit der Waffe ist, obgleich er aufgrund einer Ausbildung im Umgang mit Waffen theoretisch bestens geschult ist. In diesem Fall scheitert ein Berufen darauf, dass es dem A an theoretischen Kenntnissen im Umgang mit Waffen fehlt. A ist schlicht unbeholfen. Ihm fehlt es am „Wissen, wie etwas geht“. An dieser Stelle von fehlender Kenntnis und parallel von Irrtümern zu sprechen, erscheint sprachlich mindestens befremdlich. Wenn Frisch in einem Fall, in dem der Täter die eigene Geschicklichkeit überschätzt, die Vorsatzrelevanz dieses Umstandes annimmt,[230] ist dies indes kein Widerspruch. Denn wer bewusst über seine eigenen Fähigkeiten reflektiert und diese zum Gegenstand der persönlichen Risikoprognose macht, erhebt sie zum Gegenstand des „Wissen, dass etwas so ist“. Es lässt sich daher präzisieren, dass der Kenntnisbegriff des § 16 Abs. 1 S. 1 StGB auf die Komponente des „Wissen, dass etwas so ist“

---

[226] *Ambrosius*, Vorsatzabgrenzung, 1966, S. 55; *Duttge*, in: D/D/K/R, Gesamtes Strafrecht, 2022, StGB, § 15 Rn. 5; *Frisch*, Vorsatz und Risiko, 1983, S. 73, 101 f.; *Herzberg*, JuS 1986, 249 (259); *Kulhanek*, in: MüKo-StGB, 2024, § 16 Rn. 67; *Schroth*, Vorsatz und Irrtum, 1998, S. 9 f.; *Stein/Schneider*, in: SK-StGB, 2025, § 16 Rn. 14.

[227] Kritisch auch *Frisch*, Vorsatz und Risiko, 1983, S. 167 ff.; vom alltäglichen Sprachgebrauch her ebenfalls die Tauglichkeit absprechend *Rudolph*, GS-Hruschka 2019, 649 (658).

[228] Dieses ist auch oben gemeint, wenn von „Wissen“ gesprochen wird.

[229] Zurückgehend auf *Ryle*, The Concept of Mind, 1949, S. 25 ff., insb. S. 32; zur Unterscheidung ausführlich *Grundmann*, Erkenntnistheorie, 2017, S. 55 ff, insb. S. 57 ff.

[230] *Frisch*, Vorsatz und Risiko, 1983, S. 223.

reduziert ist und folglich die vielfach praktizierte allgemeine Gleichstellung von Wissen und Kenntnis vermieden werden sollte.

Der in § 16 Abs. 1 StGB enthaltene Begriff „Tatbestand“ eröffnet sprachlich – und damit dogmatisch – ein weites Feld für Interpretationen.[231] Tatbestand kann einerseits das Vorliegen einer bestimmten Tatsachenlage meinen, andererseits auch die gesetzliche Umschreibung einer strafbaren Verhaltensweise, die gemeinhin ebenfalls als Tatbestand bezeichnet wird.[232] Diese Doppelspurigkeit des Begriffs sorgt bis heute für erhebliche Diskussionen um die Auslegung. Eine klarstellende Voranstellung wie „Sach-“ bzw. „Rechts-“ wäre bei der Fassung der Vorschrift daher sinnvoll gewesen. Erleichtert wird die Beantwortung dieser Auslegungsfrage durch das beigefügte Adjektiv „gesetzlich“. „Gesetz“ bezeichnet eine bindende und damit existente Vorschrift bzw. ein Vorschriftensystem.[233] Gesetze können zwar schriftlich kodifiziert und sinnlich wahrnehmbar verkündet werden; Existenz und Wirkung sind aber rezeptiv nicht erfassbar. Wenn also von Tatbestand in Kombination mit dem Gesetz die Rede ist, dürfte als einzig adäquate Interpretation des Begriffs die Umschreibung gemeint sein, wie sie in dem untersuchten Gesetz zu Tage tritt.[234]

Ein zentraler Begriff des § 16 Abs. 1 StGB, der eng mit der Wendung „gesetzlicher Tatbestand“ verbunden ist, ist derjenige des „Umstands“. Dieser wird nach aktuellem Sprachverständnis begriffen als „zu einem Sachverhalt [...] beitragende [...] Einzelheit, einzelne Tatsache“.[235] Es handelt sich nach anerkanntem Sprachgebrauch also um etwas Trennbares von einer Gesamtheit, zu der dieser Teil in Relation steht. Dieses Relat, welches über das Wort „zum“ durch eine Kombination aus Präposition und bestimmtem Artikel vermittelt wird, bindet die Formulierung des „gesetzlichen Tatbestand[es]“ daran. Unter „Umstand“ ist also ein Teil des gesamten gesetzlichen Tatbestands zu verstehen.

Allerdings wurde festgehalten, dass die Formulierung des gesetzlichen Tatbestands die Umschreibung im Gesetzeswortlaut meint, nicht hingegen die Sachlage. Andererseits deutet der Begriff des Umstands daraufhin, dass dieser einen Teil eines Sachverhaltes bezeichnet. Unter anderem aus diesem Paradoxon erklären sich die schwierigen Fragen darum, welche Erscheinungen vom Begriff des Umstands tatsächlich erfasst sind und welche nicht. Wer den Schwerpunkt auf den Begriff des Umstands legt, wird einer Interpretation den Vorzug geben, welche die Tatbestandsmerkmale selbst, also die gesetzliche Umschreibung, aus dem Anwendungs-

---

[231] Dazu *Engisch*, FS-Mezger 1953, 127.

[232] Daraus entspringt auch die Kritik an der Formulierung, siehe dazu *Wissmann*, Urheberstrafrecht, 2017, S. 60.

[233] Siehe dazu DWDS, Begriff „Gesetz“, https://www.dwds.de/wb/Gesetz.

[234] Ähnlich *Backes*, Steuerstrafrecht, 1981, S. 125.

[235] Duden, Begriff „Umstand“, https://www.duden.de/rechtschreibung/Umstand.

bereich ausspart.[236] Hingegen wird jemand, der den Fokus auf die Worte „gesetzlicher Tatbestand“ lenkt, gerade die (Formulierung der) abstrakten Tatbestandsmerkmale zum Anlass nehmen, um über die Anwendbarkeit von § 16 StGB zu urteilen. So wird angeführt, es gebe einerseits Merkmale des Tatbestands, die nicht ins Bewusstsein des Täters gelangt sein müssen, um die vorsätzliche Begehung zu begründen, etwa die „Rohheit“ im Rahmen des § 225 StGB, die „Rechtswidrigkeit“ im Rahmen von § 303 Abs. 1 StGB oder der Todeseintritt bzw. der Eintritt einer schweren Körperverletzung bei § 231 StGB.[237] Umgekehrt gebe es auch Irrtümer, die nicht Umstände im Sinne von wahrnehmbaren Tatsachen betreffen, aber trotzdem über § 16 Abs. 1 StGB zum Ausschluss des Vorsatzes führen, insbesondere als normativ eingeordnete Merkmale wie die „Fremdheit“ nach § 242 Abs. 1 StGB[238] oder die „Urkunde“ nach § 267 Abs. 1 StGB.[239]

Die vorstehenden Überlegungen zeigen, dass aus dem Begriff des „Umstands“ keine sprachlich zwingenden Konsequenzen im Hinblick auf einen konkretisierten Irrtumsgegenstand gezogen werden können. Dasselbe gilt für die Formulierung „gesetzlicher Tatbestand“, weil der Tatbestandsbegriff als solcher wiederum der dogmatischen Interpretation zugänglich ist.[240] Allerdings lässt sich aus der Relation beider Formulierungen entnehmen, dass beides nicht identisch sein darf. Es wäre sprachlich nicht vertretbar, als Umstand des gesetzlichen Tatbestandes den gesetzlichen Tatbestand selbst zu begreifen. Er muss etwas Verschiedenes sein, wollte man die konventionelle Bedeutung des Wortes nicht negieren. Die Unkenntnis über die gesetzessprachliche Umschreibung des Delikts ist damit kein Anwendungsfall des § 16 Abs. 1 StGB.

Nicht zwangsläufig ist damit allerdings die Interpretation von Arthur Kaufmann im Sinne der formellen Rechtswidrigkeit ausgeschlossen.[241] Denn die formelle Rechtswidrigkeit erfasst nach seinem Verständnis die Kenntnis vom verschrift-

---

[236] *Glandien*, Markenstrafrecht, 2018, S. 74; *Heinrich*, FS-Roxin II 2011, 449 (463 ff.); *ders.*, Strafrecht AT, 2019, Rn. 1067 ff.; *Kindhäuser*, JuS 2019, 953 (956 ff.), aber auch schon andeutungsweise in JURA 1984, 465; *Rudolph*, GS-Hruschka 2019, 649 (651), der insoweit von einer „Tatumstandslehre“ spricht; *Wissmann*, Urheberstrafrecht, 2017, S. 189 ff. und *C. Wolf*, Error, 2019, insb. S. 660 ff.

[237] Siehe etwa *Roxin/Greco*, Strafrecht AT I, 2020, § 10 Rn. 78 ff.

[238] *Schmitz*, in: MüKo-StGB, 2021, § 242 Rn. 122 f.; ausführlich dazu *Hirsch*, JZ 1963, 149 (156).

[239] *Heger*, in: Lackner/Kühl/Heger, StGB, 2025, § 267 Rn. 24; *Weidemann*, in: BeckOK-StGB, Stand 1.11.2025, § 267 Rn. 31; kritisch *Puppe/Schumann*, in: NK-StGB, 2023, § 267 Rn. 98; zum Ganzen ausführlich Kap. 3 C.II.

[240] Hierzu sei beispielhaft auf *Engisch*, FS-Mezger 1953, 127, der insgesamt 5 Tatbestandsbegriffe scheidet (Rechtsnorm-, Kriminal-, Garantie-, Unrechts- und Leitbildtatbestand, S. 130 ff., 153 ff.), *Arthur Kaufmann*, Schuld und Strafe, 1983, S. 81 ff., der den gesetzlichen Tatbestand i. S. d. § 16 StGB als materiellen Unrechtstatbestand begreift, und *Kindhäuser*, FS-Dannecker 2023, 41 (49), der einen Normtatbestand vom Sanktionstatbestand trennt, verwiesen.

[241] *Arthur Kaufmann*, Parallelwertung, 1982, S. 8 ff.

lichten Verbot und nicht die Kenntnis des exakten Wortlauts des Gesetzes,[242] sodass eine Übereinstimmung nicht vorliegen muss. Die formelle Rechtswidrigkeit kann aus einem anderen Grund nicht Gegenstand sein: Zwar ist eine Interpretation denkbar, in welcher „gesetzlicher Tatbestand" den Tatbestand nach seinem genauen Wortlaut meint. Jedoch ist dann der zur formellen Rechtswidrigkeit dazugehörige formelle Tatbestand kein „Umstand" des gesetzlichen Tatbestands mehr, sondern in gewisser Weise die zugrundeliegende Generalumschreibung. Sie stellte sich nicht als Teil des Ganzen, sondern umgekehrt als Ganzes seiner Teile heraus.

Die Rechtsfolgen im Hinblick auf die Erfüllung von § 16 Abs. 1 S. 1 StGB ergeben sich aus den letzten drei Worten des Satzes: „handelt nicht vorsätzlich". Dies könnte zu dem Eindruck verleiten, dass sich die Vorschrift nur auf eine Tätigkeit, eben ein Handeln,[243] begrenze. Der Wortlaut scheint insofern eindeutig, da das Gesetz Handeln und Unterlassen an zahlreichen Stellen voneinander scharf trennt. Anschaulich ist insoweit § 323c StGB, nach dem in Abs. 1 die unterlassene (so die amtliche Überschrift) Hilfeleistung strafbewehrt ist, Abs. 2 hingegen die Verhinderung fremder Rettungsbemühungen durch den Täter erfasst, indem diese durch Tun behindert werden. Allerdings muss der Begriff im Kontext des § 13 Abs. 1 StGB interpretiert werden. Dort heißt es „[...] wenn das Unterlassen der Verwirklichung des gesetzlichen Tatbestandes durch ein Tun entspricht". Dies zeigt, dass auch das Unterlassen einem Tun, also einem Handeln, gleichstehen kann. Folglich ist der Anwendungsbereich des § 16 Abs. 1 StGB nicht auf Handlungen im engeren Sinne beschränkt. Vielmehr ist davon jedes strafrechtlich relevante Verhalten erfasst.[244]

„Nicht vorsätzlich" trifft eine Negativaussage dergestalt, dass eine in den Anwendungsbereich des § 16 Abs. 1 StGB fallende Tat nicht mit dem Prädikat „vorsätzlich" belegt werden darf. Nach dem herrschenden Sprachverständnis meint Vorsatz „etwas, was sich jemand bewusst, entschlossen vorgenommen hat; feste Absicht; fester Entschluss".[245] Ein fixes Antonym zur Abgrenzung kennt der deutsche Sprachgebrauch nicht. Zwar werden in der Rechtswissenschaft die Begriffe Vorsatz und Fahrlässigkeit gegenübergestellt. Jedoch erweisen sich beide nicht inhaltlich als Gegenspieler, zum Teil wird die Fahrlässigkeit sogar als Baustein des Vorsatzes angesehen.[246] Aus diesem Grund war es erforderlich, einen negierenden Zusatz beizufügen, um die gewünschte Aussage zu erzielen. Das bedeutet aber auch, dass ein Ausscheiden aus dem Begriffsinhalt und -umfang besonders

---

[242] *Arthur Kaufmann*, Parallelwertung, 1982, S. 8.

[243] Auch eine Handlung durch Unterlassen annehmend *Heger*, in: Lackner/Kühl, StGB, 2025, § 13 Rn. 2; *Kahlo*, Unterlassung, 2001, insb. S. 266.

[244] Im Ergebnis allgemeine Auffassung, vgl. nur *Heger*, in: Lackner/Kühl, StGB, 2025, § 13 Rn. 2; *Puppe*, in: NK-StGB, 2023, § 16 Rn. 11, wenn diese auch die Garantenstellung im Rahmen des § 13 StGB als Vorsatzgegenstand deklariert.

[245] Duden, Begriff „Vorsatz", https://www.duden.de/rechtschreibung/Vorsatz.

[246] RG, Urt. v. 2.7.1908, I 489/08, RGSt 41, 389 (391); *Puppe*, in: NK-StGB, 2023, § 15 Rn. 5; a. A. *Duttge*, in: D/D/K/R, Gesamtes Strafrecht, 2022, StGB, § 15 Rn. 27.

schwierig ist. Der Mensch ist es gewohnt, einen Begriffskern herauszuarbeiten, indem er Fälle ausarbeitet, die einem Begriff nicht unterfallen sollen. Diese belegt er dann mit einer anderen Bezeichnung. Existiert jedoch kein positiv bestimmter sprachlicher Gegenspieler, fehlt ein sprachliches Vergleichsobjekt, an welchem die Entscheidung orientiert werden kann. Dies begünstigt offenere, unbestimmte Interpretationen. Ein rechtspraktisches Beispiel hierfür bietet eine Entscheidung des EuGH zur Auslegung des Begriffs „Arzneimittel" i.S.d. Art. 1 Nr. 2 der RL 2001/83/EG, wo es heißt: „[...] darf dieses Kriterium nicht dazu führen, dass Stoffe als Arzneimittel nach der Funktion eingestuft werden, die zwar auf den menschlichen Körper einwirken, sich aber *nicht nennenswert* auf den Stoffwechsel auswirken und somit dessen Funktionsbedingungen *nicht wirklich beeinflussen*".[247]

Dies dürfte neben der Tatsache, dass seit jeher an die vorsätzliche Straftatbegehung ein besonderer Vorwurf geknüpft wird,[248] einer der Hauptgründe sein, warum die Erörterung des Begriffs Vorsatz bereits unzählige Epochen juristischen Denkens beschäftigt hat.

Auch Spendel hat dem Begriff des Vorsatzes einen vollen Aufsatz gewidmet.[249] Über verschiedene Vergleiche und übliche Sprachgebräuche leitet er aus dem Begriff des Vorsatzes sowohl ein kognitives als auch ein voluntatives Element her.[250] Dabei gelingt es ihm, auch die Erscheinung des bedingten Vorsatzes mit dem voluntativen Element sprachlich in Verbindung zu bringen, wenn er über eine Gleichstellung der Begriffe „beabsichtigen" und „vorsehen" die Aufnahme des Erfolgs in den Handlungsentschluss des Täters als mögliche Folge integriert.[251] Keine Aussage lässt sich aber über den genauen Inhalt des voluntativen Elements entnehmen. Wo Spendel hierin eine bloße rationale Stellungnahme des Täters zu einer von ihm getroffenen Prognose sieht,[252] ließe sich mit dem Begriff des Vorsatzes ebenso gut eine emotionale Stellungnahme verbinden. Denn typischerweise sieht der Mensch nur Verhaltensweisen vor, die er im Moment der Verhaltensvornahme intuitiv durch Gründe legitimieren kann.[253] Diese Gründe werden häufig zumindest einen moralischen Einschlag haben. Daher erachtet Wikström auch die Moralität eines Täters als einen zentralen Faktor für die (Nicht-)Begehung von Straftaten.[254] Insoweit vermag der Begriff des Vorsatzes für die Auslegung des § 16

---

247 EuGH, Urt. v. 15.11.2007 – C-319/05, GRUR 2008, 271 (273 Tz. 60) [Herv. C.H.].

248 Zur aristotelischen Lehre *Loening*, Aristoteles, 1903, S. 171 ff.; für das römische Recht *Mommsen*, Römisches Strafrecht, 1899, S. 85 ff.; zum gemeinen Recht *Rüping/Jerouschek*, Strafrechtsgeschichte, 2002, Rn. 119.

249 *Spendel*, FS-Lackner 1987, 167.

250 *Spendel*, FS-Lackner 1987, 167 (171).

251 *Spendel*, FS-Lackner 1987, 167 (176 f., 182).

252 So die Interpretation von *Spendel*, FS-Lackner 1987, 167 (181 f.).

253 *Puppe*, ZStW 136 (2024), 255 (262).

254 Sog. Situational Action Theory, *Wikström*, in: v. Manzo, Analytical Sociology, 2014, 71 (80).

Abs. 1 StGB nichts beizutragen.[255] Hinzu kommt, dass die Konsequenz „nicht vorsätzlich" aus der Bedingung resultiert, dass es dem Täter an „Kenntnis" fehlt. Diese Kopplung könnte ein Indiz dafür darstellen, dass dem kognitiven Element in der Gesetzesverwendung des Begriffs „Vorsatz" eine hervorgehobene Bedeutung zukommt.

Es ist daher insgesamt festzuhalten, dass sich ein voluntatives Element sprachlich plausibel begründen lässt,[256] aber keinen zwingenden Bestandteil des Vorsatzbegriffs darstellt.

b) § 16 Abs. 2 StGB

Für die hier interessierenden Fragen ist § 16 Abs. 2 StGB seiner semantischen Bedeutung nach nur von untergeordneter Relevanz. Die Vorschrift ordnet an, dass der Täter, der bei der Begehung der Tat irrig Umstände annimmt, welche den Tatbestand eines milderen Gesetzes verwirklichen würden, nur wegen vorsätzlicher Begehung nach dem milderen Gesetz bestraft werden kann. Das Musterbeispiel hierfür ist die Tötung auf Verlangen gemäß § 216 StGB.[257] Strukturell betrachtet handelt es sich dabei um einen Fremdkörper:[258] Der Versuch eines Delikts, welches im Erfolgsfall den Tatbestand eines milderen Gesetzes erfüllt hätte, wird letztlich zur Vollendungsstrafbarkeit erhoben; die tatsächliche Tatbestandserfüllung des § 212 Abs. 1 StGB wird hingegen für straflos erklärt. Es handelt sich dabei um eine kriminalpolitische Kompromisslösung: Einerseits erschiene eine Strafbarkeit aus dem nichtprivilegierenden Tatbestand zu streng, weil der Täter auch Vorsatz im Hinblick auf jene Umstände hat, die privilegierend wirken; eine Versuchsstrafbarkeit aus dem milderen Gesetz wäre aber in Anbetracht der objektiv zurechenbaren Realisierung des Taterfolgs ebenso wenig adäquat.[259]

Privilegierungstatbestände sind im Strafrecht selten geworden.[260] Trotzdem ist eine präzise Wortlautauslegung notwendig, weil sich daraus möglicherweise Rückschlüsse auf die intrasystematische Verträglichkeit der Interpretationsmöglichkeiten von § 16 Abs. 1 StGB ziehen lassen.[261] Denn wenn in § 16 Abs. 1 und

---

[255] Generelle Zweifel am Sinn der etymologischen Auslegung hegt *Herzberg*, JZ 1988, 573 (573 f.).

[256] Ebenso *Vogel/Bülte*, in: LK-StGB, 2020, Vor §§ 15 ff. Rn. 60 ff.

[257] *Kulhanek*, in: MüKo-StGB, 2024, § 16 Rn. 3; *Safferling*, in: Matt/Renzikowski, 2020, § 216 Rn. 1; *Vogel/Bülte*, in: LK-StGB, 2020, § 16 Rn. 98; a. A. (kein Rückgriff auf § 16 Abs. 2 StGB erforderlich) *Maurach/Gössel/Zipf/Hoyer/Momsen*, Strafrecht BT I, 2019, § 2 Rn. 62.

[258] *Schuster*, in: TK-StGB, 2025, § 16 Rn. 26: „konstruktiv aber nicht leicht erklärbar[e]".

[259] *Stein/Schneider*, in: SK-StGB, 2025, § 16 Rn. 5.

[260] *Vogel/Bülte*, in: LK-StGB, 2020, § 16 Rn. 98.

[261] Siehe auch *Kindhäuser*, GA 1990, 407 (407 f.), der zur Einleitung seines Beitrags zur Irrtumslehre auf das Verhältnis der Begriffe „verwirklichen" (§ 16 Abs. 2 StGB) und „gehören" (§ 16 Abs. 1 StGB) eingeht.

Abs. 2 StGB unterschiedliche bzw. gemeinsame Formulierungen gewählt worden sind, könnte dies ein Indiz dafür sein, auch unterschiedliche bzw. gemeinsame Inhalte anzunehmen. Während in einigen sprachlichen Wendungen Übereinstimmungen liegen („Begehung der Tat", „Umstände", der Sache nach: „Tatbestand eines milderen Gesetzes"), sind auch einige Unterschiede auszumachen. So beinhaltet § 16 Abs. 2 StGB statt „nicht kennt" die Wendung „irrig [...] annimmt". Gemein haben diese Formulierungen, dass sie eine Situation der Fehlvorstellung beschreiben. Wo „nicht kennen" vereinfacht ausgedrückt ein „Minus" in der Vorstellung des Täters ist,[262] verlangt „irrig [...] annimmt" ein „Plus" in der Vorstellung des Täters, also ein unzutreffendes Hinzuziehen von tatbestandsrelevanten Umständen. Dies entspricht strukturell der Versuchssituation, in welcher der Täter bei Vornahme der Tathandlung irrtümlich davon ausgeht, er werde einen Kausalverlauf anstoßen,[263] mit dem der Tatbestand des Strafgesetzes ihm zurechenbar realisiert wird.

Ebenfalls auffällig ist die Tatsache, dass § 16 Abs. 2 StGB bezüglich der Umstände des gesetzlichen Tatbestands nicht von „gehören", sondern von „verwirklichen" spricht. Mit Recht weist Kindhäuser darauf hin, dass „etwas zu verwirklichen" grundsätzlich einen anderen Aussagegehalt hat als „zu etwas gehören".[264] Verwirklichen meint nach heutigem Sprachverständnis etwas „realisieren",[265] also Wirklichkeit werden lassen. Gehören meint hingegen „Teil eines Ganzen sein".[266] Die Unterscheidung ist deswegen bemerkenswert, weil der Gesetzgeber ohne Weiteres die Formulierung des § 16 Abs. 1 StGB hätte übernehmen können, ohne in syntaktische Schwierigkeiten zu geraten. Es liegt also der Verdacht nahe, dass der Gesetzgeber bei nicht notwendigem Wechsel der Formulierung auch einen anderen Inhalt zum Ausdruck bringen wollte, mit der denkbaren Folge, dass ein Gleichlauf unstatthaft wäre. Andererseits ist zu konstatieren, dass sich ohne erkennbare inhaltliche Veränderung auch die Formulierung des § 16 Abs. 2 StGB in § 16 Abs. 1 S. 1 StGB integrieren ließe. Dann würde § 16 Abs. 1 S. 1 StGB lauten. „Wer bei Begehung der Tat einen Umstand nicht kennt, der den gesetzlichen Tatbestand *verwirklichte*, handelt nicht vorsätzlich". Auch in diesem Fall würde es der Rechtsnormtatbestand gebieten, einen Umstand daraufhin zu untersuchen, ob er Teil des (verwirklichten) Tatbestands des Besonderen Teils ist. Somit ist der sprachlichen Abweichung keine entscheidende Bedeutung beizumessen.

---

[262] Müßig ist es dabei, die Begriffe der negativen und positiven Fehlvorstellung zu bemühen, siehe dazu auch *Kühl*, Strafrecht AT, 2017, § 13 Rn. 7 ff. sowie knapp *Kudlich*, in: BeckOK-StGB, Stand 1.11.2025, § 16 Rn. 4.

[263] Zur Relevanz des Ingangsetzens eines Kausalverlaufs *Binding*, Normen I, 1922, S. 112 ff.

[264] *Kindhäuser*, GA 1990, 407 (407 f.).

[265] Duden, Begriff „Verwirklichen", https://www.duden.de/rechtschreibung/verwirklichen.

[266] Duden, Begriff „Gehören", https://www.duden.de/rechtschreibung/gehoeren. Nicht gemeint ist hier „gehören" als Eigentumszuweisung.

c) § 17 StGB

Neben § 16 StGB normiert § 17 StGB als zweite irrtumsbezogene Vorschrift des Allgemeinen Teils des Strafrechts gemäß der amtlichen Überschrift den „Verbotsirrtum“. Dort heißt es in Satz 1: „Fehlt dem Täter bei Begehung der Tat die Einsicht, Unrecht zu tun, so handelt er ohne Schuld, wenn er diesen Irrtum nicht vermeiden konnte“.

Bezüglich der Formulierung „bei Begehung der Tat“ kann auf die Ausführungen zu § 16 Abs. 1 StGB verwiesen werden, im Übrigen aber nicht, so etwa bezüglich des Begriffs „Einsicht“. Bis heute ist vielfach im Kontext des § 17 StGB noch von „Unrechtsbewusstsein“ die Rede.[267] Dies ist in Anbetracht des andersartigen Wortlauts mindestens unpräzise.[268] „Bewusstsein“ meint einen Zustand, in dem ein Mensch im Wissen um etwas ist.[269] „Einsicht“ hingegen meint „das Verstehen eines vorher unklaren, nicht durchschauten Sachverhaltes“.[270] So könnte der Bedeutungsinterpret auf die Idee kommen, dass der Begriff der Einsicht sich dahingehend unterscheidet, dass vorher ein innerer Abwägungsprozess zur Bildung einer Überzeugung stattgefunden hat, wohingegen das Bewusstsein dies nicht zwangsläufig voraussetzt.[271] Andererseits sind beide Begriffe auch aus inhaltsäquivalenten Wendungen bekannt, so etwa bei „mir ist zu Bewusstsein gekommen“ und „ich bin zur Einsicht gelangt“. Beides erfasst die innere Überzeugungsbildung auf Grundlage eines Reflexionsprozesses. Es ist daher möglich, aber nicht zwingend, in beiden Begriffen einen unterschiedlichen Aussagegehalt zu sehen.[272] In jedem Fall ist es vorzugswürdig, bei der gesetzmäßigen Formulierung der „Einsicht“ zu verbleiben.[273]

Diese „Einsicht“ muss dem Täter „fehlen“. Es handelt sich um ein Negationswort, welches sinnäquivalent auch durch „hat keine“ oder „nicht vorhanden“ ersetzt werden könnte. Insoweit ergeben sich keine Besonderheiten zur Negation in § 16 Abs. 1 StGB beim Vorsatz.

---

[267] LG Erfurt, Urt. v. 12.2.2020 – 8 KLs 302 Js 267/14, BeckRS 2020, 45848 Rn. 57 ff.; *Heger*, in: Lackner/Kühl/Heger, StGB, 2025, § 17 Rn. 2; *Heuchemer*, in: BeckOK-StGB, Stand 1.11.2025, § 17 Rn. 6 ff.; *Kulhanek*, in: MüKo-StGB, 2024, § 17 Rn. 12 ff.; *Mattern*, Kartellbußgeldrecht, 2023, S. 58, 114; *Neumann*, in: NK-StGB, 2023, § 17 Rn. 9 ff.; *Valerius*, NStZ 2003, 341; *Wissmann*, Urheberstrafrecht, 2017, S. 63 ff.

[268] So auch BGH, Beschl. v. 21.8.2019 – 3 StR 210/19, BeckRS 2019, 30854 Rn. 10; *Rodenbeck*, Verbotsirrtum, 2012, S. 65.

[269] Angelehnt an die Interpretation des Duden, Begriff „Bewusstsein“, https://www.duden.de/rechtschreibung/Bewusstsein.

[270] Duden, Begriff „Einsicht“, https://www.duden.de/rechtschreibung/Einsicht; genauer zur Wortbedeutung noch *Rodenbeck*, Verbotsirrtum, 2012, S. 111; leicht abweichend *Liu*, Rekonstruktion, 2023, S. 74: Dinge intuitiv sehen.

[271] *Rodenbeck*, Verbotsirrtum, 2012, S. 111.

[272] Anders BGH, Beschl. v. 21.8.2019 – 3 StR 210/19, BeckRS 2019, 30854 Rn. 10: „‚Unrechtsbewusstsein‘ und ‚Unrechtseinsicht‘ können nicht gleichgesetzt werden“.

[273] *Vogel/Bülte*, in: LK-StGB, 2020, § 17 Rn. 12 ff.

Bezugspunkt der Einsicht ist das „Unrecht der Tat“. Unrecht stellt die Negation des Wortes „Recht“ durch die für Negationen übliche Vorsilbe „un-“ dar. Wird also danach gefragt, was Unrecht ist, muss ebenso gefragt werden, was Recht ist – dies ist der Schlüssel zum Verständnis beider Begriffe. Dabei wird schon anhand der allgemeinsprachlichen Bedeutung deutlich, worin bei der Interpretation dieses Begriffs das Kernproblem verborgen liegt, wenn es dort unter anderem heißt: „Gesamtheit der Gesetze und gesetzähnlichen Normen; Rechtsordnung“.[274] Denn es stellt sich die Frage, was unter der „Gesamtheit der Gesetze und gesetzesähnlichen Normen“ bzw. der „Rechtsordnung“ zu verstehen ist. Ein Pragmatiker entgegnet: Alle ordnungsgemäß kodifizierten Verhaltensregeln. Ein Theoretiker ergänzt womöglich: Auch eine dahinterliegende Wertordnung. Und ein Naturrechtler spezifiziert: Also die natürliche Rechtsordnung! Stark vereinfacht, aber für die Zwecke der vorliegenden Untersuchung an dieser Stelle ausreichend, lässt sich somit zwischen dem formellen Recht des Pragmatikers einerseits und dem materiellen Recht des Theoretikers/Naturrechtlers andererseits unterscheiden. Diese folgenschwere Differenzierung hat Auswirkungen auf die gesamte Irrtumslehre. Zu denken sei exemplarisch an die Frage, ob dem Täter, wenn er Einsicht in die Gemeinschaftswidrigkeit des Verhaltens hat, bereits das Privileg der fakultativen Milderung bzw. des Schuldausschlusses nach § 17 S. 1 bzw. S. 2 StGB zu entziehen ist, oder ob es der Einsicht in die Erfüllung eines Straftatbestands bedarf.[275] Es lässt sich also nicht eindeutig festhalten, was mit Recht, damit mit Unrecht, gemeint ist. Hier bietet die Vorschrift ein weites Feld an Interpretation. Gleichwohl lässt sie einen Erkenntnisgewinn zu: Klar ist, dass das „Recht“ nicht von der Anschauung Einzelner abhängt, sondern vielmehr die Gemeinschaft betrifft. Folglich sind bereits sprachlich alle Verständnismöglichkeiten ausgeschlossen, welche den durch den Täter als solche erkannten höchstpersönlichen Anschauungen von Recht und Unrecht Bedeutung im Rahmen des § 17 StGB einräumen.[276]

Ebenfalls Anlass zu Diskussionen bietet der Wortlaut des § 17 S. 1 StGB bei der zusätzlichen Bedingung „wenn“, wo verlangt wird, dass der Irrtum für den Täter nicht vermeidbar war. Korrespondierend spricht § 17 S. 2 StGB auch von „Konnte der Täter [...] vermeiden [...]“. Der Begriff der Vermeidbarkeit wird durch den Duden nicht zielführend konkretisiert, wenn dort nur von „sich vermeiden lassend“ die Rede ist.[277] Als Synonym wird „zu umgehen“ vorgeschlagen. Das deutet darauf hin, dass Vermeidbarkeit und Unvermeidbarkeit zumindest verwandt mit den Begriffen „umgänglich“ und „unumgänglich“ sind. Letzteres wird im Sprachgebrauch

---

[274] Duden, Begriff „Recht“, https://www.duden.de/rechtschreibung/Recht.

[275] Dazu noch Kap. 4 B. I. 1.

[276] BGH, Beschl. v. 23. 12. 1952 – 2 StR 612/52, BGHSt 4, 5 (5); offen gelassen von BGH, Urt. v. 15. 9. 1995 – 1 StR 236/95, BGHSt 41, 247 (276 f.); *Duttge*, in: D/D/K/R, Gesamtes Strafrecht, 2022, StGB, § 16 Rn. 7; *Rogall*, in: SK-StGB, 2025, § 17 Rn. 44 f.; *Schuster*, in: TK-StGB, 2025, § 17 Rn. 7.

[277] Duden, Begriff „Vermeidbar“, https://www.duden.de/rechtschreibung/vermeidbar.

durch den Charakter der Notwendigkeit belegt.[278] Notwendig wiederum tritt nur etwas ein, wenn es keine Möglichkeit eines andersartigen Verlaufs gibt. Eine auf dieser Kette bauende Interpretation könnte daher lauten: Unvermeidbar ist, was Ergebnis eines nicht abänderbaren Verlaufs ist. Dieser Ableitungszusammenhang stellt womöglich einen Grund dar, weswegen die Rechtsprechung bei der Annahme unvermeidbarer Verbotsirrtümer äußerst restriktiv vorgeht.[279]

Eine andere Interpretation könnte stärker auf den Zusammenhang zwischen der Vermeidbarkeit und dem Verweis auf den „Täter" im Wortlaut bauen. Klar ist dadurch zunächst, dass das Betrachtungssubjekt für die Vermeidbarkeit nicht ein Idealbürger ist, sondern der Täter, wie ihn der Rechtsanwender vorfindet. Möglicherweise soll damit zugleich indiziert werden, dass die Anforderungen an die Vermeidbarkeit selbst auf ein vom Täter vernünftigerweise erfüllbares Niveau herabgestuft sind.[280] Als sprachlich und systematisch schwierig erweisen sich sodann die Versuche, die Vermeidbarkeit als Synonym für die Fahrlässigkeit (im Rechtssinne) zu gebrauchen.[281] Denn wenn der Gesetzgeber mit der Vermeidbarkeit die Fahrlässigkeit bezeichnen wollte, hätte er den Terminus auch verwenden können. Das muss aber nicht heißen, dass die Fälle nicht auch deckungsgleich sein könnten. So gibt es auch unterschiedliche Begriffe, zum Teil sogar mit unterschiedlichen Definitionen, die dieselben Erscheinungen in der Welt bezeichnen. Man denke insoweit an den Begriff „Morgenstern" als letzter Stern, der am Morgen noch zu sehen ist, und „Abendstern" als erster Stern, der am Abend zu sehen ist. Beide Begriffe beziehen sich auf dasselbe Objekt in der Welt: die Venus.

4. Vorgaben des OWiG: § 11 Abs. 1 und Abs. 2

Eine weitere Irrtumsvorschrift von hoher Relevanz ist § 11 OWiG. Dieser befasst sich mit der Frage, wie mit Fehlvorstellungen des Täters im Hinblick auf die Begehung einer Ordnungswidrigkeit umzugehen ist. Bereits der Wortlaut von § 11 Abs. 1 OWiG lässt erkennen, dass zumindest dieser deckungsgleich zu § 16 Abs. 1 StGB ausgestaltet werden sollte.[282] § 11 Abs. 1 S. 1 StGB ist nahezu identisch mit

---

[278] Duden, Begriff „Unumgänglich", https://www.duden.de/rechtschreibung/unumgaenglich.

[279] Der Befund des LG Braunschweig, Urt. v. 12.2.2020 – 8 KLs 302 Js 267/14, BeckRS 2020, 45848 Rn. 54 lautet: „Der Verbotsirrtum nach § 17 StGB spielt im forensischen Alltag kaum eine Rolle. Er kommt so gut wie nie vor".

[280] Das dürfte der Ausgangspunkt der mittlerweile wohl herrschenden Lehre sein, die den Maßstab der Vermeidbarkeit nach der hier vorgenommenen Erstinterpretation für zu streng erachtet, dazu *Duttge*, in: D/D/K/R, Gesamtes Strafrecht, 2022, StGB, § 17 Rn. 16; *Neumann*, JuS 1993, 793 (798); *Roxin/Greco*, Strafrecht AT I, 2020, § 21 Rn. 45; *Vogel/Bülte*, in: LK-StGB, 2020, § 17 Rn. 39; auf die Gefahren zu strenger Handhabung weist auch *Zaczyk*, JuS 1990, 889 (893 f.) hin.

[281] So z. B. *Roxin*, FS-Tiedemann 2008, 375 (376).

[282] Dies ergibt sich auch aus der Gesetzesbegründung, siehe dazu BT-Drs. V/1269, S. 45 ff.

§ 16 Abs. 1 S. 1 StGB. Es fällt lediglich auf, dass § 11 Abs. 1 S. 1 OWiG von „Begehung der Handlung“ statt wie § 16 Abs. 1 S. 1 StGB von „Begehung der Tat“ spricht. Es stellt sich die Frage, warum der Gesetzgeber hier einen anderen Begriff gewählt hat, noch dazu einen rechtsdogmatisch derartig aufgeladenen. Dies erscheint deswegen ungewöhnlich, weil in § 11 Abs. 1 S. 1 OWiG selbst wiederum von „*Tat*bestand“ die Rede ist. Aufschluss hierüber gibt die Gesetzgebungshistorie: Der Gesetzgeber wollte damit die Ordnungswidrigkeit von der Straftat terminologisch weiter abschichten.[283] Im gesamten Ordnungswidrigkeitenrecht wird als Bezugspunkt nicht „die Tat“, sondern „die Handlung“ gewählt, wie schon aus §§ 1 Abs. 1, 3 ff. OWiG ersichtlich ist. In § 8 OWiG wird zudem das Unterlassen vom Tun geschieden, womit deutlich wird, dass Handlung im Sinne des OWiG nicht – wie es sprachlich naheliegender wäre – als Tätigkeit gemeint ist, sondern als Sammelbegriff[284] für die Verhaltensformen Tun und Unterlassen genutzt wird. Daher ist festzuhalten, dass die sprachliche Abweichung zwischen „Handlung“ und „Tat“ keine Auswirkungen auf den Aussagegehalt hat.

§ 11 Abs. 1 S. 2 OWiG unterscheidet sich von § 16 Abs. 1 S. 2 StGB lediglich dadurch, dass im OWiG von der „Ahndung“ die Rede ist, wohingegen in § 16 Abs. 1 S. 2 StGB von „Strafbarkeit“ gesprochen wird. Diese Abweichung ist jedoch auf den gegenständlichen Anwendungsbereich der Vorschriften zurückzuführen. Weder aus dem allgemeinen Sprachgebrauch noch aus den Gesetzgebungsmaterialien lassen sich Hinweise auf eine darüberhinausgehende, selbstständige Aussagekraft entnehmen.

§ 11 Abs. 2 OWiG hingegen ist das Pendant zu § 17 S. 1 StGB.[285] Wiederum fallen große Überschneidungen auf: Es wird in beiden Fällen vom Fehlen der Einsicht bei Begehung gesprochen. Auch wird eine etwaige Strafe von der Vermeidbarkeit abhängig gemacht. Es gibt jedoch auch einige Differenzen. Konsequent wird bei § 11 Abs. 2 OWiG ebenfalls die Formulierung „Begehung der Handlung“ gewählt. Weitaus erheblicher erscheint die Wortlautmodifikation dahingehend, dass in § 11 Abs. 2 OWiG nicht von der fehlenden Einsicht „Unrecht zu tun“ die Rede ist, sondern stattdessen die Formulierung „etwas Unerlaubtes zu tun“ gewählt wurde. „Unerlaubt“ ist die Negierung von „erlaubt“. Sinnäquivalent lässt sich auch sagen: etwas „nicht Erlaubtes zu tun“ oder „ohne Erlaubnis zu tun“. Die Verwendung und Negation des Begriffs könnte dazu veranlassen, einen besonderen Aussagegehalt darin zu sehen. Denn zum einen stünde mit dem Begriff „verboten“ ein passendes Antonym zur Verfügung, welches trotz dessen Einschlägigkeit nicht verwendet

[283] BT-Drs. 7/550, S. 341.

[284] BT-Drs. 7/550, S. 341; so auch generell *Heger*, in: Lackner/Kühl/Heger, StGB, 2025, § 13 Rn. 2.

[285] § 17 S. 2 StGB, also die fakultative Milderung bei Vermeidbarkeit des Verbotsirrtums, wurde in § 11 Abs. 2 OWiG nicht übernommen. Hintergrund dessen bildet die Tatsache, dass Ordnungswidrigkeitentatbestände nur die marginale Mindestgeldbuße von 5 EUR gemäß § 17 Abs. 1 OWiG vorsehen. Es bedurfte daher aus Sicht des Gesetzgebers einer nochmaligen Milderungsmöglichkeit nicht, dazu BT-Drs. V/1269, S. 47.

wurde. Zum anderen hätte der Gesetzgeber auch den Begriff des Unrechts wie in § 17 StGB verwenden können.

Der Begriff der Erlaubnis ist durch ein Moment der Zustimmung anderer gekennzeichnet,[286] wohingegen der Begriff des Verbots die explizite Anordnung, etwas zu unterlassen, beinhaltet.[287] Wenn allerdings der Gesetzgeber statt mit dem Begriff „Verbot“ als Unterlassungsanordnung mit der Negation des Begriffs der „Erlaubnis“ als Zustimmungsbekundung arbeitet, ließe sich in die Grundauffassung des Gesetzgebers hineininterpretieren, dass Verhaltensweisen generell zunächst erlaubt werden müssen. Dem steht aber die durch Art. 2 Abs. 1 GG fixierte Prämisse der prinzipiellen Freiheit des Einzelnen entgegen. Folglich wäre eine solche Interpretation verfassungswidrig, es sei denn, sie statuierte Art. 2 Abs. 1 GG als Erlaubnis per se.[288] In beiden Fällen wäre das Ergebnis dasselbe: Ein Unterschied zum Begriff des Verbots darf im Abstrakten nicht bestehen.[289]

Es können also die Wendungen „Unerlaubtes zu tun“ und „[etwas] Verbotenes zu tun“ für die Zwecke der vorliegenden Untersuchung in eins gesetzt werden. Zu fragen ist daher nunmehr, was den Begriff des Unrechts von dem des Verbots unterscheidet. Teilweise wird mit ersterem ein über die bloße Rechtswidrigkeit hinausgehender Wertungswiderspruch zur Rechtsordnung verbunden.[290] Die allgemeinsprachlichen Definitionen wurden bereits dargestellt: „Verbot“ ist eine Unterlassungsanordnung, „Unrecht“ die negierte Form der Gesamtheit der Rechtsordnung. Es geht also einmal um die Handlung gegen eine Anordnung und das andere Mal um die Handlung gegen die Gesamtheit der Rechtsordnung. Zwar sind „Anordnung“ und „Rechtsordnung“ nicht identisch. Jedoch lässt sich bei Betrachtung beider Begriffe zügig feststellen, dass es sich um rechtsförmige Akte handeln muss, mithin um Rechtssätze. So wird auch im Duden über den Begriff des Rechtssatzes die Rechtsnorm in Bezug genommen, welche Ihrerseits als vom Staat (oder gewohnheitsrechtlich) bindend festgelegte Norm definiert wird.[291] Die Rechtsordnung ist indes die Gesamtheit aller geltenden Rechtssätze.[292] Folglich erfasst der Begriff des Unrechts die Gesamtheit aller Verbote, ebenso wie die Gesamtheit aller Verbote das Unrecht ausmacht. Es liegt daher sprachlich zumindest äußerst nahe, beide

[286] „Genehmigung, Zustimmung; Bestätigung, dass jemand etwas tun darf“, Duden, Begriff „Erlaubnis“, https://www.duden.de/rechtschreibung/Erlaubnis.

[287] Duden, Begriff „Verbot“, https://www.duden.de/rechtschreibung/Verbot.

[288] Siehe auch Kap. 2 A. III. 3.

[289] Vgl. auch *Armin Kaufmann*, Bindings Normentheorie, 1954, S. 249.

[290] *Kindhäuser*, FS-Dannecker 2023, 41 (45).

[291] Duden, Begriff „Rechtssatz“, https://www.duden.de/rechtschreibung/Rechtssatz, sowie Duden, Begriff „Rechtsnorm“, https://www.duden.de/rechtschreibung/Rechtsnorm.

[292] Der Duden spricht zwar von der Gesamtheit aller Rechtsvorschriften, Begriff „Rechtsordnung“, https://www.duden.de/rechtschreibung/Rechtsordnung, jedoch wird der Terminus redundant als rechtliche Vorschrift definiert, Begriff „Rechtsvorschrift“, https://www.duden.de/rechtschreibung/Rechtsvorschrift. Es ist daher davon auszugehen, dass damit Rechtssätze gemeint sind.

Begriffe als synonym zu begreifen.[293] Jedenfalls bedarf es einer besonderen Begründung, wenn versucht würde, eine Differenzierung vorzunehmen. Teilweise wird eine solche auf eine weitgehende ethische Neutralität des Ordnungswidrigkeitenrechts gestützt.[294] So hebt auch der Gesetzgeber hervor, dass die Verwendung des Begriffs „Unrecht" einen sozialethischen Tadel impliziere und deswegen im Ordnungswidrigkeitenrecht unpassend sei.[295] Wie die sprachliche Analyse gezeigt hat, wird dem Begriff des Unrechts eine solche Bedeutung im allgemeinsprachlichen Sinne nicht zu Teil. Einer umfassenden Gleichstellung beider Begriffe stehen somit sprachlich keine überzeugenden Bedenken entgegen. Indes entspricht zumindest eine sachliche Gleichstellung auch der gängigen Lesart.[296]

Besonders hervorzuheben ist im Wortlaut von § 11 Abs. 2 OWiG der eingeschobene Nebensatz, welcher Beispiele für „Unerlaubtes" aufzeigen soll. Dort heißt es: „[...] namentlich weil er das Bestehen oder die Anwendbarkeit einer Rechtsvorschrift nicht kennt [...]". Während das Wort „weil" eine Kausalverbindung zwischen der fehlenden Einsicht, Unerlaubtes zu tun, und der Unkenntnis der benannten Gegenstände beschreibt, stellen eben jene Gegenstände die Ursachenbeschreibung dar. Dies ist zum einen die Kenntnis des Bestehens einer Rechtsvorschrift, also deren Existenz, zum anderen die Kenntnis der Einschlägigkeit einer Vorschrift, also deren Anwendbarkeit. Beschrieben sind damit Fälle, die mit dem Begriff des direkten Verbotsirrtums belegt sind.[297] Aufgrund der ausdrücklichen Anordnung ergibt sich also, dass ein Irrtum über Existenz oder Anwendbarkeit einer Vorschrift des OWiG in den Anwendungsbereich des § 11 Abs. 2 OWiG fällt. Wer anderes behauptet, bewegt sich nicht mehr auf der Ebene einfacher Rechtsanwendung, sondern wagt sich in den Bereich der Rechtsetzung vor. Aufgrund der Allgemeinheit der Formulierung „Rechtsvorschrift" ist es auch naheliegend, darüberhinausgehend jeden Irrtum über eine Rechtsvorschrift, die für die Ahndung nach dem Ordnungswidrigkeitenrecht eine Rolle spielt, in diesen Absatz einzuordnen.[298]

Nicht eindeutig aus dem Wortlaut ergibt sich, wie § 11 Abs. 1 und Abs. 2 OWiG zueinanderstehen. Der Gesetzgeber ging davon aus, dass § 11 Abs. 2 OWiG subsidiär gegenüber § 11 Abs. 1 OWiG sei. Dies brauche „nicht besonders klargestellt zu werden".[299] Eine solche Auslegung findet jedoch sprachlich keine Stütze. Zum einen sind die Voraussetzungen der Vorschriften strukturell verschieden. Zum an-

---

[293] Für die Begriffe „Rechtswidrigkeit" und „Verbot", nicht hingegen für die Begriffe „Unrecht" und „Verbot" *Kindhäuser*, FS-Dannecker 2023, 41 (45).

[294] *Valerius*, in: BeckOK-OWiG, Stand 1.10.2025, § 11 Rn. 29 m.w.N.

[295] Schriftlicher Bericht des Rechtsausschusses des Bundestages, BT-Drs. zu V/2600 und V/2601, S. 3.

[296] *Rengier*, in: KK-OWiG, 2025, § 11 Rn. 50; *Voelker/Ziegler*, in: Gassner/Seith, OWiG, 2025, § 11 Rn. 12.

[297] Dazu *Vogel/Bülte*, in: LK-StGB, 2020, § 17 Rn. 31.

[298] Dazu noch Kap. 4 A.III.

[299] Schriftlicher Bericht des Rechtsausschusses des Bundestages, BT-Drs. zu V/2600 und V/2601, S. 3; die Problematik stellt sich auch im Verhältnis zwischen §§ 16 und 17 StGB.

deren unterscheiden sich auch die Rechtsfolgen, wenn bei § 11 Abs. 1 OWiG der Vorsatz negiert wird und bei § 11 Abs. 2 OWiG die Schuld. Es handelt sich vielmehr um eine teleologische Erwägung, die bereits auf ein Gesamtbild der Strafrechtsanschauung zurückzuführen ist. Sprachlich ebenso möglich wäre etwa eine kumulative Anwendung beider Absätze, wenn der Irrtum über die tatsächlichen Gegebenheiten auch zu einer fehlenden Unrechtseinsicht führte, oder ein Vorrang von § 11 Abs. 2 StGB aufgrund der expliziten Benennung des Irrtums über Rechtsvorschriften, wenn ein solcher die Ursache für ein Kenntnisdefizit i. S. d. § 11 Abs. 1 OWiG darstellt. Eine abschließende Entscheidung ist daher erst unter Heranziehung weiterer Argumente möglich.[300]

5. Zwischenergebnis

Die wichtigsten Erkenntnisse der Wortlautanalyse lassen sich auf folgende Stichpunkte reduzieren:

- Der Zeitpunkt des Irrtums i. S. d. § 16 Abs. 1 StGB liegt zwischen Versuch und Vollendung;
- die Unkenntnis i. S. d. § 16 Abs. 1 StGB entspricht nicht dem Begriff des Unwissens, sondern erfasst einerseits nur die Facette des „Wissen, dass etwas so ist", andererseits eine bloße Prognose bezüglich der zukünftigen Wirkung des tatbestandsmäßigen Verhaltens;
- „Tatbestand" bezeichnet in § 16 Abs. 1 StGB die Beschreibung des Gesetzes, nicht hingegen den Lebenssachverhalt;
- „Umstand" kann weder gleichbedeutend mit dem Inhalt des Begriffs „Tatbestand" sein noch über diesen hinausgehen, vielmehr ist mit „Umstand" ein Teil des Tatbestands bezeichnet;
- „irrig annehmen" i. S. d. § 16 Abs. 2 StGB entspricht sinngemäß dem „nicht kennen" des Abs. 1;
- die Unterscheidung von „gehören" (§ 16 Abs. 1 StGB) und „verwirklichen" (§ 16 Abs. 2 StGB) ist aufgrund einer semantischen Gesamtbetrachtung der Sätze als irrelevant herauszustellen;
- „Einsicht" i. S. d. § 17 StGB kann, muss aber nicht etwas anderes meinen als „Bewusstsein";
- der Begriff „Unrecht" i. S. d. § 17 StGB schließt lediglich die höchstpersönliche Anschauung des Täters als Bezugspunkt aus, im Übrigen besteht interpretatorischer Spielraum;

[300] Kap. 4 A. II. und III.

- „Vermeidbarkeit“ als Begriff des § 17 StGB ist ebenfalls nicht eindeutig interpretierbar, wenngleich sich über eine sprachliche Kette ein Konnex zu einem Notwendigkeitselement herleiten lässt;
- es ist aufgrund der weitgehenden sprachlichen Übereinstimmung naheliegend, dass § 11 OWiG und §§ 16 f. StGB parallel zu interpretieren sind;
- der reine Irrtum über Existenz und Anwendbarkeit einer Vorschrift muss zumindest auch unter § 11 Abs. 2 StGB fallen.

B. Abgrenzung von Kern- und Nebenstrafrecht

Eine weitere entscheidende Weichenstellung bei der Suche nach einer gesetzesgerechten Lösung bildet die Frage danach, ob eine strukturelle Unterscheidung zwischen einem Kernstrafrecht und einem Nebenstrafrecht erforderlich bzw. überhaupt möglich ist. Die These der Unterscheidbarkeit wird beinahe apodiktisch direkt oder implizit durch Arbeiten mit den Begriffen wiederholt,[301] ohne kritisch auf deren Fundament zu blicken.[302] Die Formulierungen variieren dabei etwas mit der Zeit. So wird auch von „Kriminalstrafrecht“[303] oder „Kulturnormen“[304] und „Ordnungsstrafrecht“[305] bzw. „Verwaltungsstrafrecht“ gesprochen.[306]

Wenn in der Strafrechtswissenschaft beide Begriffe regelmäßig verwendet werden, um Bereiche des Strafrechts voneinander abzugrenzen, gehen damit drei weitere Aussagen einher: Dass sich diese Bereiche überhaupt voneinander abgrenzen lassen (I.), dass beide Bereiche nicht gleich zu behandeln sind (sonst wäre die Unterscheidung sachlich überflüssig) (II.) und dass die Abgrenzungsmethodik zielführend zur „richtigen“ Ungleichbehandlung beiträgt (III.).

I. Möglichkeit der Abgrenzung

Grundlage einer jeden Trennung ist, dass die Substrate voneinander trennbar sind. Die Versuche hierzu reichen weit in die Vergangenheit zurück und werden im

---

[301] Exemplarisch *Duttge*, in: MüKo-StGB, 2024, § 15 Rn. 15; *Kaspar*, in: Leitner/Rosenau, WSS, 2022, StGB, § 16 Rn. 1; *Neumann*, in: NK-StGB, 2023, § 17 Rn. 90 ff.

[302] Schon *Welzel*, JZ 1956, 238 (240) erhob den Vorwurf, dass die Frage „oft noch zu einfach gesehen wird“; Erörterungen in jüngerer Zeit finden sich bei *Rutkowski*, in: Buddendiek/Rutkowski, Lexikon des Nebenstrafrechts, 2025, Rn. 1 ff.; *Groteguth*, Verbots(un)-kenntnis, 1993, S. 27 ff.; *Neumann/Saliger*, in: NK-StGB, 2023, Vor § 1 Rn. 230 ff.

[303] *Roxin*, ZStW 74 (1962), 515 (516, 527).

[304] *Weinberg*, Verbotsirrtum, 1928, S. 42 ff.

[305] *Weinberg*, Verbotsirrtum, 1928, S. 54.

[306] *Goldschmidt*, Das Verwaltungsstrafrecht, 1902.

Folgenden nicht allesamt im Einzelnen aufgeschlüsselt. Vielmehr genügt ein Blick auf die strukturellen Möglichkeiten, die es erlauben, an diese Trennung heranzugehen.

1. Trennung nach Kodifikationsort

Zum einen kommt es in Betracht, die Spaltung formal vorzunehmen, also lediglich darauf abzustellen, in welchem Gesetz die begutachtete Strafvorschrift belegen ist. So wurde und wird bis heute eine Trennung zwischen dem Kernbereich des Strafrechts als Materien des StGB und dem Nebenbereich des Strafrechts als Materien außerhalb des StGB vorgenommen.[307] Doch ist dies vom methodischen Vorgehen her nicht die einzige Möglichkeit: So ließe sich z. B. auch das OWiG noch dem Kernbereich zuordnen und nur die außerhalb des StGB und OWiG liegenden Strafvorschriften als Nebenstrafrecht klassifizieren. Insgesamt handelt es sich jedoch um ein strukturell taugliches Vorgehen, um einen Kern- von einem Nebenbereich zu scheiden.[308]

2. Trennung nach sozial-ethischer Grundlage der Rechtsvorschrift

Zum anderen gab und gibt es immer wieder Versuche, einen Kern- und einen Nebenbereich des Strafrechts durch inhaltliche Abgrenzungskriterien herauszuarbeiten. Diese bilden insgesamt auch den Schwerpunkt der wenigen konkreten Trennungsvorschläge.

Allen voran mit Lange[309] wird dabei die Trennung von Kern- und Nebenstrafrecht[310] durch das Kriterium der sozial-ethischen „Farbigkeit“ verbunden. Demnach zeichne sich das Nebenstrafrecht dadurch aus, dass dessen Grundlage nicht in sozial-ethisch fundierten Normen gesucht werden könne,[311] sondern es sich vielmehr um (nahezu) wertneutrale Rechtssätze handele,[312] die eine Strafbewehrung lediglich

---

[307] Vgl. dazu die Nachweise bei *Tiedemann*, Tatbestandsfunktionen, 1969, S. 63 Fn. 28; auch Ausgangspunkt bei *Kerscher*, Tatbestands- und Verbotsirrtum, 1969, S. 39 f.; *Roxin/Greco*, Strafrecht AT I, 2020, § 1 Rn. 7.

[308] „Trotz einiger Bedenken“ beibehaltend *Tiedemann*, Tatbestandsfunktionen, 1969, S. 64.

[309] *Lange*, JZ 1956, 73; bereits zuvor finden sich Ansätze bei *Weinberg*, Der Verbotsirrtum, 1928.

[310] *Lesch*, JA 1996, 607 (608 f.): „Grundlagenbereich“ und „verfügbarer Bereich“.

[311] *Lange*, JZ 1956, 73 (76); ebenso *Maiwald*, Unrechtskenntnis, 1984, S. 37 ff.; *Sauer*, ZStW 69 (1957), 1 (13) spricht von „stärkerer Abweichung […] vom materialen Recht“; als zentrale Prämisse arbeitet dies schon *Schmidt-Leichner*, Unrechtsbewußtsein, 1935, S. 69 heraus; aus dem jüngeren Schrifttum etwa *Karami*, Unrechtsbewusstsein, 2020, S. 107.

[312] *Lange*, JZ 1956, 73 (77) spricht vom „wertneutrale[n] Charakter der natürlichen Verhaltensstrukturen“; ebenso *Geerds*, JURA 1990, 421 (430); *Löw*, Erkundigungspflicht, 2001, S. 250; von fehlenden „vorrechtlichen Verhaltensmaximen“ ausgehend *Ziegert*, Vorsatz, 1987, S. 157.

aus Zweckmäßigkeitserwägungen vorsähen.[313] Anders als die Vorschriften des Kernstrafrechts, zu denen beispielsweise die Tötungs- und Körperverletzungsdelikte gezählt werden, basierten diese nicht auf einem historisch gewachsenen Verständnis von Recht und Unrecht, sodass vom Täter in der Tatsituation ein Ablassen von der Handlung nicht durch bloße Introspektion erwartet werden könne.[314] Vielmehr sei es für den Bereich des Nebenstrafrechts kennzeichnend, dass die konkreten Verbote gekannt werden müssten, damit der Täter einen Vermeideimpuls entwickele.[315] Die Erziehung und Sozialisierung in unserer Gemeinschaft genüge dort gerade nicht mehr. Ähnlich hatte zuvor schon Weinberg zwischen „an sich pflichtwidrige[n]“ Handlungen sowie „Kulturnormen“ einerseits und „positive[n] Satzungen“ andererseits differenziert.[316] Während sich erstere dadurch auszeichneten, dass sie einen Wertbezug hätten, handele es sich bei Letzteren um reine Ordnungsvorschriften.[317] Hier werde bloßer Ungehorsam bestraft; ein Verstoß weise keinen Mangel des „sozialen Instinkts“ aus.[318] Tatirrtum und Rechtsirrtum seien auf diesem Gebiet „von fast gleicher Wesensart“.[319]

Diese Sicht auf das Verhältnis von Kern- und Nebenstrafrecht könnte inhaltlich noch so überzeugend sein: Wenn sie sich in der Rechtsanwendung als nicht praktikabel erweist, kann sie nicht Teil der Problemlösung sein, sondern würde vielmehr ihrerseits einen weiteren Problembereich eröffnen. Es müssten sich jene Vorschriften durch wissenschaftlich-methodische Handhabung isolieren lassen, denen die Eigenschaft der sozial-ethischen Farblosigkeit zugeschrieben werden kann. Die denkbaren Anknüpfungspunkte erweisen sich aber als unfruchtbar.

Zum einen könnte auf die Bekanntheit der Gesetze abgestellt werden. Dies deutet Hartung an, wenn er von Vorschriften spricht, „die Zweckmäßigkeitserwägungen entsprungen sind, ohne aber in das allgemeine ethisch-rechtliche Bewußtsein des Volkes übergegangen zu sein“.[320] Der Gedanke, dass eine kaum bekannte Strafvorschrift auch keine sozial-ethische Stütze findet, ist naheliegend. In der Umkehrung würde dann gelten, dass ein Gesetz, das allgemein bekannt ist, als sozial-ethisch fundiert betrachtet werden müsste. Neben der empirischen Frage, wie die Gesetzeskenntnis der Bevölkerung adäquat ermittelt werden kann, ergibt sich dabei allerdings ein strukturelles Problem. Denn neue Vorschriften könnten kaum

[313] *Lange*, JZ 1956, 73 (77 f.); *Zabel*, GA 2008, 33 (51); auch *Harnos*, Geschäftsleiterhaftung, 2013, S. 209; dagegen *Tiedemann*, Tatbestandsfunktionen, 1969, S. 340.

[314] *Neumann*, in: NK-StGB, 2023, § 17 Rn. 90; der Sache nach ähnlich, aber auf die Vermutung einer Entscheidungssituation gegen geltende Verbote abstellend *Ziegert*, Vorsatz, 1987, S. 157 f.

[315] *Tiedemann*, FS-Geerds 1995, 95 (99); jedenfalls für den Bereich den Blankettstrafgesetzgebung *Roxin*, FS-Tiedemann 2008, 375 (381).

[316] *Weinberg*, Verbotsirrtum, 1928, S. 35 ff.

[317] *Weinberg*, Verbotsirrtum, 1928, S. 54; ähnlich auch *Lesch*, JA 1996, 607 (609).

[318] *Weinberg*, Verbotsirrtum, 1928, S. 55.

[319] *Weinberg*, Verbotsirrtum, 1928, S. 55.

[320] *Hartung*, DRZ 1949, 342 (345).

jemals dem Kernstrafrecht zugewiesen werden, weil diese zu Anfang keine soziale Rezeption erfahren haben.[321] Wird dem entgegengehalten, dass neue Strafgesetze auch ein bereits vorhandenes sozial-ethisches Fundament aufgreifen können, muss darauf hingewiesen werden, dass die Rezeption der Widerrechtlichkeit nicht zwangsläufig mit der Rezeption der Sozialwidrigkeit in eins gestellt werden kann. Darüber hinaus stellte sich die Frage, ob die Zuordnung von Vorschriften zu den Gebieten des Kern- und des Nebenstrafrechts in Abhängigkeit vom Zeitgeschehen steht. Denn Strafgesetze können sich sozial verankern, man denke nur an die Steuerhinterziehung nach § 370 AO, ebenso wie sie in Vergessenheit geraten können. Ein Beispiel hierfür bietet das strafbare Anwerben für fremden Wehrdienst nach § 109 h StGB, dessen ursprünglicher Teilschutzzweck (Sicherung der militärischen Arbeitsfähigkeit Deutschlands)[322] jedenfalls mit der Abschaffung der Wehrpflicht faktisch entfallen ist.[323] Praktische Anwendungsfälle gibt es keine; die weitere Schutzgutbestimmung ist umstritten.[324] Nicht grundlos wird daher für eine Streichung der einst als wichtig erachteten Vorschrift plädiert.[325]

Zum anderen ließe sich an ein vorpositives rechtliches Fundament anknüpfen. Wenn es eine Rechtsordnung gibt, die bereits im Vorfeld der staatlichen Kodifikation wirkt, dann könnte genau diese ausschlaggebend dafür sein, ein Strafgesetz dem Kern- oder dem Nebenstrafrecht zuzuordnen. Denkbar wäre es, nur solche Strafgesetze dem Kernstrafrecht zuzuordnen, die unmittelbarer Ausfluss dieser vorpositiven Rechtsordnung sind.[326] Im Bewusstsein dessen wurde und wird teilweise zwischen „delicta mala per se", also Delikte, die aus sich heraus Unrecht sind, und „delicta mala mere prohibita", also Delikte, die erst durch Hoheitsakt zum Unrecht werden, unterschieden.[327] Diese bis zur Mitte des 20. Jahrhunderts gängige Form der Ableitung eines legitimen Strafgrunds kann heute als rechtshistorisch bezeichnet werden.[328] Dies dürfte im Wesentlichen mit zwei Gründen zusammenhängen.

---

[321] Dieser Gedanke klingt implizit bei *Wissmann*, Urheberstrafrecht, 2017, S. 143 an: „[...], weil sie (jedenfalls aktuell) eben nicht zu jenem Kernbestand [...] gehören".

[322] Zu § 83 StGB a. F. siehe BT-Drs. I/1307, S. 32.

[323] *Sinn*, in: SK-StGB, 2019, § 109 h Rn. 1.

[324] Dazu siehe *Kargl*, in: NK-StGB, 2023, § 109 h Rn. 2.

[325] *Kargl*, in: NK-StGB, 2023, § 109 h Rn. 2.

[326] *Lange*, JZ 1956, 73 (75); *Ziegert*, Vorsatz, 1987, S. 157 spricht von vorrechtlichen Verhaltensmaximen.

[327] Aus jüngerer Zeit *Bülte*, JuS 2015, 769 (769 f.); *ders.*, NStZ 2013, 65 (70); *Karami*, Unrechtsbewusstsein, 2020, S. 107, 123 f.; *Kaspar*, in: Leitner/Rosenau, WSS, 2022, StGB, § 16 Rn. 20; *Wissmann*, Urheberstrafrecht, 2017, S. 75, 142.

[328] *Jenny*, SchwZStR 107 (1990), 241 (246 f.); *Appel*, Verfassung und Strafe, 1998, S. 358 f. benennt im Rahmen der Ausführungen zur Rechtsgutslehre den Zeitraum bis 1945, wobei die chronologisch letzte von ihm zitierte Monografie aus dem Jahr 1963 stammt; auch *Lüderssen*, wistra 1983, 223 (227) bemerkt, dass die „Abgrenzung zwischen delicta per se und delicta mere prohibita unwiederbringlich dahinschwindet".

Einerseits unterlag diese Ableitung stets der Beliebigkeit. Die vermeintliche apriorische Evidenz einer vorpositiven Wertordnung wurde in Wahrheit auf den breiten gemeinschaftlichen Konsens der Zeitgenossen bezüglich Wertvorstellungen gestützt.[329] Dies hatte aus Sicht der Vertreter einer solchen Ordnung das unlösbare Paradoxon zur Folge, eine flexible positive Rechtsordnung mit der Idee einer starren vorpositiven Rechtsordnung zu vereinen. Es blieb lediglich der Ausweg, das aktuell geltende Recht für fehlerhaft zu erklären – was bei als zutreffend anerkannten neuen Rechtssätzen für wenig positive Resonanz gesorgt haben dürfte – oder sich darauf zu berufen, erst in dem neuen Gesetz den wahren Kern der überpositiven Regelung „erkannt" zu haben. Beides vermochte nicht dauerhaft zu überzeugen,[330] wenngleich der Gedanke einer erst später erkannten Strafwürdigkeit in der Auseinandersetzung mit der Neuschaffung von Wirtschaftsdelikten durchaus eine Rolle spielt.[331]

Andererseits bestand jedenfalls mit dem Inkrafttreten demokratischer Verfassungen und einer die staatliche Macht effektiv kontrollierenden, unabhängigen Justiz auch keine Notwendigkeit mehr, auf eine vorpositive Rechtsordnung abzustellen.[332] Die Gemeinschaft konnte sich nun zurechenbar selbst (Straf-)Gesetze geben, die effektiv durchgesetzt wurden. Der Rückgriff auf eine materiale Wertordnung als Legitimationsgrundlage für das Strafrecht wurde immer weniger gebraucht. Und je mehr die Freiheit des Einzelnen im Gefüge der Gemeinschaft in den Vordergrund der (auch gesetzgeberischen) Betrachtung trat, desto weniger notwendig war eine unerschütterliche überpositive Rechtsordnung zum Schutz des Einzelnen. Die Folge war und ist ein stetiges Ausklingen vorpositiver, naturrechtlicher Überlegungen in der Rechtswissenschaft.

Es zeigt sich somit, dass eine Trennung von Kern- und Nebenstrafrecht nach dessen sozial-ethischem Fundament keinen gangbaren Weg darstellt.[333] Dies war auch die Einschätzung des Gesetzgebers bei der Schaffung von § 6 OWiG, dem

---

[329] Noch weitergehend *Schmidt-Leichner*, Unrechtsbewußtsein, 1935, S. 6 f. im Zuge der nationalsozialistischen Umwandlung von Staat und Gesellschaft und deren Einfluss auf das formal unveränderte Recht; dieser sei nach *Rinken*, Demokratie, 2020, S. 95 nicht mehr gegeben.

[330] Ähnlich *Groteguth*, Verbots(un)kenntnis, 1993, S. 32 f.

[331] Siehe *Zirpins*, Kriminalistik 1967, 576 (577).

[332] *Appel*, Verfassung und Strafe, 1998, S. 390 gesteht einer materiellen, überpositiven Ordnung für den vorkonstitutionellen Zeitraum eine gewisse Bedeutung zu.

[333] So, wenn auch in der Begründung etwas abweichend, *Groteguth*, Verbots(un)kenntnis, 1993, S. 30 f.; knapp mangels Praktikabilität auch ablehnend *Papathanasiou*, Normative Tatbestandsmerkmale, 2014, S. 279 f. sowie *Schmidt-Leichner*, Unrechtsbewußtsein, 1935, S. 70; für nicht zielführend halten diese Erwägungen auch *Backes*, Steuerstrafrecht, 1981, S. 123 f. sowie *Eisenberg*, Kriminologie, 2005, § 24 Rn. 44 (in der 8. Auflage 2024 nur noch als „diffus" bezeichnet, § 20 Rn. 6); *Laubenthal/Baier*, GA 2000, 205 (216 f.); nach *Appel*, Verfassung und Strafe, 1998, S. 483 stößt die Anlegung des Kriteriums sozial-ethischer Farbigkeit „bereits im Ansatz auf unlösbare Abgrenzungsschwierigkeiten und Unstimmigkeiten".

Vorläufer des heutigen § 11 OWiG, im Jahr 1968.[334] Weder das Zeitmoment noch die Suche nach vorpositiven Hinweisen vermögen eine tragfähige Antwort auf die Frage zu geben, wann eine Vorschrift sozial-ethisch (un)zureichend verankert und damit dem Kern- bzw. Nebenstrafrecht zuzuordnen ist. Daneben sei darauf hingewiesen, dass die Unterscheidung auch der Idee nach keinen Gewinn bringt. Denn wird die Prämisse akzeptiert, dass es eine rechtlich anzuerkennende vorpositive Wertordnung nicht gibt, fehlt einer Differenzierung der sachliche Grund. Die Unterscheidung könnte nur willkürlich nach Ermessen des Interpreten stattfinden. Und im Hinblick auf eine etwaige Unterscheidung im rechtlichen Umgang mit Strafgesetzen wäre eine Handhabung vom Ergebnis her zu befürchten.[335] Es ist daher Appel zuzustimmen, wenn er konstatiert, dass die sozial-ethische Farbigkeit ein „die eigentliche Problematik verschleiernder Formelkompromiß [ist], der es erlaubt, das je eigene subjektive Vorverständnis vom Strafcharakter oder der Strafähnlichkeit einer Maßnahme in die Entscheidung einzubringen".[336]

3. Trennung nach Art der Rechtsgutsschädigung

Eine weitere Möglichkeit der Differenzierung könnte im Kriterium der Rechtsgutsschädigung gesehen werden. So könnten die Tatbestände des Nebenstrafrechts als Strafgesetze solchen Charakters angesehen werden, deren Erfüllung keinen konkreten Rechtsgutsschaden für den Täter erkennen lässt.[337] Dabei würde sich etwa die Unterscheidung zwischen der Schädigung von Individualrechtsgütern und (reinen) gemeinschaftlichen Rechtsgütern anbieten.[338] Nach diesem Grundsatz müssten also Delikte wie die Jagdwilderei (Jagdrecht des Jagdberechtigten), Straftatbestände des Urheberrechts (Recht geistigen Eigentums des Urhebers) oder auch die Strafbewehrung des § 23 GeschGehG (ebenfalls Schutz geistigen Eigentums des Geheimnisgebers) dem Kernstrafrecht zugeordnet werden, wohingegen das Umweltstrafrecht, die Steuerhinterziehung oder auch die Aussagedelikte als Nebenstrafrecht zu bezeichnen wären. Bei Tatbeständen, die sowohl Individualrechtsgüter als auch Kollektivrechtsgüter schützen, müsste konsequenterweise eine Einordnung zugunsten der Individualschutzdelikte stattfinden. Insgesamt erweist sich das Vorgehen als methodisch möglich, wenngleich nicht verkannt werden darf, dass die

---

[334] BT-Drs. V/1269, S. 46.

[335] Ähnlich *Appel*, Verfassung und Strafe, 1998, S. 485.

[336] *Appel*, Verfassung und Strafe, 1998, S. 487.

[337] *Tiedemann*, Tatbestandsfunktionen, 1969, S. 383.

[338] *Tiedemann*, Tatbestandsfunktionen, 1969, S. 366, 383, wobei dieser eine Ausnahme machen will, wenn die Gemeinschaftsgüter durch einen „langen Prozeß soziologischer Anerkennung" im Bewusstsein des Täters „tatbildartig" verankert sind; der Idee nach auch *Weinberg*, Verbotsirrtum, 1928, S. 54.

Bestimmung des geschützten Rechtsguts bisweilen Schwierigkeiten mit sich bringt.[339]

4. Nebenstrafrecht als Wohlfahrtsförderungsstrafrecht

Teilweise wurde in der Vergangenheit als eine Art Nebenstrafrecht das Verwaltungsstrafrecht vom übrigen Strafrecht ausgesondert.[340] So handele es sich dabei formell um die Rechtsetzung der Exekutive,[341] welche materiell durch deren Durchsetzung der allgemeinen Wohlfahrtsförderung diene.[342] Dieses Recht zeichne sich dadurch aus, dass es keinen Rechtsgüterschutz zur Basis habe,[343] sondern vielmehr Ausdruck einer Zielvorstellung sei; es handele sich letztlich um Unterlassungsdelikte.[344] Entsprechend gehe mit einem Verstoß auch kein materielles Element einher,[345] sodass im eigentlichen Sinne nicht von Strafrecht gesprochen werden könne.[346] Erforderlich sei deswegen im subjektiven Tatbestand die Kenntnis von der Vorschriftswidrigkeit als Substitut.[347]

Soweit das Verwaltungsstrafrecht formell vom übrigen Strafrecht durch die gesetzgebende Instanz abgegrenzt wird, gilt das zu den formellen Abgrenzungsmethoden bereits Gesagte entsprechend. An dieser Stelle ist allerdings darauf hinzuweisen, dass eine Abgrenzung zwischen dem Recht, welches die Verwaltung aus eigenem Ermessen heraus erlässt, und dem Recht, welches lediglich die Ausfüllung bereits hinreichend vorgezeichneter Gesetze vornimmt, eine besondere Herausforderung darstellen dürfte. In materieller Hinsicht unterscheidet sich zwar der Ausgangspunkt, nicht wesentlich aber die Begründung von den späteren Versuchen der Deklaration eines Nebenstrafrechts als ethisch farblos.[348] Die Idee einer exekutivstaatlichen Rechtssetzung zum Wohl der Allgemeinheit taugt jedenfalls für die Strafgesetzgebung nicht mehr.[349] Mit Inkrafttreten des Grundgesetzes ist der Verhältnismäßigkeitsgrundsatz, der eine Abwägung der beeinträchtigten Interessen mit

---

[339] So etwa bei der Diskussion um das geschützte Rechtsgut im Rahmen der Umweltdelikte, dazu zusammenfassend *Witteck*, in: BeckOK-StGB, Stand 1.11.2025, § 324 Rn. 3.1.

[340] Umfassend *Goldschmidt*, Das Verwaltungsstrafrecht, 1902; zur historischen Entwicklung *Kerscher*, Tatbestands- und Verbotsirrtum, 1969, S. 61 ff.

[341] *Goldschmidt*, Das Verwaltungsstrafrecht, 1902, S. 568.

[342] *Goldschmidt*, Das Verwaltungsstrafrecht, 1902, S. 533 ff., 577.

[343] *Binding*, Normen I, 1872, S. 185 f., 204 ff.

[344] *Goldschmidt*, Das Verwaltungsstrafrecht, 1902, S. 544 f.

[345] *Goldschmidt*, Das Verwaltungsstrafrecht, 1902, S. 548; ähnlich zuvor schon zu Polizei-Gesetzen *v. Feuerbach*, Lehrbuch, 1847, S. 46.

[346] *Goldschmidt*, Das Verwaltungsstrafrecht, 1902, S. 562.

[347] *Goldschmidt*, Das Verwaltungsstrafrecht, 1902, S. 579.

[348] Kap. 2 B.I.2.

[349] So auch *Kerscher*, Tatbestands- und Verbotsirrtum, 1969, S. 102 ff.

greifbaren staatlichen Interessen einfordert,[350] zum unverbrüchlichen Bestandteil der Strafvorschriftenkonzeption geworden. Das bloße Berufen auf die Zielvorstellung eines gemeinwohlfördernden Staats tut dem nicht Genüge und ist Ausdruck eines vergangenen paternalistischen Staatsbilds auf Basis der Strukturen „Befehl-Gehorsam",[351] eines Staats, der um seiner selbst willen zum Mittel der Strafe greifen darf.[352] Das bedeutet nicht, dass nicht auch Verstöße gegen Verwaltungsvorgaben tauglicher Anknüpfungspunkt für den Einsatz von Strafe sein können, was sich schon an den zahlreichen Straftatbeständen festmachen lässt, welche die Strafbarkeit vom Fehlen einer behördlichen Genehmigung abhängig machen.[353] Die Strafwürdigkeit muss jedoch in diesen Fällen stets anhand der Rechtsgutsgefährdung im Einzelfall gemessen werden.[354] Eine materielle Abgrenzung, wie sie hier dargelegt wurde, ist daher jedenfalls nicht mehr zeitgemäß. Dennoch ist zu betonen, dass die generelle Idee einer Differenzierung zwischen Rechtsetzungsakten der Legislative und der Exekutive im Bereich der Irrtumslehre besondere Aufmerksamkeit verdient.[355]

5. Zwischenergebnis

Es hat sich gezeigt, dass die Unterscheidung auf formaler Ebene durch die Verortung der Gesetze möglich ist, ebenso wie unter Rückgriff auf die Art der Rechtsgutsschädigung in materieller Hinsicht. Freilich wären noch beliebig viele andere Kriterien logisch denkbar, etwa das Strafmaß (alle Delikte unter dem Mindeststrafmaß „X" seien Nebenstrafrecht, darüber Kernstrafrecht), das Maß der Bestimmtheit des Gesetzes (etwa: Vorschriften mit einer gewissen Mindestanzahl an normativen Tatbestandsmerkmalen[356] als „Nebenstrafrecht"), wenn unterstellt wird, dass das Nebenstrafrecht durch die Verwendung normativer Tatbestandsmerkmale geprägt ist, oder auch die Frage, ob es sich um Blankettvorschriften handelt.[357] Doch weitere Kriterien wurden nicht als Maßstab zur Abgrenzung diskutiert, mutmaßlich deswegen, weil ihnen die Tauglichkeit von vornherein abgesprochen wurde.[358]

---

[350] *Geisler*, Objektive Bedingungen, 1998, S. 170: „Der Zweck der Unternehmung ‚Strafrecht' liegt im Rechtsgüterschutz"; siehe auch B. III. 5.

[351] Siehe dazu exemplarisch *Goldschmidt*, Das Verwaltungsstrafrecht, 1902, S. 549 f.

[352] *Goldschmidt*, Das Verwaltungsstrafrecht, 1902, S. 559 spricht von einem „Anspruch" des Staates auf Mitwirkung.

[353] Zu nennen sind etwa das Umwelt-, Waffen- und Glücksspielstrafrecht.

[354] Wohl abweichend *Dehne-Niemann*, wistra 2008, 361 (362).

[355] Dazu noch Kap. 4 B. II. 3. b).

[356] Die Idee ist angelehnt an den Vorschlag von *B. Schünemann*, Nulla poena, 1978, S. 35 ff. zur Ermittlung der hinreichenden Bestimmtheit vor Normen; zur Kritik an der Figur der normativen Tatbestandsmerkmale siehe Kap. 3 C. II. 1.

[357] Erörtert von *Kerscher*, Tatbestands- und Verbotsirrtum, 1969, S. 44 f., 51 ff.

[358] So etwa für das Strafmaß *Eisenberg/Kölbel*, Kriminologie, 2024, § 20 Rn. 6.

Daher erfolgt im Folgenden eine Konzentration auf die erstgenannten beiden Ansätze.

II. Rechtfertigung der Ungleichbehandlung

Ist eine Abgrenzungsmethodik gefunden, stellt sich in einem zweiten Schritt die Frage, ob die Differenzierung zweier Strafrechtsbereiche überhaupt geboten ist. Aufgrund der nahezu allgemeinen Akzeptanz eines Kern- und Nebenstrafrechtsbereichs liegt es nahe, diese Frage zu bejahen. Doch es lohnt hier ein kritischer Blick auf zwei gängige Argumente, die dafür vorgebracht werden.

1. Fehlender Unrechtsappell durch das Tatverhalten

Eine weitverbreitete These ist, dass das Nebenstrafrecht jedenfalls bezüglich seiner subjektiven Erfordernisse anders behandelt werden muss, weil die bloße Vornahme der dort beschriebenen Verhaltensweisen beim Täter keinen Vermeideimpuls auslöse.[359] Es handele sich gerade nicht um mit einem Unwerturteil behaftete Verhaltensweisen, sodass in diesen Fällen ausnahmsweise die Kenntnis des Gesetzes verlangt werden müsse, um den Vorsatz zur Tatbegehung annehmen zu können.[360] Auch die Rechtsprechung hat diese Gedanken aufgegriffen. So entschied der BGH in einem Fall, in dem ein Bauunternehmer pflichtwidrig kein Baubuch nach § 2 Abs. 1 des Gesetzes über die Sicherung der Bauforderungen (GSB) a. F. geführt hatte, dass eine vorsätzliche Entscheidung hierzu voraussetze, dass der Täter die Möglichkeit einer anderen Entscheidung erkenne. Daran fehle es, wenn der Täter nicht um die Pflicht wisse, ein Baubuch zu führen.[361]

Diese Aussagen sind plausibel, sofern als Prämisse akzeptiert wird, dass die Beurteilung einer Tat als vorsätzlich das Erhalten eines inneren Vermeideimpulses voraussetzt.[362] Wie aber bereits aufgezeigt wurde, ist es nach hiesigem Verständnis nicht das Überwinden eines Vermeideimpulses, welches die Beurteilung einer Tat als vorsätzlich, damit das regelmäßig erhöhte Strafmaß legitimiert, sondern die Wiederholungsgefahr durch den Täter und Dritte.[363] Folglich kann hierin auch kein

---

[359] So oder vergleichbar *Arthur Kaufmann*, FS-Lackner 1987, 185 (189); *Lemme*, NStZ 2001, 602 (603): Gleichbehandlung „oftmals nicht angemessen"; *Roxin*, FS-Tiedemann 2008, 375 (381); jedenfalls „mehrheitlich" für das Nebenstrafrecht auch *Gómez*, GA 2010, 259 (269); *Ziegert*, Vorsatz, 1987, S. 156 f. spricht hier von einer fehlenden „dolose[n] Entscheidungssituation"; aus der schweizerischen Literatur *Jenny*, SchwZStR 107 (1990), 241 (247).

[360] *Roxin*, ZStW 74 (1962), 515 (561); *Tiedemann*, Tatbestandsfunktionen, 1969, S. 366; für das Ordnungswidrigkeitenrecht auch *Jescheck*, ZStW 98 (1986), 1 (16 f.).

[361] BGH, Urt. v. 11. 4. 2001 – 3 StR 456/00, NStZ 2001, 600 (601 f.).

[362] So etwa *Bachmann*, Vorsatz und Rechtsirrtum, 1993, S. 41; in diese Richtung auch *Samson*, in: Steuerstrafrecht, 1983, 99 (104 f.).

[363] Kap. 1 C. II. 1. b).

Argument gesehen werden, eine Trennung zwischen einem Kern- und einem Nebenbereich mit Konsequenzen für die Vorsatzanforderungen vorzunehmen. Die daraus resultierende Verquickung von Vorsatz und Unrechtseinsicht ist zu vermeiden.[364]

2. Unüberschaubarkeit des Regelungsfundus

Ebenso gängig ist der Verweis darauf, die Rechtslage sei mittlerweile so unüberschaubar, dass eine Bestrafung bei Unkenntnis der Nebenstrafgesetze verzeihlicher[365] erscheine und daher die Vorsatzstrafe unangemessen wäre.[366] Schon im Rahmen der Strafrechtsreform 1911 bis 1913 wurde vorgetragen, dass nur die völlige Beseitigung des Grundsatzes „error iuris nocet" einen angemessenen Ausgleich zur immer weiter anwachsenden Menge an Strafgesetzen schaffe.[367] Der Einzelne sei mit der Kenntnisnahme randständiger Normen regelmäßig überfordert;[368] der Vorwurf, der gegen ihn erhoben werden könnte, läge regelmäßig nicht in fehlerhafter Gesinnung, sondern in einer intellektuellen Fehlleistung, die kennzeichnend für das Fahrlässigkeitsdelikt und damit weniger strafwürdig sei.[369]

Erneut ist dazu zu betonen, dass die Trennung von Vorsatz und Schuld nur dann einen voll zur Geltung kommenden Sinn hat, wenn der Bereich der Unrechtsanschauung und jener der individuellen Vorwerfbarkeit konsequent getrennt werden.[370] Geschieht dies, liegt es nahe, das Problem des Verstoßes gegen „abseitige" Strafnormen bei Unkenntnis des Täters nicht pauschal der Vorsatzebene zuzuschlagen, sondern vielmehr auf die Schuldebene zu verlagern. Bezugnehmend auf die bereits erfolgten Ausführungen[371] bietet es sich an, hier den Gedanken der Vermeidbarkeit eines Verbotsirrtums heranzuziehen, um den Vorwurf an den Täter angemessen zu bestimmen.[372] Daneben ist zu berücksichtigen, dass mit der Steige-

---

[364] Ähnlich *Groteguth*, Verbots(un)kenntnis, 1993, S. 32 f.; siehe auch Kap. 1 C. II. 1. c).

[365] *Heuchemer*, in: BeckOK-StGB, Stand 1.11.2025, § 17 Rn. 3.1; kritisch *Schuster*, in: TK-StGB, 2025, § 15 Rn. 99.

[366] Bereits *Heinemann*, Binding'sche Schuldlehre, 1889, S. 70 sprach von den „komplizierteren Rechts- und Lebensverhältnisse[n] unserer Zeit", die eine Unkenntnis zahlreicher Gesetze zur Folge hätten; heute beruft sich etwa *Papathanasiou*, Normative Tatbestandsmerkmale, 2014, S. 190 darauf; *Roxin*, FS-Herzberg 2008, 375 (375) gesteht zu: „Tatsächlich kann nicht einmal ein Strafrechtsprofessor alle diese Vorschriften kennen".

[367] Siehe dazu die Erwägungen in der 2. Lesung der Strafrechtsreform 1911–1913, 215. Sitzung, in: *Schubert*, Protokolle, Bd. 4, 1991, S. 48.

[368] *Papathanasiou*, Normative Tatbestandsmerkmale, 2014, S. 244, wobei diese auf eine Beschränkung für das Nebenstrafrecht verzichten möchte.

[369] *Tiedemann*, Tatbestandsfunktionen, 1969, S. 367; dem folgend *Roxin*, FS-Tiedemann 2008, 375 (383); auch *Eidam*, ZStW 127 (2015), 120 (138).

[370] Kap. 1 D. IV. 1.

[371] Kap. 1 D. IV. 4. sowie Kap. 2 B. IV. 3. c) bzw. Kap. 2 B. IV. 4.

[372] Ebenso *Schuster*, Strafnormen, 2012, S. 156; auch *Walter*, Kern, 2006, S. 320.

rung der Normmenge auch die Methoden der Informationsgewinnung zugunsten des Betroffenen erweitert wurden.[373] Und der Adressat der Strafvorschriften ist dabei häufig nicht jedermann, sondern nur ein Beteiligter eines exklusiven Lebens- und Berufskreises.[374] Vor diesem Hintergrund ist es zumindest deutlich verzerrend, wenn die Gesamtheit der geltenden Normen einem einzelnen „Super-Adressaten" gegenüber gestellt wird, denn diesen gibt es nicht.[375]

3. Zwischenfazit

Es hat sich nach dieser Betrachtung gezeigt, dass die wesentlichen Argumente zugunsten einer Ungleichbehandlung von einem Kern- und einem Nebenstrafrecht in Irrtumsfragen jedenfalls nicht zwingend für eine Trennung sind. Nun gilt es noch die dritte der eingangs genannten Prämissen zu untersuchen: Die möglichen Trennungsansätze von Kern- und Nebenstrafrecht müssen sich auch mit den soeben hervorgebrachten Zielsetzungen und Gründen decken.

III. Relation von Gründen der Ungleichbehandlung und Abgrenzungsmethodik

Notwendige Voraussetzung einer sinnvollen Differenzierung von Kern- und Nebenstrafrecht ist, dass die Abgrenzungsmethoden aus I. ein Ergebnis erzielen, welches mit den Abgrenzungsgründen nach II. übereinstimmt. Sonst verfehlten die Bemühungen ihr Ziel.

Verhältnismäßig wenig Begründungsaufwand bedarf es, um eine formale Abgrenzung von Kern- und Nebenstrafrecht als asynchron zu den verfolgten Zielen herauszustellen. Die Eingliederung von Strafgesetzen innerhalb des StGB erfolgt nicht (immer) nach einem einheitlich-sinnbezogenen System. Das StGB kann nicht als Liste der evidentesten und gravierendsten Verfehlungen begriffen werden, entsprechend die in Nebengesetzen enthaltenen Strafvorschriften als weniger evidente oder schwerwiegende Verfehlungen.[376] Vielmehr spielen für die Verteilung im StGB und in Nebengesetzen in erster Linie Zweckmäßigkeitserwägungen eine Rolle.[377] Sonst ließe es sich kaum erklären, weshalb die Steuerhinterziehung in § 370 AO festgehalten ist, der Sozialversicherungsbetrug hingegen in § 266a StGB.

---

[373] Dazu *Papathanasiou*, Normative Tatbestandsmerkmale, 2014, S. 240 ff.

[374] *Jakobs*, Strafrecht AT, 1991, 19. Abschn. Rn. 19; *Schmidt-Leichner*, Unrechtsbewußtsein, 1935, S. 74.

[375] *Schuster*, Strafnormen, 2012, S. 149; *Papathanasiou*, Normative Tatbestandsmerkmale, 2014, S. 190 hält es für angemessen, diesen Personen die Pflicht zur Kenntnis aufzubürden.

[376] *Vogel/Bülte*, in: LK-StGB, 2020, Vor §§ 15 ff. Rn. 34; *Welzel*, JZ 1956, 238 (240).

[377] *Neumann/Saliger*, in: NK-StGB, Vor § 1 Rn. 232; für ausfüllende Vorschriften *C. Wolf*, ZIS 2019, 418 (433).

Oder etwa, weshalb die unbefugte Vervielfältigung geistigen Eigentums durch die Straftaten des § 106 UrhG abgedeckt wird, die unbefugte Veräußerung physischen Eigentums hingegen durch die §§ 242 ff. bzw. §§ 257 ff. StGB. Tiedemann hält daher zu Recht fest, dass die Grenze zwischen Kern- und Nebenstrafrecht nicht am Standort der Vorschriften festgemacht werden könne.[378] Die Methode der formalen Abgrenzung ist mit den soeben geschilderten Zwecken der Trennung nicht vereinbar.

Auch die Differenzierung nach der Art des gefährdeten Rechtsguts vermag den Zweck der Ungleichbehandlung von Kern- und Nebenstrafrecht nicht korrekt abzubilden. Wenn teilweise vorgetragen wird, dass die Schädigung von Allgemeinrechtsgütern im Durchschnitt als weniger strafwürdig erachtet wird als die Schädigung von Individualrechtsgütern,[379] ist dies empirisch nicht hinreichend belegt. Es finden sich Studien zur Einordnung von Delikten auf Grundlage individualrechtsgüterschädigender Verhaltensweisen im internationalen Vergleich.[380] Eine umfassende Studie, die einen Zusammenhang zwischen der soeben aufgezeigten Art der Rechtsgutsschädigung und der individuellen bzw. staatlichen Einschätzung im Hinblick auf die Strafwürdigkeit indiziert, existiert, soweit ersichtlich, nicht. Zwar lässt sich die These kriminologisch damit begründen, dass der Täter hinter der Tat kein konkretes Opfer sieht und daher die rechtsgutsschädigenden Folgen besser ausblenden kann.[381] Daraus ließe sich wiederum folgern, dass das Erkennen der Unrechtmäßigkeit, oder – mit der Formulierung Nakas[382] – der Unrechtsappell bei der Vornahme der tatbestandsmäßigen Verhaltensweise, oft ausbleibt. Dass dies allerdings nicht immer der Fall ist, zeigt sich am Tatbestand der Steuerhinterziehung: Kaum ein Delikt wurde in den letzten Jahren derart durch Medienarbeit in den Fokus der öffentlichen Wahrnehmung gerückt wie die allgemeinrechtsgüterschädigende Steuerhinterziehung.[383] In diesem Fall kann kaum behauptet werden, dass sich bei einem Täter *aufgrund der Art des geschädigten Rechtsguts* kein „Un-

---

[378] *Tiedemann*, FS-Geerds 1995, 95 (106); ebenso *Eisenberg*, Kriminologie, 2005, § 24 Rn. 39 (in der 8. Auflage 2024 findet sich die Kritik nicht mehr in dieser Deutlichkeit, siehe dort § 20 Rn. 6).

[379] *Zirpins*, Kriminalistik 1967, 576 (577); daran anknüpfend *Tiedemann*, Tatbestandsfunktionen, 1969, S. 383.

[380] Im europäischen Vergleich bei *Kania/Brand/Zimmermann/Walter*, MschrKrim 2003, 247.

[381] Zurückgehend auf die Neutralisationstechniken nach *Sykes/Matza*, ASR Vol. 22 (1957), 664 (insb. 667 f.); siehe dazu auch *Neubacher*, Kriminologie, 2023, Kap. 8 Rn. 25 sowie Kap. 20 Rn. 14 für den Bereich der Wirtschaftskriminalität.

[382] *Naka*, JZ 1961, 210.

[383] Man denke nur an die „Steuerhinterziehungsskandale" um Uli Hoeneß, dazu etwa https://www.spiegel.de/panorama/justiz/uli-hoeness-chronologie-zum-fall-der-steuerhinterziehung-a-1079799.html, den „Cum-ex-Skandal", dazu etwa https://www.handelsblatt.com/finanzen/banken-versicherungen/cum-ex/steuerhinterziehung-zwei-ehemalige-hvb-banker-im-cum-ex-skandal-zu-bewaehrungsstrafen-verurteilt/28780306.html oder auch den „VW-Diesel-Skandal", dazu https://www.tagesschau.de/wirtschaft/vw-hapke-103.html.

rechtsappell“ einstellt.[384] Generell darf im Lichte der unklaren empirischen Lage bezweifelt werden, dass eine etwaige Appellwirkung tatsächlich entscheidend dadurch beeinflusst wird, ob ein Strafgesetz an Individual- oder Allgemeinrechtsgüter anknüpft, oder ob nicht vielmehr die Erkenntnis des Rechts(-guts) diesen Appell bedingt. Insofern ist zuzugestehen, dass bei allgemeinrechtsgüterschädigenden Delikten diese Erkenntnis oftmals nicht auf der Hand liegt. Eine verallgemeinerungsfähige Korrelation ist dadurch allerdings nicht belegt.

Auch im Hinblick auf den Gesichtspunkt der Normmenge ist diese Abgrenzungsmethodik nicht zielführend. Denn die hohe Anzahl der neugeschaffenen Delikte basiert nicht nur auf Erwägungen zum Schutz von Allgemeinrechtsgütern, sondern zum Teil auch auf dem Schutz von Individualrechtsgütern. Verwiesen sei an dieser Stelle etwa auf das Hinweisgeberschutzgesetz (HinSchG)[385], welches den Schutz von sog. „Whistleblowern“ zum Gegenstand hat, vgl. § 1 Abs. 1 HinSchG. Dann würden neuere Gesetze teilweise dem Regime des § 16 Abs. 1 StGB unterstellt werden, teilweise dem des § 17 StGB, obgleich diese gleichermaßen bekannt oder unbekannt sein können.

IV. Fazit

Insgesamt zeigt sich, dass keine der denkbaren Abgrenzungsmethoden dazu geeignet ist, die Zwecke der Differenzierung angemessen abzubilden. Wenn aber keine adäquate Abgrenzung von Kern- und Nebenstrafrecht möglich ist,[386] dann reduziert sich der Sinn einer Trennung von Kern- und Nebenstrafrecht lediglich auf den formalen Hinweis im Hinblick auf den Standort der beleuchteten Vorschriften.[387] Dafür spricht auch bereits die sprachliche Untersuchung,[388] die für § 11 OWiG jedenfalls keine Abweichung zugunsten eines mit Unrechtseinsicht aufgeladenen Vorsatzes im Vergleich zu §§ 16, 17 StGB andeutete.[389] Werden Strafvorschriften, die dem Kern- oder Nebenbereichen zugeordnet werden, aufgrund einer solchen Einordnung pauschal weitere materielle Eigenschaften beigemessen, besteht die Gefahr, nicht überzeugende Differenzierungen vorzunehmen, die erhebli-

---

[384] *Safferling*, Vorsatz und Schuld, 2008, S. 152: „realitätsfern“; ähnlich auch *Roxin*, FS-Neumann 2017, 1023 (1033).

[385] Gesetz für einen besseren Schutz hinweisgebender Personen v. 31.5.2023, BGBl. 2023 I Nr. 140.

[386] So *Vogel/Bülte*, in: LK-StGB, 2020, § 17 Rn. 39; zweifelnd auch *Rosenbaum*, Große Strafrechtskommission, 2004, S. 73 f.

[387] Zu diesem Ergebnis kommen auch *Groteguth*, Verbots(un)kenntnis, 1993, S. 29 ff.; *Rodenbeck*, Verbotsirrtum, 2012, S. 169.

[388] Kap. 2 A. IV. 4.

[389] Auch *Samson*, in: Steuerstrafrecht, 1983, 99 (109) konstatiert, dass der Gesetzgeber der Lösung von *Lange* nicht gefolgt sei, für das Nebenstrafrecht die Vorsatztheorie anzuwenden.

chen Einfluss auf die Strafbarkeit des Einzelnen haben können.[390] Daher ist nach einem Lösungsweg zu suchen, der in einem einheitlichen System der Strafgesetze den Besonderheiten verschiedener Regelungsbereiche und den damit verbundenen rechtlichen Problemkreisen Rechnung trägt.[391] Ob dies tatsächlich möglich ist, oder doch eine tatbestandsbezogene differenzierende Handhabung der Abgrenzung von Tatbestands- und Verbotsirrtum notwendig ist,[392] wird sich in den folgenden beiden Kapiteln zeigen.

---

[390] Am Beispiel der Straßenverkehrsdelikte ähnlich *Glandien*, Markenstrafrecht, 2018, S. 86; ebenfalls gegen eine solche Unterscheidung *Papathanasiou*, Normative Tatbestandsmerkmale, 2014, S. 279.

[391] Ebenso *Kerscher*, Tatbestands- und Verbotsirrtum, 1969, S. 172, 175.

[392] So *Roxin*, FS-Tiedemann 2008, 375 (376).

Kapitel 3

Konturierung des Vorsatzbegriffs

Nachdem die gesetzlichen und straftheoretischen Rahmenbedingungen einer Irrtumslehre abgesteckt wurden und festgestellt worden ist, dass nur eine einheitliche Irrtumslehre bezogen auf alle Tatbestände des Strafrechts oder eine tatbestandsbezogene Herangehensweise in Betracht kommt, wird die Untersuchung nun mit der Frage fortgesetzt, wie der Vorsatzbegriff des Gesetzes im Detail auszulegen ist. Denn aus der Lehre vom Vorsatz lässt sich die tatbestandliche Irrtumslehre unmittelbar ableiten.[1]

A. Charakterisierung des Vorsatzes als Wissen und Wollen

Noch immer findet über das Wesen des Vorsatzes (zumindest mittelbar) eine Auseinandersetzung in beträchtlichem Ausmaß statt. Dies betrifft besonders die Frage um die Abgrenzung von Vorsatz und Fahrlässigkeit auf Tatbestandsebene, die im Folgenden als Konsequenz der angestellten Überlegungen interessant wird. Auch die Frage nach dem Umfang der Kenntnis, die der Täter im Hinblick auf die Tat haben muss, damit sie als vorsätzlich begangen eingeordnet werden kann, wird intensiv sowohl abstrakt als auch an konkreten Tatbeständen und einzelnen Merkmalen geführt. Man denke nur an das Merkmal der steuerlichen Erheblichkeit i. S. d. § 370 Abs. 1 Nr. 1 und Nr. 2 AO, bei welchem sowohl die Rechtsprechung als auch weite Teile der Literatur die Kenntnis der Steuererheblichkeit von Tatsachen zum Gegenstand des Vorsatzes erheben,[2] hingegen eine beharrliche Gegenauffassung die Kenntnis der die Steuerpflicht begründenden Tatsachen ausreichen lässt.[3] An dieser Stelle werden nun die notwendigen Konsequenzen der bisher erzielten Ergebnisse für die Abgrenzung von Vorsatz und Fahrlässigkeit herausgearbeitet. Ein

---

[1] *Wissmann*, Urheberstrafrecht, 2017, S. 152.

[2] St. Rspr., siehe nur BGH, Urt. v. 1.4.2020 – 1 StR 5/20, NStZ 2021, 301 Rn. 11 mit zahlreichen Nachweisen; *Bülte*, in: Joecks/Jäger/Randt, Steuerstrafrecht, 2023, AO, § 370 Rn. 502 ff.; *Jäger*, in: Klein, AO, 2024, § 370 Rn. 180; *Pelz*, in: Leitner/Rosenau, WSS, 2022, AO, § 370 Rn. 174; *Ransiek/Hüls*, NStZ 2011, 678 (679 f.).

[3] OLG Hamm, Urt. v. 6.5.1970 – 5 Ss Owi 52/70, ZfZ 1971, 340 (341); AG Köln, Urt. v. 10.1.2013 – 585 Ds 124/12, NZWiSt 2015, 105 (107 f.); *Maiwald*, Unrechtskenntnis, 1984, S. 15; *Meyer*, NStZ 1986, 443 (445 f.); *Warda*, Blankettstrafgesetze, 1955, S. 47 f.; früher noch *Roxin*, Offene Tatbestände, 1970, S. 147.

Abgleich mit gängigen Herangehensweisen wird sodann eine beachtliche Übereinstimmung in den Ergebnissen zeigen.

I. Konsequenzen der vorgenommenen Vorsatzbegründung

1. Vorschlag für die Grenzbestimmung zwischen Vorsatz und Fahrlässigkeit anhand des Wahrscheinlichkeitsurteils des Täters

Die Abgrenzung von Vorsatz und Fahrlässigkeit ist für die Bestrafung des Täters von zentraler Bedeutung. Sie entscheidet vielfach nicht nur über das Strafmaß, sondern auch über die Strafbarkeit insgesamt. Die gegebene Begründung für die besondere Unrechts- und damit auch Strafbarkeitsfolge, die im Wesentlichen in der davon ausgehenden gesteigerten Gefahr eines wiederholten Gesetzesverstoßes liegt,[4] zwingt dazu, das vom Wortlaut des § 16 Abs. 1 S. 1 StGB vorgegebene notwendige Wissen um die Umstände, die zum gesetzlichen Tatbestand gehören, zugleich auch für hinreichend zu erklären.[5] Denn die Gefahr der wiederholten Herbeiführung tatbestandsmäßiger Situationen – und damit schlussendlich der teilweisen Entwertung der Strafbewehrung – existiert unabhängig von einer darüberhinausgehenden emotiven Einstellung des Täters zum Recht und auch zu den Rechtsgütern. Im Gegenteil: Oftmals steigert sich die Wiederholungsgefahr, wenn der Täter das geschützte Rechtsgut nicht als solches wahrnimmt. Unter diesem Gesichtspunkt erscheint es gerade wichtig, eine deutliche staatliche Reaktion auf das Verhalten zu zeigen. Für ein selbstständiges voluntatives Element bleibt dann konzeptionell kein Raum. Unschädlich, aber auch überflüssig ist es sodann, wenn das Wollen aus der hinreichenden Kenntnis unmittelbar abgeleitet wird.[6]

Doch auch darüber hinaus ergeben sich Zweifel an der Sinnhaftigkeit eines selbstständigen voluntativen Elements.[7] So gibt es zahlreiche normativ aufgeladene Merkmale, bei denen es schon semantisch wenig überzeugend ist, vom „Wollen“ diesbezüglich zu sprechen. Man denke nur an das Merkmal der „Fremdheit“: Der Täter wird die Fremdheit einer Sache nicht „wollen“. Im Gegenteil: Er erstrebt ja gerade die Gerierung als Eigentümer.[8] Auch „will“ der Täter nicht eine Tat als „Amtsträger“, vielmehr ist ihm dieser Umstand allenfalls „bewusst“. Ein gesetzli-

---

[4] Kap. 1 C. II. 1. b).

[5] Dementgegen noch *Lang-Hinrichsen*, JR 1952, 302 (303), es könne „nicht durch einen Erkenntnisakt, sondern nur durch einen Willensakt [...] entschieden werden, was dem einen und was dem anderen zuzurechnen ist“.

[6] *Hruschka*, FS-Kleinknecht 1985, 191 (193); in diese Richtung auch *Kulhanek*, in: MüKo-StGB, 2024, § 16 Rn. 67 f.; dazu kritisch *Heidingsfelder*, Der umgekehrte Subsumtionsirrtum, 1991, S. 112.

[7] Kritisch auch *Frisch*, Vorsatz und Risiko, 1983, S. 262 f.; *Frister*, ZIS 2019, 381 (382); *Kiel*, Risiko als Konstruktion, 2024, S. 186.

[8] *Kudlich*, in: BeckOK-StGB, Stand 1. 11. 2025, § 15 Rn. 3.1.

cher Anknüpfungspunkt für ein generelles selbstständiges voluntatives Element lässt sich ebenfalls nicht finden. Die Tatsache, dass das Strafrecht fragmentarisch Absichten einfordert, etwa im Bereich der Vermögensdelikte, lässt nur Rückschlüsse darauf zu, dass das Strafrecht Willensausprägungen kennt, nicht jedoch, dass es diese zur Annahme des Vorsatzes einfordert. Teleologisch lassen sich Argumente nur finden, wenn die Prämissen zur Legitimation der Vorsatzstrafbarkeit nicht geteilt werden. Dies wäre etwa denkbar, wenn mit der Zuschreibung[9] von Vorsatz bereits ein Vorurteil zulasten des Täters verbunden und daran anknüpfend ein „Mehr" als die hier dargelegte gesteigerte Gefahrensituation bezüglich der Wiederholung der Tatbegehung eingefordert wird.[10] Nicht von der Hand zu weisen ist in diesem Zusammenhang, dass der Begriff Vorsatz seinem Sprachursprung nach mit dem Willen verwandt ist.[11] Jedoch wurde bereits dargelegt,[12] dass der Rückgriff auf Elemente der Vorwerfbarkeit weder notwendig noch im Lichte der durch §§ 16 und 17 StGB niedergelegten Schuldtheorie[13] überzeugend ist, insoweit der aktuelle rechtliche Vorsatzbegriff vom sprachlich verwurzelten losgelöst ist.[14]

Teilweise wird hierzu kritisch geäußert, dass das Maß der notwendigen Kenntnis für sich genommen zu unbestimmt sei.[15] Zwar ist zuzugeben, dass es H. Mayer, dem die Wahrscheinlichkeitstheorie zugeschrieben wird,[16] nicht gelungen ist, eine praktikabel subsumierbare Handreichung zur Bestimmung der hinreichenden Wahrscheinlichkeit anzubieten.[17] Daraus folgt aber noch nicht die Unmöglichkeit eines solchen Vorhabens.[18] Wenn als Prämisse die Rationalität menschlichen Verhaltens zugrunde gelegt wird, könnte der gesuchte Maßstab in der Frage liegen, ob der Täter bei der Vornahme der untersuchten Verhaltensweise ein Wahrscheinlichkeitsurteil zugunsten der Verwirklichung der tatbestandsmäßigen Situation gefällt hat und sich trotzdem – treffender in vielen Fällen eigentlich „deswegen" – für

[9] Zum Vorsatz als Zurechnungsurteil *Hruschka*, FS-Kleinknecht 1985, 191 (201 f.); *Pérez-Barberá*, GA 2013, 454 (458); *Schladitz*, ZStW 134 (2022), 97 (118).

[10] So *Geerds*, JURA 1990, 421 (427); *Hassemer*, GS-Armin Kaufmann 1989, 289; *Hirsch*, FS-Schroeder 2006, 223 (228); *Koriath*, JURA 1996, 113 (124); auch *Roxin*, FS-Tiedemann 2008, 375 (376) spricht vom „Vorwurf vorsätzlich-kriminellen Verhaltens"; ähnlich zuvor schon in ZStW 96 (1984), 641 (658).

[11] Dazu ausführlich *Spendel*, FS-Lackner 1987, 165; siehe auch Kap. 2 A. IV. 3. a).

[12] Kap. 1 C. II. 1. b).

[13] Kap. 1 D. IV. 1.

[14] So auch *Puppe*, Vorsatz, 1992, S. 36.

[15] *Ambrosius*, Vorsatzabgrenzung, 1966, S. 63 f.; *Germann*, SchwZStR 77 (1961), 345 (361); *Roxin*, JuS 1964, 53 (60 f.); *Schuster*, in: TK-StGB, 2025, § 15 Rn. 76; kritisch auch *Frisch*, Vorsatz und Risiko, 1983, S. 281 ff.

[16] *H. Mayer*, Strafrecht AT, 1953, S. 250 f.

[17] *Roxin*, JuS 1964, 53 (60 f.); einen Ansatz zur Bestimmung bietet *Kiel*, Risiko als Konstruktion, 2024, S. 185 ff.

[18] Für zwingend hält die Wahrscheinlichkeitstheorie *Pérez-Barberá*, GA 2013, 454 (467 f.); zentral auch für *Kiel*, Risiko als Konstruktion, 2024, S. 185.

die Vornahme entschieden hat.[19] Wird der Adressat des Gesetzes grundsätzlich als vernunftbegabtes Wesen begriffen,[20] muss unterstellt werden, dass er sich zumindest unterbewusst ein Wahrscheinlichkeitsurteil darüber bildet, welche Folgen seine Verhaltensweisen in natürlicher Hinsicht haben und er sich entsprechend daran orientiert.[21] Antizipiert wird dabei der aus Sicht des vernünftigen Individuums wahrscheinlichste Kausalverlauf. Das heißt nicht, dass es sich dabei um den objektiv wahrscheinlichsten Kausalverlauf handeln muss; im Gegenteil: Es wird sich regelmäßig um eine abweichende Vorstellung des Täters handeln. Zu weitgehend ist es daher, wenn Puppe nicht auf das Risikourteil des Täters, sondern auf das eines vernunftbegabten Menschen generell abstellt.[22] Es ergibt unter präventiven Gesichtspunkten keinen Sinn, einen erhöhten Strafrahmen anzulegen, wenn der Täter ein Verhalten vornimmt, das nach seiner Anschauung unter intuitiver Berücksichtigung der Gesetze der Wahrscheinlichkeit nicht zum Taterfolg führt. Er hat damit gerade nicht hinreichend[23] zum Ausdruck gebracht, dass er zur Verwirklichung der Tatumstände bereit war. Wenn der Täter für sich selbst hingegen die Verwirklichung der tatbestandsmäßigen Situation als überwiegend wahrscheinliche Folge seines Verhaltens antizipiert hat und trotzdem nicht davon ablässt, ist der Nachweis gelungen, dass eine hervorgehobene Wiederholungsgefahr bei ihm und bei Dritten besteht.

Nach dem oben Gesagten ist unterhalb dieser Schwelle für den Rechtsanwender besondere Sorgfalt bei der Annahme vorsätzlichen Handelns anzulegen. Jedoch kann es auch in diesem Bereich Situationen geben, in welchen der psychische Zustand des Täters im Tatzeitpunkt im Lichte der Zwecke von Vorsatzstrafe[24] eine vergleichbare Ausgestaltung erfahren hat. Dies wird im Folgenden am Beispiel von Tötungen, Aussagedelikten und Vermögensdelikten aufgezeigt.

2. Kapitaldelikte

Tötungen stellen ein anschauliches Beispiel für zwei Situationen dar, in denen der Täter vorsätzlich handelt, obgleich er den Erfolgseintritt nicht für überwiegend wahrscheinlich hält. So ist es denkbar, dass der Täter generell nicht glaubt, den Taterfolg mit überwiegender Wahrscheinlichkeit herbeiführen zu können. Als

[19] Noch weitergehend bereits beim Erkennen einer konkreten Gefahr *Schladitz*, ZStW 134 (2022), 97 (130); *Walter*, NJW 2017, 1350 (1351 f.).

[20] Auch *Puppe*, ZStW 103 (1991), 1 (14) macht dies zum Ausgangspunkt ihrer Überlegungen; diese Einschätzung ist auch dem Grundgesetz immanent, dazu *Kirchhof*, in: Dürig/Herzog/Scholz, GG, August 2025, Art. 3 Abs. 1 Rn. 78; siehe für die Schweiz auch *Richter*, ZaöRV 67 (2007), 319 (322).

[21] Im Detail *Kiel*, Risiko als Konstruktion, 2024, S. 155 ff.

[22] *Puppe*, ZStW 103 (1991), 1 (14); ähnlich *Herzberg*, JuS 1986, 249 sowie JZ 1988, 635 (639 ff.); *Pérez-Barberá*, GA 2013, 454 (468 f.).

[23] Anders wohl *Pérez-Barberá*, GA 2013, 454 (469).

[24] Kap. 1 D. II. 1. b).

Muster dient der Attentäter, der nur aus großer Distanz einen Schuss abgeben kann, um die verhasste prominente Persönlichkeit zu töten. Für diese Fälle genügt es, wenn der Täter das aus seiner Sicht erfolgsgeeignetste Verhalten an den Tag legt, auch wenn er zur Einschätzung gelangt, dass selbst dieses nicht mit überwiegender Wahrscheinlichkeit den Taterfolg herbeiführt. Es stellt ein rationales Äquivalent dar, wenn der Täter sich um die Erfolgsherbeiführung bestmöglich bemüht. Aufgrund dieser Rationalität ist sodann auch die Wiederholungsgefahr durch Dritte erheblich erhöht: Es würde gerade dazu einladen, wenig erfolgsträchtige Tötungshandlungen gegen verhasste Personen vorzunehmen. Es handelt sich daher um keine notwendige, aber eine hinreichende Bedingung für die Einordnung des Verhaltens als vorsätzlich.[25]

Bisweilen wird die Herbeiführung einer tatbestandsmäßigen Situation aber nur ein Zwischenziel sein, um ein anderes Ergebnis herbeizuführen. So tötet der potenzielle Erbe den potenziellen Erblasser, um dessen Vermögen zu erlangen. Der krankhaft Verliebte tötet den Lebenspartner seiner Affäre, um die Gunst seiner Geliebten zu gewinnen. Der Attentäter tötet das Regierungsmitglied, um politische Instabilität hervorzurufen. Daraus lässt sich erkennen, dass die Auswahl des vorgenommenen Tatverhaltens nicht nur durch die Erfolgswahrscheinlichkeit determiniert sein muss. Vielmehr werden andere Umstände in die Abwägung einbezogen, welche dazu verleiten können, von einem aus Sicht des Täters überwiegend erfolgsversprechenden Tatverhalten abzulassen.[26]

Prägnant ist dabei das Interesse des planvoll handelnden Täters daran, nicht überführt zu werden.[27] Daher wird er es in einigen Fällen vorziehen, eine Tötung aus der Distanz vorzunehmen, um am Tatort nicht gesehen zu werden, selbst wenn er das Risiko eines Fehlgehens höher einschätzt als das eines Gelingens. Jedoch können diese weitergehenden Motivationen auch höchstpersönlich sein. Wer sich für die versehentliche Tötung des eigenen Haustiers durch einen beim Autofahren unaufmerksamen Nachbarn rächen möchte, möchte es diesem womöglich in gleicher Art heimzahlen, auch wenn er das Haustier des Nachbarn als besonders schreckhaft einschätzt und deswegen ein Überfahren für äußerst unwahrscheinlich hält. In diesen Beispielen stellt die Erfolgsherbeiführung das Zentrum der Erwägungen dar. Diese Zentralstellung wird immer dann begründet, wenn der Täter sein Verhalten daran ausrichtet und den Geschehensablauf um diesen herum plant, sodass jedenfalls in allen aus Tätersicht zielführenden Szenarien der Erfolgseintritt notwendiger Bestandteil ist. Der psychische Zustand im Zeitpunkt der Tatbegehung ist dann ebenso vergleichbar zu demjenigen, in dem der Täter den Erfolgseintritt als überwiegend wahrscheinlich antizipiert. Es besteht eine große Wiederholungsgefahr beim Täter und bei Dritten, weil durch das Tatverhalten zwar nicht unmittelbar die Legitimität des Taterfolges, allerdings die Legitimität einer Fernzielerreichung

[25] A. A. *Pérez-Barberá*, GA 2013, 454 (471).

[26] Zur Rationalität von Kriminalität *Follert*, ZStW 130 (2018), 420.

[27] *Follert*, ZStW 130 (2018), 420 (435); *Werner*, KritV 1992, 433 (436 f.).

über die Grenzen des geltenden Rechts hinaus propagiert wird. Straftatbestände können nicht immer das Endziel des Täters in den Blick nehmen, sondern oft bloß eine Zwischenstufe. Es darf daher keinen Unterschied machen, ob der Täter das erfolgsversprechendste Verhalten zur Erfüllung des Tatbestands vorgenommen hat, oder das zur Erreichung des Fernziels erfolgsversprechendste, wenn in diesem Szenario der Taterfolg im Zentrum steht.

Nicht ausreichend ist es demgemäß, wenn es der Täter nur in wenigen angedachten erfolgreichen Szenarien für notwendig erachtet, dass der Taterfolg eintritt, sobald er es unter Berücksichtigung intuitiver Wahrscheinlichkeitsurteile für realistischer hält, ein erfolgreiches Szenario ohne Taterfolg herbeizuführen. Hiermit ist das umschrieben, was die Rechtsprechung als billigendes in Kauf nehmen des Erfolgseintritts regelmäßig noch dem Vorsatz zuschlägt.[28] Letztlich wird damit die bloße unbotmäßige Gesinnung gegenüber den beeinträchtigten Rechtsgütern bestraft, ohne dass dem in der Vorstellung des Täters eine hinreichende Gefährlichkeit seines Verhaltens beisteht. Der Täter entscheidet sich nicht für die Herbeiführung des Taterfolgs, sondern ausschließlich für die Herbeiführung eines außertatbestandlichen Erfolgs. Der Taterfolg ist aus Tätersicht bloße Begleiterscheinung, aber keine rational prognostizierte Notwendigkeit. Das Verhalten des Täters ist somit (bloß) von einer besonderen Rücksichtslosigkeit geprägt, wie sie als psychisches Merkmal für die (grobe) Fahrlässigkeit prägend ist. Und weil damit keine Entscheidung für die unerlaubte Rechtsgutsbeeinträchtigung verbunden ist, ist die Wiederholungsgefahr noch nicht hinreichend gegeben, um das höhere Strafmaß des Vorsatzdelikts zu begründen.

3. Aussagedelikte und Vermögensdelikte

Diese Überlegungen lassen sich aber nicht nur für Tötungsdelikte fruchtbar machen. Vielmehr kommt ihnen universeller Charakter zu, was durch die Heranziehung weiterer Deliktsbereiche untermauert werden soll.

So zeichnen sich Aussagedelikte ihrer Natur nach dadurch aus, dass sie primär die im Allgemeininteresse stehende Wahrheitsfindung vor Gericht schützen.[29] Es handelt sich um Gefährdungsdelikte,[30] da es für die Strafbarkeit nicht auf das Resultat einer fehlerhaften richterlichen Entscheidung ankommt. Ziel einer bewusst unwahren Aussage ist regelmäßig nicht unmittelbar die Gefährdung der Wahrheitsfindung, sondern die Vermeidung von nachteiligen Konsequenzen, die aus der Wahrheitsfindung drohen. Daraus folgt, dass auch hier nicht (nur) auf die Über-

---

[28] Siehe statt vieler: BGH, Urt. v. 14.2.2024 – 5 StR 215/23, NStZ 2024, 410 (410); Urt. v. 24.4.2024 – 5 StR 510/23, NStZ 2024, 481 (482).

[29] BGH, Beschl. v. 24.10.1955 – GSSt 1/55, BGHSt 8, 301 (309); *H. E. Müller*, in: MüKo-StGB, 2021, Vor § 153 Rn. 7; *Norouzi*, in: Matt/Renzikowski, StGB, 2020, Vor § 153 Rn. 1.

[30] *H. E. Müller*, in: MüKo-StGB, 2021, Vor § 153 Rn. 18: abstraktes Gefährdungsdelikt; *Vormbaum*, in: NK-StGB, 2023, Vor §§ 153–162 Rn. 19: konkretes Gefährdungsdelikt.

zeugung bezüglich der Gefährdung der Wahrheitsfindung abgestellt werden kann. Vielmehr kann es ausreichend sein, wenn der Täter eine Gefährdung für generell unwahrscheinlich hält, die Wahrheitsfindung aber für ihn derart unerträglich ist, dass er auch eine aus seiner Sicht geringe Chance wahrnehmen möchte. Ebenso können andere rationale Motive dazu verleiten, keine stark gefährdende Aussage zu wählen, weil sich hierdurch der Täter z.B. selbst belasten müsste, sodass er stattdessen auf eine ihn stärker begünstigende, jedoch nicht überwiegend wahrscheinlich die Wahrheitsfindung beeinträchtigende Aussage zurückgreift.

Besonders augenfällig wird die Berücksichtigung vorteilsrationaler Erwägungen sodann bei Vermögensdelikten. Wie die tiefergehende Analyse von Kriminalität im 20. Jahrhundert zu Tage förderte, ist die Begehung von Straftaten im Bereich der Wirtschaft besonders deutlich vom Gebot der Effizienz gekennzeichnet,[31] was die Berücksichtigung erfolgsferner Motivationen bei der Vorsatzbestimmung erforderlich macht. Ein prägnantes Beispiel hierzu stellen Telefonbetrugssysteme[32] dar. In diesen Fällen wird die Erfolgsaussicht einer Irrtumserregung durch Täuschung i.S.d. § 263 Abs. 1 StGB auch von den Tätern für äußerst unwahrscheinlich gehalten. Gleichwohl werden diese Methoden bevorzugt, weil sie andere Vorteile mit sich bringen: Es kann eine große Anzahl von Personen in kurzer Zeit adressiert werden, was die Gesamtwahrscheinlichkeit einer Gewinnerzielung auf alle Fälle gerechnet stark erhöht. Ferner ist ein Agieren im Wege der Fernkommunikation sogar aus dem Ausland[33] möglich, sodass die Aufklärungswahrscheinlichkeit der Taten minimiert wird. Trotzdem bleibt bei diesen Methoden der Erfolgseintritt im Zentrum der Überlegungen; auf diesem basieren gerade solche illegalen Geschäftsmodelle. Entsprechend liegt auch in jedem dieser einzelnen Betrugsfälle Vorsatz bezüglich der Tatbegehung vor.

4. Zum Zusammenhang mit der rechtlich relevanten Gefahr

Aus dem Vorstehenden darf allerdings nicht geschlussfolgert werden, dass das Maß der rechtlich relevanten Gefahr im Rahmen des objektiven Tatbestands mit diesem Entscheidungsmaß korreliert. Beide Erscheinungen greifen zwar auf Risikoeinschätzungen zurück, basieren aber auf unterschiedlichen Prämissen: Bei der objektiven Zurechnung auf erster Stufe bzw. bei der Frage nach dem tatbestandsmäßigen Verhalten wird ein gesellschaftlich nicht mehr hinnehmbares Maß des Risikos gesucht, welches sich in Anbetracht der Freiheitsinteressen des Täters bzw.

[31] Generell *G. Becker*, JPE 1968, 169 (insb. 176); für den Betrug *Cressey*, Other people's Money, 1953, insb. S. 30; allgemein für Wirtschaftstaten *Geng*, GS-Joecks 2018, 221 (236).

[32] Zu einigen Varianten *Brand/Reschke*, NStZ 2011, 379.

[33] Siehe dazu etwa die Warnung des BKA auf deren Homepage, https://www.bka.de/DE/UnsereAufgaben/Deliktsbereiche/BetruegerischeGewinnversprechen/callCenterBetrug.html.

der Gesellschaft insgesamt bestimmt.[34] Es findet also eine rechtliche Abwägung[35] statt, in welcher die Eintrittswahrscheinlichkeit einer Interessenbeeinträchtigung nur einer von mehreren zu berücksichtigenden Faktoren ist.[36] So fließen etwa auch die Intensität des drohenden Schadens und der gesellschaftliche Nutzen der Verhaltensvornahme[37] dort ein. Dies kann dazu führen, dass bei einer geringen Eintrittswahrscheinlichkeit die rechtliche Missbilligung aus der Gewichtung der anderen Faktoren folgt. Beim Vorsatzerfordernis wird hingegen auf die Wiederholungsgefahr bezüglich der Erfolgsherbeiführung abgestellt, welche nur unter den obigen Maßstäben gegeben ist. Daraus ergibt sich, dass der Täter auch ein vorsätzliches tatbestandsrelevantes Verhalten vornehmen kann, wenn die tatsächliche Wahrscheinlichkeit des Erfolgseintritts (deutlich) unterhalb von 50% liegt.[38] Zusammenfassend lässt sich damit festhalten, dass auf der Ebene des objektiven Verhaltensunrechts ein normativer Abwägungsmaßstab anzulegen ist, während das subjektive Verhaltensunrecht zentral durch die deskriptive Wahrscheinlichkeitseinschätzung des Täters geprägt ist.[39]

5. Weitergehend: Behandlung des abergläubischen Versuchs

Mit diesen Erkenntnissen lassen sich sodann auch die Fälle des abergläubischen Versuchs bzw. irrationalen Wünschens[40] einer Lösung zuführen. Zwar ist der vom Täter vorgestellte Taterfolg Ausdruck einer unbotmäßigen Gesinnung gegenüber fremden Rechtsgütern. Allerdings handelt es sich beim antizipierten Verlauf des Geschehens nicht um einen im obigen Sinne rechtlich missbilligten, weil das individuelle Freiheitsinteresse nicht durch einen risikoindifferenten Umstand überlagert werden kann. So wie im berühmten Erbonkel-Fall eine Strafbarkeit des Neffen wegen Mordes an der objektiven Zurechenbarkeit scheitert,[41] weil es einen im rechtlichen Sinne risikoindifferenten Umstand darstellt, den Onkel auf eine Flugreise zu schicken, ändert sich daran nichts, wenn dieser Verlauf nur in der Vor-

[34] Dazu *Kindhäuser*, GA 1994, 197 (215); *Roxin/Greco*, Strafrecht AT I, 2020, § 11 Rn. 55, 66; *von der Meden*, JuS 2015, 22 (23 f.).

[35] *Eisele*, in: TK-StGB, 2025, Vor § 13 Rn. 93; *Freund*, Unterlassen, 1992, S. 12: komplexes System normativer Kriterien; *Roxin/Greco*, Strafrecht AT I, 2020, § 11 Rn. 66: Globalabwägung; ebenso *Schladitz*, Objektive Zurechnung, 2021, S. 122.

[36] Zu dessen Aussagekraft für den objektiven Tatbestand *Puppe*, ZStW 95 (1983), 287.

[37] *Schladitz*, Objektive Zurechnung, 2021, S. 119.

[38] *Frisch*, JuS 2011, 19 (116): „gewisse Möglichkeit oder Wahrscheinlichkeit"; *Heuchemer*, in: BeckOK-StGB, Stand 1.11.2025, § 13 Rn. 24: „statistisch durchaus signifikante[s] Risiko[s]".

[39] Kritisch mit Blick auf die fehlende Harmonisierung *Schladitz*, Objektive Zurechnung, 2021, S. 187 f.

[40] Zum Wünschen als Wollen ohne hinreichendes Wissen *Kulhanek*, in: MüKo-StGB, 2024, § 16 Rn. 28; *Stratenwerth*, ZStW 71 (1959), 51 (64).

[41] *Freund/Rostalski*, in: MüKo-StGB, 2024, Vor §§ 13 ff. Rn. 189; *Puppe/Grosse-Wilde*, in: NK-StGB, 2023, Vor §§ 13–15 Rn. 154.

stellung des Täters eintreten soll. Es handelt sich hierbei nicht um ein originäres Problem des subjektiven Tatbestands, sondern um ein Problem der Tatbestandsrelevanz des Verhaltens.[42]

Eine Vermischung dieser Ebenen findet sich bei Murmann, wenn dieser die Absichten des Täters zum Anlass nehmen möchte, um die objektive Tatbestandsmäßigkeit des Verhaltens zu begründen.[43] Zur Begründung verweist er auf den umfassenden Abwägungsprozess zwischen den Freiheitssphären, der das Urteil unerlaubten Risikos trägt.[44] In diesen könne auch die subjektive Zwecksetzung des Täters einfließen. So müsse das Opfer eine Gefährdung eigener Rechtsgüter gegebenenfalls nicht hinnehmen, wenn die Zwecksetzung bereits rechtlich missbilligt ist.[45] Mit der Grundidee einer Abgrenzung von Verantwortungsbereichen[46] durch das Instrument der objektiven Zurechnung ist dies jedoch nicht vereinbar.[47] Wer sich in Kenntnis aller Risiken zu einer Flugreise, einem Gewitterspaziergang oder einer Straßenverkehrsfahrt motiviert, ist durch das Strafrecht nicht schutzbedürftig. Je geringer zudem das eingegangene Risiko ist, desto weniger plausibel ist es dann, dessen rechtliche Relevanz von der Zwecksetzung des Täters abhängig zu machen.[48] Es besteht darüber hinaus auch in doppelter Hinsicht keine Wiederholungsgefahr: Einerseits, weil Dritte selbst im Erfolgsfall nicht davon ausgehen werden, dass dieses Verhalten erneut einen gewünschten Taterfolg herbeiführt. Andererseits, weil durch das Verhalten ohnehin keine rechtlich berücksichtigenswerten Risiken entstehen, von daher im Rechtssinne schon keine Gefahren drohen.[49]

6. Zwischenergebnis

Der Vorteil einer grundsätzlichen Orientierung an der überwiegenden Wahrscheinlichkeit liegt darin, dass sich der Maßstab sprachlich gut fassen lässt und deswegen auch sinnvoll kommunikativ genutzt werden kann. Wo es Schwierigkeiten macht und wenig zielführend ist, den Täter im Hinblick auf zahlenmäßige Wahrscheinlichkeitswerte zu befragen,[50] kann hier als erster Ansatzpunkt danach gefragt werden, ob der Täter es für wahrscheinlicher hielt, dass der Erfolg eintritt,

---

[42] Anders *Fabian*, Abgrenzung, 1905, S. 24, der hierin eine Schwäche der subjektiven Versuchslehre sieht.

[43] *Murmann*, FS-Herzberg 2008, 123 (134 ff.); befürwortend *Schladitz*, Objektive Zurechnung, 2021, S. 123 f.

[44] *Murmann*, FS-Herzberg 2008, 123 (134).

[45] *Murmann*, FS-Herzberg 2008, 123 (135).

[46] Dazu *Eisele*, in: TK-StGB, 2025, Vor § 13 Rn. 92b; *Kindhäuser/Hilgendorf*, in: LPK-StGB, 2022, Vor § 13 Rn. 117 ff.

[47] *Puppe/Grosse-Wilde*, in: NK-StGB, 2023, Vor §§ 13–15 Rn. 154 Fn. 213.

[48] *Puppe/Grosse-Wilde*, in: NK-StGB, 2023, Vor §§ 13–15 Rn. 154 Fn. 213.

[49] *Frisch*, FS-Roxin 2001, 213 (223 f.).

[50] So auch die plakative Kritik von *Roxin*, JuS 1964, 53 (60 f.).

als dass er nicht eintritt. Dies verhindert aufgrund des regelmäßigen Schweigens des Täters zu einer solchen Frage zwar nicht eine umfangreiche Ermittlung und Würdigung der Umstände.[51] Es hilft jedoch, ein sprachliches Missverständnis zwischen dem Angeklagten und dem Gericht zu vermeiden. Subsidiär muss gegebenenfalls auf die Überlegung zurückgegriffen werden, ob der Täter den Eintritt des Taterfolgs in das Zentrum seiner Vorstellung gestellt und das weitere Geschehen um diesen herum geplant hat.

Letztlich ist allerdings jede genauere Ausgestaltung, die den Gegenstand des Vorsatzes anhand des Umfangs an Wissen zu konkretisieren sucht, mit dem hier angelegten Zweckverständnis von Vorsatz verträglich, ohne sich daraus zwingend herleiten zu lassen. Es decken sich diese Schlussfolgerungen zugleich mit einer bereits lange gewonnenen Erkenntnis: (Tatbestands-)Irrtum und Vorsatz sind zwei Komplementärbegriffe des Strafrechts.[52] So wie jeder Tatbestandsirrtum gemäß § 16 Abs. 1 S. 1 StGB zur Folge hat, dass der Vorsatz entfällt, bedeutet jede Ablehnung des Vorsatzes zugleich das Attestieren eines vorsatzausschließenden Irrtums.[53] Denn selbst bei der bewussten Fahrlässigkeit irrt sich der Täter über das von ihm zugrunde gelegte Risiko der Herbeiführung des Taterfolgs.[54]

II. Abgleich mit gängigen Vorsatzkonzeptionen

Die hiesige Konzeption gliedert sich entgegen dem ersten Eindruck in die moderne Rechtsliteratur zur Abgrenzung von Vorsatz und Fahrlässigkeit ein. Unter Berücksichtigung zahlreicher jüngerer Beiträge zu dieser Frage kann plausibel behauptet werden, dass das Fundament der Rechtsprechung zugunsten[55] eines selbstständigen voluntativen Elements bröckelt.[56] Zum Teil wird dabei – wie auch hier –

---

[51] Dazu im Einzelnen *Bosch*, JURA 2018, 1225 (1229 ff.).

[52] *Frank*, Strafgesetzbuch, 1908, § 59 V., S. 134: „[…] daß der Irrtum in jedem Sinne nichts anderes bedeutet als die Verneinung des Dolus".

[53] *Backes*, Steuerstrafrecht, 1981, S. 99; *Puppe*, in: NK-StGB, 2023, § 16 Rn. 1; dies hat im Bereich des sog. umgekehrten Irrtums Folgewirkungen, dazu Kap. 4 C.

[54] *Frisch*, Vorsatz und Risiko, 1983, S. 222 ff.; knapp auch *Rostalski*, JuS 2021, 827 (827): Fahrlässigkeitstat immer eine Irrtumstat.

[55] BGH, Urt. v. 15.2.2018 – 4 StR 361/17, NStZ-RR 2018, 174 (176): „Würdigung des voluntativen Vorsatzelements"; Urt. v. 5.12.2017 – 1 StR 416/17, NStZ 2018, 206 (207): „Wissens- oder das Willenselement des Eventualvorsatzes"; Urt. v. 13.11.2019 – 5 StR 409/19, NStZ-RR 2020, 80 (81): „weder für das Wissens- noch für das Willenselement"; Urt. v. 29.4.2021 – 5 StR 339/20, NZWiSt 2021, 360 (362): „Bejahung des Willenselements des bedingten Vorsatzes"; *Duttge*, in: D/D/K/R, Gesamtes Strafrecht, 2022, StGB, § 15 Rn. 19; *Gaede*, in: Matt/Renzikowski, StGB, 2020, § 15 Rn. 22; *Germann*, SchwZStR 77 (1961), 345 (351 ff.); *Heger*, in: Lackner/Kühl/Heger, StGB, 2023, § 15 Rn. 19; *Kulhanek*, in: MüKo-StGB, 2024, § 16 Rn. 64; *Roxin/Greco*, Strafrecht AT I, 2020, § 13 Rn. 72; *Schuster*, in: TK-StGB, 2025, § 15 Rn. 80; *Wissmann*, Urheberstrafrecht, 2017, S. 189.

[56] So auch *Roxin/Greco*, Strafrecht AT I, 2020, § 12 Rn. 79.

die Notwendigkeit eines voluntativen Elements in Abrede gestellt.[57] So müsse nur das kognitive Element korrekt verstanden werden, um die Abgrenzung sinnvoll zu ermöglichen.[58] Oft wird dieses aber zumindest in Abhängigkeit zum Wissenselement gestellt und der Wille zur Verwirklichung des Tatbestands aus der hinreichenden Kenntnis der Umstände abgeleitet.[59] Der Sache nach tut dies auch die Rechtsprechung,[60] wenn ein Vertrauen auf einen guten Ausgang nur dann den Vorsatz ausschließen solle, wenn es für das Vertrauen „Tatsachen“ gäbe,[61] wodurch die Differenzen zu den (rein) kognitiven Ansätzen[62] erheblich reduziert werden. Wenn in der Rechtsprechung der Terminus des Billigens repräsentativ für das voluntative Element gebraucht wird, ist dies nicht als „billigen“ im alltagssprachlichen Sinne einer positiven inneren Stellungnahme des Täters zum Geschehensablauf gemeint.[63] Vielmehr wird darauf abgestellt, ob der Täter sich trotz Kenntnis um die Gefahr der Tatbestandserfüllung für die Vornahme des in Rede stehenden Verhaltens entscheidet.[64] So heißt es im Urteil vom 5.12.2017:[65] „Bezogen auf bedingten Tötungsvorsatz liegt bei äußerst gefährlichen Gewalthandlungen nahe, dass der *Täter mit der Möglichkeit rechnet, das Opfer könne zu Tode kommen* und – *weil er mit seinem Handeln gleichwohl fortfährt* […]“. Damit ist letztlich nichts anderes gesagt, als dass der Täter selbst „nur“ ein hinreichendes subjektives Wahrscheinlichkeitsurteil bezüglich der Herbeiführung des Taterfolgs getroffen haben muss. Wenn ihn diese Prognose dann (trotzdem) dazu bringt, das fragliche Verhalten an den Tag zu legen, handelt er auch im Sinne dieser Rechtsprechungslinie vorsätzlich. Mit Recht halten daher Roxin/Greco fest, dass der Streitstand um die Elemente des Vorsatzes „in seiner Bedeutung überschätzt“ zu werden scheint.[66]

---

[57] *Frister*, ZIS 2019, 381 (382); *Fukuda*, in: FS-Hirsch 1999, 175 (181); *Herzberg*, JuS 1986, 249 (258); *Jakobs*, Strafrecht AT, 1991, 8. Abschn. Rn. 8; *Kindhäuser/Hilgendorf*, in: LPK-StGB, 2022, § 15 Rn. 120 ff.; *Puppe*, in: NK-StGB, 2023, § 15 Rn. 44; *dies.*, ZStW 103 (1991), 1 (9); *Schladitz*, ZStW 134 (2022), 97 (122 f.); *Schmidhäuser*, Strafrecht AT, 1984, Kap. 7 Rn. 42; teilweise anerkennend auch *Vogel/Bülte*, in: LK-StGB, 2020, § 15 Rn. 126.

[58] *Frisch*, Vorsatz und Risiko, 1983, S. 263; daran anknüpfend *Freund*, Unterlassen, 1992, S. 37 Fn. 38.

[59] *Hruschka*, FS-Kleinknecht 1985, 191 (193); *Stein/Schneider*, in: SK-StGB, 2025, § 16 Rn. 34 f.; der Sache nach auch *Momsen*, in: S/S/W, StGB, 2024, § 15 Rn. 7 i.V.m. Rn. 35; *Otto*, GK Strafrecht, 2000, § 7 Rn. 44 f.

[60] *Herzberg*, JZ 1988, 573 (575).

[61] Siehe insbesondere BGH, Urt. v. 14.2.2024 – 5 StR 215/23, NStZ 2024, 410 (411).

[62] Dazu zählen exemplarisch die Möglichkeitstheorie (*Schmidhäuser*, Strafrecht AT, 1984, Kap. 7 Rn. 57; *Schladitz*, ZStW 134 (2022), 97 (148)), die Wahrscheinlichkeitstheorie (*H. Mayer*, Strafrecht AT, 1953, S. 250 f.) und auch die Lehre von der Vorsatzgefahr (*Puppe*, ZStW 103 (1991), 1).

[63] BGH, Urt. v. 22.4.1955 – 5 StR 35/55, BGHSt 7, 363 (369): „Im Rechtssinne billigt“; dazu ausführlich *Schmidhäuser*, GA 1958, 161.

[64] Auch *Otto*, GK Strafrecht, 2000, § 7 Rn. 45.

[65] BGH, Urt. v. 5.12.2017 – 1 StR 416/17, NStZ 2018, 206 (207).

[66] *Roxin/Greco*, Strafrecht AT I, 2020, § 12 Rn. 73; ebenso *Bosch*, JURA 2018, 1225 (1228); *Gaede*, in: Matt/Renzikowski, 2020, § 15 Rn. 21; *Safferling*, Vorsatz und Schuld,

Die Ausprägung zahlreicher Ansätze ist im Ergebnis überwiegend ein Spiel mit Worten, bei dem letztlich derselbe psychische Zustand des Täters gemeint ist, die sprachliche Einkleidung aber noch präziser zu fassen versucht wird.[67] Jene Ansätze, nach denen tatsächlich eine eigenständige voluntative Komponente zu prüfen ist,[68] vermochten sich jedenfalls nicht in der Rechtswissenschaft durchzusetzen.[69]

Letztendlich ist der schon früh erlangten Einsicht des Reichsgerichts beizupflichten, dass es einen Grenzbereich zwischen vorsätzlicher und fahrlässiger Begehung gibt, der sich der menschlichen Erkenntnis entzieht[70] und dadurch eine vollends sachgerechte normative Lösung die berühmte Quadratur des Kreises darstellt. Es muss jedoch in jedem Fall der individuellen psychischen Verfassung des Täters bei der Tat hinreichend Rechnung getragen werden, um die Aufgabe von Vorsatzzuschreibung nicht aus dem Blick zu verlieren. So sind es allen voran die Lehre von der Vorsatzgefahr und die Lehre von der unabgeschirmten Gefahr, die aufgrund der Unmöglichkeit der genauen Ermittlung der psychischen Verfassung des Täters im Tatzeitpunkt[71] eine Präsumtion des Vorsatzes bei einem hinreichend hohen erkennbaren Risiko der Erfolgsherbeiführung für erforderlich halten.[72] Dem ist zum einen entgegen zu halten, dass sich sowohl aus den äußeren Umständen als auch – sofern getätigt – aus den Aussagen des Täters wertvolle Indizien für dessen psychische Verfassung im Tatzeitpunkt gewinnen lassen.[73] Zum anderen lässt sich ein Zusammenhang zwischen der Erkennbarkeit eines hohen Risikos und der zutreffenden Erkenntnis des Täters von der Gefährlichkeit seines Verhaltens nicht hinreichend aufweisen.[74] Genauso wie es etwas anderes ist, die Buchstaben „d“ und

---

2008, S. 175; *Steinberg*, JZ 2010, 712 (717); auch *Puppe*, ZStW 103 (1991), 1 (1) eröffnet ihren Beitrag mit der Einsicht, der Gegensatz sei „weniger tief, als es auf den ersten Blick den Anschein hat“.

[67] Exemplarisch sei hier die Ernstnahmetheorie genannt, die *Stratenwerth*, ZStW 71 (1959), 51 (54 ff.) zugerechnet wird, aber mindestens der Terminologie nach schon durch BGer, Urt. v. 21. 5. 1943, BGE 69 IV 75, Erwägung 5 vorgezeichnet wurde.

[68] Beispielsweise die als Gleichgültigkeitstheorie bezeichnete Auffassung (*Engisch*, Untersuchungen, 1930, S. 175 ff.).

[69] Wenngleich der BGH die „Gleichgültigkeit“ gelegentlich aufgreift, so etwa aktuell bei der Geldwäsche, Urt. v. 13. 11. 2019 – 5 StR 409/19, NStZ-RR 2020, 80 (81); Urt. v. 29. 4. 2021 – 5 StR 339/20, NZWiSt 2021, 360 (361 f.); kritisch dazu *Puppe*, in: NK-StGB, 2023, § 15 Rn. 98 f.; ebenso *Roxin/Greco*, Strafrecht AT I, 2020, § 12 Rn. 81; *Bosch*, JURA 2018, 1225 (1233) mutmaßt insoweit „nicht offengelegte Strafwürdigkeitserwägungen“.

[70] RG, Urt. v. 2. 7. 1908 – I 489/08, RGSt 41, 389 (391); daraus folgert *Roxin*, ZStW 76 (1964), 582 (584) einen weitreichenden Gestaltungsspielraum des Gesetzgebers.

[71] *Puppe*, ZStW 103 (1991), 1 (11).

[72] *Puppe*, ZStW 103 (1991), 1 (16 ff.); *dies.*, Vorsatz, 1992, S. 26 ff.; zuvor schon *Herzberg*, JuS 1986, 249 (260 ff.) sowie JZ 1988, 635 (639 ff.).

[73] *Steinberg*, JZ 2010, 712 (713); dazu auch BVerfG, Beschl. v. 7. 12. 2022 – 2 BvR 1404/20, NStZ 2023, 215 (218).

[74] Zur Informationsselektion des Individuums und der Wirkung auf die tatbestandsrelevante Risikoerfassung *Kiel*, Risiko als Konstruktion, 2024, S. 166 ff., insb. S. 175 f.

„a" statt das Wort „da" zu lesen,[75] ist das Erkennen der risikorelevanten Umstände allein noch nicht geeignet, dem Täter eine Vorstellung des von ihm verwirklichten Risikos zu vermitteln, mithin einen besonders strafwürdigen Entscheidungsvollzug zu begründen. Hinzutreten muss stets ein Erfahrungswissen,[76] welches sich nicht durch die Analyse der äußeren Risikofaktoren pauschal attestieren lässt, sondern eine Untersuchung des Täters selbst erforderlich macht. Dieses Wissen kann auch nicht aus der Annahme des Menschen als vernunftbegabtes Wesen abgeleitet werden,[77] weil es zumindest auch durch Interaktion mit der Umwelt erworben wird und nicht stets a priori vorhanden ist.[78] Eine Anwendung der Lehren von Puppe und Herzberg birgt die Gefahr, einerseits die wechselseitige Bedingung von Perzeption und Verarbeitung[79] aus dem Blick zu verlieren, andererseits der Perzeption eine dominierende Rolle zu verleihen, die die Grenze zwischen Vorsatz und Fahrlässigkeit ohne weitere Präzisierungskriterien zulasten des Täters verschiebt. Eine zu starke Orientierung an der objektiven Gefahrenlage[80] entleert schlussendlich den subjektiven Tatbestand und lässt ihn nicht mehr selbstständig, sondern als bloße Rechtsfolge objektiver Gegebenheiten erscheinen. Die Lösung steht daher im Konflikt mit der einfach-gesetzlichen Rechtslage[81] wie auch mit dem Schuldgrundsatz aus dem Verfassungsrecht.[82]

Ähnliches gilt für den Vorschlag von Pérez-Barberá, der den Vorsatzbegriff vollständig vom psychischen Zustand des Täters abkoppelt und die Abgrenzung zwischen Vorsatz und Fahrlässigkeit ausschließlich anhand zweckorientierter normativer Erwägungen vornimmt.[83] Der Täter solle bei Verstößen gegen „öffentliche[n] Rationalitätsnormen"[84] nicht durch die Einordnung der Tat als fahrlässig privilegiert werden.[85] Vielmehr solle bei irrational fehlender Kenntnis Vorsatz angenommen werden, weil hier ein empfindlicherer Verstoß gegen die Normgeltung vorliege.[86] Dies muss deswegen Bedenken auslösen, weil hier der Sache nach die Einordnung in den jeweiligen Strafrahmen nicht an der spezifischen tatbestandsbezogenen Situationskenntnis festgemacht wird, sondern allgemein an der Schwere des Sorgfaltsmangels. In § 16 Abs. 1 S. 1 StGB bzw. § 11 Abs. 1 OWiG heißt es

[75] Aufgegriffen von *Schewe*, Bewußtsein, 1967, S. 52 f.

[76] Zum Erfahrungsschatz als Einflussfaktor auf die Wahrnehmung *Kiel*, Risiko als Konstruktion, 2024, S. 159 ff.

[77] So *Puppe*, ZStW 103 (1991), 1 (21 f.).

[78] *Ansorge/Leder*, Wahrnehmung und Aufmerksamkeit, 2017, S. 129 f.

[79] Dazu schon *Welzel*, ZStW 60 (1941), 428 (442 ff.).

[80] Implizit als unstatthaft kennzeichnend BVerfG, Beschl. v. 7. 12. 2022 – 2 BvR 1404/20, NStZ 2023, 215 (218).

[81] *Schladitz*, ZStW 134 (2022), 97 (141).

[82] I. Erg. *Roxin/Greco*, Strafrecht AT I, 2020, § 12 Rn. 50.

[83] *Pérez-Barberá*, GA 2013, 454 (457 ff.).

[84] *Pérez-Barberá*, GA 2013, 454 (462).

[85] *Pérez-Barberá*, GA 2013, 454 (464).

[86] *Pérez-Barberá*, GA 2013, 454 (465).

jedoch nur: „nicht kennt". Eine Gegenausnahme dergestalt, dass die grob irrationale Unkenntnis der Umstände ausgespart werden soll, findet sich weder in diesen Vorschriften noch in Spezialregeln. Vielmehr deutet der Gesetzgeber mit der Verwendung des gesteigerten Fahrlässigkeitsgrads „Leichtfertigkeit" an, dass die Fälle irrationaler Unkenntnis gesehen wurden, aber gerade nicht dem Vorsatzregime unterworfen werden sollen. Dieser generalpräventiv dominierte Lösungsansatz ist daher mit der geltenden Rechtslage kaum verträglich. Wird zudem eine spezialpräventive Funktion der Einordnung eines Verhaltens als vorsätzlich zum Ausgangspunkt genommen,[87] ist ein Blick auf den psychischen Zustand des Täters unabdingbar, um die Unterscheidung zwischen Vorsatz und Fahrlässigkeit angemessen vorzunehmen.

B. Zur Art der Kenntnis: Das „Mitbewusstsein"

Mittlerweile hat die Rechtswissenschaft die psychologische Unterscheidung des unmittelbaren Bewusstseins vom Mitbewusstsein bzw. Unterbewusstsein verarbeitet. Während das volle Bewusstsein des Täters während der Tat als Inbegriff der Tatkenntnis zugeschrieben wird, stellt sich die Frage, ob dies auch für mit- oder unterbewusst wahrgenommene Umstände gilt. Die Figur des Mitbewusstseins wurde eingehend in den 1960er Jahren untersucht, beginnend mit der Arbeit von Platzgummer,[88] dessen Überlegungen unter anderem von Schewe[89] fortgeführt wurden und letztlich durch Schmidhäuser[90] Eingang in die Rechtswissenschaft gefunden haben. So führt Schewe aus, dass das Sich-bewusst-machen bestimmter Umstände in einer neuen Situation nicht ausreichend sei, um sie zum Teil des Wissensbestands zu zählen. Stattdessen müssten diese Umstände in einen Erlebniszusammenhang eingeordnet werden, der die einzelnen Teile als zugehörig zu einer Gesamtsituation erscheinen lässt, damit von Vorsatz gesprochen werden könne.[91] Dieser Prozess vollziehe sich ab einer gewissen Festigkeit von Regelschemata automatisch und könne gar nicht mehr abgelegt werden.[92] Zum Beleg führt er das Beispiel des Lesens an: Einerseits bedeute die Erkenntnis der einzelnen Buchstaben grundsätzlich noch nicht das Erfassen des Wortes,[93] zum anderen sei

---

[87] Kap. 1 C.II. 1. b).

[88] *Platzgummer*, Die Bewußtseinsform des Vorsatzes, 1964.

[89] *Schewe*, Bewußtsein, 1967.

[90] Vorbereitend schon in FS-Mayer 1966, 317 (326); vom „sachgedanklichen Mitbewusstsein" dann sprechend in NJW 1975, 1807 (1811).

[91] *Schewe*, Bewußtsein, 1967, S. 51 f.; heute wird insoweit von „Szenen" gesprochen, siehe dazu das Kapitel 9.3. in *Ansorge/Leder*, Wahrnehmung und Aufmerksamkeit, 2017 sowie *Jäncke*, Kognitive Neurowissenschaften, 2021, S. 247 ff.

[92] *Schewe*, Bewußtsein, 1967, S. 54 f.

[93] *Schewe*, Bewußtsein, 1967, S. 52.

klar, dass es einem Leser der Buchstaben kaum möglich sein wird, eine Buchstabenfolge nicht als Wort zu identifizieren, sondern als bloße Zusammenstellung von Buchstaben. Kurzum: dahinter liege ein Automatismus.[94]

Diese Form automatischer Verarbeitung sensorischer Reize erfolgt im Gegensatz zur kontrollierten Verarbeitung nach dem „bottom-up"-Prinzip.[95] Sie wird bereits dadurch ausgelöst, dass die Wahrnehmung in einer bestimmten Art und Weise stimuliert wird.[96] Ein bewusstes Reflektieren ist dann nicht mehr erforderlich, weswegen die automatische Verarbeitung wenig geistige Ressourcen in Anspruch nimmt und schnell ist.[97] Die Fähigkeit automatischen Verarbeitens wird einerseits evolutionär vorgegeben, andererseits durch Übung erworben.[98] So ist insbesondere die regelmäßige Interaktion mit der Umwelt in einer bestimmten Weise, aber auch das wiederholte Erleben von Ereignissen ein Auslöser für die automatisierte Verarbeitung.[99] Es wird insoweit auch von „Szenenwahrnehmung"[100] gesprochen, bei der Gegebenheiten ohne sog. „Top-Down"-Verarbeitung, also ohne bewusstes Reflektieren, zutreffend erfasst werden können.[101]

In diese Erkenntnisse gliedert sich Schmidhäusers Annäherung an die Figur des Mitbewusstseins durch die Unterscheidung des Denkens in Sprache und des Denkens in Sachen ein.[102] Demnach seien wesentliche Phänomene des Gedankenvorgangs nicht (mehr) durch das Medium der Sprache zu erfassen.[103] Sprache stelle den Schlüssel zur Erkenntnis der Welt dar. Sie sei jedoch, wenn die Welt einmal erkannt ist, nur noch zur (mittelbaren)[104] Artikulation des Gemeinten erforderlich.[105] Das Sachdenken könne schneller erfolgen und erfasse eine Sphäre, die sich in Worten nicht beschreiben lasse.[106] Insoweit könne ein sprachgedankliches Bewusstsein zwar fehlen, ein sachgedankliches Bewusstsein jedoch vorhanden sein, welches dann die Beurteilung als Vorsatztat trägt.[107]

---

[94] *Schewe*, Bewußtsein, 1967, S. 54 f.; dazu auch *Ansorge/Leder*, Wahrnehmung und Aufmerksamkeit, 2017, S. 64; *Jäncke*, Kognitive Neurowissenschaften, 2021, S. 352 f., 370 f.

[95] Dazu *Müller/Krummenacher/Schubert*, Aufmerksamkeit und Handlungssteuerung, 2015, S. 2 f.

[96] *Posner/Snyder*, IPC 1975, 55 (81 f.).

[97] *Posner/Snyder*, IPC 1975, 55 (64 ff.).

[98] *Ansorge/Leder*, Wahrnehmung und Aufmerksamkeit, 2017, S. 64; *Müller/Krummenacher/Schubert*, Aufmerksamkeit und Handlungssteuerung, 2015, S. 158.

[99] *Jäncke*, Kognitive Neurowissenschaften, 2021, S. 352 f.: „Routinesituationen".

[100] *Ansorge/Leder*, Wahrnehmung und Aufmerksamkeit, 2017, S. 128.

[101] Vgl. dazu die Versuche von *Potter*, JoEP 1976, 509.

[102] *Schmidhäuser*, FS-Mayer 1966, 317 (324 ff.).

[103] *Schmidhäuser*, FS-Mayer 1966, 317 (325).

[104] *Panfilov*, Sprache und Denken, 1974, S. 59.

[105] *Schmidhäuser*, FS-Mayer 1966, 317 (326); ähnlich schon zuvor *Russell*, Human Knowledge, 1923, S. 74.

[106] *Schmidhäuser*, FS-Mayer 1966, 317 (326 f.).

[107] Sinngemäß *Schmidhäuser*, FS-Mayer 1966, 317 (332).

Unabhängig davon, ob man die Anschauung teilt, dass sich der Stellenwert von Sprache im Verlauf der Individuumsentwicklung marginalisiert, lassen sich hieraus Rückschlüsse auf die Anforderungen an die psychische Beschaffenheit des Täters im Zeitpunkt einer Vorsatztat ziehen. Es ist weder realistisch noch sinnvoll, zur Annahme von Vorsatz beim Täter eine (im Sinne einer Top-Down-Verarbeitung) bewusste oder sprachliche Erfassung des Geschehenen im Tatzeitpunkt zu verlangen. Im Gegenteil: Auch die jüngere Untersuchung von Backhaus/Engbert/Rothkegel/Trukenbrod belegt, dass die visuelle Wahrnehmung von Szenen sogar bei Erteilung einer konkreten Aufgabe in den ersten 400 Millisekunden nicht beeinflusst wird, sondern vielmehr eine unterbewusste Wahrnehmung bzw. Fixierung auf bestimmte Szenenmerkmale erfolgt.[108] Die daran anknüpfende Entscheidungssteuerung findet damit teilweise auch ohne bewusste Reflexion der Umgebungsmerkmale statt, sodass sich das Entscheidungskriterium nicht mit diesem Verlangen verträgt. Aus diesem Grund ist das Mitbewusstsein heute als ausreichender Bewusstseinszustand überwiegend anerkannt.[109] Die daraus gezogenen Folgerungen müssen sich jedoch auf die als gesichert anzusehenden Erkenntnisse stützen. Wer dahinter mehr als eine bloße begriffliche Erfassung des bereits als existent festgestellten psychischen Substrats sieht, wird sich stets der Gefahr[110] und Kritik einer Vorsatzpräsumtion ausgesetzt sehen.[111] Damit reduziert sich der Erkenntniswert zwar auf die phänomenologische Erfassung von Täterkenntnis „im Eifer der Tat". Er liefert aber eine überzeugende Begründung für die Annahme von Vorsatz in Fällen, in denen der Täter nicht aktiv an bestimmte Umstände der Tat dachte bzw. sich darauf beruft, an diese Umstände nicht aktiv gedacht zu haben.[112] Darüber hinaus dürfen die Schlussfolgerungen nicht gehen,[113] weshalb die Funktion des Topos „Mitbewusstsein" nicht überbewertet werden darf.[114] Nimmt die Rechtsprechung bisweilen unter Berufung auf „zur Verfügung stehende[m] Erfahrungswissen im sachgedanklichen Mitbewusstsein" die Wahrnehmung bestimmter Umstände an und folgert daraus die Kenntnis von diesen, muss das kritisch betrachtet werden.[115] Entscheidend ist nicht, dass das Erfahrungswissen zur Verfügung stand, sondern

---

[108] *Backhaus/Engbert/Rothkegel/Trukenbrod*, JoV 2020, Nr. 5, 3 (12).

[109] BGH, Urt. v. 19.8.2020 – 5 StR 558/19, NJW 2021, 90 (92 Rn. 16, insoweit nicht abgedruckt in BGHSt 65, 110); *Frister*, Strafrecht AT, 2023, Kap. 11 Rn. 6; *Glandien*, Markenstrafrecht, 2018, S. 36; *Kulhanek*, in: MüKo-StGB, 2024, § 16 Rn. 88; *Roxin/Greco*, Strafrecht AT I, 2020, § 12 Rn. 123; *Stein/Schneider*, in: SK-StGB, 2025, § 16 Rn. 30.

[110] *Groteguth*, Verbots(un)kenntnis, 1993, S. 38; *Roxin/Greco*, Strafrecht AT I, 2020, § 12 Rn. 128.

[111] So *Arthur Kaufmann*, Parallelwertung, 1982, S. 15; *Kuhlen*, Irrtum, 1987, S. 274 weist daraufhin, dass durch diese Lehre bloße Zuschreibungen ermöglicht würden.

[112] *Köhler*, GA 1981, 285 (289 f., 300); *Puppe*, in: NK-StGB, 2023, § 16 Rn. 161: Anschaulich.

[113] Ausführlich *Köhler*, GA 1981, 285 (292 ff.).

[114] *Frisch*, GS-Armin Kaufmann 1989, 311 (324).

[115] BGH, Urt. v. 23.1.2020 – 3 StR 385/19, NStZ 2020, 349 (351).

dass es korrekt vom Täter in der Situation genutzt wurde. Unter diesem Blickwinkel ist die Skepsis gegenüber der Begriffsverwendung legitim.

C. Das Kenntniselement

Zwar wurde als Gegenstand des Vorsatzes die (hinreichende) Kenntnis von der Tatsituation festgehalten, jedoch ist mit dieser Erkenntnis noch keine sinnvolle Verarbeitung der Wirklichkeit unter den Vorsatzbegriff möglich. Denn zum einen ist die Tatsituation, in § 16 Abs. 1 S. 1 StGB als „Umstände" bezeichnet, noch kein derart konkretisierter Maßstab, dass eine rechtssichere Subsumtion möglich wird. Zum anderen ist der Aussagegehalt des Begriffs „Kenntnis" noch nicht positiv umschrieben worden. Es gilt also herauszuarbeiten, welche Gruppen von Umständen tatsächlich solche sind, die zum gesetzlichen Tatbestand gehören. Dabei wurden in vorausgegangenen Arbeiten einige überwiegend anerkannte Aspekte herausgestellt, die an dieser Stelle eingeführt werden. In einem zweiten Schritt wird sodann eine Konturierung des Kenntnisbegriffs vorgenommen.

I. Vorsatzgegenstand auf Tatbestandsebene

Ausgangspunkt des Gegenstands der Kenntnis i. S. d. § 16 Abs. 1 S. 1 StGB bilden die Erkenntnisse aus der vorausgegangenen Wortlautauslegung.[116] Es geht um Umstände, die zum gesetzlichen Tatbestand gehören. Der Wortlaut des gesamten Straftatbestands kann damit nicht gemeint sein.[117] Ebenso legt der Begriff des Umstands zumindest äußerst nahe, nicht auf die gesetzliche Umschreibung abzustellen, sondern auf die Tatsituation als solche.[118] Da § 17 StGB zudem die (Un-) Rechtseinsicht in den Blick nimmt,[119] ist dieses Ergebnis auch systematisch stimmig und daher als richtig zugrunde zu legen. Nun stellt sich die Frage, ob eine weitere Eingrenzung des Gegenstands aus systematisch-teleologischen Gründen erforderlich oder geboten ist.

Allgemeiner Meinung entspricht es zunächst, dass der subjektive Tatbestand nicht Umstand nach § 16 Abs. 1 S. 1 StGB ist.[120] Zwar ist es möglich, Kenntnis bezüglich eigener Absichten zu haben,[121] jedoch würde es die gesetzgeberische

[116] Kap. 2 A. IV. 3.

[117] Kap. 2 A. IV. 3. a).

[118] Kap. 2 A. IV. 3. a).

[119] Kap. 2 A. IV. 3. c).

[120] *Kulhanek*, in: MüKo-StGB, 2024, § 16 Rn. 7, 9; *Puppe*, in: NK-StGB, 2023, § 16 Rn. 7; *Sternberg-Lieben/Sternberg-Lieben*, JuS 2012, 884 (888); i. Erg. auch BGH, Urt. v. 1.9. 1967 – 4 StR 351/67, GA 1968, 121 (121).

[121] *Engisch*, FS-Mezger 1953, 127 (133).

Intention regelmäßig unterlaufen, Vorsatz diesbezüglich zu verlangen. Als strafwürdig wird die Tat mit dieser Absicht gesehen und nicht die Tat mit Vorsatz bezüglich dieser Absicht.[122] Darüber hinaus ist auch nicht erkennbar, inwieweit dies einen geeigneten Indikator für das Überschreiten der Schwelle zur Strafwürdigkeit darstellt. Aus dem bloßen Wissen um eigene Absichten gehen keine weiteren Gefahren hervor, die die Zwecksetzung des Vorsatzes nach hiesigem Verständnis berühren würden.

Eine weitere Restriktion ergibt sich unmittelbar aus dem Gesetz: Gemäß § 18 StGB muss die schwere Folge einer erfolgsqualifizierten Tat nicht vom Vorsatz erfasst werden. Es genügt insoweit Fahrlässigkeit.

Ebenso müssen objektive Bedingungen der Strafbarkeit nicht vom Vorsatz umfasst sein. Die Erkenntnis ist insoweit redundant, weil diese als Tatbestandsmerkmale definiert werden, die nicht Gegenstand der subjektiven Zurechnung sind.[123] Es handelt sich um Merkmale, die vom Gesetzgeber ausdrücklich aus dem Erfordernis des Vorsatzes herausgenommen worden sind. Dies bereitet für die Strafrechtsdogmatik eine erhebliche Herausforderung, weil diese erklären muss, warum solche Bedingungen nicht zum Unrechtstatbestand zählen und insoweit Zweckmäßigkeitserwägungen dem Schuldgedanken vorausgehen dürfen.[124] Die Beantwortung[125] kann an dieser Stelle jedoch offenbleiben, weil der Gesetzgeber das Ergebnis vorgegeben hat.

Vorgeschlagen wird ferner eine Restriktion bzw. Präzision des Vorsatzgegenstands dergestalt, dass es einzig auf die Kenntnis des tatbestandsmäßigen Verhaltens ankomme.[126] Vom Täter könne nicht mehr erwartet werden als die Erfassung des eigenen Verhaltens in seiner tatbestandsmäßigen Risikodimension. Aus diesem Grund sei etwa der tatbestandsmäßige Erfolg als solcher kein tauglicher Vorsatzgegenstand; er könne auch im Zeitpunkt der Tatbegehung als zukünftiges Ereignis nicht erfasst werden.[127] Letzterem ist schon aus sprachlichen Gründen[128] zuzustimmen. Wenn demgegenüber eingewendet wird, dass dadurch der Vorsatz beim Erfolgsdelikt in einen Vorsatz zum Handlungsdelikt umgedeutet würde,[129] greift dies insoweit zu kurz, als dass auch graduelle Abstufungen im Hinblick auf die erfasste Risikodimension beim Täter vorliegen können. So ist es beispielsweise denkbar,

---

[122] *Roxin/Greco*, Strafrecht AT I, 2020, § 12 Rn. 132 Fn. 524.

[123] *Kindhäuser/Hilgendorf*, LPK-StGB, 2022, Vor § 13 Rn. 227.

[124] Monografisch hierzu *Geisler*, Objektive Bedingungen, 1998, insb. S. 130 ff.

[125] Zur Lösung über unrechtsneutrale Bedingungen siehe *Geisler*, Objektive Bedingungen, 1998, S. 200 ff.

[126] So *Frisch*, Vorsatz und Risiko, 1983, S. 71 ff.

[127] *Frisch*, Vorsatz und Risiko, 1983, S. 95 f.; dem zustimmend *Herzberg*, JuS 1986, 249 (259); auch *Safferling*, Vorsatz und Schuld, 2008, S. 125, wobei dieser den Begriff der Kenntnis für den Taterfolg anders auslegen möchte; *Walter*, Kern, 2006, S. 244.

[128] Kap. 2 A. IV. 3. a).

[129] *Küpper*, ZStW 100 (1988), 758 (788).

eine vorsatzbegründende tatbestandliche Risikoerfassung für das Erfolgsdelikt erst ab Überschreiten der Schwelle „überwiegend wahrscheinlich" anzunehmen,[130] hingegen für das korrespondierende Gefährdungsdelikt das konkrete Erkennen der Möglichkeit ausreichen zu lassen. Jedoch schafft die Konstruktion des tatbestandsrelevanten Verhaltens als einziger Vorsatzgegenstand das Problem, dass entweder verhaltensunabhängige Umstände (etwa der Gewahrsam an einer Sache) aus dem Vorsatzgegenstand ausgespart werden müssten.[131] Dieses Vorgehen gerät dann in Konflikt mit dem Wortlaut, der die Umstände, die zum gesetzlichen Tatbestand gehören, allesamt erfasst.[132] Alternativ müsste die Wendung „gesetzlicher Tatbestand" als die dem Gesetz immanente Umschreibung des verbotenen Verhaltens interpretiert werden, zu dem dann auch die äußeren Umstände zählen, weil sie Gegenstand der tatsituativen Verhaltensbeschreibung sind.[133] Dann aber ergibt sich in der Sache jedoch nur bezüglich des Erfolgseintritts eine Abweichung zur Orientierung an der vollen tatbestandlichen Umschreibung, wie sie im Gesetz vorgefunden wird. Es erfolgt somit praktisch keine weitere Einengung des Vorsatzgegenstands.[134]

Damit ist der Rahmen des Vorsatzgegenstands für die Tatbestandsebene hinreichend konkretisiert. Offen bleibt, ob und inwieweit die Rechtfertigungsgründe und deren zugrundeliegende Tatsachen vom Anwendungsbereich des Vorsatzerfordernisses erfasst sind. Da der Schwerpunkt dieser Frage (zumindest auch) im Bereich der Rechtfertigungsdogmatik liegt, bleibt sie im Rahmen dieser Arbeit unbeantwortet.

II. Spezielle Typen von Tatbestandsmerkmalen

Innerhalb dieses Rahmens werden sodann weitere Differenzierungen angeregt. Gemeint ist damit die strukturelle Untergliederung der Merkmale, die den gesetzlichen Tatbestand i. S. d. § 16 Abs. 1 StGB ausmachen. Eine Klarstellung und Positionierung hierzu ist deshalb notwendig, weil es nach gängiger Auffassung verschiedene Merkmalstypen in Tatbeständen gibt, die in unterschiedlicher Art und Weise auf die Realität Bezug nehmen, und die deswegen auch irrtumsrechtlich zum Teil eine andere Behandlung erfahren.

---

[130] Dazu schon unter Kap. 3 A. I.

[131] *Vogel/Bülte*, in: LK-StGB, 2020, § 15 Rn. 35.

[132] *Schroth*, Vorsatz und Irrtum, 1998, S. 9.

[133] So wohl zu verstehen *Frisch*, Vorsatz und Risiko, 1983, S. 95 f.

[134] *Roxin/Greco*, Strafrecht AT I, 2020, § 12 Rn. 60 f.

1. Traditionell: Die Unterscheidung von normativen und deskriptiven Merkmalen

Den Anknüpfungspunkt zahlreicher Unterscheidungen bildet bis heute die Unterteilung des gesetzlichen Tatbestands in deskriptive und normative Tatbestandsmerkmale.[135] Früher wurde zur Abgrenzung beider Kategorien auf das Kriterium der Wertausfüllungsbedürftigkeit abgestellt.[136] Es wurde danach gefragt, ob es eines wertenden Akts des Rechtsanwenders bedarf, um den Inhalt des Tatbestandsmerkmals zu bestimmen. Dies ist jedoch zumindest missverständlich,[137] weil hierdurch suggeriert wird, dass bei normativen Tatbestandsmerkmalen stets ein subjektiver Einschätzungsspielraum des Interpreten besteht.[138] Tatsächlich kann sich die Wertung aber auch aus konkreten rechtlichen Festsetzungen ergeben, sodass normative Tatbestandsmerkmale – wird das Prädikat „normativ“ nicht seines anerkannten Gehalts beraubt – entgegen der vom BGH angedeuteten Sichtweise[139] zumindest teilweise auch ohne Wertungsakt durch bloße Feststellung angenommen werden können.

Daher wird heute die Einordnung in die Kategorien deskriptiv und normativ von der Art der Kenntniserlangung her bestimmt. Die tatsächliche Entsprechung deskriptiver Tatbestandsmerkmale sei (primär) durch bloße sinnliche Wahrnehmung erfahrbar, wohingegen die Entsprechung normativer Tatbestandsmerkmale dadurch gekennzeichnet sei, dass sie einen Akt des geistigen Verstehens voraussetze.[140] Teilweise wird auch eine Abgrenzung nach natürlichen und konventionellen Tat-

---

135 *Sackreuther*, in: Graf/Jäger/Wittig, WSS, 2024, StGB, § 16 Rn. 8 f.; *Duttge*, in: D/D/K/R, Gesamtes Strafrecht, 2022, StGB, § 15 Rn. 18; *Heger*, in: Lackner/Kühl/Heger, StGB, 2025, § 15 Rn. 5; *Kudlich*, in: BeckOK-StGB, Stand 1.11.2025, § 16 Rn. 14; *Kulhanek*, in: MüKo-StGB, 2024, § 16 Rn. 74; *Schuster*, in: TK-StGB, 2025, § 15 Rn. 18 f.; zweifelnd *Fischer/Anstötz*, in: Fischer, StGB, 2025, § 16 Rn. 7; die Kategorisierung offenbar vermeidend *Gaede*, in: Matt/Renzikowski, StGB, 2020, § 16 Rn. 4 ff.; gegen die Unterscheidung *Kaspar*, in: Leitner/Rosenau, WSS, 2022, StGB, § 16 Rn. 14.

136 Siehe *Grünhut*, Begriffsbildung, 1926, S. 5 f.

137 Weitergehend *Kindhäuser*, JURA 1984, 465 (474): „Irrtum“.

138 So wohl *Rudolphi*, Unrechtsbewusstsein, 1969, S. 101 f.

139 BGH, Beschl. v. 10.1.2017 – 5 StR 532/16, BGHSt, 62, 13 (19): „deskriptive[n], exakt erfassbare[n] Tatbestandsmerkmale[n]“.

140 BVerfG, Beschl. v. 9.2.2022 – 2 BvL 1/20, BVerfGE 160, 284 (318, 328); BGH, Urt. v. 24.9.1953 – 5 StR 225/53, NJW 1953, 1680 (1681); angedeutet auch bei BGH, Urt. v. 11.11.2020 – 5 StR 256/20, BGHSt 65, 163 (174) Rn. 28; *Engisch*, FS-Mezger 1953, 127 (161); *Heidingsfelder*, Der umgekehrte Subsumtionsirrtum, 1991, S. 32 f.; *Otto*, GK Strafrecht I, 2000, § 7 Rn. 12; *Papathanasiou*, FS-Roxin II 2011, 468 (472 f.); *Roxin/Greco*, Strafrecht AT I, 2020, § 10 Rn. 58 ff.; *Stein/Schneider*, in: SK-StGB, 2025, § 16 Rn. 19; *Welzel*, JZ 1953, 119 (120); ähnlich *Puppe*, GA 1990, 145 (145); kritisch („ungenau“) *Kunert*, normative Merkmale, 1958, S. 91; terminologisch angelehnt an die frühere Lehre der normativen Merkmale als wertungsbedürftige Erscheinungen der Realität.

sachen vorgenommen.[141] Dass diese Unterscheidung für die Vorsatz- und Irrtumsdogmatik jedoch mit ganz erheblichen Schwierigkeiten verbunden und daher ihre Brauchbarkeit im Rahmen der Vorsatz- und Irrtumslehre stark reduziert ist, wurde in der Vergangenheit bereits aus verschiedenen Blickwinkeln dargelegt.[142] So zeigte schon E. Wolf auf, dass alle Begriffe des Gesetzes aufgrund ihrer Aufnahme darin als soziales Geschehen interpretiert werden könnten, mithin nur noch normative Tatbestandsmerkmale vorlägen.[143] Ebenso konstatiert Puppe, dass es keinen Begriff gebe, der mehr Verwirrung in die Tatbestandslehre gebracht hätte als derjenige der normativen Tatbestandsmerkmale.[144] Er suggeriere, dass sich normative Tatbestandsmerkmale nicht durch bloßen Erkenntnisakt erschließen lassen, was aber auch im Hinblick auf bestehende Rechte und Rechtsverhältnisse nicht zutreffe.[145] Dies verleitet auch C. Wolf zur drastischen Aussage, dass die Differenzierung von deskriptiven und normativen Tatbestandsmerkmalen unhaltbar sei und wissenschaftliche Ernstlichkeit vermissen lasse.[146] Gemünzt auf die gewonnenen Einsichten zum Kenntnisgegenstand i. S. d. § 16 Abs. 1 StGB zeigt sich, dass eine Unterscheidung, sofern man sie für praktisch durchführbar hält, jedenfalls keine weiteren Auswirkungen auf die Irrtumslehre hat.[147] Entscheidend ist, dass der Täter die Wirklichkeit so erfasst hat, wie es das Tatbestandsmerkmal vorgibt. Inwieweit dazu Sinneswahrnehmungen, Erfahrungen und Kenntnisse beitragen (müssen), lässt sich nur anhand der Semantik des einzelnen Begriffs bestimmen; eine zweiteilige Kategorisierung dieser Art wird dem nicht gerecht.

Hervorzuheben ist dabei, dass mit dem Attribut „normativ“ häufig sowohl auf das Phänomen einer vorhandenen gesellschaftlichen (oder richterlichen) Regel als auch auf das Vorhandensein von kodifizierten Rechtsregeln abgestellt wird.[148] Unabhängig von der dahinterliegenden Frage, welche Regeln der Gemeinschaft dem offenen Begriff der „Norm“ unterfallen sollen,[149] erweist sich eine Gleichbehand-

---

[141] *Kindhäuser*, JURA 1984, 465 (473); ähnlich *Darnstädt*, JuS 1978, 441 (443 ff.) und *Marwedel*, ZStW 123 (2011), 548 (558): institutionelle und natürliche Tatsachen; *Koch/Rüßmann*, Begründungslehre, 1982, S. 205 f.; auch *Schuhr*, ZStW 131 (2019), 985 (993 ff.).

[142] *Dopslaff*, GA 1987, 1; *Glandien*, Markenstrafrecht, 2018, S. 47 ff.; *Groteguth*, Verbots(un)kenntnis, 1993, S. 76 f. und *Koriath*, JURA 1996, S. 113 (126 f.) begründen dies anhand des Beispiels eines Tieres als Sache im Sinne des StGB; *Heinrich*, Strafrecht AT, 2025, Rn. 127, 1087; ähnlich dazu *Safferling*, Vorsatz und Schuld, 2008, S. 126 ff.; knapp auch *Rudolph*, GS-Hruschka 2019, 649 (655).

[143] *E. Wolf*, Typen der Tatbestandsmässigkeit, 1930, insb. S. 11.

[144] *Puppe*, FS-Herzberg 2008, 275 (283); ähnlich ZStW 136 (2024), 255 (270).

[145] *Puppe*, FS-Herzberg 2008, 275 (283); ebenso *C. Wolf*, Error, 2019, S. 115.

[146] *C. Wolf*, Error, 2019, S. 21.

[147] *Bachmann*, Vorsatz und Rechtsirrtum, 1993, S. 21 f.

[148] So ausdrücklich *Schlüchter*, Normative Tatbestandsmerkmale, 1983, S. 23; für eine Unterscheidung beider Fälle schon *Grünhut*, Begriffsbildung, 1926, S. 5 f.

[149] Aus soziologischer Perspektive *Balog*, Rekonstruktion von Handlungen, 1989, S. 83 ff.; aus moralphilosophischer Perspektive *Roughley*, in: Moral als Vertrag?, 2003, 213; unter Bezugnahme auf die aussagenlogische und rechtliche Perspektive *Sieckmann*, ARS 1994, 227.

lung unter besonderem Fokus auf die Implikationen des Demokratieprinzips[150] als inkonsequent. Nach der Idee des demokratischen Rechtsstaats lassen sich die kodifizierten Rechtsregeln unserer Gemeinschaft gerade auf den Willen des Einzelnen zurückführen. Entsprechend muss er sich an diesen sehr viel eher festhalten lassen als an Regeln, die nur sozial bzw. richterlich anerkannt sind. Auf die Mitwirkung an der Kreation letzterer hat der Einzelne keinen Anspruch; auf die Kreation ersterer vermittelt durch das Wahlrecht schon. Mit einer Missachtung sozialer oder richterlicher Regeln diskreditiert der Täter (nur) die Gesellschaft bzw. die Rechtspraxis; mit einer Missachtung ersterer diskreditiert er hingegen (auch) das demokratische System insgesamt und somit in letzter Konsequenz sich selbst als Teil des demokratischen Fundaments. Damit ist ein entscheidendes Argument gefunden, um einen Unterschied darin zu sehen, ob sich der tatbestandsbezogene Irrtum auf eine geschriebene Rechtsregel oder eine soziale bzw. richterliche Regel bezieht. Unter Berücksichtigung dessen lässt sich der Einfluss des Demokratieprinzips täterangemessen in der Abgrenzung zwischen Tatbestands- und Verbotsirrtum abbilden. Wenn also eine Unterscheidung in normative und deskriptive Tatbestandsmerkmale stattfinden soll, hat innerhalb der als normative Tatbestandsmerkmale eingeordneten Merkmale eine weitere Unterscheidung danach zu erfolgen, ob der Gehalt dieser Merkmale durch das Gesetz konkretisiert wird, oder ob hierzu juristische bzw. gesellschaftliche Anschauungen herangezogen werden müssen, die – seien sie noch so anerkannt – dem Einflussnahmebereich des Einzelnen nicht zugewiesen sind.[151] Da sich diese Fragestellung zugleich auch bei als deskriptiv eingeordneten Merkmalen stellt, man denke an den Begriff des Menschen und § 1 BGB oder an den Sachbegriff und § 90 BGB, spricht vieles dafür, alle vorsatzrelevanten Merkmale ohne weitere Unterscheidung als *Merkmale, die zum gesetzlichen Tatbestand gehören*, einzuordnen und einen einheitlichen Maßstab für die irrtumsrechtliche Behandlung anzulegen.[152]

2. Blankettmerkmale

Von den normativen Tatbestandsmerkmalen sind nach üblichem Verständnis[153] solche Merkmale abzugrenzen, denen kein selbstständiger Aussagegehalt zugewiesen wird, sondern die einen fremden Regelungsgehalt tatbestandlich „in sich

[150] Kap. 1 D. IV. 4.

[151] *Grünhut*, Begriffsbildung, 1926, S. 5 f.; ein konkreter Vorschlag folgt unter Kap. 4 A. III.

[152] *Dopslaff*, GA 1987, 1 (24); *Puppe*, GA 1990, 145 (178); *C. Wolf*, Error, 2019, S. 664 ff.

[153] *Fischer/Anstötz*, in: Fischer, StGB, 2025, § 16 Rn. 26; *Kudlich*, in: BeckOK-StGB, Stand 1. 11. 2025, § 16 Rn. 14 ff.; *Kulhanek*, in: MüKo-StGB, 2024, § 16 Rn. 74 ff.; *Puppe*, in: NK-StGB, 2023, § 16 Rn. 18 ff.; *Schuster*, in: TK-StGB, 2025, § 15 Rn. 99 ff.; vgl. dazu auch BVerfG, Beschl. v. 23. 6. 2010 – 2 BvR 2559/08, BVerfGE 126, 170 (204 f.); BGH, Urt. v. 16. 12. 1952 – 2 StR 198/51, BGHSt 3, 400.

aufnehmen": Die sog. Blankettmerkmale.[154] Im Zentrum aller Differenzierungsvorschläge steht dabei die Überlegung, dass normative Tatbestandsmerkmale durch andere Regeln eine *Konkretisierung* erfahren, wohingegen Blankettmerkmale erst durch andere Regeln eine *Normkonstituierung* ermöglichen.[155] Es komme entsprechend darauf an, ob das Merkmal ohne Anwendung der Rechtsregeln noch einen selbstständigen Sinn hat oder ins Leere läuft.[156] Die Unterscheidung ist jedenfalls dann von Bedeutung,[157] wenn an den notwendigen Kenntnisstand des Täters i. S. d. § 16 Abs. 1 StGB bzw. § 11 Abs. 1 OWiG im einen wie im anderen Fall unterschiedliche Anforderungen gestellt werden.[158] So wird auch heute noch teilweise mit Warda[159] zwischen dem Irrtum über Existenz und Inhalt von Blankettausfüllungsgesetzen als Gegenstand des § 17 StGB und dem Irrtum über Existenz und Inhalt von Gesetzen, die normative Tatbestandsmerkmale konkretisieren, als Umstand i. S. d. § 16 Abs. 1 StGB differenziert. Dabei werden in ein als Blankettmerkmal eingestuftes Merkmal die das Blankett ausfüllenden Vorschriften hineingelesen.[160] Auch das BVerfG hat diese Kategorisierung implizit aufgegriffen, wenn es den Irrtum über Existenz und Reichweite der Vorschriften des Weingesetzes als Fall des Verbotsirrtums einordnet.[161] Im Vorgehen vergleichbar entschied das OLG Karlsruhe, dass ein Irrtum über das Bestehen einer Maskenpflicht nach § 3 Abs. 1 Nr. 1 Corona-VO (nur) mildernd zu berücksichtigen sei.[162] Doch dürfte die Zahl

---

[154] Ausführlich zur Frage nach der Differenzierung beider Kategorien *Enderle*, Blankettstrafgesetze, 2000, S. 82 ff.; *Puppe*, GA 1990, 145 (162 ff.); *Tiedemann*, Tatbestandsfunktionen, 1969, S. 89 ff.; *C. Wolf*, Error, 2019, S. 166 ff.; dazu im Lichte des § 370 AO *Radtke*, GS-Joecks 2018, 543 (550 ff.).

[155] In diesem Sinne *Puppe*, GA 1990, 145 (163), ebenso *Backes*, Steuerstrafrecht, 1981, S. 113; *Bülte*, GS-Joecks 2018, 365 (369); *Enderle*, Blankettstrafgesetze, 2000, S. 124; *Radtke*, GS-Joecks 2018, 543 (550 f.); *Schlüchter*, Normative Tatbestandsmerkmale, 1983, S. 23; *Schmitz/Wulf*, in: MüKo-StGB, 2023, AO, § 370 Rn. 16; siehe auch *Schroth*, Vorsatz und Irrtum, 1998, S. 60.

[156] *Puppe*, GA 1990, 145 (162): Tautologie.

[157] Im Übrigen soll sie auch von Bedeutung sein, weil nur die Anforderungen an eine Blankettausfüllungsnorm in den Anwendungsbereich des Art. 103 Abs. 2 GG fielen, dazu *Bülte*, GS-Joecks 2018, 365 (366 f.).

[158] So etwa *Hoffmann-Holland*, Strafrecht AT, 2023, Rn. 155; *Sackreuther*, in: Graf/Jäger/Wittig, WSS, 2024, StGB, § 16 Rn. 11.

[159] *Warda*, Blankettstrafgesetze, 1955, S. 36 f.; der Sache nach schon *Weiz*, Arten des Irrtums, 1931, S. 30.

[160] BGH, Beschl. v. 15. 11. 2012 – 3 StR 295/12, NZWiSt 2013, 113 (113); Beschl. v. 10. 6. 2020 – 3 StR 52/20, NJW 2020, 2652 (2653); *Bürger*, NZWiSt 2021, 158 (159); *Busch*, Rechtsauskunft, 2020, S. 115, 138 ff.; *Frister*, Strafrecht AT, 2023, § 11 Rn. 40; *Heidingsfelder*, Der umgekehrte Subsumtionsirrtum, 1991, S. 157; *Karami*, Unrechtsbewusstsein, 2020, S. 129; *Valerius*, in: BeckOK-OWiG, Stand 1. 10. 2025, § 11 Rn. 26; *Warda*, Blankettstrafgesetze, 1955, S. 36 f.; die Trennung müsse nach *Backes*, Steuerstrafrecht, 1981, S. 117 f. sogar „notwendigerweise" gemacht werden; noch weitergehend auf bestimmte normative Merkmale erstreckend *Safferling*, Vorsatz und Schuld, 2008, S. 144 f.

[161] BVerfG, Beschl. v. 17. 3. 1978 – 2 BvR 1086/77, LMRR 1978, 9.

[162] OLG Karlsruhe, Beschl. v. 11. 6. 2021 – 2 Rb 35 Ss 94/21, COVuR 2021, 502 (508).

derer, die eine solche Unterscheidung für entweder undurchführbar oder für nicht zielführend halten, die Zahl ihrer konsequenten Anhänger mittlerweile bedeutend übersteigen.[163] Undurchführbar deswegen, weil die in Bezug genommenen Vorschriften auch bei klassischerweise als normative Tatbestandsmerkmale eingeordneten Merkmalen das Strafgesetz letztlich mitkonstituieren. So ist kritisch zu fragen, welchen Sinn das Merkmal der Fremdheit – und damit auch der Tatbestand des Diebstahls nach § 242 Abs. 1 StGB – haben sollte, wenn es keine durch das Recht anerkannte Besitz- und Eigentumsordnung gäbe.[164] Es ist erst diese Bezugnahme, welche die Grundlage des Strafgesetzes ausmacht.[165]

Nicht zielführend deswegen, weil die Gesetzeskenntnis in beiden Fällen unverzichtbarer Bestandteil der Bedeutungskenntnis ist und folglich für den Vorsatz auch nach herrschender Anschauung keine Unterschiede gemacht werden dürften.[166] Paradigmatisch hierfür sind die Ausführungen des BGH zum Merkmal der steuerlichen Erheblichkeit im Rahmen des § 370 AO. So wird in ständiger Rechtsprechung festgehalten, dass es sich hierbei um ein Blankettmerkmal handele, welches durch die einschlägigen steuerrechtlichen Vorschriften ausgefüllt werde.[167] Andererseits wird der Irrtum über das Bestehen einer Steuerpflicht, deren Kenntnis sich

---

[163] *Gaede*, in: Matt/Renzikowski, StGB. 2020, § 16 Rn. 15: „nun herrschende[n] Lehre"; *Gómez*, GA 2010, 259 (264); *Herzberg*, GA 1993, 439 (458); *Kaspar*, in: Leitner/Rosenau, WSS, 2022, StGB, § 16 Rn. 33; *Maiwald*, Unrechtskenntnis, 1984, S. 16; *Papathanasiou*, Normative Tatbestandsmerkmale, 2014, S. 45; *Puppe*, GA 1990, 145 (167 f.); *Radtke*, GS-Joecks 2018, 543 (552); *Roxin*, FS-Tiedemann 2008, 375 (381); *Roxin/Greco*, Strafrecht AT I, 2020, § 12 Rn. 111a; *Tiedemann*, Tatbestandsfunktionen, 1969, S. 388; *Walter*, Kern, 2006, S. 365 ff.; *Wedler*, NZWiSt 2015, 99 (101 f.); im Ergebnis auch *Rengier*, KK-OWiG, 2025, § 11 Rn. 26; differenzierend *Jakobs*, Strafrecht AT, 1991, 8. Abschn. Rn. 47; insgesamt eine pauschale Unterscheidung zwischen deskriptiven, normativen und Blankettmerkmalen ablehnend *Kuhlen*, Irrtum, 1987, S. 416 sowie *Wissmann*, Urheberstrafrecht, 2017, S. 165; die Unterscheidung wird auch von denjenigen Vertretern abgelehnt, die generell den Rechtsirrtum für vorsatzunbeachtlich handeln, so etwa *Glandien*, Markenstrafrecht, 2018, S. 68 f.; *Heinrich*, FS-Roxin II 2011, 449 (460 ff.).

[164] *C. Wolf*, Error, 2019, S. 175; ähnlich *Glandien*, Markenstrafrecht, 2018, S. 65; *Radtke*, GS-Joecks 2018, 543 (557); zweifelnd auch *Brettel*, in: Brettel/Schneider, Wirtschaftsstrafrecht, 2021, § 2 Rn. 12.

[165] *Jakobs*, FS-Dahs 2005, 49 (53), der hieraus ein Zusammenfallen mit der Verbotskenntnis folgert.

[166] *Danzer*, Die AG 1982, 57 (65 f.); *Funken/Weitzell*, NZWiSt 2023, 201 (204, 207); *Marwedel*, ZStW 123 (2011), 548 (561); *Puppe*, GA 1990, 145 (166); *dies.*, NStZ 1993, 594 (596); *Tiedemann*, FS-Geerds 1995, 95 (107 f.); ähnlich *Laubenthal/Baier*, GA 2000, 205 (211 f.); bei der (unwirksamen) Arbeitnehmerüberlassung auch *Theile*, NZWiSt 2022, 311 (313, 316).

[167] Sog. Steueranspruchstheorie, BGH, Urt. v. 26.7.2022 – 1 StR 470/22, NStZ-RR 2022, 374 (375); Beschl. v. 4.11.2021 – 1 StR 236/21, NZWiSt 2022, 343 (344 Rn. 12); Beschl. v. 7.11.2001 – 5 StR 395/01, BGHSt 47, 138 (140 f.); zurückgehend auf *Welzel*, NJW 1953, 486 (487); zum früheren § 396 AO siehe Urt. v. 8.1.1965 – 2 StR 49/64, BGHSt 20, 177 (180); so auch *Danzer*, Die AG 1982, 57 (65).

in aller Regel[168] ausschließlich aus der Kenntnis der steuerrechtlichen Vorschriften ergibt, nach ebenso ständiger Rechtsprechung als vorsatzausschließend gemäß § 16 Abs. 1 S. 1 StGB angesehen.[169] Wenn aber nach der Technik des Zusammenlesens der Existenzirrtum über die das Blankettmerkmal ausfüllende Vorschrift nur einen Verbotsirrtum nach § 17 StGB begründen soll,[170] dann ist der Widerspruch offen zu Tage gefördert.[171] Trotzdem ist es nicht richtig, dem BGH insoweit nur eine Art „Terminologieirrtum" vorzuwerfen und zu unterstellen, dass auch dieser der Sache nach von einem normativen Tatbestandsmerkmal ausgeht.[172] Vielmehr scheint die Rechtsprechung bei den Blankettmerkmalen eine weitere Untergruppierung vorzunehmen, wobei in der einen Gruppe die Vorsatzvorgaben für normative Tatbestandsmerkmale, in der anderen die Vorsatzvorgaben für „klassische" Blankettmerkmale gelten sollen. Da aber auch hierfür wiederum keine handhabbaren Abgrenzungskriterien angeboten werden,[173] bringt dieses Vorgehen nur weitere Unsicherheiten in die Abgrenzung von Tatbestands- und Verbotsirrtum, ohne dass dem inhaltlich ein Mehrwert gegenübersteht. Es lässt sich insofern nur mutmaßen, dass der BGH hierdurch gewährleisten will, dass das Steuerrecht am Anwendungsbereich von Art. 103 Abs. 2 GG teilhat, folglich eine Kontrolle an diesem strengeren Maßstab möglich bleibt. In Anbetracht der strafrechtsdogmatischen Konsequenzen erscheint es dann vorzugswürdig, die Lösung dieses Problems über die Auslegung von Art. 20 Abs. 2 und Abs. 3 GG zu suchen und den allgemeinen rechtsstaatlichen Bestimmtheitsgrundsatz[174] im Lichte der strafrechtlichen Relevanz der Steuervorschriften strenger anzuwenden.

Daher überzeugt eine Trennung von normativen Tatbestandsmerkmalen und Blankettmerkmalen jedenfalls nach den gängigen Kriterien ihrer Unterscheidung nicht. Erst recht gilt dies für weitere Untergruppierungen der Blankettmerkmale.

---

[168] Eine Ausnahme mag man allenfalls für solche Steuern sehen, die auch ohne Steuerrechtskenntnisse im Bewusstsein der Bevölkerung verankert sind, etwa die Einkommenssteuer auf Arbeitseinkünfte.

[169] BGH, Urt. v. 10.1.2019 – 1 StR 347/18, NZWiSt 2019, 261 (263); Beschl. v. 24.9.2019 – 1 StR 346/18, BGHSt 64, 195 (202 Rn. 21); Urt. v. 8.9.2011 – 1 StR 38/11, NStZ 2012, 160 (181); Urt. v. 13.11.1953 – 5 StR 342/53, BGHSt 5, 90 (92); so auch die ganz herrschende Auffassung in der Wissenschaft, siehe nur *Fischer/Anstötz*, in: Fischer, StGB, 2025, § 16 Rn. 28; *Madauß*, NZWiSt 2021, 12 (13).

[170] Exemplarisch BGH, Beschl. v. 15.11.2012 – 3 StR 295/12, NZWiSt 2013, 113 (113); Beschl. v. 10.6.2020 – 3 StR 52/20, NJW 2020, 2652 (2653).

[171] *Radtke*, GS-Joecks 2018, 543 (552).

[172] So *Pelz*, in: Leitner/Rosenau, WSS, 2022, AO, § 370 Rn. 172; *Schmitz/Wulf*, in: MüKo-StGB, 2023, AO, § 370 Rn. 17; *Kuhlen*, wistra 2022, 45 (47) hält dies für die „dominierende" Version der Interpretation; konträr hingegen *Knigge/Wittig*, ZWH 2019, 37 (76): Nach h.M. Blanketttatbestand.

[173] Dazu *Schmitz/Wulf*, in: MüKo-StGB, 2023, AO, § 370 Rn. 411.

[174] Zum Verhältnis *Jarass*, in: Jarass/Pieroth, GG, 2024, Art. 20 Rn. 82.

Die Unterscheidungen sollten somit keinen Niederschlag in einer daran anknüpfenden Irrtumslehre finden.[175]

3. Gesamttatbewertende Merkmale

Eine weitere für die Irrtumslehre bedeutsame Kategorie von Merkmalen wird in den von Roxin als „gesamttatbewertende Merkmale" bezeichneten gesehen.[176] Kennzeichen dieser Merkmale soll sein, dass sie „die sonst dem Rechtswidrigkeitsurteil vorbehaltene Gesamtbewertung der Tat in sich schließen".[177] Teilweise wird auch darauf hingewiesen, dass bei Tatbeständen, die solche Merkmale beinhalten, die Bestimmungsnorm tautologisch sei.[178] Als Beispiele hierfür werden die Merkmale der „Verwerflichkeit" i. S. d. § 240 Abs. 2 StGB und der „groben Verkehrswidrigkeit" i. S. d. § 315c Abs. 1 Nr. 2 StGB angeführt.[179] Nach gängigem Verständnis soll sich bei dieser Merkmalskategorie die erforderliche Kenntnis nach § 16 Abs. 1 S. 1 StGB in der Kenntnis der tatsächlichen Umstände erschöpfen, die für die Einordnung unter das Merkmal herangezogen werden.[180] Eine gleichgelagerte, parallele „Wertung", wie sie bisweilen bei (anderen) normativen Tatbestandsmerkmalen erforderlich sein soll,[181] wird hier nicht verlangt.[182] Als Begründung wird darauf verwiesen, dass es sonst von der Täteranschauung abhinge, ob dieser auf Grundlage eines Straftatbestands, der solche gesamttatbewertenden Merkmale beinhalte und damit objektiv rechtliche Bewertungen in sich aufnehme, verurteilt werden könne oder nicht.[183] Im Ergebnis wird an dieser Stelle also nichts anderes getan als die Tatsachenkenntnis, die auch Rechtstatsachen[184] erfassen kann, zum Vorsatzgegenstand zu erklären und rechtliche Wertungsentscheidungen nur im Rahmen der Schuld beim Verbotsirrtum zu berücksichtigen. Dies sei nach Puppe (nur) deswegen angemessen, weil die Grundlagen dieser Bewertungsentscheidung

---

[175] So auch *Radtke*, GS-Joecks 2018, 543 (554).

[176] *Roxin*, Offene Tatbestände, 1970, S. 82.

[177] *Roxin*, Offene Tatbestände, 1970, S. 82; ähnlich *Heger*, in: Lackner/Kühl/Heger, StGB, 2025, § 15 Rn. 16; *Kudlich*, in: BeckOK-StGB, Stand 1. 11. 2025, § 16 Rn. 18.

[178] *Puppe*, GA 1990, 145 (170 f.).

[179] Eine weitergehende Auflistung findet sich bei *Walter*, in: LK-StGB, 2020, Vor §§ 13 ff. Rn. 55.

[180] *Puppe*, GA 1990, 145 (172).

[181] Kap. 1 D. IV. 2.

[182] BayObLG, Urt. v. 23. 10. 1968 – RReg 1 a St 354/68, NJW 1969, 565 (566); *Heger*, in: Lackner/Kühl/Heger, StGB, 2025, § 15 Rn. 16; *Kaspar*, in: Leitner/Rosenau, WSS, 2022, § 16 Rn. 27; *Roxin*, FS-Tiedemann 2008, 375 (382 f.); wohl auch *Valerius*, in: BeckOK-OWiG, Stand 1. 4. 2025, § 11 Rn. 28; kritisch *Otto*, GS-Meyer 1990, 583 (586 f.); ablehnend *Vogel/Bülte*, in: LK-StGB, 2020, § 16 Rn. 50a, 52.

[183] *Roxin*, FS-Tiedemann 2008, 375 (382 f.); *Schuster*, in: TK-StGB, 2025, § 15 Rn. 22.

[184] *Puppe*, GA 1990, 145 (172); *Welzel*, JZ 1952, 596 (597).

solche seien, die auf „allgemeinen Rechtsüberzeugungen“ bauen.[185] Dass allgemeine Rechtsüberzeugungen als eine Art überpositive Ordnung aber nicht tauglich sind, eine rechtlich relevante Differenzierung im Bereich der Strafrechtsdogmatik zu tragen, wurde bereits aufgezeigt.[186] Wenn trotzdem ein Bedürfnis dahinter gesehen wird, hier die normativen Erwägungen des Täters aus dem Vorsatzbegriff auszusparen, muss die Frage gestellt werden, warum dies nicht generell bei allen Tatbestandsmerkmalen geschieht. Wo beim Merkmal der Fremdheit die Bedeutungskenntnis als unverzichtbarer Bestandteil des Vorsatzes angesehen wird, wird die Bedeutungskenntnis bei der „Verwerflichkeit“ zum Teil sogar in Gänze für entbehrlich gehalten.[187] Unter dem Gesichtspunkt individueller Vorwerfbarkeit noch bedenklicher erscheint dies vor dem Hintergrund, dass im Falle des Merkmals „Fremdheit“ die richterliche Auslegung zumindest noch durch das Gesetz für den Einzelnen vorhersehbar ist. Beim Merkmal der Verwerflichkeit hingegen kann davon aufgrund der Mannigfaltigkeit der abzuwägenden Einzelumstände im Lichte verschiedener normativer Anknüpfungspunkte kaum die Rede sein. Konsequenz müsste dann eigentlich sein, hier erst recht eine „Parallelwertung“ zu verlangen, die dann aufgrund der Komplexität eine echte Rechtswertung vom Täter ist.[188]

Wenn trotzdem daran festgehalten wird, bei diesen Merkmalen den Vorsatz auf Tatsachenkenntnis zu reduzieren, dann muss dies auf andere Erwägungen gestützt werden. Geht man wie hier von einer vorwiegend präventiv orientierten Funktion des Vorsatzbegriffs aus, lässt sich für Merkmale, die eine reine Wertungsentscheidung verkörpern, festhalten, dass deren Kenntnisnahme keinen Einfluss auf die Wiederholungsgefahr einer Tat seitens des Täters hat. Dort, wo solche Merkmale verwendet werden, gibt es typischerweise einen nahezu unbegrenzten Kreis an Situationen, die hiervon abgedeckt werden müssen, und welche sich in ihren rechtlich relevanten Faktoren aufgrund der vorzunehmenden „Globalabwägung“ auch nicht wiederholen. Es ergibt folglich insoweit keinen Sinn, die Situation einer so verstandenen Bedeutungskenntnis von der Situation der Unkenntnis zu scheiden. Vielmehr ist aus generalpräventiven Gründen die Gesetzesinterpretation nicht faktisch in das Belieben des Täters zu stellen. Daher muss Bedeutungskenntnis in diesem Sinne die Erfassung der rechtlich relevanten Interessen meinen, ohne dass es auf die tätereigene Gewichtung ankommt.

[185] *Puppe*, GA 1990, 145 (172).

[186] Kap. 2 B.I.2.; siehe auch die Kritik von *Haft*, JA 1981, 281 (283): Beliebige Austauschbarkeit.

[187] Etwa *Roxin*, FS-Tiedemann 2008, 375 (382 f.).

[188] *Vogel/Bülte*, in: LK-StGB, 2020, Vor § 16 Rn. 50a.

4. Wertprädikate/Gesinnungsmerkmale

Eine ähnliche Herangehensweise[189] lässt sich in der Strafrechtswissenschaft bei der Beurteilung von Merkmalen beobachten, die sich inhaltlich in der Bewertung von Tätigkeiten, Motivationen oder der Tatsituation insgesamt erschöpfen. Die Rede ist von sog. Wertprädikaten bzw. Gesinnungsmerkmalen, zu denen etwa die Merkmale „roh", „grausam" und „rücksichtslos" gehören sollen.[190] Dieser Akt der Gemeinschaftsbewertung soll durch den Täter nicht vollzogen werden müssen. Ebenso wenig müsse sich der Vorsatz auf diesen – auch nicht als „Parallelwertung in der Laiensphäre" – erstrecken.[191] Einzig die „sachlichen Gegebenheiten", welche zu dieser Bewertung führen, müssten gekannt werden.[192] Teilweise wird sogar deren Funktion für die Unrechtskonstitution insgesamt in Abrede gestellt.[193] Daher wird teilweise auch die Bezeichnung als spezielle/besondere Schuldmerkmale gepflegt, um anzuzeigen, dass es sich dabei nicht um Tatbestandsmerkmale i. S. d. § 16 Abs. 1 StGB handele.[194] Die Rechtsprechung macht hiervon allerdings im Rahmen des Mordtatbestands eine Ausnahme,[195] wenn es um das Merkmal der niedrigen Beweggründe geht, welches regelmäßig als Gesinnungsmerkmal eingeordnet wird.[196] Zwar wird nicht die tätereigene Einordnung der Motivlage unter das Merkmal der niedrigen Beweggründe verlangt.[197] Jedoch sei es erforderlich, dass dem Täter aufgrund seiner „geistig-seelischen Verfassung" die Einsicht in die Niedrigkeit nicht versperrt ist.[198] Der Täter müsse in der Lage sein, Triebe, die das Urteil der Niedrigkeit tragen, steuern zu können.[199] An dieser Stelle zeigt sich wiederum eine starke Annäherung der Vorsatzvoraussetzungen an Maßstäbe, die sich eigentlich aus dem Schuldprinzip ergeben.[200] Die kritische Frage ist hier nicht, ob der Täter die Niedrigkeit seiner Beweggründe kannte, sondern, ob beim Täter die individuellen kognitiven Voraussetzungen vorlagen, um dieses Urteil bilden zu können. Dies ist aber Gegenstand der Täteruntersuchung, wie sie durch die §§ 17,

---

[189] So auch die Einschätzung von *Puppe*, GA 1990, 145 (177).

[190] *Roxin/Greco*, Strafrecht AT I, 2020, § 10 Rn. 78 ff.; kritisch zu dieser Merkmalskategorie und den Umgang mit dieser *Walter*, in: LK-StGB, 2020, Vor §§ 13 ff. Rn. 176 f.

[191] *Roxin/Greco*, Strafrecht AT I, 2020, § 12 Rn. 137; *Schuster*, in: TK-StGB, 2025, § 15 Rn. 24.

[192] *Puppe*, ZStW 136 (2024), 255 (269); *Roxin*, FS-Tiedemann, 2008, 375 (382).

[193] *Sax*, JZ 1976, 9 (14).

[194] Etwa *Eisele*, in: TK-StGB, 2025, Vor § 13 Rn. 122; *Renzikowski*, in: Matt/Renzikowski, StGB, 2020, Vor § 13 Rn. 43.

[195] BGH, Beschl. v. 10. 9. 2003 – 5 StR 373/03, NStZ-RR 2004, 44.

[196] *Duttge*, in: D/D/K/R, Gesamtes Strafrecht, 2022, StGB, § 15 Rn. 7; *Eisele*, in: TK-StGB, 2025, Vor § 13 Rn. 122; *Heger*, in: Lackner/Kühl/Heger, StGB, 2025, § 15 Rn. 17.

[197] BGH, Urt. v. 4. 4. 1967 – 1 StR 103/67, NJW 1967, 1140 (1141).

[198] BGH, Beschl. v. 10. 9. 2003 – 5 StR 373/03, NStZ-RR 2004, 44.

[199] BGH, Beschl. v. 12. 9. 2019 – 5 StR 399/19, NJW 2019, 3464 (3465); Urt. v. 11. 11. 2020 – 5 StR 124/20, NStZ 2021, 226 (227).

[200] *Schneider*, in: MüKo-StGB, 2021, § 211 Rn. 116.

20 f. StGB als Schuldausschluss bzw. -minderungsgründe angeregt wird. Daher sollte auch hier klar zwischen den Umständen nach § 16 Abs. 1 S. 1 StGB, die der Täter zur Kenntnis nehmen muss, und Gründen, die die Schuld mit Blick auf die tatbestandlichen Voraussetzungen berühren, getrennt werden.[201]

Der Unterschied zu den übrigen sog. normativen Tatbestandsmerkmalen liege nach Puppe darin, dass bei abweichender Anschauung der Erfüllung dieser Merkmale typischerweise nicht die Eigenschaften, sondern das Zutreffen der sprachlichen Erfassung in Rede stehe.[202] Es gehe also nicht um eine Bedeutungsverkennung des Geschehenen, sondern um eine Meinungsverschiedenheit über den Sprachgebrauch. Letzterem ist zwar uneingeschränkt zuzustimmen, jedoch ist fraglich, ob sich hiermit eine unterschiedliche Behandlung zu sonstigen normativen Tatbestandsmerkmalen begründen lässt. Auch beim Merkmal der Fremdheit lässt sich insbesondere im Diskurs mit einem Rechtslaien possierlich darüber streiten, wann ein Objekt als „fremd“ zu bezeichnen ist. Ebenso kann dabei der in Rede stehende Sachverhalt den Beteiligten völlig klar sein. Der einzige Unterschied liegt darin, dass der Inhalt des Begriffs fremd durch das Zivilrecht vorgegeben wird, der Inhalt von Begriffen wie „Rücksichtslosigkeit“ aus allgemeinen Rechtserwägungen erschlossen wird.[203]

Roxin sieht daher den entscheidenden Unterschied darin, dass beim Verkennen einer Situation, die ein Gesinnungsmerkmal erfüllt, eine sozialethische Fehlleistung vorliege, stattdessen beim Verkennen einer Situation, die ein anderes normatives Tatbestandsmerkmal erfüllt, eine bloß intellektuelle Fehlleistung zum Ausdruck komme.[204] Allerdings ist hier zum einen zu beachten, dass die Einordnung als „ethische Fehlleistung“ wiederum eine Wertung des Anwenders voraussetzt, sodass das Kriterium kaum präzisierende Wirkung hat. Darüber hinaus lässt sich dieser Maßstab auch nicht konsequent durchhalten, weil es sowohl bei „normalen“ normativen Tatbestandsmerkmalen als auch bei Gesinnungsmerkmalen Irrtumssituationen gibt, die auf beide Typen von Fehlleistungen zurückgeführt werden können. Die Fremdheit einer Sache kann einerseits verkannt werden, weil das Trennungsprinzip des Zivilrechts unbekannt ist (= intellektuelle Fehlleistung), andererseits, weil ein Aneignungsrecht des Stärkeren angenommen wird (= ethische Fehlleistung). Die Rohheit kann ebenso einerseits verkannt werden, weil das hinzugefügte Maß an Leid nicht erfasst wird (= intellektuelle Fehlleistung), andererseits, weil das Leid zu erzieherischen Zwecken für notwendig erachtet wird (= ethische Fehlleistung). Somit findet die von Roxin vorgenommene Zuweisung in ihrer Pauschalität keine Stütze.

---

[201] Ebenso *Schneider*, in: MüKo-StGB, 2021, § 211 Rn. 116.

[202] *Puppe*, GA 1990, 145 (173 f.).

[203] *Roxin*, FS-Tiedemann 2008, 375 (382 f.).

[204] *Roxin*, FS-Tiedemann 2008, 375 (382 f.).

Walter kommt daher zu dem Urteil, dass sich diese Merkmale allenfalls durch eine größere Unbestimmtheit kennzeichneten.[205] Auch Puppe zieht sich auf den Gedanken zurück, dass in dem einen Fall Rechtsnormen, in dem anderen Fall gesellschaftliche Verhaltensnormen in Rede stünden, wobei sich Wertprädikate nur dann sinnvoll anwenden ließen, wenn es sich um einen eindeutigen Fall und jedermann vernünftigerweise bekannte Normen des sozialen Zusammenlebens handele.[206] Daraus wird deutlich, dass auch die Differenzierung zwischen Gesinnungsmerkmalen und anderen normativen Tatbestandsmerkmalen nicht schematisch durchhaltbar und damit eine Kategorisierung für die Frage, welche Irrtumsregel darauf Anwendung findet, unfruchtbar ist.

5. Zwischenergebnis

Die vorstehenden Ausführungen haben gezeigt, dass eine Klassifizierung von Tatbestandsmerkmalen in Untergruppen auf erhebliche Schwierigkeiten stößt.[207] Die Unterscheidung zwischen deskriptiven und normativen Tatbestandsmerkmalen, zwischen normativen Tatbestandsmerkmalen und Blankettmerkmalen und auch zwischen „normalen“ normativen Tatbestandsmerkmalen und gesamttatbewertenden Merkmalen wie auch Gesinnungsmerkmalen ist in der Anwendung kaum mehr als eine grobe Leitlinie,[208] deren Ausfüllung im Einzelfall weiten Spielraum für individuelle Erwägungen des Rechtsanwenders lässt. Wenn an diese Einteilung schematisch unterschiedliche Rechtsfolgen geknüpft werden, besteht die erhebliche Gefahr einer rückwärtsgerichteten Einordnung vom Ergebnis her,[209] die mittels dogmatischen Instrumentariums am Einzelfall kaum überprüfbar ist. Damit geht ein Momentum der Unberechenbarkeit einher, was sich gerade im Feld neuer Strafgesetzgebung für den Rechtsunterworfenen als besonders prekär herausstellt. Doch wie die Abkehr des BGH von den ursprünglichen Anforderungen an den Vorsatz beim Merkmal der Arbeitgebereigenschaft i. S. d. § 266a StGB[210] oder auch die fortwährenden Diskussionen um den Zuständigkeitsbegriff nach § 153 StGB und den Pflichtwidrigkeitsbegriff nach § 356 StGB zeigen,[211] bleiben auch tradierte Vorschriften des Strafrechts nicht von dieser Unbeständigkeit unberührt.

---

[205] *Walter*, in: LK-StGB, 2020, Vor §§ 13 ff. Rn. 177.

[206] *Puppe*, GA 1990, 145 (176 f.).

[207] Für den Bereich des sog. Umkehrirrtums auch *Bruns*, Der untaugliche Täter, 1955, S. 16 f.

[208] Kritisch fragend schon *Baumann*, FS-Welzel 1974, 533 (542).

[209] Pointiert *Baumann*, FS-Welzel 1974, 533 (539): Jagd auf normative Tatbestandsmerkmale.

[210] BGH, Beschl. v. 24.9.2019 – 1 StR 346/18, BGHSt 64, 195.

[211] Zum Ganzen *Herzberg*, GS-Schlüchter 2002, 189 (200 ff.); siehe auch *Welzel*, Anm. zu BGH, Urt. v. 28.10.1952 – 1 StR 450/52, JZ 1953, 117, JZ 1953, 119.

III. Inhalt des Kenntnisbegriffs

Es wurde bereits festgehalten, dass der Kenntnisbegriff nicht dem Wissensbegriff gleichgestellt werden sollte,[212] wenngleich dies sowohl im Alltagssprachgebrauch als auch in der gängigen Rechtsauslegungspraxis passiert. Daher kann darauf auch nicht zurückgegriffen werden; der Kenntnisbegriff ist strafrechtsfunktional zu interpretieren.[213] Zudem wurde soeben aufgezeigt, dass es verschiedene Grade des Bewusstseins gibt, welche sich im Urteil darüber, ob Kenntnis vorliegt, niederschlagen können.[214] Die Konturen eines diese Einsichten berücksichtigenden Kenntnisbegriffs sind bereits durch die Vorarbeiten im Zusammenhang mit der Begründung des erhöhten Strafbedürfnisses bei der Vorsatztat[215] deutlich vorgezeichnet und müssen nur noch gebündelt dargelegt werden.

Kenntnis setzt ein Maß an geistiger Erfassung der tatrelevanten Umstände voraus, welches dem Täter eine gesteigerte Gefährlichkeit attestiert[216] und eine ernstliche Störung des gesellschaftlichen Gefüges mit Blick auf die durch den Tatbestand geschützten Rechtsgüter befürchten lässt.[217] Der Täter muss sich in Anbetracht der relevanten Tatumstände für eine Verhaltensweise entschieden haben, die wegen ihrer (potenziellen) Folgen von der Rechtsordnung nicht gedeckt ist.[218] Nicht zwingend erforderlich ist dabei die reflektierte sinnliche Wahrnehmung aller Einzelumstände; es genügt die Einordnung des Gesamtgeschehens durch den Täter in eine unter die tatbestandliche Umschreibung subsumierbare Situation. Denn die Einzelumstände sind dem Täter dann regelmäßig mitbewusst.[219] Diese Gesamtsituation kann ihr Gepräge dabei nicht nur durch sinnlich wahrnehmbare Umstände, sondern auch durch sozial-normative Gegebenheiten erhalten. Diese müssen grundsätzlich erkannt werden, da sich der Täter sonst nicht für eine tatbestandsmäßige Situation entschieden hat.

---

[212] Kap. 2 A. IV. 3. a).

[213] So auch *Frisch*, Vorsatz und Risiko, 1983, S. 168 f.; *Pérez-Barberá*, GA 2013, 454 (458 ff.); auf den Begriff des Vorsatzes insgesamt beziehend *Jakobs*, Strafrecht AT, 1991, 19. Abschn. Rn. 1; ähnlich *Mattil*, ZStW 74 (1962), 201 (236 f.).

[214] Kap. 3 B.

[215] Kap. 1 C.

[216] *Frisch*, Vorsatz und Risiko, 1983, S. 169.

[217] Kap. 1 C. II. 1. b).

[218] *Frisch*, Vorsatz und Risiko, 1983, S. 186.

[219] Kap. 3 B.

D. Funktionsverlust des Tatbestands im Nebenstrafrecht?

Die Konzeption eines einheitlichen Vorsatzsystems für alle Strafgesetze wollen einige Vertreter der rechtswissenschaftlichen Literatur[220] trotz der hervorgebrachten Notwendigkeit nicht mittragen. Wie bereits angedeutet[221] wird eine einheitliche Vorsatzkonzeption zum Teil mit der Begründung als nicht hinnehmbar angesehen, dass dem Täter insbesondere im Nebenstrafrecht eine Spiegelung des Strafgesetzes auf sozialer Ebene nicht begegne.[222] Grundlegend dafür ist die noch immer maßgebende Einschätzung Tiedemanns, dass die Funktion des strafgesetzlichen Tatbestands im Nebenstrafrecht nicht mehr durch den formalen, gesetzlich niedergelegten Tatbestand erfüllt werde.[223] Das dort in Tatbeständen Beschriebene sei kein (erkennbares) Unrecht und folglich könne eine Vorsatzstrafe nicht auf der bloßen Herbeiführung der tatbestandsmäßigen Situation fußen.[224] Vielmehr müsse der Täter das Verbot kennen, damit ihm das Vermeidemotiv begegnen könnte.[225]

Paradigmatisch für diesen Bereich sind die Arbeiten von Lange und Welzel im Jahr 1956. Während Lange in seinem Beitrag ein Plädoyer für die Anwendung der Vorsatztheorie im Nebenstrafrecht gehalten hatte,[226] konterte Welzel mit der Erkenntnis, dass selbst das noch so entfernteste Nebenstrafrecht Ausdruck eines materiell fassbaren Werts sei, der geschützt wird, auch wenn dieser nicht immer leicht erkennbar sei.[227] Letzterem kann – freilich unter dem Vorbehalt einer Orientierung an der Freiheit des Einzelnen und nicht einer historisch-materialen Wertordnung[228] – nur beigepflichtet werden. Angesichts der Tatsache, dass die mit der Strafe einhergehende Freiheitsbeschränkung einer verfassungsrechtlichen Legitimationsgrundlage bedarf, und diese in der Gewährleistung der Freiheit des Einzelnen liegt,[229] kann eine Strafvorschrift nicht vollständig der ethischen Farblosigkeit verfallen,[230] ohne zugleich verfassungswidrig zu sein. Sie muss zumindest mittelbar eine Gefährdung der Freiheitsrechte anderer durch den Täter erfassen. Wird dies als verfassungsrechtliche Prämisse zugrunde gelegt, steht hinter jeder Strafvorschrift

[220] *Lange*, JZ 1956, 73; *Tiedemann*, FS-Geerds 1995, 95 (106); *Ziegert*, Vorsatz, 1987, S. 157.

[221] Kap. 2 B.I.2.

[222] *Lange*, JZ 1956, 73 (77).

[223] *Tiedemann*, Tatbestandsfunktionen, 1969, S. 399.

[224] *Roffael/Wallau*, LMuR 2020, 218 (218).

[225] *Duttge*, HRRS 2012, 359 (359, 361 f.); nach *Safferling*, Vorsatz und Schuld, 2008, S. 215 ist dies Gegenstand der Frage nach einem Verbotsirrtum.

[226] *Lange*, JZ 1956, 73.

[227] *Welzel*, JZ 1956, 238 (240 f.); ebenso *Kerscher*, Tatbestands- und Verbotsirrtum, 1969, S. 143 f.

[228] So noch *Welzel*, JZ 1956, 238 (240).

[229] Kap. 2 A.III.3.

[230] So aber die Prämisse von *Karami*, Unrechtsbewusstsein, 2020, S. 128; *Neumann*, in: NK-StGB, 2023, § 17 Rn. 90.

nur eine mehr oder minder starke Ausprägung desselben Zwecks.[231] Dann ist eine Unterscheidung im Hinblick auf die Vorsatzerfordernisse nicht statthaft. Hinter diesem Argument steht letztlich der Gedanke größerer Verzeihlichkeit und geringerer Vorwerfbarkeit des Gesetzesverstoßes.[232] Dies ist aber nicht Gegenstand des Urteils darüber, ob die Tat vorsätzlich oder fahrlässig begangen wurde.[233] Die Beurteilung einer Tat als vorsätzlich geht mit dem Prädikat erhöhter Wiederholungsgefahr durch den Täter und Dritte einher, nicht mit dem einer hervorgehobenen Vorwerfbarkeit der Tat.[234] Es lässt sich somit festhalten, dass das Hervorbringen sozial-ethischer Farblosigkeit in Wahrheit nur ein bedenklicher Ausdruck von Farbenblindheit ist. Insoweit bestätigt sich das (um den Freiheitsbegriff zu korrigierende und) vielfach Gustav Radbruch zugeschriebene[235] Zitat auch für das Nebenstrafrecht: „Aber Unrecht ist Unrecht nicht, weil es verboten ist, sondern es wird verboten, weil es Unrecht ist".[236]

Vermehrt wird heute unter Rückgriff auf die übrigen Bedenken bezüglich einer einheitlichen Vorsatzdogmatik eine Präzisierung vorgenommen. Mit dem Erfordernis der Bedeutungskenntnis im Hinblick auf das eigene Verhalten[237] wird der Versuch unternommen, die wichtigen Impulse, welche die Strömung zugunsten einer anderen Vorsatzkonzeption im Nebenstrafrecht geliefert hat, in ein einheitliches System zu integrieren. Diese zum Teil als „weichere"[238] oder „elastische"[239] Schuldtheorie bezeichnete Handhabung führt dazu, dass für jeden Tatbestand zu fragen ist, ob die rechtliche Missbilligung ohne Kenntnis gesetzlicher Bestandteile möglich ist oder nicht. Ist dies möglich, genüge Kenntnis im Hinblick auf die tatsächlichen Umstände. Ist dies nicht möglich, müssten die gesetzlichen Bestandteile

---

[231] A. A. *Arthur Kaufmann*, FS-Lackner 1987, 185 (189): „Unrechtsqualität zweifelhaft".

[232] *Glandien*, Markenstrafrecht, 2018, S. 111; ähnlich *C. Wolf*, Error, 2019, S. 269; siehe auch *Schneider*, ZWE 2021, 253 (260), der die irrtumsrechtliche Einordnung auf Billigkeitserwägungen stützt.

[233] Ebenso *C. Wolf*, Error, 2019, S. 269; siehe auch *Momsen*, in: S/S/W, StGB, 2024, § 17 Rn. 1.

[234] So hingegen *Pérez-Barberá*, GA 2013, 454 (466): Besondere Form des Vorwurfs.

[235] Schon *Kohlrausch*, Irrtum, 1903, S. 53 äußerte: „Die That wäre hiernach nicht deshalb rechtswidrig, weil sie verboten ist, sondern sie wäre verboten, weil sie rechtswidrig ist".

[236] *Radbruch*, SJZ 1947, Sp. 633 (634).

[237] Wenn auch in Facetten unterschiedlich: *Fischer/Anstötz*, in: Fischer, StGB, 2025, § 16 Rn. 5: „tatsächliche[r], soziale[r] Bedeutungsgehalt"; *Fukuda*, FS-Hirsch 1999, 175 (181): „Sinn und Beschaffenheit des Sachverhalts"; *Funken/Weitzell*, NZWiSt 2023, 201 (203); *Puppe*, GA 1990, 145 (153): „Sinn des Tatbestandes"; *Roxin*, FS-Neumann 2017, 1023 (1031): „Bedeutungskenntnis"; *Schladitz*, ZStW 134 (2022), 97 (125 f.): „sozialen Bedeutungsgehalt […] kognitiv erfasst"; *Schlüchter*, Normative Tatbestandsmerkmale, 1987, S. 103 f.: „Verletzungsbedeutung"; *Schroth*, Vorsatz und Irrtum, 1998, S. 49: „unrechtskonstitutive Bedeutung"; *Schuster*, in: TK-StGB, 2025, § 15 Rn. 40: „Bedeutungskenntnis"; *Theile*, NZWiSt 2022, 311 (313 f.): „Soziale Bedeutung eigenen Verhaltens".

[238] *Roxin*, FS-Tiedemann 2008, 375 (388).

[239] *Jakobs*, Strafrecht AT, 1991, 19. Abschn. Rn. 2.

der Kenntnis des Täters unterfallen, um dem Vorsatz einen rechtlich relevanten Inhalt zu geben.[240]

Es leuchtet ein, dass der Ausgangspunkt einer an der erhöhten Strafandrohung orientierten Bestimmung des Vorsatzgegenstands im Erfassen des Bedeutungsgehalts der Tatsituation zu suchen ist. Wer den Bedeutungsgehalt der vom gesetzlichen Tatbestand umschriebenen Situation erkennt und sein Verhalten so ausrichtet, dass es zur Verwirklichung aller Elemente der gesetzlichen Umschreibung geeignet ist, manifestiert damit eine nicht mit der Rechtsordnung im Einklang stehende Ausrichtung des Verhaltens und zeigt eine besonders strafwürdige Bereitschaft zur Schädigung rechtlich anerkannter Interessen. Durch dieses Vorgehen kann unabhängig von der Frage, ob es zu einem Funktionsverlust des Tatbestands im Nebenstrafrecht kommt, eine einheitliche Handhabung der Vorsatzlehre unterschiedliche Ergebnisse gewährleisten. Eine strukturell unterschiedliche Herangehensweise, gekennzeichnet durch eine Spaltung der Strafgesetze in einen Kern- und Nebenteil, ist somit auch aus diesem Gesichtspunkt heraus nicht erforderlich.[241] Damit ist einem materiellen Bedürfnis der Teilung des Strafrechts in einen Kern- und Nebenbereich endgültig der Boden entzogen.

Noch nicht beantwortet ist damit allerdings die Frage, ob die Annahme, dass die Kenntnis i. S. d. § 16 Abs. 1 S. 1 StGB die Bedeutungskenntnis voraussetzt, immer gerechtfertigt ist. Dies ist Gegenstand des nachfolgenden Kapitels.[242]

---

[240] *Roxin*, FS-Tiedemann 2008, 375 (378).

[241] So auch *Roxin/Greco*, Strafrecht AT I, 2020, § 31 Rn. 41.

[242] Kap. 4 A. II. und III.

Kapitel 4

Konzeption einer einheitlichen Irrtumslehre

Nachdem in den vorausgegangenen Kapiteln die für die Irrtumsdogmatik relevanten, vorgeschalteten Rechtsgrundsätze herausgearbeitet sowie die notwendigen Prämissen aufgestellt worden sind, gilt es nun in einem zweiten Schritt, daraus so weit wie möglich im Wege der Deduktion ein schlüssiges Anwendungssystem der §§ 16 f. StGB bzw. § 11 OWiG herzuleiten.

A. Ansätze zur Interpretation von § 16 Abs. 1 StGB

Im Rahmen der Lehre zum Tatbestandsirrtum, der zugleich im Umkehrschluss auch abschließend den Gehalt des Vorsatzes bestimmt,[1] gibt es letztlich mehr Einendes als Scheidendes. Es kann insoweit großzügig auf die im Zusammenhang mit der Wortlautauslegung und der Vorsatzbegründung gewonnenen Erkenntnisse verwiesen werden.[2]

So sind Adressat der Vorschrift (jeder Mensch) und die Eröffnung in zeitlicher Hinsicht (im Zeitraum zwischen Versuchsbeginn und Abschluss des Gefährdungsverhaltens) mit dem eindeutigen Wortlaut des § 16 Abs. 1 S. 1 StGB sowie § 8 S. 1 StGB fest in der Dogmatik fixiert.[3] Nicht ganz präzise ist es insoweit, wenn Rengier vom „Zeitraum ab dem Überschreiten der Versuchsschwelle (§ 22) bis zur Vollendung" spricht.[4] Fallen Vollendung und Vornahme der letzten tatbestandsmäßigen Handlung auseinander, müsste es demnach genügen, wenn der Vorsatz in diesem Zwischenzeitraum entwickelt wird. Dem steht jedoch der Wortlaut von § 8 S. 1 StGB ausdrücklich entgegen.

Anerkannt ist ferner, dass von den „Umständen, die zum gesetzlichen Tatbestand gehören" einerseits alle sinnlich erfassbaren Umstände innerer und äußerer Art, die

---

[1] Dazu Kap. 3 A.I.

[2] Kap. 1 C. und Kap 2 A.IV.3.a).

[3] BGH, Beschl. v. 25.9.2019 – 4 StR 348/19, NStZ-RR 2020, 79 (79); BGH, Beschl. v. 29.7.2021 – 4 StR 156/21, NStZ 2022, 30 (30); *Frister*, Strafrecht AT, 2023, Kap. 11 Rn. 4 f.; *Hoffmann-Holland*, Strafrecht AT, 2023, Rn. 153; *Jescheck/Weigend*, Strafrecht AT, 1996, § 29 II 2.; *Kindhäuser/Zimmermann*, Strafrecht AT, 2024, § 13 Rn. 9; *Kulhanek*, in: MüKo-StGB, 2024, § 16 Rn. 19 f.; *Murmann*, GK Strafrecht, 2024, § 24 Rn. 12; *Schuster*, in: TK-StGB, 2025, § 15 Rn. 48 f.

[4] *Rengier*, Strafrecht AT, 2025, § 14 Rn. 64.

dem begutachteten Sachverhalt zugrunde liegen, erfasst sind,[5] andererseits die sprachliche Gesetzesumschreibung nicht Gegenstand des Vorsatzes i.S.d. § 16 Abs. 1 S. 1 StGB ist.[6] Ebenso wenig Gegenstand des Vorsatzes müssen nach allgemeiner Auffassung die objektiven Bedingungen der Strafbarkeit[7] sowie überschießende Innentendenzen sein.[8] Eine Anwendung zugunsten des Täters wird (gegebenenfalls analog) gemeinhin angenommen, soweit er sich über die Merkmale irrt, die ein Regelbeispiel erfüllen.[9]

Für den Bereich des Strafgesetzbuchs und den des Ordnungswidrigkeitengesetzes gleichermaßen gilt: Dreh- und Angelpunkt aller Diskussionen um die Auslegung der Vorschriften von Tatbestands- und Verbotsirrtum ist die Formulierung „Umstände, die zum gesetzlichen Tatbestand gehören“. Die Formulierung begründet einen sehr großen Spielraum, mit welchem sich Interpretationen ganz unterschiedlicher Prämissenlage (noch) vereinbaren lassen.[10] Sie ist dazu geeignet, das (Nicht-)Vorhandensein von Rechtskenntnissen und -erwägungen beim Täter mehr oder weniger stark für die Frage nach dem Vorsatz fruchtbar zu machen. Die zulässige Spanne reicht vom gänzlichen Aussparen aller Elemente der Rechtsordnung bis hin zur vollständigen Berücksichtigung der Kenntnis des sachlichen Gehalts in Rede stehender Gesetze. Der Gesetzgeber hat diese Frage hiermit der wissenschaftlichen und richterlichen Entwicklung preisgegeben.[11] Es kommt also darauf an, eine systematisch schlüssige und teleologisch tragbare Lösung innerhalb dieses Korridors zu finden. Die Optionen und deren Vorzüge wie Schwierigkeiten werden im Folgenden aufgezeigt, um den geeignetsten Ansatz für die im Zuge der vorangegangenen Ausführungen getätigten Prämissen herauszuarbeiten. Betont sei an

---

[5] *Fischer/Anstötz*, in: Fischer, StGB, 2025, § 16 Rn. 6; *Gaede*, in: Matt/Renzikowski, 2022, § 16 Rn. 5; *Kühl*, Strafrecht AT, 2017, § 5 Rn. 91; sinngemäß auch *Otto*, GK Strafrecht, 2000, § 15 Rn. 6; *Schuster*, in: TK-StGB, 2025, § 15 Rn. 18; implizit BGH, Urt. v. 13.11. 1953 – 5 StR 342/53, BGHSt 5, 90 (92).

[6] BGH, Urt. v. 11.12.1952 – 5 StR 639/52, NJW 1953, 430 (431); Beschl. v. 7.10.2009 – 1 StR 478/09, NStZ 2010, 337 (337); *Fischer/Anstötz*, in: Fischer, StGB, 2025, § 16 Rn. 5; *Frister*, Strafrecht AT, 2023, Kap. 11 Rn. 34; *Kindhäuser/Hilgendorf*, in: LPK-StGB, 2022, § 16 Rn. 6; *Kühl*, Strafrecht AT, 2017, § 5 Rn. 95; *Puppe*, in: NK-StGB, 2023, § 16 Rn. 42.

[7] BGH, Urt. v. 20.12.1984 – 4 StR 679/84, BGHSt 33, 100 (103); Urt. v. 24.8.1993 – 1 StR 380/93, NStZ 1994, 184 (185); *Heger*, in: Lackner/Kühl, StGB, 2025, § 15 Rn. 6; *Jakobs*, Strafrecht AT, 1991, 10. Abschn. Rn. 6; *Kudlich*, in: BeckOK-StGB, Stand 1.11. 2025, § 15 Rn. 6; *Kulhanek*, in: MüKo-StGB, 2024, § 16 Rn. 8; *Rengier*, Strafrecht AT, 2025, § 14 Rn. 49.

[8] *Fischer/Anstötz*, in: Fischer, StGB, 2025, § 16 Rn. 11; *Kudlich*, in: BeckOK-StGB, Stand 1.11.2025, § 15 Rn. 6; *Kulhanek*, in: MüKo-StGB, 2024, § 16 Rn. 9; *Schuster*, in: TK-StGB, 2025, § 15 Rn. 24; ausführlich begründend *Kindhäuser*, FS-Dannecker 2023, 41 (49 f.).

[9] BGH, Urt. v. 24.7.1975 – 4 StR 165/75, BGHSt 26, 176 (180 ff.); *Fischer/Anstötz*, in: Fischer, StGB, 2025, § 16 Rn. 21; *Gaede*, in: Matt/Renzikowski, 2020, § 16 Rn. 37; *Jakobs*, Strafrecht AT, 1991, 8. Abschn. Rn. 43; *Puppe*, in: NK-StGB, 2023, § 16 Rn. 17; *Stein/Schneider*, in: SK-StGB, 2025, § 16 Rn. 11.

[10] Dazu Kap. 2 A.IV.3.a).

[11] Kap. 2 A.IV.1. und 2.

dieser Stelle, dass die Tauglichkeit der Optionen in unmittelbarer Abhängigkeit zur Idee von Vorsatz und Schuld steht. Es kann daher keine „einzige richtige Irrtumslehre“ geben, sondern nur eine, die sich stimmig in die zuvor gesetzten Prämissen einfügt.

I. Interpretation der Umstände als natürliche Tatsachen

Zunächst wird der Fokus auf eine jedenfalls auf den ersten Blick vereinfachende Interpretationsvariante gelegt. Der Rechtsanwender ist schon im Interesse der Gewaltenteilung gehalten, seine Auslegung so eng wie möglich am Wortlaut des Gesetzes zu orientieren. Dies gilt wie bereits dargestellt[12] in gesteigertem Maße für strafrechtliche Zusammenhänge. Wird dieser Ansatz rigoros verfolgt, könnte eine erste Auslegungsvariante lauten, dass der „Umstand“, wie ihn § 16 Abs. 1 StGB voraussetzt, insbesondere in Abgrenzung zur fehlenden Unrechtseinsicht bei § 17 StGB, nur ein solcher sein kann, welcher sich nicht auf die Ebene des inneren Bewertungsprozesses einer Situation erstreckt, sondern vielmehr durch ein vorgeschaltetes Defizit in der Erfassung gekennzeichnet ist.[13] So war es etwa Heinemann, der die Bedeutungskenntnis im Hinblick auf die Umstände gemäß § 59 RStGB für gänzlich irrelevant erklärte[14] und stattdessen für ausreichend erachtete, dass der Täter seine Handlung als solche erkannte.[15] Ob dies auch dem ursprünglichen Leitbild des § 59 RStGB entspricht, in welchem der Tatumstandsirrtum vergleichbar mit dem heutigen § 16 Abs. 1 StGB kodifiziert wurde, lässt sich aus der Gesetzesbegründung nicht entnehmen. Der Begriff der „Thatumstände“ taucht erstmals in § 78 des Entwurfs eines PrStGB von 1836 auf,[16] zu welchem allerdings keine Motive beigegeben wurden. In den Beratungsprotokollen zum 3.11.1838 ist lediglich vermerkt, dass dieser Entwurf im Wesentlichen so angenommen wurde.[17]

Begründung und Prämisse einer solchen Auslegung könnte sein, dass die Fähigkeit zur sinnlichen Wahrnehmung durch das Zusammenspiel von Sinnesorgan

[12] Vgl. Kap. 2 A.III.4.

[13] *Heinemann*, Binding'sche Schuldlehre, 1889.

[14] *Heinemann*, Binding'sche Schuldlehre, 1889, S. 136; kritisch auch *Harnos*, Geschäftsleiterhaftung, 2013, S. 194 ff.

[15] *Heinemann*, Binding'sche Schuldlehre, 1889, S. 132.

[16] Er lautete: „Auch derjenige ist straflos, der eine Handlung begeht, welche an sich erlaubt und nur wegen ihm unbekannt gebliebener, besonderer Umstände strafbar ist“, abgedruckt in *Schubert/Regge*, Gesetzrevision (1825–1848), Abt. I Bd. 3, 785 (820).

[17] „[...] wurde die Fassung des § 78 [...] dahin angenommen: ‚Wer eine Handlung begehet, welche nur wegen besonderer Thatumstände strafbar ist, dem kann solche, wenn diese Thatumstände ihm unbekannt sind, als ein vorsätzliches Verbrechen nicht zugerechnet werden‘“, siehe dazu die Berathungs-Protokolle der zur Revision des Strafrechts ernannten Kommission des Staatsraths, den ersten Theil des Entwurfs des Strafgesetzbuchs betreffend, 1839, S. 101, abgedruckt in: *Schubert/Regge*, Gesetzrevision (1825–1848), Abt. I Bd. 4 Teil 1, 103.

und Gehirn begrenzt und selektiv ist,[18] wohingegen dies nicht oder jedenfalls nicht mit Sicherheit für die Grenzen des Verständnisses durch den Menschen gesagt werden kann. Wo sich die tatsächliche Umgebung mit jedem Bruchteil einer Sekunde verändert und unsere Handlungen beeinflussen kann, gilt dies nicht für soziale Konventionen und das Recht, insbesondere nicht für Strafgesetze. Umstand i. S. d. § 16 Abs. 1 StGB wäre demnach nur jede Änderung der Wirklichkeit, die sich natürlich erfassen lässt, ohne dass es dafür eines geistigen Verstehensakts bedarf, der über die Vernetzung von Begriff bzw. Szene und Realität hinausgeht.[19] Letzteres ist zu berücksichtigen, da der Mensch jede Sinneswahrnehmung (unterschiedlich) interpretiert. Auf eine weitergehende Bedeutungsbildung käme es dann nicht an, insbesondere nicht für die Vernetzung mit Gesetzen und sonstigen gesellschaftlichen Regeln, weil diese erst durch geistige Anerkennung eine Art unsichtbare Existenz begründen, die schlussendlich einen Ausfluss gemeinsam getragenen Willens darstellt.

Ein Irrtum über solche rein natürlichen Tatumstände ist dann in zweierlei Hinsicht denkbar: Zum einen dann, wenn der fragliche Umstand tatsächlich kein Sinnesorgan erreicht, also etwa der Erschossene nicht gesehen, das Schreien des Eingesperrten nicht gehört, austretendes Gas nicht gerochen, Verderb von Lebensmitteln beim Vorkosten nicht geschmeckt oder das Gewicht eines Gegenstandes aufgrund von Hydraulik-/Pneumatikeffekten nicht gespürt wird. Zum anderen ist der Irrtum aber auch dann möglich, wenn der Umstand zwar sinnlich erfasst wird, jedoch vom Täter nicht korrekt verarbeitet wird, also etwa das erschossene Opfer zwar gesehen, aber fälschlicherweise für ein Tier gehalten wird, der eingesperrte Mensch zwar gehört, aber fälschlicherweise außerhalb des Raumes verortet wird, der Gasaustritt zwar gerochen, aber fälschlicherweise mit einem Feuerzeug verbunden wird, die verderbsbedingte Bitterkeit zwar geschmeckt, aber fälschlicherweise auf zugefügten Rotwein zurückgeführt wird oder das hohe Gewicht zwar gespürt, aber das Empfinden fälschlicherweise wegen eigener körperlicher Gebrechen negiert wird. Während die erste Erscheinungsform unzweifelhaft das eingangs kreierte Bild einer rein natürlichen Interpretation der Tatumstände bedient, ist das bei der zweiten dargelegten Form als einer Art „tatsächlichen Interpretationsirrtums“ nicht ohne Weiteres der Fall. Denn diesem zu Grunde liegt wiederum ein Fehler, der sich im Verständnishorizont des Täters abspielt und welcher deswegen möglicherweise nach einer streng sinnesbezogenen Interpretation keinen Umstandsirrtum i. S. d. § 16 Abs. 1 StGB begründen könnte. Allerdings kann selbst bei der unnachgiebigsten Auslegung des Begriffs der Tatumstände das Zusammenspiel aus sinnlicher Erfassung und anschließender Verarbeitung des Erfassten nicht außer Betracht gelassen werden. Wahrnehmung und Verarbeitung sind so eng miteinander verzahnt,[20] dass es unmöglich scheint, eine handhabbare Abgrenzungsmethodik

[18] Dazu auch *Walter*, Kern, 2006, S. 232 f.: Fehleranfällig.

[19] Zum Begriffsdenken und zu Szenenwahrnehmung siehe Kap. 3 B.

[20] Dazu Kap. 3 B.

zwischen fehlender und unrichtiger Wahrnehmung anzubieten. Im Übrigen bleibt der Ursprung der Fehlvorstellung des Täters untrennbar mit der natürlichen Ebene über die Vermittlung durch Sinnesorgane verhaftet, sodass damit auch ein hinreichender Anknüpfungspunkt im Sinne einer rein natürlichen Interpretation verbleibt.

Nach dem Vorstehenden ließen sich zwei klare Lager unterscheiden: Der Irrtum über natürliche Tatsachen nach § 16 Abs. 1 StGB sowie der Irrtum über künstliche, also menschengeschaffene Umstände als Verbotsirrtum nach § 17 StGB. Die sinnesbezogenen Irrtumsmöglichkeiten nach § 16 Abs. 1 StGB wurden bereits abschließend aufgezählt. Im Übrigen würden sämtliche andere Irrtümer allenfalls zu einer Berücksichtigung nach § 17 StGB führen. Dies beträfe dann auch die oben[21] vorgestellten besonderen Erscheinungsformen der Tatbestandsmerkmale. Uneingeschränkt umfasst von § 17 StGB wären also auch Irrtümer über gesamttatbewertende Merkmale und normative Tatbestandsmerkmale, ebenso wie über Blankettmerkmale, sofern sich diese nicht auf Wahrnehmungs(-verarbeitungs)-fehler zurückführen ließen.[22] Der Anwendungsbereich des § 17 StGB würde also erheblich erweitert. Dies beträfe insbesondere das Nebenstrafrecht, in welchem von normativen Tatbestandsmerkmalen regelmäßig Gebrauch gemacht wird. Irrtümer über Merkmale wie die „Vermögensbetreuungspflicht(-verletzung)“ im Rahmen des § 266 Abs. 1 StGB, die Steuerverkürzung nach § 370 Abs. 1 AO oder auch die Arbeitgeberstellung nach § 266a Abs. 1 StGB führten dann bei Vermeidbarkeit regelmäßig nicht zu einer Straflosigkeit im Bereich des noch von Vorsatzdelikten dominierten Wirtschaftsstrafrechts, sondern bloß zu einer Milderung der Strafe nach Maßgabe von §§ 17 S. 2, 49 Abs. 1 StGB. Für das Ordnungswidrigkeitenrecht würde es dann zu einer selteneren Anwendung von § 17 Abs. 2 OWiG kommen, der für die fahrlässig begangene Ordnungswidrigkeit – sofern diese mit gleichem Strafrahmen bewehrt ist – eine pauschale Reduktion des Bußgeldrahmens auf die Hälfte vorsieht.

Im Lichte der hier getätigten Prämissen, insbesondere der als Ausfluss des Demokratieprinzips zu fordernden Rechtskenntnis des Einzelnen, mutet eine solche Differenzierung zunächst plausibel an. Es wird eine saubere Trennung zwischen sinnesbezogenen und rechtssatzbezogenen Irrtümern ermöglicht. Auch scheint dieser Ansatz durch seine dogmatische Einfachheit zu bestechen, wenn die Grenze zwischen Tatbestands- und Verbotsirrtum im kognitiven Verarbeitungsprozess chronologisch auf den Zeitpunkt nach der sinnlich korrekten Erfassung gelegt wird. Allerdings trügt dieser Eindruck. Eine solche Interpretation der Umstände würde funktionieren, wenn sich die Tatbestände nur aus Bausteinen zusammensetzen würden, die einerseits in die Welt des natürlichen Seins und andererseits in die Welt des geltenden Rechts einsortiert werden können. Wie jedoch vielfach in der Historie aufgezeigt wurde,[23] gibt es Bestandteile des Tatbestands, die nicht sinnlich wahr-

---

[21] Kap. 3 C.II.

[22] Ähnlich der Vorschlag von *H. Schröder*, ZStW 65 (1953), 178 (199).

[23] Siehe etwa *Kunert*, normative Tatbestandsmerkmale, 1958, insb. S. 86 ff.

nehmbar, aber trotzdem existent sind, ohne dabei rechtsförmig zu sein. Es sind dies zum einen eben jene Merkmale, die auf soziale Tatsachen abstellen, also etwa die Urkunde, die mehr als nur Linien auf Papier darstellt,[24] oder die fremde Sache, die mehr als nur physisch bei einem anderen belegen ist. Zum anderen sind darunter auch die Wertprädikate zu zählen, die zwar einen sinnlich wahrnehmbaren Sachverhalt mit einer Eigenschaft belegen, jedoch kein konkretes sinnlich wahrnehmbares Objekt bezeichnen. Sie stellen in Gänze Wertentscheidungen dar, deren Gehalt sich zwar aus dem geltenden Recht ergibt, aber dort keine ausdrückliche Widerspiegelung finden. Ab wann etwa das Bewegen eines Kfz im Straßenverkehr als rücksichtslos gemäß § 315c Abs. 1 Nr. 2 StGB einzuordnen ist, lässt sich nicht im Wege bloßer Subsumtion ermitteln, sondern verlangt eine Würdigung des Täters und der Tatumstände, an deren Ende ein bewertendes Urteil steht. Diese Phänomene können in einem natürlichen System der Irrtumslehre nicht abgebildet werden, sondern müssen „aus der Not heraus" pauschal dem Verbotsirrtum zugeschlagen werden.

Ein solches Vorgehen ist nicht kongruent zu der hiesigen Prämisse, nach welcher die andersartige Behandlung des Täters bei der Rechtsfolge der Irrtumsklassifizierung darin begründet ist, dass der Täter das geltende Recht zu kennen hat.[25] Denn im Rahmen einer natürlichen Interpretation werden auch Irrtümer in den Anwendungsbereich von § 17 StGB verlagert, welche auf anderen Gründen beruhen als der Verkennung von Gesetzen. Wer etwa über den Geltungsbereich eines Vertrags, das Bestehen der Urkundenqualität eines Schriftstücks oder die Bewertung einer Tat als „roh" durch die Gemeinschaft irrt, befindet sich nicht in Unkenntnis über bestehende Gesetze, sondern in Unkenntnis über soziales Bedeutungsgehalte. Somit mag zwischen dem Grundsatz der erwartbaren Gesetzeskenntnis und einer natürlichen Interpretation zwar eine Schnittmenge liegen; in eine schlüssige Deckung kann beides aber nicht gebracht werden. Neben den deswegen nicht hinnehmbaren rechtlichen Folgewirkungen sei noch knapp darauf hingewiesen, dass selbst das Argument der Einfachheit bei der Abgrenzung von Tatbestands- und Verbotsirrtum in Wahrheit nicht stichhaltig ist. Es darf mittlerweile als allgemeine Erkenntnis der Psychowissenschaften gelten, dass Wahrnehmung, Verarbeitung und Reflexion keine schematisch nacheinander ablaufenden Schritte sind, sondern einander wechselseitig beeinflussen, bewusste Wahrnehmung und Aufmerksamkeit selektiv sind.[26] Der Mensch reflektiert, was er wahrnimmt; doch nimmt er oft nur bewusst wahr, was unterbewusst reflexionsbedürftig erscheint. Eine Trennung ist daher nicht sinnhaft.

---

[24] *Welzel*, JZ 1953, 119 (120); *C. Wolf*, ZIS 2019, 418 (427).

[25] Kap. 1 D.IV.4.

[26] Zurückgehend auf die sog. Filtertheorie von *Broadbent*, Perception and Communication, 1958, S. 42; auch *Ansorge/Leder*, Wahrnehmung und Aufmerksamkeit, 2017, S. 8; *Jäncke*, Kognitive Neurowissenschaften, 2021, S. 308 ff.

Insgesamt kann daher festgehalten werden, dass sich eine Interpretation der „Umstände" i.S.d. § 16 Abs. 1 S. 1 StGB bzw. § 11 Abs. 1 OWiG als solche natürlichen Ursprungs weder dogmatisch verwerten lässt noch praktisch umsetzbar ist.[27] Die Idee ist daher zu verwerfen.

II. Interpretation der Umstände als bedeutungsvermittelnde Tatsachen

Die modernen Irrtumslehren im Bereich des Tatbestands nehmen das Problemfeld der Merkmale, die sich weder einzig sinnlich bzw. sozial noch rechtlich eindeutig erfassen lassen, nicht nur in den Blick, sondern leiten aus ihnen die Basis für die Unterscheidung von Tatbestands- und Verbotsirrtum her. Dabei sind die Vorschläge im Einzelnen vielgestaltig. So versuchte Mezger im Fall von Tatbeständen, die durch ihre Merkmale auf besondere soziale oder rechtliche Konventionen Bezug nehmen, mittels der Figur der Parallelwertung in der Laiensphäre[28] zum Ausdruck zu bringen, dass der Täter diese Erscheinungen ebenfalls korrekt in den Tatzusammenhang eingeordnet haben muss. Später belegte er dies mit dem Begriff der Bedeutungskenntnis.[29] Welzel sprach von einer „Parallelbeurteilung im Täterbewußtsein".[30] Puppe verwendet die Formulierung vom „deskriptiven Sinn des Tatbestandes".[31] Schlüchter hebt zur Konkretisierung dieses notwendigen Bedeutungswissens[32] hervor, dass sich dieses auf die Rechtsgutsrelevanz des Tatverhaltens beziehen müsse.[33] Papathanasiou sieht den Kern des notwendigen Bedeutungswissens darin, dass die gesetzgeberische Grundentscheidung, die in der Strafvorschrift zum Ausdruck komme, durch den Täter im Zeitpunkt der Tatbegehung nachvollzogen wurde.[34]

Werden diese Anschauungen auf einen gemeinsamen Kern reduziert, lässt sich festhalten, dass neben den sinnlich erfassbaren Umständen auch solche bekannt sein müssen, die zwar nur intellektuell verarbeitet werden können, aber ohne die das Unrecht der Tatbegehung nicht begriffen werden kann (= bedeutungserhebliche

---

[27] So schon *Kohlrausch*, Irrtum, 1903, S. 106.

[28] *Mezger*, JW 1927, 2006 (2007); ebenso *Bockelmann*, NJW 1950, 830 (831); *Probst*, Abgrenzung, 1969, S. 137 ff.; noch heute BGH, Beschl. v. 24.9.2019 – 1 StR 346/18, BGHSt 64, 195 (202); Urt. v. 23.7.2019 – 1 StR 107/18, BGHSt 64, 161 (166 f.); *Fischer/Anstötz*, in: Fischer, StGB, 2025, § 16 Rn. 5; *Kulhanek*, in: MüKo-StGB, 2024, § 16 Rn. 74; *Momsen*, in: S/S/W, StGB, 2024, § 16 Rn. 3.

[29] *Mezger*, in: Ebermayer/Lobe/Rosenberg, RStGB, 1957, § 59 Anm. II, 10.

[30] *Welzel*, JZ 1954, 276 (279).

[31] *Puppe*, FS-Herzberg 2008, 275 (296).

[32] So die Formulierung von *Arthur Kaufmann*, Schuld und Strafe, 1983, S. 84 f.

[33] *Schlüchter*, Normative Tatbestandsmerkmale, 1983, insb. S. 103 ff.

[34] *Papathanasiou*, Normative Tatbestandsmerkmale, 2014, S. 119; *dies.*, FS-Roxin II 2011, 467 (480 ff.); daran anknüpfend *Bülte*, NStZ 2013, 65 (71).

Tatsachen).[35] Wer glaubt, nur eine Privatnotiz eines verstorbenen Freundes zu schreddern, könne demnach nicht Vorsatz im Hinblick auf eine gemäß § 274 StGB strafbare Urkundenunterdrückung haben, wenn sich hinterher herausstellt, dass es sich dabei um das in aller Eile vor dem Ableben verfasste Testament desselben handelte.[36] Ebenso handele ein Täter nicht vorsätzlich sachbeschädigend, der einen selbst gekauften Fernseher in einem Wutanfall demoliert, wenn er nicht wusste, dass die mit seiner Frau vereinbarte Gütergemeinschaft ein Miteigentumsrecht zu deren Gunsten begründet.[37] Erforderlich sei zwar nicht, dass der Täter die exakte juristische Subsumtion vollziehe; es müsse jedoch eine inhaltlich parallel gelagerte Vorstellung des Täters vorliegen.[38]

Teilweise wird an diesen Gedanken anknüpfend gefordert, dass der Täter dort, wo sich die Bedeutungskenntnis einzig aus einer gesetzlichen Vorschrift ergibt, auch Kenntnis dieser Vorschrift vorliegen muss.[39] Diese Erweiterung, die insbesondere für den Bereich der Blankettstrafgesetzgebung irrtumsrechtlich von hervorgehobener Bedeutung ist, wird von der Rechtsprechung nicht mitgetragen.[40] Begründet wird dies noch immer vielfach mit der Aussage, dass es sich bei der Fassung von Blankettstrafgesetzen lediglich um eine zweckmäßige technische Ausgestaltung handele,[41] die keinen Einfluss auf die irrtumsrechtliche Behandlung haben dürfe.[42] Allerdings ist dieses Erfordernis gerade im Lichte randständiger und/oder komplizierter Vorschriften(-komplexe) notwendige und gebotene Folge, wenn für die Annahme von Vorsatz Bedeutungswissen gefordert wird.[43] Dies zeigt sich exemplarisch im Bereich des Steuerstrafrechts. Hier kann sich eine Parallelwertung des Täters bei komplizierten Fragen ohne Erfassung der Steuerrechtslage (zumin-

---

[35] Dazu schon Kap. 1 C. II. 1. b).

[36] Zum Testament als Beispiel *C. Wolf*, Error, 2019, S. 69 f.

[37] Angelehnt an *Sternberg-Lieben/Sternberg-Lieben*, JuS 2012, 289 (291); der Fall geht zurück auf *Maurach/Zipf*, Strafrecht AT I, 1977, S. 556 ff.

[38] BGH, Beschl. v. 24. 9. 2019 – 1 StR 346/18, BGHSt 64, 195 (202) Rn. 20; Urt. v. 23. 7. 2019 – 1 StR 107/18, BGHSt 64, 161 (166 f.); *Gaede*, in: Matt/Renzikowski, StGB, 2020, § 16 Rn. 19; *Heger*, in: Lackner/Kühl/Heger, StGB, 2025, § 15 Rn. 14; *Kriegsmann*, Wahnverbrechen, 1904, S. 15.

[39] *Puppe*, GA 1990, 145; auch *Arthur Kaufmann*, Schuld und Strafe, 1983, S. 84 f.; *ders.*, FS-Lackner 1987, 185 (189 f.); *Kühl*, Strafrecht AT, 2017, § 5 Rn. 96; *Vogel/Bülte*, in: LK-StGB, 2020, § 16 Rn. 37; ähnlich *Bülte*, NStZ 2013, 65 (71), wenn dieser im Anschluss an *Papathanasiou*, FS-Roxin II 2011, 767 (780 ff.) verlangt, dass die gesetzgeberische Grundentscheidung nachvollzogen wurde; wohl auch *Fischer/Anstötz*, in: Fischer, StGB, 2025, § 16 Rn. 29.

[40] Siehe dazu schon Kap. 3 C. II. 2.

[41] BGH, Urt. v. 8. 1. 1965 – 2 StR 49/64, BGHSt 20, 177 (180); *Frister*, Strafrecht AT, 2023, § 11 Rn. 40; *Laubenthal/Baier*, GA 2000, 205 (212); erstreckend auf alle normativen Tatbestandsmerkmale *Kohlrausch*, Irrtum, 1903, S. 179.

[42] *Warda*, Blankettstrafgesetze, 1955, S. 36.

[43] Auch *Bülte*, NStZ 2013, 65 (70) für den Bereich des Lebensmittelrechts: „Ohne Kenntnis des Normbefehls ist ungewiss, was es bedeutet, entgegen der Vorschrift zu handeln".

dest in ihren Grundzügen) kaum herausbilden.[44] Man denke nur an die zu Beginn des Jahres 2023 erforderliche Einreichung von Steuererklärungen im Lichte der Grundsteuerreform[45] vom 12.5.2021: Bis auf ein allgemeines Unbehagen, das gelegentlich in einer regelrechten Angst vor einer versehentlichen Falschmeldung mündet, lässt sich beim Gesetzesunkundigen faktisch kein (geschweige denn parallel gelagertes) tatbestandsrelevantes Gedankengut feststellen. Es verbleibt dann nur die Möglichkeit, dass die Parallelwertung in der Laiensphäre für diese Fälle eben auch als Umschreibung für die Beachtung von Ge- bzw. Verbotsirrtümern dient, weil nur die Gesetze den Bedeutungsgehalt des eigenen Verhaltens vermitteln können. Aus vergleichbaren Prämissen heraus entwickelte sich sodann auch die Lehre von den Vorfeldirrtümern, nach welcher ein Irrtum bezüglich Vorschriften, die im Vorfeld der Strafbarkeit belegen sind (= „Verweisungsbegriffe"[46], präziser: verweisende Begriffe), stets zum Vorsatzausschluss führen sollen, wenn der Täter hierdurch die Tatbestandsmäßigkeit seines Verhaltens verkennt.[47]

Diese Vorgaben lassen sich zunächst mit den hier entwickelten Grundsätzen zur Funktion des Vorsatzes vereinen. Erst die Erfassung des Bedeutungsgehalts einer Situation vermittelt dem Täter ein vollständiges und richtiges Bild der Auswirkungen seines Verhaltens. Allerdings wird hier ebenfalls die Grundannahme getroffen, dass dem Irrtum über Rechtsvorschriften mit weniger Nachsicht zu begegnen ist als dem Irrtum über andere Gegebenheiten.[48] Diese aus dem Demokratieprinzip folgende Erwägung gilt es in einen schonenden Ausgleich mit dem grundsätzlichen Verlangen der Kenntnis aller bedeutungserheblichen Tatsachen beim Täter zu bringen, um beiden Ideen im Rahmen der Irrtumslehre angemessen Rechnung zu tragen.

Dies kann einerseits passieren, indem der Bedeutungskenntnis strukturell Vorrang vor dem erhöhten Strafbedürfnis bei Unkenntnis des Rechts gewährt wird. Demnach wäre immer dann, wenn Bedeutungskenntnis und Rechtskenntnis zusammenfallen, ein Irrtum als vorsatzausschließend nach § 16 Abs. 1 S. 1 StGB bzw. § 11 Abs. 1 OWiG zu klassifizieren. Nur wenn die Bedeutungskenntnis von der Rechtskenntnis isoliert werden kann, würde die Idee der höheren Strafwürdigkeit von Rechtsunkenntnis Platz greifen können. Die Kritik des Ergebnisdenkens, wie sie teilweise in diesem Zusammenhang erhoben wird,[49] lässt sich dem zwar nicht strukturell entgegenhalten, da Bedeutungskenntnis und Rechtskenntnis nach anerkannten Methoden einzeln bestimmt werden können. Allerdings ist insofern zu

---

[44] Ebenso *Maiwald*, Unrechtskenntnis, 1984, S. 21 f.; *Thomas*, NStZ 1987, 260 (262 f.).

[45] BGBl. I 2021, S. 986.

[46] Zurückgehend auf *Herzberg*, JuS 1980, 469 (473).

[47] *Herzberg*, JuS 1980, 469 (472 ff.); heute von ihm nicht mehr so vertreten, siehe *Herzberg*, GS-Schlüchter 2002, 189 (206).

[48] Dazu Kap. 1 D. IV. 4.

[49] So etwa *Walter*, Kern, 2006, S. 365; auch *C. Wolf*, Error, 2019, S. 13.

mahnen, als dass der Umfang der notwendigen Bedeutungskenntnis leicht an ein bestimmtes Ergebnis gekoppelt werden kann.

Der Nachteil einer wie vorstehend skizzierten Bewältigung des Konflikts liegt jedoch darin, dass sich der Gesetzgeber auf der Tatbestandsebene für eine „Schwarz-Weiß"-Lösung entschieden hat, die die Würdigung der Gründe für das Verkennen der Bedeutung erschwert.[50] Diese spielen jedenfalls unter präventiven Gesichtspunkten eine erhebliche Rolle. Je weniger Verständnis in der Gesellschaft für den Grund des Verkennens vorliegt, desto größer ist die Gefahr, das Vertrauen in Rechtsordnung und Justiz zu erschüttern. Dieser Faktor, der generell bei der Einordnung von Taten als vorsätzlich oder fahrlässig eine argumentative Rolle einnimmt,[51] wird durch eine Behandlung nach § 16 Abs. 1 S. 1 StGB bzw. § 11 Abs. 1 OWiG nicht berücksichtigt. Weiterhin ist darauf hinzuweisen, dass der Gesetzgeber die Einsicht, Unrecht zu tun, in § 17 StGB bzw. § 11 Abs. 2 OWiG eigenständig geregelt und dem Bereich der Schuld zugeordnet hat. Da Unrechtseinsicht und Rechtseinsicht zwei Seiten derselben Medaille sind,[52] gerät der Rechtsanwender in einen beachtlichen grammatikalischen Konflikt, wenn er die Rechtskenntnis dem Anwendungsbereich dieser Vorschriften entzieht. Besonders deutlich kommt dies in § 11 Abs. 2 OWiG zum Ausdruck, wo es explizit heißt: „[...], weil er *das Bestehen oder die Anwendbarkeit einer Rechtsvorschrift nicht kennt*". Wenn demgegenüber ein Vorrangverhältnis des Tatbestandsirrtums gegenüber dem Verbotsirrtum behauptet wird,[53] findet sich hierfür keine Stütze im Gesetz. Genauso gut könnte auch § 17 StGB als vorrangig gegenüber § 16 Abs. 1 StGB bzw. § 11 Abs. 2 OWiG als vorrangig gegenüber § 11 Abs. 1 OWiG angesehen werden, wenn das Erfordernis der Bedeutungskenntnis hinter die Prämisse notwendiger Kenntnis des Rechts zurückträte. Der Hinweis darauf, dass es sich bei den Fällen des § 16 Abs. 1 StGB um *Tatbestands*-Irrtümer handele, folglich alle Merkmale, die den Tatbestand ausmachten, hiervon erfasst seien,[54] hilft ebenfalls nicht weiter, weil nicht zu bestreiten ist, dass die in Bezug genommenen Gesetze Teil des Tatbestands sind. Die Frage ist vielmehr, ob sie *Umstände* sind. Es ist zuzugeben, dass kein Fall denkbar ist, in dem ein Tatbestandsirrtum nicht zugleich auch einen Verbotsirrtum nach sich zieht;[55] umgekehrt sind sehr wohl Fälle denkbar, in denen ein Verbotsirrtum ohne

---

[50] Siehe nur die kritischen Ausführungen und Nachweise von *Pawlik*, Unrecht, 2012, S. 395: Korrektur längst überfällig.

[51] So insbesondere bei *Pérez-Barberá*, GA 2013, 454 (460 ff.).

[52] Kap. 2 A. IV. 3. c).

[53] So die Intention des Gesetzgebers bei § 17 StGB, siehe dazu Entwurf eines Strafgesetzbuches (StGB) E 1960 mit Begründung, Bonn 1960, S. 127; ferner *Danziger*, Die AG 1982, 57 (64); *Kuhlen*, wistra 2022, 45 (47); *Otto*, GS-Meyer 1990, 583 (584); *Rengier*, in: KK-OWiG, 2025, § 11 Rn. 51; *Tiedemann*, Tatbestandsfunktionen, 1969, S. 386; *Walter*, Kern, 2006, S. 246; bis zur 3. Auflage 2010 auch noch *Puppe*, in: NK-StGB, § 16 Rn. 65; dagegen auch mit anderer Begründung *Herzberg*, FS-Otto 2007, 265 (265).

[54] *Warda*, JURA 1979, 1 (1); kritisch hierzu *Exner*, ZJS 2009, 516 (518).

[55] *Schmidt-Leichner*, NJW 1953, 404 (407); wohl auch *Kuhlen*, wistra 2022, 45 (46).

Tatbestandsirrtum vorliegt.[56] Jedoch stehen die Rechtsfolgen gerade nicht in einem Stufenverhältnis, sondern sind von unterschiedlicher Art. Folglich kann aus der Gesamtkonzeption nicht geschlossen werden, dass nur ein Vorrangverhältnis der obigen Art stimmig ist. Sinn und Zweck der Kollisionsregel aus dem Lex specialis-Grundsatz ist es, die speziellere Regel nicht obsolet zu machen, weil die generellere Regel erfüllt ist. Eine logische Vorgabe ist dies nicht.[57] Außerdem droht hier die obige Konsequenz auch nicht, da nur der Überschneidungsbereich von Bedeutungs- und Rechtsirrtum ausgespart werden soll. Es kann also auch der Aspekt der Unrechtseinsicht hervorgehoben und argumentiert werden, dass für die Fälle fehlender Rechtskenntnis § 17 StGB bzw. § 11 Abs. 2 OWiG vorrangig gegenüber § 16 Abs. 1 StGB bzw. § 11 Abs. 1 OWiG ist.

Unter Berücksichtigung der vorstehenden Erwägungen wird im Folgenden eine Interpretationsmöglichkeit angeboten, die diesen Konflikt auf andere Weise zu lösen versucht.

III. Vermittelnd: Interpretation nach Gesetzesdichte

Es besteht nach dem zuvor Gesagten ebenfalls die Möglichkeit, der Idee notwendiger Rechtskenntnis fußend auf dem Demokratieprinzip Vorrang zu gewähren und in den Fällen, in denen Bedeutungskenntnis und Rechtskenntnis in eins fallen, die Bedeutungskenntnis als vorsatzirrelevant und (nur) schuldrelevant einzustufen. Der Wortlaut gibt dies her;[58] die Gesetzgebungshistorie steht dem nicht entgegen.[59] Auch die Systematik gibt keine zwingenden Vorgaben, die dagegen sprechen; es ist keine Spezialität des Tatbestandsirrtums gegenüber dem Verbotsirrtum vorgegeben. Entsprechend wird im Weiteren eine Umkehrung[60] des üblicherweise unterstellten Verhältnisses vorgeschlagen: Nach hiesiger Prämisse ist § 17 StGB bzw. § 11 Abs. 2 OWiG vorrangig gegenüber § 16 Abs. 1 StGB bzw. § 11 Abs. 1 OWiG für die Fälle, in denen die Ursache der Fehlvorstellung auf dem Verkennen des Gesetzes beruht.

So wie es Fälle gibt, in denen der Vorsatz die Unrechtseinsicht nach sich zieht, lässt sich behaupten, dass es Fälle gibt, in denen erst die Einsicht in das Unrecht – und damit auch das Recht – den „Vorsatz" im Sinne des Zustands, wie er hier beschrieben wurde,[61] nach sich zieht. Wem die Kenntnis vom Recht der Übereignungen fehlt, wird aufgrund dieser fehlenden Rechtskenntnis in der Tatsituation nicht in der Lage sein, einen kaufvertraglichen Anspruch auf Übereignung der

[56] *Arthur Kaufmann*, FS-Lackner 1987, 185 (190).

[57] Dazu *Puppe*, Kleine Schule, 2023, S. 142 f.

[58] Kap. 2 A.IV. 3. und 4.

[59] Kap. 2 A.IV. 1. und 2.

[60] Für den Fall der Rechtsblindheit auch *Rinck*, Deliktsaufbau, 2000, S. 380 ff.

[61] Kap. 1 C.II. 1. b).

Sache vom Eigentumserwerb zu trennen und in der Folge die Kaufsache irrig nicht als fremd einordnen. Wer die Steuerrechtslage nicht kennt, wird im Zweifel die Steuererheblichkeit bestimmter Tatsachen nicht erfassen. Wer um die Vorgaben zur Beifügung künstlicher Zusatzstoffe im Lebensmittelrecht nicht weiß, verkennt die rechtliche Relevanz seiner Vermengungshandlung. In all diesen Fällen resultiert aus einem rechtlichen Kenntnisdefizit ein tatbestandsbezogener Irrtum, der wiederum im Ganzen in einem Verbotsirrtum mündet. Der Grund des Irrtums ist aber untrennbar mit der Frage verbunden, wie hoch das Präventionsbedürfnis im Hinblick auf die Wiederholung der Tatbegehung ist und muss daher bei der Einordnung eine Rolle spielen.[62] Liegt dieser in einer Fehleinschätzung auf der tatsächlichen oder sozialen Ebene, ist eine Wiederholung durch den Täter oder Dritte nicht zu befürchten. Der Täter hat dann einen Zustand herbeigeführt, für den er sich nicht entschieden hat. Dies kann auch gegenüber der Gemeinschaft plausibel kommuniziert werden. Liegt die Fehleinschätzung hingegen auf rechtlicher Ebene, hat der Täter eine Entscheidung zum Ausdruck gebracht, die anders gelagert ist als die der Gemeinschaft. Da mit einer gesetzlichen Regelung stets ein Ausgleich der Freiheiten aller erstrebt wird,[63] ergibt sich, dass der Täter im Regelfall eine größere Gefahr für die Freiheitsrechte anderer darstellt, wenn er diese Regelungen – auch unbewusst – missachtet. Er hat sich von der Tatsituation gerade nicht abhalten lassen, mit seinem Verhalten fortzufahren. Auch birgt eine pauschale Nachsicht mit dem rechtsunkundigen Täter die Gefahr, dass mangelnde Information mit positiven Auswirkungen verbunden wird.[64] Es besteht also ein erhöhtes spezial- wie generalpräventives Strafbedürfnis, welches es rechtfertigt, die Tat als vorsätzlich einzuordnen, obgleich es dem Täter gegebenenfalls dadurch an der Bedeutungskenntnis im Hinblick auf die Tatsituation und sein Verhalten fehlt. Wenn demgegenüber zum Teil vorgetragen wird, dass etwa das Merkmal der Fremdheit dann vorsatzgegenstandslos würde, und dies mit der Gesetzeslage nicht in Einklang zu bringen sei,[65] ist dem entgegenzuhalten, dass das StGB an keiner Stelle einfordert, dass Vorsatz bezüglich jedes Tatbestandsmerkmals vorliegen müsse. Die Rede ist in § 16 Abs. 1 S. 1 StGB von Umständen, die zum gesetzlichen Tatbestand gehören. Und dies kann – insbesondere in einer Betrachtung gemeinsam mit § 17 StGB – auch die Existenz und Anwendbarkeit von Vorschriften ausklammern.[66] In diesem Zusammenhang sei noch einmal darauf hingewiesen, dass § 11 Abs. 2 OWiG explizit den Fall der Unkenntnis von Rechtsvorschriften in den Blick nimmt. Im Rahmen einer

---

[62] Ähnlich *Jakobs*, Strafrecht AT, 1991, 8. Abschn. Rn. 5 sowie 19. Abschn. Rn. 1; anders *Volk*, DStZ 1983, 223 (229): Entscheidend nur die Folge des Irrtums, nicht die Ursache; auch *Pawlik*, Unrecht, 2012, S. 410.

[63] *Kahlo*, Unterlassung, 2001, S. 69 f.; *Momsen*, FS-Jung 2017, 569 (577) spricht von Maximierung.

[64] Ähnlich *Rinck*, Deliktsaufbau, 2000, S. 380 f.: Entziehen aus der Verantwortung; auch *Vogel/Bülte*, in: LK-StGB, 2020, § 16 Rn. 4 zur Rechtsblindheit.

[65] So *Busch*, Rechtsauskunft, 2020, S. 127; *Roxin*, FS-Neumann 2017, 1023 (1028).

[66] Dazu schon Kap. 2 A. IV. 3. a).

einheitlichen strafrechtlichen Irrtumslehre darf diese Bewertung nicht unberücksichtigt bleiben. Dies geschieht jedoch nur dann umfänglich, wenn der Irrtum über Rechtsvorschriften tatsächlich nur im Rahmen des § 17 StGB bzw. des § 11 Abs. 2 OWiG Berücksichtigung findet. Letztlich bietet dies auch die Möglichkeit, die Gründe des Irrtums genauer auszuforschen und im Einzelfall eine sachgerechte Lösung zu finden, die am einen Ende der Skala die volle Strafbarkeit vorsieht und am anderen Ende die Straflosigkeit.[67]

Es spricht daher einiges dafür, alle strafrechtsrelevanten Irrtümer, deren Quelle Rechtsunkenntnis ist, dem Bereich des § 17 StGB zuzuordnen und damit vom funktionalen Begriff der Kenntnis bzw. des Vorsatzes zu trennen.[68] Umstände i. S. d. § 16 Abs. 1 StGB bzw. § 11 Abs. 1 OWiG sind dementsprechend *bedeutungserhebliche Tatsachen, die die tatbestandsmäßige Situation kennzeichnen, sofern deren Vorliegen nicht durch Kenntnisnahme von Rechtsvorschriften erfahrbar ist.*

Dem nachgelagert gilt es sodann zu klären, ab wann eine Kenntnisnahme durch Rechtsvorschriften möglich ist. Es kommt also entscheidend auf die Gesetzesdichte an, welche den fraglichen strafbaren Bereich absteckt. Hierzu sind zwei Konzeptionen denkbar. In Betracht kommt zunächst eine generelle Orientierung am Bestimmtheitsgebot des Art. 103 Abs. 2 GG bzw. Art. 20 Abs. 3 GG. Gesetzesdichte wäre dann gleichzusetzen mit hinreichender verfassungsrechtlicher Bestimmtheit. Dies weist allerdings, jedenfalls nach herrschender Auslegung, das Problem auf, dass dem Bestimmtheitsgebot auch durch eine konkretisierende, gefestigte Rechtsprechung Rechnung getragen werden kann.[69] Dabei handelt es sich nicht um eine unmittelbar demokratisch legitimierte Interpretation. Die Strafbedürfnisse, die mit dem Verkennen des Rechts einhergehen, werden dadurch nicht berührt.[70] Nach einer Auslegung des Begriffs „Umstände“, die eng an das Demokratieprinzip anknüpft, muss hier eine Unterscheidung getroffen werden. Entscheidend ist daher

---

[67] *Glandien*, Markenstrafrecht, 2018, S. 79 f.; *Harnos*, Geschäftsleiterhaftung, 2013, S. 210 f.; *Schülke/Schuster*, famos 2019, 1 (6); zu dieser Reichweite kritisch *Arthur Kaufmann*, FS-Lackner 1987, 185 (186).

[68] So lautet auch das Ergebnis von *Glandien*, Markenstrafrecht, 2018, S. 74; *Heinrich*, FS-Roxin II 2011, 449 (463 ff.); *ders.*, Strafrecht AT, 2019, Rn. 1067 ff.; *Kindhäuser*, JuS 2019, 953 (956 ff.), aber auch schon andeutungsweise in JURA 1984, 465; *Liu*, Rekonstruktion, 2023, S. 55, 70 f., 139; *Rudolph*, GS-Hruschka 2019, 649 (651): „Tatumstandslehre“; *Wissmann*, Urheberstrafrecht, 2017, S. 189 ff.; *C. Wolf*, Error, 2019, insb. S. 660 ff.; speziell für den Bereich des OWiG *Harnos*, Geschäftsleiterhaftung, 2013, S. 208 ff.; ähnlich auch *Knobloch*, JuS 2010, 864 (865); *Laubenthal/Baier*, GA 2000, 205 (212); sehr kritisch *Roxin*, FS-Neumann 2017, 1023 (1027 ff.).

[69] BVerfG, Beschl. v. 15.3.1978 – 2 BvR 927/76, BVerfGE 48, 48 (62); Beschl. v. 23.6.2010 – 2 BvR 2559/08 u. a., BVerfGE 126, 170 (196 ff.); siehe auch *Kment*, in: Pieroth/Jarass, GG, 2022, Art. 103 Rn. 74; mahnend aber BVerfG, Beschl. v. 7.12.2011 – 2 BvR 2500/09 u. a., BVerfGE 130, 1 (43): „Der Gesetzgeber und nicht der Richter ist zur Entscheidung über die Strafbarkeit berufen“; kritisch auch *Remmert*, in: Dürig/Herzog/Scholz, GG, August 2025, Art. 103 Abs. 2 Rn. 96.

[70] Dazu noch Kap. 4 B.II.3.b).

vielmehr, ob das Gesetz selbst ohne weitere Heranziehung judikativer oder exekutiver (etwa durch Verwaltungsvorschriften) Auslegung den Bedeutungsgehalt des Merkmals – und damit den Kern des Tatverhaltens insgesamt – aufschlüsselt. Dies erfordert die Betrachtung aus der Perspektive eines vernünftigen Teilnehmers am demokratischen Willensbildungsprozess.[71] Etwaige persönliche Vorkenntnisse des Adressatenkreises sind nur insoweit relevant, wie sie die Bedeutungskenntnis tatsächlich vermittelt haben.[72]

Am Beispiel des Arbeitgeberbegriffs gemäß § 266a Abs. 1 StGB lässt sich der Mechanismus aufzeigen. Erst durch Art. 2 des Gesetzes zur Änderung des Arbeitnehmerüberlassungsgesetzes und anderer Gesetze (AÜGuaÄndG) vom 21.2.2017[73] wurde mit Wirkung vom 1.4.2017 in § 611a BGB die richterrechtlich herausgebildete Definition des Arbeitnehmerbegriffs[74] – und damit spiegelbildlich des Arbeitgeberbegriffs – im Gesetz festgeschrieben.[75] Das bedeutet für Straftaten im Zusammenhang mit § 266a Abs. 1 StGB, dass die Gesetzesdichte zur Bestimmung des Arbeitnehmerbegriffs vor diesem Ereignis gering war, weil sich bestenfalls Indizien zur Auslegung verstreut in verschiedenen Gesetzen fanden. Bezeichnend ist insoweit der Hinweis in der prozessualen Vorschrift des § 5 Abs. 1 ArbGG, nach welchem Arbeitnehmer im Sinne dieses Gesetzes etwa „Arbeiter, Angestellte und die zu ihrer Berufungsausbildung Beschäftigten" sind, also bloß eine extensionale Bestimmung[76] des Arbeitnehmerbegriffs erfolgt.[77] Durch reine Gesetzeslektüre ließ sich der Inhalt des Arbeitnehmerbegriffs für einen durchschnittlichen Teilnehmer am demokratischen Willensbildungsprozess nicht erkennen;[78] es bedurfte zumindest der Kenntnis der dazugehörigen Rechtsprechung. Entsprechend war ein Irrtum über das Merkmal der Arbeitgebereigenschaft nach hiesigem Verständnis als Tatbestandsirrtum einzuordnen.[79] Durch die Konkretisierungen in § 611a Abs. 1 BGB

---

[71] Ähnlich *Remmert*, in: Dürig/Herzog/Scholz, GG, August 2025, Art. 103 Abs. 2 Rn. 92: Verständnishorizont des Bürgers als Normadressat.

[72] Immer zu berücksichtigen hingegen bei Art. 103 Abs. 2 GG, siehe dazu BVerfG, Beschl. v. 23.6.2010 – 2 BvR 2559/08 u.a., BVerfGE 126, 170 (221) und auch Kap. 4 B.II.2.a).

[73] BGBl. 2017 I, S. 258.

[74] Siehe nur BAG, Urt. v. 21.7.2015 – 9 AZR 484/14, NZA-RR 2016, 344 (346); Urt. v. 15.2.2012 – 10 AZR 301/10, NZA 2012, 731 (731 f.); erste Ansätze zurückgehend auf BAG, Urt. v. 18.2.1956 – 2 AZR 294/54, NJW 1956, 647 (647).

[75] So die Intention des Gesetzgebers, siehe BR-Drs. 294/16, S. 2 f.

[76] Siehe auch *Clemens*, in: BeckOK-Arbeitsrecht, Stand 1.12.2025, ArbGG, § 5 in der Vorbemerkung: keine eigene Bestimmung des Arbeitnehmerbegriffs; ebenso *Mauer*, in: NK-ArbR, 2023, ArbGG, § 5 Rn. 2.

[77] Dazu auch BAG, Beschl. v. 16.2.2000 – 5 AZB 71/99, NZA 2000, 385 (387).

[78] Für den Regelfall hält dies *Towfigh*, Der Staat 48 (2009), 29 (48).

[79] In der Rechtsprechung anerkannt mit der Entscheidung BGH, Beschl. v. 24.9.2019 – 1 StR 346/18, BGHSt 64, 195; angedeutet schon in BGH, Urt. v. 24.1.2018 – 1 StR 331/17, NStZ 2019, 146; siehe auch *Wittig*, in: BeckOK-StGB, Stand 1.11.2025, § 266a Rn. 32; zuvor schon LG Ravensburg, Urt. v. 26.9.2006 – 4 Ns 24 Js 22865/03, BeckRS 2007, 10684;

sind dem Adressaten nun wichtige Hinweise gebündelt und verständlich an die Hand gegeben, um sich mit seiner Beziehung gegenüber einem potenziellen Arbeitnehmer auseinander zu setzen und im Regelfall zu einem korrekten Ergebnis zu kommen.[80] Dies bedeutet wiederum, dass der Irrtum über das Merkmal der Arbeitgebereigenschaft durch die Gesetzesänderung in den Bereich des Verbotsirrtums gerückt wurde.[81] In diesem Zusammenhang kann dann die individuelle Situation des Täters berücksichtigt werden, die ihm möglicherweise trotz dieser Klarstellungen die Einsicht in das Unrecht versperrte.

Entsprechendes gilt auch für Strafvorschriften in Nebengesetzen, welche durch ihre Verweisungen auf andere Rechtsetzungsakte immer häufiger für Kritik sorgen: Soweit der Verweis als solcher klar ist und die in Bezug genommenen Vorschriften ihrerseits bestimmt sind, lassen sich keine Defizite im Hinblick auf die Bestimmtheit insgesamt ausmachen.[82] Wenn also z. B. im Lebensmittelrecht die nationale Strafvorschrift des § 59 Abs. 2 des Lebensmittel- und Futtermittelgesetzbuchs (LFGB) auf zahlreiche Verordnungen der EU verweist, welche ihrerseits wiederum zum Teil Verweise auf weitere Rechtsetzungsakte beinhalten, dann ändert dies an der Bestimmtheit der Strafvorschriften zunächst nichts.[83] Fraglich ist vielmehr, ob es dem Einzelnen in zumutbarer Weise möglich ist, vom konkreten Strafgesetz Kenntnis zu nehmen.[84] Die Zumutbarkeit der Kenntnisnahme ist jedoch für die Frage, *ob* hinreichende Kenntnis i. S. d. § 16 Abs. 1 StGB bzw. § 11 Abs. 1 OWiG vorliegt, irrelevant. Daher kann auf diese Aspekte nur mit einer modifizierten Auslegung von § 17 StGB bzw. § 11 Abs. 2 OWiG reagiert werden,[85] nicht aber durch eine Anpassung der Vorsatzdogmatik.

Es handelt sich hierbei letztlich um Gedankengut zur Vermeidbarkeit eines Verbotsirrtums, die auch in anderen Strafrechtsgebieten mehr und mehr Einzug in

---

Floeth, NZS 2016, 771 (772 f.); *Obenhaus*, in: O/H/J/M/P, SchwarzArbG, 2025, Vor § 8 Rn. 27.

[80] *Klappstein*, in: NK-BGB, 2021, § 611a Rn. 20: mehr Rechtssicherheit; *Maties*, in: BeckOGK-BGB, Stand 1. 10. 2025, § 611a Rn. 19: Legitimation der bestehenden Rechtsprechung; ausführlich zu den hierdurch erzielten Verbesserungen für das demokratische Legitimationsniveau auch *Preis*, NZA 2018, 817.

[81] So die frühere Rechtsprechung, siehe dazu nur BGH, Beschl. v. 7. 10. 2009 – 1 StR 478/09, NStZ 2010, 337 (337); Beschl. v. 30. 7. 2003 – 5 StR 221/03, NJW 2003, 3787 (3790); kritisch zur neuen Rechtsprechungslinie auch *Bollacher*, NZWiSt 2019, 59; insgesamt zum Prozess der Änderung und die Motive hierfür *Timmermann*, ZVertriebsR 2023, 26 (27 ff.).

[82] Siehe auch *Waßmer*, in: Fuchs/Zimmermann, WpHG, 2024, Vor §§ 119–126 Rn. 41, der das Prinzip der Blankettverweisung sogar als grundsätzlich bestimmtheitsfördernd ansieht.

[83] *Kerscher*, Tatbestands- und Verbotsirrtum, 1969, S. 59.

[84] Auf die Vermengung dieser Aspekte weist auch *Towfigh*, Der Staat 48 (2009), 27 (58) hin.

[85] Für das Kapitalmarktstrafrecht *Scholz/Weiß*, BKR 2013, 324 (325); *Waßmer*, in: Fuchs/Zimmermann, WpHG, 2024, Vor §§ 119–126 Rn. 41.

die Überlegungen zum Vorsatz halten.[86] So wurde im Rahmen des Cum/Ex-Skandals argumentiert, dass die Maßstäbe der Vermeidbarkeit eines Verbotsirrtums auch für die Abgrenzung von Vorsatz und Fahrlässigkeit fruchtbar gemacht werden könnten.[87] Soweit damit nur gesagt werden soll, dass die Einfachheit der richtigen Erkenntnis ein Indiz für die tatsächliche Kenntnis des Täters sein kann, ist dem nichts entgegenzuhalten. Aufgrund der unterschiedlichen Funktionen von Vorsatz und Schuld, darauf aufbauend von Tatumstands- und Verbotsirrtum, ist eine Übertragung der Dogmatik aber kritisch zu betrachten.[88] Die Frage, ob ein Irrtum vermeidbar ist, ist eine andere als jene nach dem Bestand eines Irrtums.[89]

Etwas anderes gilt nur dann, wenn der Verweis seinerseits irreführend ist. Beispiele finden sich etwa in den zahlreichen Leer- und Fehlverweisen innerhalb des § 120 Wertpapierhandelsgesetz (WpHG).[90] Dadurch wird aber schlussendlich auch das Gesetzlichkeitsprinzip verletzt,[91] sodass die Frage nach dem Vorsatz des Täters nicht weiter erörtert werden muss.

IV. Einwände gegen die Interpretation nach Gesetzesdichte

Die Einsicht, dass Irrtümer, die auf Rechtsunkenntnis beruhen, aus dem Vorsatzbereich auszuklammern sind, ist nach ihrer Zurückdrängung im späten 19. und insbesondere im 20. Jahrhundert seit einigen Jahren[92] wieder in gängigen Lehrbüchern angekommen und erfährt eine ernstzunehmende Auseinandersetzung und Kritik.[93] Teilweise wird die Einfachheit dieses Ansatzes hervorgehoben, um die richterlichen Ermessenspielräume bei der Einordnung in die Irrtumskategorien zu begrenzen.[94] Zuerkannt wird ebenfalls, dass diese Lösung mit der Gesetzesstruktur

---

[86] Zum Kapitalanlagebetrug nach § 264a Abs. 1 Nr. 1 StGB siehe BGH, Urt. v. 5.5.2022 – III ZR 131/20, BGHZ 233, 279 (290 f.): Vorhandensein eines Bestätigungsvermerks; zu verbotenen Geschäften nach § 54 des Kreditwesengesetzes BGH, Urt. v. 16.5.2017 – VI ZR 266/16, NJW 2017, 2463 (2464): Anwaltliche Beratung sowie *Papathanasiou*, JR 2019, 369 (371 f.).

[87] So etwa *Knauer/Schomburg*, NStZ 2019, 305 (314 f.); *Knigge/Wittig*, ZWH 2019, 37 (78); von *Kuhlen*, wistra 2022, 45 (45 Fn. 3) als „Übertragbarkeitsthese" bezeichnet.

[88] *Kuhlen*, wistra 2022, 45 (48).

[89] *Kuhlen*, wistra 2022, 45 (48); zu den Grundlagen der Vermeidbarkeit noch Kap. 4 B.II.1.

[90] Dazu *Waßmer*, in: Fuchs/Zimmermann, WpHG, 2024, § 120 Rn. 16.

[91] *Waßmer*, in: Fuchs/Zimmermann, WpHG, 2024, § 120 Rn. 16.

[92] Noch *Pawlik*, Unrecht, 2012, S. 319: Rückläufige Position.

[93] Z.B. bei *Frister*, Strafrecht AT, 2023, § 11 Rn. 35 ff.; *Roxin/Greco*, Strafrecht AT I, 2020, § 12 Rn. 121j; implizit auch *Baumann/Weber/Mitsch/Eisele*, Strafrecht AT, 2021, § 11 Rn. 64; zugunsten dieser Auffassung *Heinrich*, Strafrecht AT, 2025, Rn. 1065 ff.

[94] *Roxin/Greco*, Strafrecht AT I, 2020, § 12 Rn. 121j.

in Einklang zu bringen ist.[95] Anknüpfungspunkte für Kritik werden auf teleologischer Seite gesucht.

So wird vorgetragen, dass eine Lehre, die auf die Unterscheidung von Tat- und Rechtsirrtum zurückgreife, mit der Idee des „Tatbestandes als Träger eines Unwerts" nicht vereinbar sei.[96] Dieser Gedanke überzeugt dann, wenn die Prämisse zugrunde gelegt wird, dass der Gegenstand des Vorsatzes der Tatbestand als solcher ist, wie es auch die Formulierung „Tatbestandsirrtum" nahelegt. Nur dann muss im Bewusstsein des Täters eine Spiegelung des durch den Tatbestand vertypten Unwerts erfolgen. Jedoch ist der Gegenstand des Vorsatzes ausweislich der Formulierung in § 16 Abs. 1 S. 1 StGB nicht der Tatbestand in seiner Gesamtheit, sondern allein die dazugehörigen Umstände. Zudem ist der Vorsatz auch nach dem hier vorgeschlagenen Modell auf die Risikodimension des Verhaltens für die Freiheiten anderer bezogen. Hierdurch wird der Typus der Vorsatztat mit besonderer personaler Verantwortung und damit letztlich eine Legitimationsgrundlage für das höhere Strafmaß der Vorsatztat gewahrt. Insofern kann auch Pawlik nicht zugestimmt werden, der anmerkt, dass eine Abstandnahme von der Tat nur durch Kenntnis der Rechtswidrigkeit oder zumindest der Rechtsgutswidrigkeit erwartet werden könne.[97] Es ist bereits die hinreichende Kenntnis des Risikos im Hinblick auf die Beeinträchtigung Dritter, welche eine Abstandnahme beim Täter forcieren muss.[98] Auf die Einordnung des Täters bezüglich der rechtlichen Relevanz des Interesses im Vergleich zum eigenen Interesse kommt es gerade nicht an.[99]

Daher ist es möglich, den Vorsatz im Rahmen eines unwertbehafteten (objektiven) Tatbestands anzunehmen, damit also die Tatbestandsmäßigkeit des Verhaltens insgesamt, ohne eine Typusentsprechung im Bewusstsein des Täters vorzufinden. Dies ist auch überzeugend, da die Grenze zwischen bloßer Typuskenntnis und Unrechtsbewusstsein nicht sauber gezogen werden kann. Damit drohten im wichtigen Bereich der Irrtümer gravierende Bestimmtheitsprobleme.[100] Eine vollständige Entwertung der tatbestandlichen Aussagekraft ist hierdurch jedenfalls nicht zu befürchten.

Wie auch schon im Rahmen der Differenzierung der Irrtumslehre zwischen Kern- und Nebenstrafrecht wird auf die unüberschaubare Menge an Gesetzen hingewiesen, die es als nicht realisierbare Utopie erscheinen lasse, die Kenntnis des Rechts zur Prämisse zu machen und folglich dem Irrtum hierüber weniger Nachsicht entgegenzubringen.[101] Hierzu wurde sich bereits ausführlich verhalten: Die

---

[95] *Roxin/Greco*, Strafrecht AT I, 2020, § 12 Rn. 121j.

[96] *Roxin*, FS-Neumann 2017, 1023 (1028); *Roxin/Greco*, Strafrecht AT I, 2020, § 12 Rn. 121j.

[97] *Pawlik*, Unrecht, 2012, S. 405 Fn. 879.

[98] Kap. 1 C. II. 1. b).

[99] Siehe schon Kap. 1 C. II. 1. c).

[100] Kap. 1 C. II. 1. c) und Kap. 4 A. II.

[101] *Vogel/Bülte*, in: LK-StGB, 2020, § 16 Rn. 2.

Prämisse ist notwendiger Bestandteil einer funktionierenden Demokratie und sollte daher bestmöglich umgesetzt werden.[102] Dies wird nach dem hier gemachten Vorschlag dadurch realisiert, dass die Einordnung des Verhaltens als Unrecht vom Irrtum über Gesetze nicht beeinflusst wird. Die tatsächlichen individuellen Kenntnisnahmemöglichkeiten sind dann im Rahmen der Schuld zu untersuchen, womit genügend Spielraum verbleibt, dem Schuldprinzip angemessen Rechnung zu tragen.[103] So kann auch im Verbrechensaufbau das Grundsatz-Ausnahme-Verhältnis zwischen dem Verlangen der Rechtskenntnis und der ausnahmsweise verziehenen Rechtsunkenntnis gewahrt werden.

Teilweise wird auch vorgetragen, dass eine Unterscheidung zwischen Tatsachen- und Rechtsirrtum nicht treffsicher möglich sei.[104] So wendet Hoffmann-Holland ein, dass letztlich auch das geltende Recht auf Tatsachen zurückgeführt werden könne, namentlich den Gesetzgebungsprozess als Erscheinung der Realität, über welchen regelmäßig keine Vorstellungen beim Täter vorhanden seien.[105] Dem ist zweierlei entgegenzuhalten: Einerseits wird hier deutlich, dass eine Unterscheidung zwischen Tatsachen- und Rechtsirrtum gerade möglich ist, wenn Hoffmann-Holland die Fehlvorstellung über den Gesetzgebungsprozess zutreffend als Tatsache einordnet, die Fehlvorstellung über die Existenz des Gesetzes selbst als Rechtsirrtum. Was lediglich aufgezeigt wird, ist, dass Irrtümer beider Art auch zeitgleich vorliegen können. Zum Verhältnis beider zueinander wurde jedoch bereits Stellung bezogen, sodass eine Kategorisierung sinnvoll möglich ist. Andererseits ist darauf hinzuweisen, dass nicht jeder beliebige Umstand in der Welt auch ein Umstand ist, der „zum“ gesetzlichen Tatbestand gehört. „Zum“ meint in diesem Sinne „Teil des Ganzen“, also einen Ausschnitt von diesem.[106] Der Gesetzgebungsprozess ist aber kein Ausschnitt aus dem gesetzlichen Tatbestand, sondern ein abgeschlossenes Ereignis vor dessen rechtlicher Existenz.

Insbesondere im Bereich des Nebenstrafrechts wird teilweise darauf hingewiesen, dass der Gesetzgeber durch die nunmehr regelmäßige Sanktionierung fahrlässigen Verhaltens zum Ausdruck gebracht hätte, dass Rechtsirrtümer den Vorsatz ausschließen sollten.[107] Doch schon Welzel zeigte auf, dass sich ganz regelmäßig für die Vorschriften, in denen vermeintlich nur ein Rechtsirrtum einen realistischen Irrtum des Täters begründen könnte, auch Beispiele anderer Irrtümer finden lassen.[108] Sollte dies einmal nicht der Fall sein, lässt sich trotzdem noch keine allge-

[102] Kap. 1 D.IV.4.

[103] Der Sache nach auch *Roxin*, FS-Neumann 2017, 1023 (1025 f.).

[104] *Lüderssen*, FS-Richter II 2006, 373 (375).

[105] *Hoffmann-Holland*, in: MüKo-StGB, 2024, § 22 Rn. 71.

[106] Kap. 2 A.IV.3.a).

[107] Am Beispiel des § 120 WpHG *Habbe/de Schmidt*, NJW 2022, 3186 (3189); *Spoerr*, in: Assmann/Schneider/Mülbert, WpHG, 2023, § 120 Rn. 364; so wohl auch zu verstehen *Cordes*, NZWiSt 2020, 139 (141).

[108] *Welzel*, JZ 1956, 238 (239 f.).

meine Regel daraus ableiten.[109] So kann diese Reaktion des Gesetzgebers auch in die andere Richtung gedeutet werden: Gerade weil der Gesetzgeber um die Handhabung der Rechtsprechung weiß und fürchtet, die Fälle des Rechtsirrtums aus dem Anwendungsbereich der Strafbarkeit zu verlieren, wird vorsorglich zugleich ein Fahrlässigkeitstatbestand geschaffen, um das Verhalten jedenfalls darüber zu erfassen.[110] Daher verfängt auch die Interpretation der Gesetzgebungsaktivität nicht als überzeugendes Gegenargument.

V. Zwischenergebnis

Die bisherigen Ausführungen haben die eingangs formulierte These bestätigt, dass es unter der geltenden Gesetzeslage nicht eine „perfekte" Lehre vom strafrechtlichen Irrtum gibt, die ihrerseits allen rechtlichen und tatsächlichen Interessen gerecht wird. Die Gründe hierfür liegen einerseits in dem großen Wertungsspielraum, den die gesetzlichen Formulierungen anbieten, andererseits in den unterschiedlichen Folgen der Einordnung einer Tat als vorsätzlich oder fahrlässig. Diese Kombination ermöglicht zahlreiche verschiedene Herangehensweisen an die Einordnung von Fehlvorstellungen über Merkmale in die Kategorien des Tatbestands- und des Verbotsirrtums. Insbesondere dann, wenn der Täter rechtliche Wertungen kennen muss, um den Bedeutungsgehalt des eigenen Verhaltens im Lichte des untersuchten Tatbestandsmerkmals zu erfassen, ist das Aufeinanderprallen zweier wichtiger Rechtsprinzipien offenkundig: Das Gebot der Rechtskenntnis für alle Teilnehmenden am demokratischen Willensbildungsprozess und das Verbot unverhältnismäßigen Strafens bei mangelnder Vorwerfbarkeit der Verhaltensvornahme. Dieser Konflikt lässt sich entweder durch eine Erweiterung des Anwendungsfelds vom Tatbestandsirrtum zugunsten des Täters auflösen, indem die Rechtskenntnis als notwendiger Bestandteil des Vorsatzes für die Fälle angenommen wird, in denen die Bedeutungskenntnis nicht auf anderem Weg erfahrbar ist.[111] Alternativ kann die Bedeutungskenntnis aus dem Vorsatz zumindest für diese Fälle ausgespart werden, sodass die Rechtskenntnis nur noch schuldrelevant ist. Beide Lösungen weisen ihre Schwächen auf. Jedoch bietet der hiesige Vorschlag die Möglichkeit, eine graduelle Abstufung via § 17 StGB bzw. § 11 Abs. 2 OWiG für die Fälle der Rechtsunkenntnis vorzunehmen, um im Einzelfall eine Abwägung zwischen dem Maß der individuellen Fehlleistung des Täters einerseits und dem Präventionsgedanken im Strafrecht andererseits zu ermöglichen. Letztlich dürften es in vielen Fällen Billigkeitserwägungen sein, die dazu verleiten, großzügiger bei der Annahme eines Tatbestandsirrtums in Spezialgebieten des Rechts zu sein. Die Schuld bietet hierfür jedoch ein geeigneteres Pflaster, weil sie die Bewertung individueller Um-

[109] *Kerscher*, Tatbestands- und Verbotsirrtum, 1969, S. 170.

[110] Auf den Mangel an Fahrlässigkeitstatbeständen für Konstellationen des Erlaubnistatbestandsirrtum weist auch *Hirsch*, FS-Schroeder 2006, 223 (226) hin.

[111] Schlussfolgerung von *Tiedemann*, Tatbestandsfunktionen, 1969, S. 399.

stände des Täters nicht nur ermöglicht, sondern auch ohnehin einfordert. Mit der Kopplung an das Demokratieprinzip besteht sodann auch eine tragfähige dogmatische Grundlage, aus der sich diese Differenzierung ableiten lässt.

B. Die Auslegung der Vorgaben zum Verbotsirrtum

Die hier vorgeschlagene Lösung hat im Vergleich zum üblichen Verständnis eine Verschiebung zahlreicher Fälle in den Anwendungsbereich des Verbotsirrtums zur Folge. Wenn damit aber nicht zugleich gesagt werden soll, dass die nach gängiger Auslegung gefundenen Ergebnisse bezüglich der tatsächlich ausgesprochenen Strafen ebenfalls falsch sind, ist es folgerichtig, dass auch die Auslegung des § 17 StGB bzw. § 11 Abs. 2 OWiG einer Modifikation bedarf.[112] Anderenfalls drohte durch die hiesige Konzeption eine täterbelastendere Ausgestaltung der Irrtumslehre. Dies gilt insbesondere für die Handhabung des unvermeidbaren Verbotsirrtums, welche durch die Rechtsprechung unter reger Kritik der Wissenschaft äußerst restriktiv erfolgt.[113] Bevor jedoch eine Auseinandersetzung mit der Abgrenzung zwischen vermeidbarem – und damit allenfalls schuldmindernden – und unvermeidbarem – und damit schuldausschließendem – Verbotsirrtum erfolgen kann, ist zunächst klarzustellen, was unter der Formulierung „die Einsicht fehlt, Unrecht zu tun" zu verstehen ist.

I. Fehlen der Unrechtseinsicht

Wer sich bei der Tat im Irrtum über das Recht bezüglich der Einordnung seiner Verhaltensweise befindet, dem fehlt die Einsicht, Unrecht zu tun. Dass dieser Zustand sowohl durch das Verkennen tatsächlicher Umstände als auch durch Verkennen des Rechts erreicht werden kann, wurde bereits festgehalten.[114] Wenn nun zur Einordnung des Irrtums bei § 16 Abs. 1 StGB bzw. § 11 Abs. 1 OWiG auf den Ursprung der Fehlvorstellung abgestellt wird, kann dies bei § 17 StGB bzw. § 11 Abs. 2 OWiG nicht anders sein. Entsprechend fehlt es an der Einsicht, Unrecht zu tun, wenn sich der Täter über das geltende Recht irrt und deswegen sein Verhalten als erlaubt einstuft. Dabei ist es unerheblich, ob sich die Vorschriften im „Vorfeld" des Strafgesetzes[115] befinden, also nur mittelbar durch ein Tatbestandsmerkmal bzw. eine Blankettformulierung herangezogen werden, oder der Irrtum das Strafgesetz unmittelbar betrifft. In allen Fällen bewegt sich der Irrtum auf der Ebene fehlender Rechtskenntnis. Damit provoziert der Täter einen Widerspruch zwischen

---

[112] *Safferling*, Vorsatz und Schuld, 2008, S. 146.

[113] Kap. 4 B. II. 2. b).

[114] Kap. 4 A. II. und III.

[115] Der Gedanke geht auf *Herzberg*, JuS 1980, 469 (472 ff.) zurück.

der Missbilligung des Tatverhaltens durch Bestätigung des Gesetzes als demokratischer Teilhaber und der Negation desselben durch das eigene Tatverhalten. Dies rechtfertigt es, bei Rechtsunkenntnis einen strengeren Maßstab anzulegen und die Gründe des Irrtums genau auszuforschen, um dann zu entscheiden, ob dieses widersprüchliche Verhalten ausnahmsweise nicht vorwerfbar ist, oder ob es nur mildernd bzw. gar nicht zu berücksichtigen ist.

Neben diesen grundsätzlichen Erwägungen zum Vorliegen der Unrechtseinsicht gibt es zwei Einzelfragen, die Gegenstand kontroverser Diskussionen sind. Zunächst ist zu ermitteln, ob mit „Unrecht" die Gesamtheit der Rechtsordnung gemeint ist oder nur das Recht der Sanktionen.[116] Darüber hinaus ist mit einer „Einsicht" ein psychischer Zustand verbunden, was zur Folge hat, dass – ähnlich den notwendigen Überlegungen bei der Abgrenzung zwischen Vorsatz und Fahrlässigkeit – die Schwelle zum Eintritt in dieses Stadium handhabbar gefasst werden muss.

1. Zum Begriff des Unrechts

Aus etymologischer Sicht wurde bereits festgehalten, dass „Unrecht" das Gegenstück zum „Recht" ist.[117] Daher bedeutet Einsicht in das Unrecht immer auch Einsicht in das Recht. Daraus folgt zunächst, dass die bloße Kenntnis der Sozial- oder Sittenwidrigkeit einen Verbotsirrtum nicht ausschließt.[118]

Nicht ohne Weiteres lässt sich hingegen ableiten, welche Rechtsvorschriften die Einsicht betreffen muss. So ließe sich annehmen, dass Unrechtseinsicht bereits dann vorliegt, wenn der Täter Einsicht in den Verstoß gegen eine als von der Gemeinschaft gültig[119] erkannte beliebige Vorschrift des Rechts hat.[120] Andererseits könnte

---

[116] Auf die weiterführende Einzelfrage einer etwaigen Unterscheidung zwischen Straf- und Disziplinarrecht wird im Folgenden nicht eingegangen.

[117] Kap. 2 A. IV. 3. c).

[118] BGH, Urt. v. 28. 1. 1968 – 4 StR 570/67, GA 1969, 61; OLG Karlsruhe, Beschl. v. 18. 10. 1999 – 2 Ws 51/99, NStZ-RR 2000, 60 (61); *Heger*, in: Lackner/Kühl/Heger, StGB, 2025, § 17 Rn. 2; *Karami*, Unrechtsbewusstsein, 2020, S. 73; *Kulhanek*, in: MüKo-StGB, 2024, § 17 Rn. 14; *Momsen*, in: S/S/W, StGB, 2024, § 17 Rn. 3; *Neumann*, in: NK-StGB, 2023, § 17 Rn. 12 ff.; *Rodenbeck*, Verbotsirrtum, 2012, S. 66; *Roxin/Greco*, Strafrecht AT I, 2020, § 21 Rn. 12; *Rudolphi*, Unrechtsbewusstsein, 1969, S. 60 f., 69 f.; anders wohl *Danzer*, Die AG 1982, 57 (66).

[119] BGH, Beschl. v. 23. 12. 1952 – 2 StR 612/52, BGHSt 4, 1 (3); *Heger*, in: Lackner/Kühl/Heger, StGB, 2025, § 17 Rn. 2 m. w. N.; ausführlich dazu *Rudolphi*, Unrechtsbewusstsein, 1969, S. 181 ff., insb. S. 189 f.

[120] BGH, Urt. v. 18. 3. 1952 – GSSt 2/51, BGHSt 2, 194 (202); Urt. v. 19. 5. 1999 – 2 StR 86/99, BGHSt 45, 97 (100 f.); Beschl. v. 2. 4. 2008 – 5 StR 354/07, NJW 2008, 1827 (1830); *Blei*, JA 1970, 205 (525); *Duttge*, in: D/D/K/R, Gesamtes Strafrecht, 2022, StGB, § 17 Rn. 5; *Fischer/Anstötz*, in: Fischer, StGB, 2025, § 17 Rn. 3a; *Frister*, Strafrecht AT, 2023, § 19 Rn. 3; *Kaspar*, in: Leitner/Rosenau, WSS, 2022, StGB, § 17 Rn. 8; *Mitsch*, DAR 2024, 15 (17); *Rodenbeck*, Verbotsirrtum, 2012, S. 69; *Roxin/Greco*, Strafrecht AT I, 2020, § 21 Rn. 12; *Rudolphi*, Unrechtsbewusstsein, 1969, S. 63 f., 68; *Schreiber*, Gesetz und Richter,

aus dem Wortlaut von § 17 StGB bzw. § 11 Abs. 2 OWiG ebenso abgeleitet werden, dass der Täter Einsicht in das gesamte Unrecht, also unabhängig von einem außerstrafrechtlichen Rechtsbruch auch die Einsicht in die Strafbarkeit seines Verhaltens haben muss, um einen Verbotsirrtum auszuschließen.[121] Der Gesetzgeber ging bei der Schaffung des § 17 StGB davon aus, dass der Täter sein Handeln insgesamt für erlaubt gehalten haben muss,[122] was eher der ersten Interpretationsmöglichkeit entspricht. Deutlich hervor tritt dies auch in der Formulierung des § 11 Abs. 2 OWiG, der explizit von „unerlaubtes" spricht.

Hiergegen wird vorgetragen, dass es für den Täter ein Mehr an Überwindung koste, wenn er um die Sanktionierbarkeit seines Verhaltens weiß, folglich die Möglichkeit einer Strafmilderung erhalten bleiben müsse.[123] Es werde ein qualitativ anderer Vorwurf im Strafrecht erhoben.[124] Erst die Kenntnis des Strafwürdigkeitsurteils lasse die Tat voll schuldhaft erscheinen.[125] Anschaulich stellt Neumann insofern heraus, dass es einem Täter wohl im Hinblick auf die Konsequenzen leichter falle, einen Zahlungsverzug mit zivilrechtlichen Folgen in Kauf zu nehmen, statt eine strafbewehrte Untreue zulasten des eigenen Unternehmens zu begehen.[126] Auch weist er darauf hin, dass durch die gegenläufige Interpretation der Zweck einer Anwendungserleichterung bei § 11 Abs. 2 OWiG unterlaufen werde.[127] Tiefgehend ist zudem der Einwand, dass derjenige, welcher sogar die Kenntnis eines entgegenstehenden Normbefehls zum Ausschluss eines Verbotsirrtums ausreichen lasse,[128] nicht rechtliche, sondern nur „moralische" Schuld verlange.[129]

Darauf wird pragmatisch erwidert, dass der Schulddifferenz im Wege des gegebenen Strafrahmens hinreichend Rechnung getragen werden könnte.[130] Letztlich

---

1976, S. 211; *Schuster*, in: TK-StGB, 2025, § 17 Rn. 5; vermittelnd *Saliger*, FS-Kindhäuser 2019, 425 (429): zumindest vertretbar.

[121] *Gaede*, in: Matt/Renzikowski, StGB, 2020, § 17 Rn. 9; *Heuchemer*, in: BeckOK-StGB, Stand 1.11.2025, § 17 Rn. 8; *Kindhäuser/Zimmermann*, Strafrecht AT, 2024, § 28 Rn. 8; *Kulhanek*, in: MüKo-StGB, 2024, § 17 Rn. 17 ff.; *Laubenthal/Baier*, GA 2000, 205 (207); *Neumann*, in: NK-StGB, 2023, § 17 Rn. 21; *ders.*, JuS 1993, 793 (795); *Mattil*, ZStW 74 (1962), 201 (229); *Renzikowski*, FS-Yamanaka 2017, 185 (186 ff.); dagegen jedenfalls für Vorsatzdelikte *Vogel/Bülte*, in: LK-StGB, 2020, § 17 Rn. 19.

[122] Siehe dazu den Entwurf eines Strafgesetzbuches (StGB) E 1958 mit Begründung, Bonn 1958, Begründung, S. 26.

[123] *Neumann*, in: NK-StGB, 2023, § 17 Rn. 21.

[124] *Gaede*, in: Matt/Renzikowski, StGB, 2020, § 17 Rn. 9.

[125] *Heuchemer*, in: BeckOK-StGB, Stand 1.11.2025, § 17 Rn. 8.1; *Kulhanek*, in: MüKo-StGB, 2024, § 17 Rn. 19.

[126] *Neumann*, in: NK-StGB, 2023, § 17 Rn. 21.

[127] *Neumann*, in: NK-StGB, 2023, § 17 Rn. 24.

[128] So etwa *Baumann/Weber/Mitsch/Eisele*, Strafrecht AT, 2021, § 18 Rn. 92; *Schuster*, in: TK-StGB, 2025, § 17 Rn. 5; für § 11 Abs. 2 OWiG wohl auch *Krenberger/Krumm*, OWiG, 2024, § 11 Rn. 23.

[129] *Renzikowski*, FS-Yamanaka 2017, 185 (194 f.); ähnlich *Leite*, GA 2012, 688 (694 ff.).

[130] *Mitsch*, DAR 2024, 15 (17); *Roxin/Greco*, Strafrecht AT I, 2020, § 21 Rn. 13a.

habe sich der Gesetzgeber durch seine Formulierung nicht auf das Strafrecht als Gegenstand des § 17 StGB festgelegt, sondern auf das Unrecht insgesamt Bezug genommen, sodass auch das Bewusstsein außerstrafrechtlichen Unrechts ausreichend sei, um § 17 StGB auszuschließen.[131] Auch hierdurch könne sich der Täter hinreichend motivieren lassen, von der Tat Abstand zu nehmen.[132]

Erfolgt eine Orientierung strafrechtlicher Schuld (zumindest auch) am Demokratieprinzip, ließe sich plausibel in beide Richtungen argumentieren. So könnte die Bestätigung der Prämisse widersprüchlichen Verhaltens darin gesehen werden, dass der Täter eine von ihm mitgetragene Rechtsvorschrift missachtet. Allerdings könnte auch auf den spezifischen Widerspruch im Hinblick auf das Strafrecht als Sicherungsinstrument wichtiger Grundregeln abgestellt werden. Letzteres verdient insgesamt den Vorzug. Wenn innerhalb einer Vorschrift des Allgemeinen Teils des Strafrechts von „Unrecht" die Rede ist, dann lässt sich darin ein intragesetzlicher Begriff sehen, der nur Bezug auf die Rechtsvorschriften im StGB nimmt. Der entgegenstehende Hinweis von Rodenbeck, dass der Gesetzgeber in § 5 WStG gezeigt habe, wie es aussähe, wenn die Einsicht in die Strafbarkeit verlangt würde,[133] vermag nicht vollends zu überzeugen. In § 5 Abs. 1 WStG wird lediglich auf eine rechtswidrige Tat verwiesen. Zwar ist die Formulierung durch § 11 Nr. 5 StGB als strafrechtswidrige Tat vorgezeichnet. Allerdings meint rechtswidrig bei strenger Anlehnung an den Wortlaut eben nur „gegen das Recht", und zwar unabhängig davon, aus welchem Rechtsgebiet sich dieser Verstoß ergibt. Ähnliches gilt auch für die Formulierung „unerlaubtes" im Rahmen des § 11 Abs. 2 OWiG. Durch die Interpretation als „sanktionierbares Unrecht" wird sichergestellt, dass die Ursachen des Irrtums hierüber genauer erforscht werden können, um ein individuell angemessenes Strafmaß zu ermöglichen. Eine Gleichstellung im Strafrahmen kann im Einzelfall unangemessen sein, wenn sich der Täter der strafrechtlichen Dimension seines Verhaltens aufgrund besonderer Umstände nicht bewusst wurde. Man stelle sich nur vor, eine zwar zivilrechtswidrige, aber gelebte Unternehmerpraxis würde zur besseren Durchsetzung des Zivilrechts plötzlich bußgeldbewehrt. Als Beispiel sei die Einführung der Datenschutz-Grundverordnung (VO (EU) 2016/679) genannt, die den Umgang mit dem Datenschutz massiv beeinflusste und ein schärferes Bewusstsein in der Praxis einforderte. Rechtswidrige Verhaltensweisen, über die zuvor großzügig von den zuständigen Aufsichtsbehörden hinweggesehen wurde, zogen sodann empfindliche Bußgelder nach sich. Aufgrund der großen Umstellung wurde sogar nach dem Inkrafttreten eine zweijährige Übergangszeit zugelassen, bevor die Vorschriften wirksam wurden.

Mit gestiegener Etablierung der Sanktionsvorschriften, die hier nach gängiger Lesart als Blankettstrafgesetze interpretiert werden, steigt die Vorwerfbarkeit des

---

[131] *Roxin/Greco*, Strafrecht AT I, 2020, § 21 Rn. 13.

[132] Für Vorsatztaten *Vogel/Bülte*, in: LK-StGB, 2020, § 17 Rn. 19.

[133] Sinngemäß *Rodenbeck*, Verbotsirrtum, 2012, S. 67.

Pflichtverstoßes im Hinblick auf die Erkenntnis der Sanktionsvorschrift.[134] Die Schulddifferenz zwischen einem „früheren" und einem „späteren" Verstoß kann dann, jedenfalls außerhalb des Ordnungswidrigkeitenrechts,[135] unter Umständen nicht mehr einzig durch eine tätergünstigere Strafrahmenausschöpfung kompensiert werden. Auch das Argument der Appellfunktion wird in diesem Beispiel obsolet: Bei einer anders gelebten Praxis ergeht gerade kein Appell mehr, der dazu anhält, das Verhalten zu unterlassen.

Im Übrigen wird durch die Auslegung des Unrechtsbegriffs als strafrechtliches Unrecht das Problem umgangen, dass einerseits von der „Teilbarkeit"[136] der Unrechtseinsicht ausgegangen wird,[137] andererseits postuliert werden müsste, dass die Einsicht in außerstrafrechtliches Unrecht einen Verbotsirrtum im Hinblick auf das erfüllte Strafgesetz ausschließen könnte.[138] Aus diesen Gründen wird im Folgenden das Unrecht i.S.d. § 17 StGB bzw. § 11 Abs. 2 OWiG als „sanktionierbares Unrecht" interpretiert.

2. Einsicht

§ 17 StGB bzw. § 11 Abs. 2 OWiG setzen voraus, dass dem Täter die Einsicht fehlte, Unrecht zu tun. Durch „Fehlen" kommt eine Negation zum Ausdruck, was bedeutet, dass zur Feststellung der Voraussetzung auch danach gefragt werden kann, ob der Täter Einsicht in das Unrecht hatte. Entscheidend ist also, welcher Zustand vorliegen muss, damit dem Täter diese Einsicht bescheinigt werden kann. Aus gesetzgeberischer Perspektive diente die Wahl des Begriffs „Einsicht" nur der sprachlichen Gleichstellung mit den §§ 20 f. StGB.[139] Im allgemeinen Sprachgebrauch wird hiermit tendenziell eher auf einen vorhergehenden Abwägungsprozess des Täters abgestellt, der ihm Aufklärung bezüglich eines Umstands verschafft.[140]

In diesem Sinne möchte Rodenbeck aus der Wahl des Begriffs ableiten, dass für die Ablehnung eines Verbotsirrtums ein höherer Erkenntnisgrad erforderlich sei als für die Ablehnung eines Tatbestandsirrtums.[141] Er verweist dabei auf § 46 StGB, wo im Rahmen der Strafzumessung der Begriff „Einsicht" als ernstliche Überzeugung

---

[134] Siehe zum Beleg die Bußgeldentwicklung seit dem Wirksamwerden 2018, einzusehen unter https://www.dsgvo-portal.de/dsgvo-bussgeld-datenbank/ sowie als Grafik unter https://de.statista.com/infografik/26629/strafen-auf-grund-von-verstoessen-gegen-die-datenschutz-grundverordnung/.

[135] Aufgrund der geringen Mindestgeldbuße von 5 EUR, § 17 Abs. 1 OWiG.

[136] Kritisch bzgl. der Bezeichnung *Hruschka*, JZ 1991, 488 (490).

[137] Kap. 1 D.III.4.

[138] So die Kritik von *Gaede*, in: Matt/Renzikowski, StGB, 2020, § 17 Rn. 8 f.; *Laubenthal/Baier*, GA 2000, 205 (207 f.); *Renzikowski*, FS-Yamanaka 2017, 185 (185 f.).

[139] Dazu Kap. 2 A.IV.1.

[140] Kap. 1 D.IV.3.c).

[141] *Rodenbeck*, Verbotsirrtum, 2012, S. 109 ff.

verwendet wird.[142] Hierbei ist aber zu berücksichtigen, dass der Begriff ganz regelmäßig im Zusammenspiel mit dem Begriff „Reue" gebraucht wird.[143] Dieser wiederum ist definiert als „tiefes Bedauern über etwas, was nachträglich als Unrecht, als [moralisch] falsch empfunden wird".[144] Hierdurch wird der Begriff der Einsicht, der nach allgemeinem Sprachgebrauch alternativ auch mit dem Begriff des Bewusstseins in eins gesetzt werden könnte,[145] bereits stark gefärbt, sodass dem Vergleich kein Indizwert für eine „rechtsdogmatische Entscheidung" zugunsten einer der beiden Interpretationen beizumessen ist.

Demgegenüber wird die Diskussion um das Vorliegen von Einsicht in das Unrecht überwiegend in ähnlichen Bahnen geführt wie die Diskussion um die Abgrenzung zwischen Vorsatz und Fahrlässigkeit,[146] woraus sich implizit eine weitgehende Gleichstellung des Grads der Bewusstseinsbildung ergibt. Gängig sind Parallelformulierungen wie „bedingtes Unrechtsbewusstsein" als Pendant zum „bedingten Vorsatz",[147] mit denen zum Ausdruck kommen soll, dass der Täter (kognitiv) zumindest die Möglichkeit rechtswidrigen Verhaltens erkannte und er (voluntativ) dies billigend in Kauf nahm.[148] Letzteres wird terminologisch kritisiert,[149] weil eine billigende Inkaufnahme ein beeinflussbares Ereignis bedingt.[150] Die Rechtslage ist im Zeitpunkt der Tat jedoch vom Täter nicht veränderbar. Wenn Roxin dem entgegenhält, dass sich ein voluntativer Kern ausmachen lasse, weil der Täter es in Kauf nehme, rechtswidrig zu handeln,[151] dann ist dies zwar richtig. Jedoch handelt es sich dabei um den bloßen Ausdruck einer rechtsfeindlichen Ge-

---

[142] *Rodenbeck*, Verbotsirrtum, 2012, S. 111 f. mit Hinweis auf BGH, Urt. v. 14.12.1999 – 1 StR 563/99, NStZ 2000, 366.

[143] So in BGH, Urt. v. 14.12.1999 – 1 StR 563/99, NStZ 2000, 366; aber auch in BGH, Beschl. v. 10.8.1993 – 5 StR 462/93, NStZ 1993, 584; Urt. v. 12.12.2013 – 5 StR 444/13, NStZ 2014, 169 Leitsatz 2; Urt. v. 24.11.2022 – 4 StR 175/22, BeckRS 2022, 35730; Urt. v. 12.5.2022 – 4 StR 197/21, NStZ-RR 2022, 286 (287).

[144] Duden, Begriff „Reue", https://www.duden.de/rechtschreibung/Reue.

[145] Kap. 1 D.IV.3.c).

[146] *Duttge*, in: D/D/K/R, Gesamtes Strafrecht, 2022, StGB, § 17 Rn. 14; *Gaede*, in: Matt/Renzikowski, StGB, 2020, § 17 Rn. 10; *Heuchemer*, in: BeckOK-StGB, Stand 1.11.2025, § 17 Rn. 11 ff.; *Rudolphi*, Unrechtsbewusstsein, 1969, S. 118 ff.; *Valerius*, in: BeckOK-OWiG, Stand 1.10.2025, § 11 Rn. 31; der Sache nach auch *Kulhanek*, in: MüKo-StGB, 2024, § 17 Rn. 31; differenzierend hingegen *Horn*, Verbotsirrtum, 1969, etwa S. 35: voluntative Komponente nur bei Vorsatz; ähnlich *Dimakis*, Zweifel, 1993, S. 48; *Safferling*, Vorsatz und Schuld, 2008, S. 219.

[147] Siehe nur *Kulhanek*, in: MüKo-StGB, 2024, § 17 Rn. 27; *Momsen*, in: S/S/W, StGB, 2024, § 17 Rn. 6; für das OWiG auch *Voelker/Ziegler*, in: Gassner/Seith, OWiG, 2025, § 11 Rn. 13.

[148] BGH, Beschl. v. 24.2.2011 – 5 StR 514/09, GRUR 2011, 941 (943); ausdrücklich daran festhaltend auch *Gaede*, in: Matt/Renzikowski, StGB, 2020, § 17 Rn. 10.

[149] *Leite*, GA 2012, 688 (690); *Neumann*, in: NK-StGB, 2023, § 17 Rn. 33; *Puppe*, FS-Rudolphi 2004, 231 (234 f.).

[150] *Rodenbeck*, Verbotsirrtum, 2012, S. 101.

[151] *Roxin*, GA 2018, 494 (498); ähnlich schon *Hardwig*, GA 1956, 369 (374).

sinnung, wie er beim voluntativen Element des Vorsatzes gerade nicht relevant werden soll.[152] Für § 17 StGB steht einer Kopplung dieser Gesinnung an die Frage nach dem Bestehen der Unrechtseinsicht die Idee der Tatschuld entgegen. Ob Schuld vorliegt, darf nicht von der inneren Haltung zu Rechtsvorschriften abhängen. Der Gradmesser wäre sonst zu wenig die Tat, vielmehr zu sehr der Täter.[153]

Auch darüber hinaus ist eine Heranziehung der Überlegungen zur Abgrenzung von Vorsatz und Fahrlässigkeit problematisch.[154] Dies ergibt sich nach den hier getätigten Aussagen schon daraus, dass die Abgrenzung von Vorsatz und Fahrlässigkeit auf der Tatbestandsebene von präventiven Erwägungen geleitet ist,[155] hingegen auf der Schuldebene auch repressive und kommunikative Elemente in den Blick zu nehmen sind.[156] Dennoch schließt das einen Gleichlauf nicht aus,[157] da eine unterschiedliche Prämissenlage nicht zwangsläufig unterschiedliche Ergebnisse mit sich bringt. Dies gilt insbesondere vor dem Hintergrund, dass die Tatschuld ihren Bezugspunkt gerade im Unrecht der Tat findet.[158]

Im Lichte dessen ist die Frage zu stellen, ob das Begriffspaar Verbotsirrtum – Unrechtseinsicht tatsächlich korrespondiert,[159] so wie dies für das Begriffspaar Tatbestandsirrtum – Vorsatz bejaht wurde.[160] Die Bedeutsamkeit der Frage wird beim Diskussionsgegenstand der Unrechtszweifel deutlich. Wenn Zweifel an der Rechtmäßigkeit des eigenen Verhaltens pauschal der Unrechtseinsicht zugeordnet werden,[161] deutet dies auf ein solches Komplementärverhältnis hin. Denn irren tut nur, wer von falschen Tatsachen *überzeugt* ist.[162] Wer aber zweifelt, ist gerade nicht von einer Position überzeugt. Entsprechend könnte dann auch niemals ein Irrtum vorliegen. Allerdings weist Dimakis treffend darauf hin, dass im Falle bestehender

---

[152] So auch *Börchers*, Schuldprinzip, 2010, S. 159; *Roxin*, JuS 1964, 53 (58); siehe schon Kap. 3 A. II.

[153] In diesem Sinne auch *Rudolphi*, Unrechtsbewusstsein, 1969, S. 122 f.

[154] Kritisch auch *Safferling*, Vorsatz und Schuld, 2008, S. 215 ff.; *Vogel/Bülte*, in: LK-StGB, 2020, § 17 Rn. 28; vermittelnd *Dimakis*, Zweifel, 1993, S. 52, 170: Nicht zwingend.

[155] Kap. 1 C. II. 1. b).

[156] Kap. 1 C. IV. 3.

[157] Für zwingend erachtet dies *Rudolphi*, Unrechtsbewusstsein, 1969, S. 133.

[158] *Rudolphi*, Unrechtsbewusstsein, 1969, S. 133.

[159] So für das Begriffspaar Unrechtsbewusstsein – Verbotsirrtum *Rudolphi*, Unrechtsbewusstsein, 1969, S. 169; *Armin Kaufmann*, FS-Eb. Schmidt 1961, 319 (327): Verbotsirrtum und Fehlen des Unrechtsbewusstseins üblicherweise gleichgesetzt.

[160] Kap. 3 A. I. 6.

[161] BGH, Beschl. v. 1. 6. 1977 – KRB 3/76, BGHSt 27, 196 (202); wohl auch BGH, Urt. v. 10. 1. 2023 – 6 StR 133/22, NStZ 2023, 352 (355); *Gaede*, in: Matt/Renzikowski, StGB, 2020, § 17 Rn. 10; *Rudolphi*, Unrechtsbewusstsein, 1969, S. 171; *Welke*, NZWiSt 2014, 339 (342); im Ergebnis auch *Kulhanek*, in: MüKo-StGB, 2024, § 17 Rn. 31.

[162] Duden, Begriff „Irrtum", https://www.duden.de/rechtschreibung/Irrtum: „fälschlich für richtig gehaltener Gedanke".

Zweifel ebenso wenig von Einsicht in das Unrecht gesprochen werden kann.[163] Denn auch dies setzt eine Überzeugung des Täters voraus,[164] die nicht durch bloßes Zweifeln an der Richtigkeit einer Option gegenüber der anderen gegeben ist. Es liegt nach der allgemeinsprachlichen Auslegung eine Zwittersituation vor, in der weder Unrechtseinsicht noch ein Irrtum besteht.[165]

Es gibt zwei Möglichkeiten, diesem Dilemma zu entgehen. Entweder wird das Merkmal der fehlenden Unrechtseinsicht bejaht, weil diese nicht vorliegt. Dann wäre im Fall eines Unrechtszweifels der Anwendungsbereich von § 17 StGB eröffnet. Oder aber der Begriff der Einsicht wird dergestalt normativiert, dass er auch den bloß kurzen „Einblick" in das Unrecht durch das Aufkommen eines Unrechtszweifels einschließt.[166] Letzteres setzt jedoch wie jede Abweichung vom üblichen Sprachgebrauch voraus, dass es dafür überzeugende Argumente gibt. Diese sind allerdings nicht ersichtlich. Vielmehr ist es die Rechtsprechung selbst, die die Bedenken hiergegen deutlich macht, wenn sie teilweise das bloße Zweifeln an der Rechtmäßigkeit zur Ablehnung eines Verbotsirrtums ausreichen lässt,[167] andererseits zuweilen verlangt, bei Zweifeln an der Rechtmäßigkeit Erkundigungen einzuholen, um in den Genuss der privilegierenden Folgen eines unvermeidbaren Verbotsirrtums zu kommen.[168] Wenn aber der Zweifel an der Rechtmäßigkeit einen Verbotsirrtum bereits ausschließt, stellt sich die Frage nach der Unvermeidbarkeit nicht mehr.[169] Daher wird der Rechtsprechung eine Vermengung der Prüfung vom Vorliegen eines Verbotsirrtums und der Vermeidbarkeit vorgeworfen.[170]

Inhaltlich schlüssig werden die Ausführungen der Rechtsprechung nur dann, wenn die Formel der billigenden Inkaufnahme rechtswidrigen Handelns so interpretiert wird, dass der Täter aufgrund aufkommender Zweifel zu dem Ergebnis gekommen ist, dass mehr für als gegen eine Rechtswidrigkeit spricht und sich damit die Möglichkeit der Rechtmäßigkeit für den Täter bloß als (unwahrscheinlichere) Hoffnung herausstellt.[171] Der Täter muss es also für überwiegend wahrscheinlich erachten, dass sein Verhalten rechtswidrig und damit sanktionierbar ist. Erst dann hat der Täter das Unrecht seines Verhaltens tatsächlich eingesehen. Dies ermöglicht es, im Fall ernstlicher Zweifel des Täters zu entscheiden, ob dieser aufgrund seiner

---

[163] *Dimakis*, Zweifel, 1993, S. 95 ff.

[164] Ähnlich *Leite*, GA 2012, 688 (696): „etwas Sicheres"; *Stam*, GA 2019, 338 (343 f.): „für wahr halten".

[165] *Dimakis*, Zweifel, 1993, S. 97.

[166] So wohl *Harnos*, Geschäftsleiterhaftung, 2013, S. 225.

[167] BGH, Beschl. v. 1.6.1977 – KRB 3/76, BGHSt 27, 196 (202); BGH, Urt. v. 10.1. 2023 – 6 StR 133/22, NStZ 2023, 352 (355).

[168] BGH, Urt. v. 18.11.2020 – 2 StR 246/20, NStZ 2022, 30 (31).

[169] *Leite*, GA 2012, 688 (691 f.).

[170] *Leite*, GA 2012, 688 (693).

[171] So auch der Vorschlag von *Dimakis*, Zweifel, 1993, insb. S. 120 ff.

Bemühungen gegenüber dem wissentlich rechtswidrig handelnden Täter privilegiert werden soll oder nicht.[172]

Damit wäre der Rechtsprechung allein vorzuwerfen, dass sie begrifflich nicht sauber arbeitet. Es sollte klar herausgestellt werden, dass bei Unrechtszweifeln, ganz im Sinne des Wortlauts, die Einsicht in das Unrecht fehlt und somit der Anwendungsbereich von § 17 StGB eröffnet ist. Daraus folgt, dass es sich beim Begriffspaar Unrechtseinsicht – Verbotsirrtum nicht um Komplementärbegriffe handelt. Es wird ferner deutlich, dass die amtliche Überschrift von § 17 StGB nur unzureichend den Anwendungsbereich der Vorschrift beschreibt. Wenn Leite festhält, dass es kaum vertreten würde, Unrechtszweifel als Verbotsirrtum einzuordnen,[173] dann ist dies schon aus sprachlichen Gründen nur folgerichtig. Das heißt aber noch nicht, dass deswegen nicht der Anwendungsbereich von § 17 StGB eröffnet wäre. Es sind eben nicht nur Verbotsirrtümer erfasst. Denn § 17 StGB verlangt nicht einen „Irrtum über die Verbotenheit", sondern das Fehlen der Einsicht, Unrecht zu tun. Daher ist es geboten, § 17 StGB nicht als Regelung zum Verbotsirrtum zu bezeichnen; dies wäre eine verkürzte Darstellung des Anwendungsbereichs. Stattdessen wird auch im Rahmen der vorliegenden Untersuchung ab diesem Zeitpunkt vom *Mangel an Unrechtseinsicht* gesprochen.

Nicht erforderlich ist es dann, § 17 StGB analog auf Fälle des (unbehebbaren) Unrechtszweifels anzuwenden[174] oder ergänzende Kriterien wie die Zumutbarkeit[175] zur Korrektur unsachgemäßer Ergebnisse einzuführen. Der Wortlaut deckt diese wie gesehen ab.[176] Die Problematik lässt sich konsistent bei der Frage nach der Vermeidbarkeit des Mangels an Unrechtseinsicht behandeln.

3. Zwischenergebnis

Unrechtseinsicht setzt nach Maßgabe der vorstehenden Erörterungen voraus, dass der Täter Einsicht in die Sanktionierbarkeit seines Verhaltens hat. Nicht ausreichend ist die Einsicht in die außerstrafrechtliche Rechtswidrigkeit. Eine solche Einsicht des Täters liegt nicht bereits bei Zweifeln an der Rechtmäßigkeit im Lichte des Strafrechts vor. Zur Annahme von Unrechtseinsicht ist es vielmehr erforderlich, dass der Täter zu dem Ergebnis einer überwiegend wahrscheinlichen Sanktionier-

---

[172] Befürwortend auch *Frister*, Strafrecht AT, 2023, § 19 Rn. 5; *Leite*, GA 2012, 688 (698); *Puppe*, FS-Rudolphi 2004, 231 (235 f.); bei unbehebbaren Unrechtszweifeln auch *Roxin*, GA 2018, 494 (499).

[173] *Leite*, GA 2012, 688 (689).

[174] So *Harnos*, Geschäftsleiterhaftung, 2013, insb. S. 229; *Paeffgen*, JZ 1978, 738 (745 f.); *Rengier*, Strafrecht AT, 2025, § 31 Rn. 25; kritisch dazu auch *Leite*, GA 2012, 688 (693 f.).

[175] *Welke*, NZWiSt 2014, 339 (342) unter Verweis darauf, dass dies allgemeiner Anschauung entspräche. Die zitierten Fundstellen belegen aber, dass die Zumutbarkeitsfrage erst bei der Vermeidbarkeit zu stellen ist, siehe dazu *Kulhanek*, in: MüKo-StGB, 2024, § 17 Rn. 60, 67; *Vogel/Bülte*, in: LK-StGB, 2020, § 17 Rn. 66 ff.

[176] A. A. ohne etymologische Begründung *Harnos*, Geschäftsleiterhaftung, 2013, S. 224.

barkeit kommt. Nur dann hat er die Aussicht in seinen Verhaltensentschluss aufgenommen und muss sich daran festhalten lassen.

II. Neuorientierung bei der Unvermeidbarkeit

Die bisherigen Ausführungen konzentrierten sich darauf, den Anwendungsbereich von § 17 StGB bzw. § 11 Abs. 2 OWiG festzuschreiben. Die „Kann-Formulierung“ des § 17 S. 2 StGB, welche mangels Parallelregelung auch entsprechend im Anwendungsbereich des OWiG heranzuziehen ist,[177] verdeutlicht jedoch, dass der Mangel an Unrechtseinsicht keine Auswirkungen auf die Strafe des Täters haben *muss.* Vielmehr ist dies von der Frage abhängig, ob der Mangel an Unrechtseinsicht (leicht) vermeidbar war oder nicht. Die Vermeidbarkeit bildet damit das Zentrum aller Erwägungen bezüglich der Beachtlichkeit von Rechtsirrtümern bzw. Rechtszweifeln.

1. Grundlagen der Vermeidbarkeitsidee

Bevor auf einzelne Vorschläge zur Interpretation des Begriffs „Vermeidbarkeit“ eingegangen wird, bedarf es zunächst einer Beleuchtung der ursprünglichen Idee. Die graduelle Abstufung der Schuld nach Vorwerfbarkeit des Irrtums findet sich schon bei Welzel, der festhielt, dass beim unverschuldeten Verbotsirrtum ein Strafentfall nach § 51 Abs. 1 StGB a.F., beim verschuldeten Verbotsirrtum eine Strafmilderung nach §§ 51 Abs. 2, 44 StGB a.F. eintreten sollte.[178] Der Entwurf eines Allgemeinen Teils des StGB von 1958 setzte dies in § 20 ähnlich der heutigen Konstruktion um,[179] erfuhr allerdings nicht nur folgerichtige Kritik aus dem Lager der Vorsatztheoretiker, sondern auch seitens der Schuldtheoretiker,[180] die eine obligatorische Strafmilderung für angemessener hielten.[181]

In sprachlicher Hinsicht wurde bereits herausgearbeitet, dass die Unvermeidbarkeit zumindest einen mittelbaren Zusammenhang zur Unumgänglichkeit aufweist.[182] Nicht beantwortet wurde dadurch hingegen, ob diese Unumgänglichkeit für den konkreten Täter oder für eine fiktive dritte Person[183] gegeben sein muss, der bestimmte Attribute zugeschrieben werden. Der Gesetzgeber deutet in der Begründung zum Entwurf eines Allgemeinen Teils des Strafrechts von 1958 eine

[177] Dazu schon kritisch unter Kap. 2 A.IV.2.

[178] *Welzel*, NJW 1951, 577 (577 f.).

[179] Siehe auch Kap. 2 A.IV.2.

[180] Etwa durch *Armin Kaufmann*, FS-Eb. Schmidt 1961, 319.

[181] *Warda*, ZStW 71 (1959), 252 (253 ff.).

[182] Kap. 2 A.IV.3.c).

[183] Für notwendig hält dies *Müller-Dietz*, HU 5/1977, 29 (30 ff.); kritisch zu dieser Vorstellung *Towfigh*, Der Staat 48 (2009), 27 (48 ff.).

zweistufige Prüfung an, nach welcher zunächst ein objektiver Maßstab zu bilden sei, indem festgelegt wird, welches Verhalten von Tätern in der Tatsituation zu verlangen ist, um anschließend zu überprüfen, ob dieses Verhalten vom Täter tatsächlich verlangt werden konnte.[184]

Lohnenswert ist ein Blick darauf, welche Funktion ein so verstandenes Vermeidbarkeitskriterium erfüllt und ob diese mit der Funktion von Schuld im Allgemeinen vereinbar ist. Schon vor der Aufnahme in § 17 S. 1 StGB bzw. § 11 Abs. 2 OWiG war unumstritten, dass durch die Unvermeidbarkeit des Mangels an Unrechtseinsicht dem Täter das durch das Tatverhalten verwirklichte Unrecht nicht zum Vorwurf gemacht werden kann.[185] Demnach findet eine Art Kompensation statt, welche dem Täter eine Entlastung verschafft. Es ließe sich auch einfach formulieren: Straffreier Rechtsbruch wird durch eine erfolgte, aber erfolglose (Rechtserforschungs-)Leistung gewährt. Daher ist es zur begrifflichen Erfassung des § 17 StGB bzw. § 11 Abs. 2 OWiG zielführend, von einer Obliegenheit[186] zur Rechtserforschung zu sprechen.

Unter präventiven Gesichtspunkten[187] ist dies unproblematisch, wenn die Erkundigungsleistung von einem „Idealbürger", der sein Verhalten bestmöglich am geltenden Recht ausrichtet, ebenfalls derart erbracht und erfolglos gewesen wäre. Eine Wiederholung durch den Täter oder Dritte ist dann mit der Klärung der Rechtsfrage durch das den Schuldausschluss bescheinigende Gericht effektiv unterbunden. Die Unvermeidbarkeit eines Verbotsirrtums – und damit ein Schuldausschluss – ist also dann anzunehmen, wenn selbst bestmögliche Bemühungen nicht zur Erlangung von Unrechtseinsicht geführt haben[188] bzw. geführt hätten.[189] Jedenfalls nach Inkrafttreten des Grundgesetzes ist eine andersartige Handhabung,

[184] Entwurf eines Strafgesetzbuches (StGB) E 1958 mit Begründung, Bonn 1958, Begründung, S. 26.

[185] Dazu schon Kap. 1 D.III.

[186] So auch *Hruschka*, Strafrecht AT, 1987, S. 245; *Kulhanek*, in: MüKo-StGB, 2024, § 17 Rn. 44; *Lesch*, JA 1996, 607 (608); *Neumann*, in: NK-StGB, 2023, § 17 Rn. 56; *Pawlik*, Unrecht, 2012, S. 310; *Rodenbeck*, Verbotsirrtum, 2012, S. 201; *H.-W. Schünemann*, NJW 1980, 735 (741 Fn. 66); kritisch *Roxin/Greco*, Strafrecht AT I, 2020, § 21 Rn. 37a.

[187] Dazu *Laubenthal/Baier*, GA 2000, 205 (216).

[188] *Gaede*, in: Matt/Renzikowski, StGB, 2020, § 17 Rn. 20; *Kulhanek*, in: MüKo-StGB, 2024, § 17 Rn. 53; *Schuster*, in: TK-StGB, 2025, § 17 Rn. 16; in der Rechtsprechung häufig „Anspannung des Gewissens", siehe dazu etwa BGH, Urt. v. 18.3.1952 – GSSt 2/51, BGHSt 2, 194 (201); BGH, Urt. v. 4.4.2013 – 3 StR 521/12, NStZ 2013, 461 (461); Urt. v. 16.5. 2017 – VI ZR 266/16, NJW 2017, 2463 (2464).

[189] Sog. Vermeidbarkeitszusammenhang oder „hypothetische Kausalität", siehe dazu BGH, Urt. v. 21.6.1990 – 1 StR 477/89, BGHSt 37, 55 (67); Urt. v. 7.4.2016 – 5 StR 332/15, NStZ 2016, 460 (462); *Fischer/Anstötz*, in: Fischer, StGB, 2025, § 17 Rn. 15; *Heuchemer*, in: BeckOK-StGB, Stand 1.11.2025, § 17 Rn. 41; *Löw*, Erkundigungspflicht, 2002, S. 146 f.; *Momsen*, in: S/S/W, StGB, 2024, § 17 Rn. 12; *Rogall*, in: SK-StGB, 2025, § 17 Rn. 86; *Schuster*, in: TK-StGB, 2025, § 17 Rn. 22; *Zaczyk*, JuS 1990, 889 (894); anders noch BGH, Beschl. v. 27.1.1966 – KRB 2/65, BGHSt 21, 18 (21).

wie sie noch das Reichsgericht[190] pflegte, auch nicht mehr statthaft, was sich unmittelbar aus dem Schuldgrundsatz ergibt.[191]

Problematischer ist die Strafreduktion, wenn für den Täter ein individueller Erkundigungsmaßstab entwickelt wird, weil dies zu einer Unsicherheit bzgl. der Rechtserforschungsobliegenheit führt. Im schlimmsten Fall mag die Einordnung für die Gemeinschaft den Eindruck der Willkürlichkeit erwecken und das Vertrauen in die Gesetzesgeltung stark beeinträchtigen. Andererseits ist zu beachten, dass die Schuld gerade die Berücksichtigung der individuellen Tat- und Täterumstände gebietet.[192] So wie nicht gegen jedermann ein Vorwurf erhoben gekonnt werden muss, um einen Vorwurf gegenüber dem Täter erheben zu können, kann auch nicht zwangsläufig dem Täter gegenüber ein Vorwurf erhoben werden, wenn er gegenüber sonstigen Personen zu erheben wäre. Entsprechend bedarf es in einem schuldangemessenen Strafrecht einer gewissen Individualisierung des Erkundigungsmaßstabs.[193]

Helfen kann dabei eine Kategorisierung[194] von Adressaten und Tatsituationen, um einerseits dem Bestimmtheitsgrundsatz nach Art. 103 Abs. 2 GG – und damit Präventionsinteressen – Genüge zu tun und andererseits einen Grad der Individualisierung des Täters zu erreichen, der einen für ihn angemessenen Maßstab vorgibt.[195] Wenn Stam hingegen versucht, die Kriterien für die Unvermeidbarkeit eines Irrtums mangels Anlasses intensional zu bestimmen, indem er fordert, dass das „Unrecht der Tat derart naheliegt, dass sich dem Täter die Möglichkeit, Unrecht zu tun, geradezu aufdrängen muss“, dann fördert dies die Berechenbarkeit einer strafrechtlichen Verurteilung ebenso wenig wie der Zusatz, dass ein Anlass „im Zweifel zu verneinen sei“.[196]

2. Vorschläge zur Konkretisierung

Aufgrund der herausragenden Bedeutung der Vermeidbarkeit für die Annahme eines schuldausschließenden oder schuldmindernden Mangels an Unrechtseinsicht wird dessen Auslegung kontrovers diskutiert. Den Ausgangspunkt bilden häufig die vom BGH aufgestellten Erfordernisse von der Anspannung des Gewissens einerseits und der Erkundigung andererseits.[197] Bezüglich der „Anspannung des Gewis-

[190] In ständiger Rspr. seit RG, Urt. v. 25.9.1880 – 1862/80, RGSt 2, 268 (269).

[191] Kap. 1 D.III.

[192] Kap. 1 D.III.1.

[193] Ähnlich *Löw*, Erkundigungspflicht, 2001, S. 163 f.; *Roxin/Greco*, Strafrecht AT I, 2020, § 12 Rn. 37 f.

[194] Dazu sogleich Kap. 4 B.II.2.a).

[195] Zu diesem Konflikt *Lesch*, JA 1996, 607 (607 f., 612).

[196] *Stam*, GA 2019, 338 (347).

[197] So erstmals BGH, Urt. v. 18.3.1952 – GSSt 2/51, BGHSt 2, 194 (201); daran anknüpfend Urt. v. 4.4.2013 – 3 StR 521/12, NStZ 2013, 461 (461); Urt. v. 16.5.2017 – VI ZR

sens" besteht mittlerweile überwiegend Einigkeit, dass dieses Kriterium keine brauchbare Konkretisierung darstellt,[198] erst recht nicht in den Grenzbereichen des noch soeben strafwürdigen Unrechts.[199] Viele Regelungen lassen sich nicht durch das höchstpersönliche sittliche Verständnis als Grundlage des Gewissens[200] erschließen. Man denke insoweit nur an das Rechtsfahrgebot, welches eine rein ordnende Funktion erfüllt. Das Kriterium wird daher der Sache nach nur noch formelartig mitgeführt. Heute tritt an seine Stelle oft der Begriff des Nachdenkens,[201] der den Vorteil aufweist, dass er nicht auf die Einstellung des Täters zur Welt abstellt. Zusammen mit der Erkundigung bildet er die Möglichkeiten zur Erlangung der Unrechtseinsicht.[202] In den Fragestellungen wird typischerweise danach unterschieden, ob bzw. wann der Täter überhaupt derartige Anstrengungen vornehmen muss, und, falls er das musste, in welchem Umfang dies zu erfolgen hatte.

a) Zum „Ob" der Überprüfung: Das Anlasskriterium

Entgegen den Erwägungen des BGH in seiner ersten Entscheidung zum Verbotsirrtum[203] hat sich heute zumindest in der Rechtsliteratur die Überzeugung durchgesetzt, dass der Täter sich nicht allzeit über die Erlaubtheit seines Verhaltens Gedanken machen muss, um in den Genuss der privilegierenden Wirkung einer unvermeidbar fehlenden Unrechtseinsicht zu kommen. Vielmehr bedarf es eines Anlasses zur kritischen Überprüfung des eigenen Verhaltensprojekts.[204] Hinter-

---

266/16, NJW 2017, 2463 (2464); Urt. v. 18.11.2020 – 2 StR 246/20, NStZ 2022, 30 (31); *Bohnert*, NStZ 1988, 249 (254); nach *Zabel*, GA 2008, 33 (51) besser „handlungsleitender Aufklärungswille".

[198] *Duttge*, in: D/D/K/R, Gesamtes Strafrecht, 2022, § 17 Rn. 17; *Jakobs*, Strafrecht AT, 1991, 19. Abschn. Rn. 41; *Kaspar*, in: Leitner/Rosenau, WSS, 2022, § 17 Rn. 15 f.; *Löw*, Erkundigungspflicht, 2002, S. 274 ff.; *Mattil*, ZStW 74 (1962), 201 (213 ff.); *Neumann*, JuS 1993, 793 (797); *Roxin/Greco*, Strafrecht AT I, 2020, § 21 Rn. 46; *Rudolphi*, Unrechtsbewusstsein, 1969, S. 227; vgl. auch *Schuster*, in: TK-StGB, 2025, § 17 Rn. 15; kritisch im Lichte des Bestimmtheitsgrundsatzes *Schuhr*, ZStW 131 (2019), 985 (997); *Fischer/Anstötz*, in: Fischer, StGB, 2025, § 17 Rn. 8: nur im strafrechtlichen Kernbereich ausreichend; daran festhaltend *Liu*, Rekonstruktion, 2023, S. 185.

[199] *Danzer*, Die AG 1982, 57 (66); *Neumann*, in: NK-StGB, 2023, § 17 Rn. 57; *Roffael/Wallau*, LMuR 2020, 218 (218).

[200] *Wolff/Kluth*, in: Hörnig/Wolff/Kluth, GG, 2025, Art. 4 Rn. 19.

[201] BGH, Urt. v. 3.4.2008 – 3 StR 394/07, BeckRS 2008, 6865 Rn. 38; Urt. v. 4.4.2013 – 3 StR 521/12, NStZ 2013, 461 (461); *C. Becker*, NStZ 2022, 32 (33); *Kaspar*, in: Leitner/Rosenau, WSS, 2022, § 17 Rn. 23 f.; *Kulhanek*, in: MüKo-StGB, 2024, § 17 Rn. 58; zu § 11 Abs. 2 OWiG BGH, Beschl. v. 27.1.1966 – KRB 2/65, BGHSt 21, 18 (21); *Löw*, Erkundigungspflicht, 2002, S. 282 f.; *Stam*, GA 2019, 338 (347); ähnlich *Zaczyk*, JuS 1990, 889 (893): Introspektion.

[202] *Rudolphi*, Unrechtsbewusstsein, 1969, S. 222 f.

[203] BGH, Urt. v. 18.3.1952 – 1 GSSt 2/51, BGHSt 2, 194 (201).

[204] *Duttge*, in: D/D/K/R, Gesamtes Strafrecht, 2022, StGB, § 17 Rn. 1; *Liu*, Rekonstruktion, 2023, S. 179, 181 ff.; *Löw*, Erkundigungspflicht, 2002, S. 158, 283; *Neumann*, in: NK-

grund dessen ist die Einsicht, dass es den Einzelnen zu stark in seiner grundgesetzlich gewährleisteten Handlungsfreiheit[205] beeinträchtigen würde, wenn er stets „auf der Hut vor dem nächsten Verhalten“ sein müsste.[206] Daher ist es notwendig, einen individuellen Zuschnitt der Erforschungsobliegenheit vorzunehmen, der die Balance zwischen dem Rechtsbewahrungsinteresse und der verfassungsrechtlich verbürgten, für den liberalen Rechtsstaat konstitutiven Freiheit des Einzelnen wahrt.[207]

Die Rechtsprechung verhält sich gegenüber dem Kriterium des Anlasses sehr zurückhaltend. Gleichwohl lässt sich ein Zuschnitt der Erforschungsobliegenheit immer dort beobachten, wo die Rechtsprechung diese in Beziehung zum Adressatenkreis der Vorschrift setzt, also die Unvermeidbarkeit etwa daran scheitern lässt, dass der Adressat eine besondere Ausbildung absolviert hat, die ihm die rechtliche Relevanz seines Verhaltens aufzeigt.[208] Auch in der Rechtsliteratur sind spezielle Ausbildungskenntnisse als Faktor anerkannt, welcher Anlass zur Überprüfung des eigenen Verhaltens am Maßstab des Rechts geben kann.[209] Eine vergleichbare Übereinstimmung lässt sich darin finden, dass der Unrechtszweifel einen Anlass zur Erkundigung geben solle, sofern dieser, wie hier geschehen, als Fall des Mangels an Unrechtseinsicht eingeordnet wird.[210] Daraus wird deutlich, dass heute in der Sache Konsens über eine Restriktion der Erforschungsobliegenheit besteht. Es lassen sich nur Mutmaßungen anstellen, warum der BGH seine Erwägungen nicht an das Kriterium des Anlasses anknüpft.[211] Womöglich wird befürchtet, dass die Gerichte eine zu starke Individualisierung mittels dieses Kriteriums vornähmen. Im Übrigen sind aber weder von grammatikalischer noch systematischer Seite Einwände gegen die Verwendung des Begriffs zu erheben. Er nimmt sprachlich eine objektiv-normati-

---

StGB, 2023, § 17 Rn. 62; *Rudolphi*, Unrechtsbewusstsein, 1969, S. 206 ff.; *Valerius*, NStZ 2003, 341 (344); *Vogel/Bülte*, in: LK-StGB, 2020, § 17 Rn. 39.

[205] Hierzu Kap. 2 A. III. 3.

[206] *Roxin/Greco*, Strafrecht AT I, 2020, § 21 Rn. 53; *Vogel/Bülte*, in: LK-StGB, 2020, § 17 Rn. 28; speziell für das Wirtschaftsstrafrecht *Eidam*, ZStW 127 (2015), 120 (134).

[207] Ähnlich *Rudolphi*, Unrechtsbewusstsein, 1969, S. 213.

[208] So etwa in BGH, Urt. v. 16.5.2017 – VI ZR 266/16, NJW 2017, 2463 (2464); Urt. v. 18.11.2020 – 2 StR 246/20, NStZ 2022, 30 (31 f.).

[209] *Roxin/Greco*, Strafrecht AT I, 2020, § 21 Rn. 57; genereller *Lesch*, JA 1996, 607 (610): Rolle des Täters.

[210] BGH, Urt. v. 4.4.2013 – 3 StR 521/12, NStZ 2013, 461 (461); Urt. v. 23.7.2019 – 1 StR 433/18, NStZ-RR 2019, 388 (390); Urt. v. 18.11.2020 – 2 StR 246/20, NStZ 2022, 30 (31); *Duttge*, in: D/D/K/R, Gesamtes Strafrecht, 2022, StGB, § 17 Rn. 18; *Gaede*, in: Matt/Renzikowski, StGB, 2020, § 17 Rn. 24; *Neumann*, in: NK-StGB, 2023, § 17 Rn. 63; *Rogall*, in: SK-StGB, 2025, § 17 Rn. 59; *Roxin/Greco*, Strafrecht AT I, 2020, § 21 Rn. 57.

[211] Gelegentlich wird daran aber in Instanzen darunter angeknüpft, so etwa KG, Beschl. v. 21.10.2021 – (5) 121 Ss 61/21 (26/21), BeckRS 2021, 55943 Rn. 13; OLG Celle, Urt. v. 23.9. 2015 – 2 Ss 158/15, BeckRS 2016, 9489 Rn. 37 ff.; OLG Oldenburg, Beschl. v. 30.9.1991 – Ss 270/91, NJW 1992, 2438; LG Köln, Urt. v. 2.6.2015 – 156 Ns 23/15, BeckRS 2015, 115074 Rn. 65.

vierende[212] ebenso wie eine subjektiv-psychologisierende Komponente in sich auf, sodass er als Fixpunkt für die relevanten Überlegungen geeignet ist. Daher wird auch im Folgenden der „Anlass“ zur Rechtserforschung im Zentrum stehen.

Wie schwierig dabei ein dogmatisch sauberer Umgang mit dem Begriff ist, zeigte schon Rudolphi auf. So ist als Fallgruppe des bestehenden Anlasses die berufliche Vorbildung des Täters anerkannt, sodass sich ein Täter grundsätzlich nicht auf die Unkenntnis einer gesetzlichen Regelung berufen kann, die seinen Berufsbereich in den Blick nimmt.[213] Doch lässt sich dem entgegenhalten, dass in diesen Fällen im Zeitpunkt der Tatbegehung zuweilen ebenfalls kein Anlass für den Täter zur Rechtserforschung bestand.[214] Gerade weil er sich nicht informierte, konnte ihn kein innerer Impuls treffen, der ihn zur rechtlichen Kontrolle des Verhaltens anhielt. Es könnte dem Täter dann am Sinnmotiv im Hinblick auf die Erforschung der Rechtslage fehlen.[215] Andererseits ist strukturähnlich zur actio libera in causa[216] ein Bedürfnis darin zu sehen, eine solche Selbstsabotage des Täters nicht durch Attestieren eines unvermeidbaren Mangels an Unrechtseinsicht zu privilegieren.[217] In diesem Fall ist folglich der objektiv-normativierenden Komponente der Vorzug zu gewähren.[218] Die Grenze der Individualisierung bildet für diesen Teilbereich damit die Klassifizierung des Täters als Teil einer bestimmten Berufsgruppe. Die Objektivierung beginnt, wenn für diesen Bereich generalisierende Urteile im Hinblick auf die Möglichkeit des Kenntniserwerbs gemacht werden. Anlass in diesem Sinne besteht also auch dann, wenn der Täter Anlass zur Erlangung von Rechtskenntnissen auf diesem Gebiet hatte, die ihm dann den Anlass zur genaueren Prüfung des Verhaltens verschafft hätten.[219] Das von Armin Kaufmann befürchtete Regressproblem[220] bei der Erweiterung auf Verpflichtungen im Vorfeld bzw. bei der Ausübung einer Berufstätigkeit droht hier nicht. Dieser sieht die Schwierigkeit der Inbezugnahme von Vorfeldpflichten im Bereich der Vermeidbarkeit darin, dass hiermit ein unendlicher Regress von immer neu konstruierten Vorfeldpflichten droht, weil das Verkennen einer rechtlichen Prüfungspflicht seinerseits auf einem pflichtwidrigen Verhalten beruhen könnte. Es drohte ein regressus ad infinitum. Dem wird allerdings dadurch entgegengewirkt, dass die Berufsbezogenheit immer

---

[212] Hervorgehoben von *Lesch*, JA 1996, 607 (610 f.).

[213] BGH, Urt. v. 16. 5. 2017 – VI ZR 266/16, NJW 2017, 2463 (2464); Urt. v. 18. 11. 2020 – 2 StR 246/20, NStZ 2022, 30 (31 f.); *Dimakis*, Zweifel, 1993, S. 160; *Fischer/Anstötz*, in: Fischer, StGB, 2025, § 17 Rn. 12; *Heuchemer*, in: BeckOK-StGB, Stand 1. 11. 2025, § 17 Rn. 35 f.; *Mattil*, ZStW 74 (1962), 201 (242); *Neumann*, in: NK-StGB, 2023, § 17 Rn. 63; *Vogel/Bülte*, in: LK-StGB, 2020, § 17 Rn. 39.

[214] *Rudolphi*, Unrechtsbewusstsein, 1969, S. 208 f.

[215] *Rudolphi*, Unrechtsbewusstsein, 1969, S. 209.

[216] Siehe auch *Rudolph*, Korrespondenzprinzip, 2006, S. 81 f.

[217] *Blei*, JA 1970, 205 (670 f.).

[218] Ebenso *Neumann*, in: NK-StGB, 2023, § 17 Rn. 58 f.

[219] Ähnlich *Safferling*, Vorsatz und Schuld, 2008, S. 234 f.

[220] *Armin Kaufmann*, FS-Eb. Schmidt 1961, 319 (330).

aufrechterhalten wird und entsprechend der „Turm der Pflichten" sein höchstes Stockwerk erreicht, wo die nächste Vorfeldpflicht diesen Berufsbezug vermissen lässt.

Es wird deutlich, dass eine richtig verstandene „Lebensführungsschuld", nämlich als *Lebensausschnittsführungsobliegenheit*, einen wichtigen Teil der Lehre vom Mangel an Unrechtseinsicht ausmacht. Entgegen dem ersten Eindruck muss im Zeitpunkt der Tatbegehung ein Mangel an Unrechtseinsicht nicht behebbar sein; es genügt, wenn den Täter im Vorfeld eine Sonderpflicht zur Erkundigung traf und die Missachtung dieser Pflicht die Unvermeidbarkeit des Mangels im Tatzeitpunkt zur Folge hat.[221] Dabei sind Sonderpflichten nur solche, die daraus resultieren, dass sich der Täter bewusst für den Eintritt in einen aufgrund seiner Gefahren besonders reglementierten Handlungsbereich begeben hat.[222] So besteht für all diejenigen, die im Umgang mit Lebensmitteln tätig sind, die Obliegenheit, sich zumindest um Grundkenntnisse des Lebensmittelrechts zu bemühen[223] sowie, je nach Art und Ausmaß der Tätigkeit, auch detailliertes Wissen vorzuhalten. Gleiches gilt etwa im Bauhandwerk bzgl. der einschlägigen Vorschriften des Baurechts[224] oder im Börsenhandel bzgl. der Vorschriften zum Wertpapierhandelsrecht.[225] Wer aufgrund dieses Kenntnisdefizits die Bedeutung und mit ihr das Unrecht seines Verhaltens verkennt, handelt weder vorsatzlos[226] noch mangels Anlasses zur Rechtserforschung im unvermeidbaren Verbotsirrtum.

Dabei besteht auch kein Konflikt zum Schuldprinzip, weil dem Täter nicht primär der (unwissentlich begangene) Gesetzesverstoß zum Vorwurf gemacht wird, sondern die Vornahme des rechtswidrigen Verhaltens. Im Gegenteil: Wer behauptet, dass die Vermeidbarkeit des Mangels an Unrechtseinsicht im Zeitpunkt der Tatbegehung vorliegen muss,[227] damit der Täter als schuldig verurteilt werden kann, suggeriert, dass der Schwerpunkt des Vorwurfs im Gesetzesverstoß liegt. Wie jedoch schon deutlich geworden ist, handelt es sich dabei im Lichte des Demokratieprinzips nur um eine Facette der schuldbegründenden Umstände, bei deren Fehlen zwar nicht stets von voller, sehr wohl aber grundsätzlich überhaupt von Schuld ausgegangen werden kann. Erst diese Art des Zusammenspiels aus Belastung durch Vornahme des rechtswidrigen Verhaltens und Entlastung durch Mangel an Unrechtseinsicht ist geeignet, im Funktionsbegriff der Schuld die Interessen der Ge-

---

[221] Ähnlich *Rudolph*, Korrespondenzprinzip, 2006, S. 82; den Schuldvorwurf hierauf gründend *Heuchemer*, in: BeckOK-StGB, Stand 1.11.2025, § 17 Rn. 35.1.

[222] Das Wissen um die Existenz besonderer Regelungen einfordernd *Kulhanek*, in: MüKo-StGB, 2024, § 17 Rn. 57.

[223] *Borgel/Pradel*, LMuR 2023, 219 (221).

[224] Vgl. OVG Münster, Urt. v. 19.6.2013 – 6s A 1520/12.S, BeckRS 2013, 53709.

[225] *Waßmer*, in: Fuchs/Zimmermann, WpHG, 2024, § 119 Rn. 298.

[226] Kap. 4 A.III.

[227] *Gaede*, in: Matt/Renzikowski, StGB, 2020, § 17 Rn. 24, wobei dieser einen konkreten Anlass bei hinreichendem Kenntnisstand des Täters annimmt, unabhängig von den psychologischen Folgewirkungen.

meinschaft und die Interessen des Einzelnen, der seinerseits regelmäßig Teil dieser Gemeinschaft ist, in Ausgleich zu bringen.

Hingegen nicht als ausreichender Anlass zur Überprüfung ist der Fall anzusehen, in dem der Täter Einsicht in eine Rechtsgutsbeeinträchtigung auf Seiten Dritter hat.[228] Denn eine eigene freiheitliche Betätigung geht regelmäßig mit einer Einengung der Freiheit anderer einher. Freiheitsausübung findet nicht typischerweise exklusiv in der höchstpersönlichen Sphäre statt, sondern wird erst durch ein wechselseitiges Geben und Nehmen von Freiheitsanteilen in einer Gemeinschaft realisiert.[229] Folglich würde es zu der oben bereits befürchteten Paralyse des Soziallebens kommen, wenn bei jeder Inanspruchnahme fremder Freiheitsräume eine Rechtserforschungsobliegenheit statuiert würde.[230] Wenn in diesem Zusammenhang teilweise von der Einsicht in die „Rechtsgutsverletzung" die Rede ist,[231] ist dies entweder unpräzise, weil eigentlich der bloße Eingriff gemeint zu sein scheint, oder redundant, weil eine Rechtsguts*verletzung* im positivrechtlich geprägten modernen Staat stets eine unerlaubte Überschreitung rechtlicher Grenzen meint, folglich die Einsicht in eine Rechtsgutsverletzung die Einsicht in das Unrecht bedingt.[232] Wer aber um das Unrecht weiß, hat immer Anlass dazu, kritisch zu überprüfen, ob dieses Unrecht strafbarer Natur ist. Für einen Mittelweg, etwa durch Abstellen auf eine erhebliche soziale Unverträglichkeit des Verhaltens,[233] bleibt im Lichte des zum Unrechtszweifel Gesagten kein Raum: Entscheidend für einen rechtlich relevanten Anlass können auch nur rechtlich relevante Wertungen sein; in einer pluralen Gesellschaft darf nicht auf eine bloße soziale Unverträglichkeit abgestellt werden.[234]

b) Zum „Wie" der Überprüfung: Umfang der Erforschung

Ist ein Anlass festgestellt, der die Obliegenheit zur Rechtserforschung auslöst, ist zu klären, wie weitreichend die ergriffenen Maßnahmen des Betroffenen sein müssen. Dabei kann im Einzelfall ein vollständiges Unterbleiben der Erforschung ebenso ausreichend sein, um die Unvermeidbarkeit zu begründen,[235] wie auch die Einholung von Rechtsrat ausnahmsweise unzureichend sein kann.[236] Dies folgt daraus, dass der Umfang der Erkundigungsobliegenheit von verschiedenen Um-

[228] So wohl *Rodenbeck*, Verbotsirrtum, 2012, S. 174 f.: Wissen-müssen um Rechtsgutsverletzung.

[229] *Zaczyk*, Versuchte Tat, 1989, S. 198 ff.

[230] *Valerius*, NStZ 2003, 341 (344).

[231] Etwa bei *Kulhanek*, in: MüKo-StGB, 2024, § 17 Rn. 56; *Löw*, Erkundigungspflicht, 2001, S. 284 f.; *Neumann*, in: NK-StGB, 2023, § 17 Rn. 63; *Valerius*, NStZ 2003, 341 (344).

[232] Siehe auch Kap. 1 C. II. 1. b).

[233] *Duttge*, in: D/D/K/R, Gesamtes Strafrecht, 2022, StGB, § 17 Rn. 18.

[234] Dazu schon Kap. 2 B. I. 2.

[235] Kap. 4 B. II. 2. b) aa).

[236] Kap. 4 B. II. 2. b) bb); anders wohl *Roxin*, FS-Neumann 2017, 1023 (1025), nach welchem ein unvermeidbarer Verbotsirrtum im Falle einer Überprüfungspflicht ausscheide.

ständen abhängt, denen je nach Situation ein unterschiedliches Gewicht zukommt. Häufig findet dabei die Erörterung unter dem Topos der Zumutbarkeit statt.[237] Entscheidend sind demnach insbesondere:

- Die Erfolgsaussichten einer Erkundigung durch den Täter;[238]
- Art und Ausmaß der drohenden Rechtsgutsbeeinträchtigung;[239]
- Zuverlässigkeit der Erkenntnisquellen;[240]
- (Folgewirkungen bei) zeitliche(r) Knappheit;[241]
- Aufwand der Erkundigungseinholung.[242]

Im Zusammenspiel dieser Faktoren hat sich eine umfangreiche Kasuistik mit Kategorisierungsversuchen herausgebildet, deren detaillierte Nachzeichnung für die Zwecke dieser Arbeit weder erforderlich noch geboten ist; sie soll an dieser Stelle nur in Eckpunkten erfolgen. Vielmehr erfolgt im Weiteren eine Konzentration auf die durch die hiesige Auslegung des § 16 Abs. 1 StGB bzw. § 11 Abs. 1 OWiG aufgeworfene Herausforderung, dass eine Verschiebung zahlreicher Fallgestaltungen in den Anwendungsbereich von § 17 StGB bzw. § 11 Abs. 2 OWiG notwendig ist.

aa) Das unerkennbare Recht

Anerkannt ist die Unvermeidbarkeit des Irrtums dann, wenn die Rechtslage derart undurchsichtig war, dass eine Behebung des Unrechtszweifels von vornherein unmöglich war.[243] Der Betroffene kann nur an ein Gesetz gebunden werden, das ihm hätte bekannt sein können. Wenn jedoch im Zeitpunkt der Tatbegehung die Rechtslage unklar war, verliert die Obliegenheit zur Rechtserforschung ihren

---

237 *Kulhanek*, in: MüKo-StGB, 2024, § 17 Rn. 52; *Rogall*, in: SK-StGB, 2025, § 17 Rn. 56; *Rudolphi*, Unrechtsbewusstsein, 1969, S. 22; *Vogel/Bülte*, in: LK-StGB, 2020, § 17 Rn. 34.

238 BGH, Urt. v. 21.6.1990 – 1 StR 477/89, BGHSt 37, 55 (67); Urt. v. 7.4.2016 – 5 StR 332/15, NStZ 2016, 460 (462); *Löw*, Erkundigungspflicht, 2002, S. 289; *Schuster*, in: TK-StGB, 2025, § 17 Rn. 22; *Vogel/Bülte*, LK-StGB, 2020, § 17 Rn. 46, 77.

239 *Löw*, Erkundigungspflicht, 2002, S. 149 ff., 288.

240 BGH, Urt. v. 22.2.2017 – 2 StR 573/15, NStZ 2018, 215 (217); Beschl. v. 29.7.2021 – 4 StR 156/21, NStZ 2022, 30 (31); *Duttge*, in: D/D/K/R, Gesamtes Strafrecht, 2022, StGB, § 17 Rn. 19; *Vogel/Bülte*, LK-StGB, 2020, § 17 Rn. 76 ff.

241 *Löw*, Erkundigungspflicht, 2002, S. 152 ff.; *Mattil*, ZStW 74 (1962), 201 (239); *Vogel/Bülte*, LK-StGB, 2020, § 17 Rn. 55; vgl. auch BGH, Urt. v. 25.2.1954 – 4 StR 798/52, BGHSt 6, 20 (24 f.).

242 *Rodenbeck*, Verbotsirrtum, 2012, S. 186.

243 BGH, Urt. v. 21.6.1990 – 1 StR 477/89, BGHSt 37, 63 (67); Urt. v. 7.3.1996 – 4 StR 742/95, NJW 1996, 1604 (1606); *Duttge*, in: D/D/K/R, Gesamtes Strafrecht, 2022, StGB, § 17 Rn. 20; *Löw*, Erkundigungspflicht, 2002, S. 289; *Schuster*, in: TK-StGB, 2025, § 17 Rn. 22; *Vogel/Bülte*, in: LK-StGB, 2020, § 17 Rn. 77.

Sinn;[244] eine etwaige Missachtung kann dem Täter nicht zum Nachteil gereichen. Ihn trifft im Hinblick auf den Gesetzesverstoß keine Schuld. Nur auf diese Weise wird ein gerechter Ausgleich der Risiken von Strafgesetzgebung zwischen der Gemeinschaft als mittelbarer Gesetzgeber und dem Einzelnen gewährleistet. Entsprechend hält auch das BVerfG fest, dass in Grenzfällen hinreichender Gesetzesbestimmtheit die Irrtumslehre angemessene Lösungen biete.[245] Das Risiko darf schon unter präventiven Gesichtspunkten[246] nicht einseitig dem Gesetzesadressaten aufgebürdet werden. Anderenfalls droht ein Zuversichts- und Vertrauensverlust in das Gesamtsystem der Demokratie, weil die gebundenen Gesetzesadressaten, die zugleich die Gesetzgebenden sind, die Fehlerfolgen nicht gemeinsam tragen, sondern auf den Schultern einzelner Täter abladen. Umso überraschender ist es, dass der BGH in einer jüngeren Entscheidung für die Unvermeidbarkeit eines Verbotsirrtums forderte, dass der Angeklagte die höchstrichterliche Rechtsprechung, die einer Strafbarkeit seiner Tat entgegenstand, tatsächlich kannte.[247] Denn auch hier ergibt die Rechtserforschung keinen Sinn, weil dem Täter der Mangel an Unrechtseinsicht nicht hätte genommen werden können; es fehlt am Vermeidbarkeitszusammenhang.[248]

Problematisch erscheint insoweit die Einbettung in den Kontext des § 17 StGB bzw. § 11 Abs. 2 OWiG. Wenn ein unvermeidbarer Verbotsirrtum aufgrund der Unverständlichkeit des Gesetzes attestiert wird, liegt der Schluss nahe, dass das Gesetz auch zu unbestimmt i. S. d. Art. 103 Abs. 2 GG ist.[249] Die Maßstabsbildung zur Rechtserforschungsobliegenheit erfolgt gerade nicht nur individuell, sondern auch generalisierend. Wenn eine Verurteilung also aufgrund dieses Umstands unterbleiben soll, erscheint es geboten, dass das Gericht die fragliche(n) Vorschrift(en) dem BVerfG zur Kontrolle vorlegen muss. Allerdings erweist sich das Instrumentarium des Gerichts, namentlich die konkrete Normenkontrolle nach Art. 100 Abs. 1 GG, als unzweckmäßig: Erfolgt ein Freispruch aufgrund der Unvermeidbarkeit des Mangels an Unrechtseinsicht, ist das Urteil über die hinreichende Bestimmtheit der

---

[244] Daher auch die Kritik an der Pflichtverletzungslehre durch *Löw*, Erkundigungspflicht, 2002, S. 142.

[245] BVerfG, Beschl. v. 6. 5. 1987 – 2 BvL 11/85, BVerfGE 75, 329 (343); ähnlich *Gaede*, HRRS 2013, 449 (451); vgl. auch *Eidam*, ZStW 127 (2015), 120 (132).

[246] *Glandien*, Markenstrafrecht, 2018, S. 112 f.: korrektiv.

[247] BGH, Urt. v. 18. 11. 2020 – 2 StR 246/20, NStZ 2022, 30 (32); wohl auch *Kulhanek*, in: MüKo-StGB, 2024, § 17 Rn. 61; in der Entscheidung werden zu Unrecht *Vogel/Bülte*, in: LK-StGB, 2020, § 17 Rn. 58 ff. zitiert, welche in Rn. 65 ausdrücklich festhalten, dass dem Täter eine unrechtsverneinende Rechtsprechung nicht bekannt sein muss, um einen unvermeidbaren Verbotsirrtum zu begründen.

[248] KG, Beschl. v. 20. 11. 1989 – 4 Ws 80/89, NJW 1990, 782 (783); *Duttge*, in: D/D/K/R, Gesamtes Strafrecht, 2022, StGB, § 17 Rn. 20; *Vogel/Bülte*, in: LK-StGB, 2020, § 17 Rn. 65; *J. Wolter*, JuS 1979, 482 (484 f.); siehe auch *Kaspar*, in: Leitner/Rosenau, WSS, 2022, StGB, § 17 Rn. 22.

[249] Vgl. zum Zusammenspiel auch *Glandien*, Markenstrafrecht, 2018, S. 105 f.; *Roxin*, FS-Tiedemann 2008, 375 (389).

Vorschrift schon nicht mehr unmittelbar entscheidungserheblich, sodass die Vorlage unzulässig würde.[250] Hinzu treten die auch sonst hohen Anforderungen an eine zulässige Vorlage zur konkreten Normenkontrolle.[251] Nach derzeitiger Rechtslage ließe sich eine Kontrolle dementsprechend nur dadurch erzwingen, dass bis in die letzte Instanz die Unvermeidbarkeit des Mangels an Unrechtseinsicht abgelehnt wird und daraufhin der Angeklagte Verfassungsbeschwerde einlegt. Hier ist es am Gesetzgeber, eine Anrufungsmöglichkeit für das entscheidende Gericht im Fall eines beabsichtigten Freispruchs aufgrund eines unvermeidbaren Mangels an Unrechtseinsicht zu schaffen.

Im Verfahren wäre dann kritisch zu überprüfen, ob die Vorschrift für den Adressatenkreis insgesamt das erforderliche Maß an Bestimmtheit vermissen lässt. Ist dies der Fall, ist eine Verurteilung schon aufgrund fehlenden entgegenstehenden Gesetzes, also mangels Tatunrechts, unmöglich. Ist das Gesetz hinreichend bestimmt, bedarf es einer besonderen Begründung des Richters, warum die Vorschrift(en) dennoch für den Täter nicht verständlich waren, damit der Mangel an Unrechtseinsicht als unvermeidbar eingeordnet werden kann. In den meisten Fällen wird eine solche Begründung nicht gelingen. Damit verbleibt nur ein sehr kleiner Rahmen an rechtlichen Fehlvorstellungen aufgrund der Unbestimmtheit des Gesetzes, der im Anwendungsbereich des § 17 S. 1 StGB liegt.[252] Er muss jedoch bestehen bleiben, um die Balance zwischen Generalität der Gesetzesanwendung und Individualität des Gesetzesadressaten zu wahren. Sonst wäre die Kritik von Towfigh berechtigt, dass der Schutz des Einzelnen erst ab einer standardisierten kognitiven Mindestfähigkeit greife.[253]

bb) Die Zuverlässigkeit der Erkenntnisquelle

Ein vielfach erhobener Vorwurf gegenüber der Rechtsprechung besteht in der zu restriktiven Anwendung von § 17 S. 1 StGB. Zentral für diesen Umstand ist die regelmäßige Ablehnung der Zuverlässigkeit in Anspruch genommener Rechtserkenntnisquellen.[254] Wo dies bei der bloßen Heranziehung eines Jurastudenten[255] noch ohne Weiteres nachvollziehbar ist, stößt das Vorgehen bei der Konsultation

[250] *Herz*, konkrete Normenkontrolle, 2022, S. 179; vgl. auch BGH, Urt. v. 16.8.2007 – 4 StR 62/07, NJW 2007, 3078 (3079).

[251] Dazu *Herz*, NZWiSt 2020, 253 (255 f.).

[252] *Glandien*, Markenstrafrecht, 2018, S. 106; wohl alle Fälle der mangelnden Bestimmtheit erfassend *Liu*, Rekonstruktion, 2023, S. 174, 176.

[253] *Towfigh*, Der Staat 48 (2009), 27 (59).

[254] *Eidam*, ZStW 127 (2015), 120 (128): Verdacht einer „Verhinderungsdogmatik"; zu den statuierten Anforderungen im Einzelnen *Busch*, Rechtsauskunft, 2020, S. 251 ff.; *Gaede*, HRRS 2013, 449 (456); *Löw*, Erkundigungspflicht, 2002, S. 101 f.

[255] OLG Celle, Urt. v. 16.3.1967 – 1 Ss 10/67, NJW 1967, 1921 (1923).

professionellen Rechtsrats[256] teilweise auf starke Kritik.[257] Wenn der 1. Strafsenat des BGH festhält, dass der Rat eines Rechtsanwalts nicht schon deshalb vertrauenswürdig sei, weil er in dieser Funktion gegeben wird,[258] stellt dies nicht nur eine Diskreditierung des Berufsstands mit Blick auf die Stellung des Rechtsanwalts als Organ der Rechtspflege gemäß § 1 BRAO dar.[259] Die Äußerung ist zugleich geeignet, ein Misstrauen der auskunftssuchenden Mandanten zu begründen, die mit dem von der Rechtsprechung selbst anerkannten[260] mandatsbezogenen Vertrauensverhältnis in empfindlichen Konflikt gerät. So hielt der 9. Zivilsenat des BGH fest, dass sich der Mandant darauf verlassen können muss, eine zutreffende Rechtsauskunft vom Anwalt zu erhalten. Ihm sei es nicht zuzumuten, diese Auskunft noch einmal von einem weiteren Rechtsberater überprüfen zu lassen.[261] Pointiert könnte man daraus schlussfolgern, dass der Fachanwalt für Strafrecht aus Sicht der Rechtsprechung weniger vertrauenswürdig auf seinem Gebiet ist als der Fachanwalt für Mietrecht auf seinem Gebiet. Dass dieses Ergebnis weder mit den rechtlichen Grundlagen noch mit den tatsächlichen Gegebenheiten in Einklang zu bringen ist, liegt auf der Hand.

Grundsätzlich nachvollziehbar ist die damit zum Ausdruck kommende Idee, die Gesetzeswirksamkeit nicht zur Disposition des Einzelnen durch mandantenorientierte, unrechtsverneinende Gutachten zu stellen.[262] Insbesondere aufgrund der Implikationen des Demokratieprinzips darf der unvermeidbare Verbotsirrtum nicht zur Regel werden, auch nicht in den schwierigen Grenzbereichen des Strafrechts. Wer aber der wachsenden Menge an stark ausfüllungsbedürftigen Strafgesetzen keine faire[263] Strafentzugsmöglichkeit durch angemessene Erkundigungsmaßnahmen an die Seite stellt, verliert den Betroffenen als Teilnehmer im demokratischen Diskurs.

---

[256] BGH, Urt. v. 10.1.2023 – 6 StR 133/22, NStZ 2023, 352 (355); Urt. v. 16.5.2017 – VI ZR 266/16, NJW 2017, 2463 (2465); Urt. v. 21.12.2016 – 1 StR 253/16, NJW 2017, 1487 (1488); Urt. v. 4.4.2013 – 3 StR 521/12, NStZ 2013, 461 (461); ausführlich zu diesem Bereich BayObLG, Urt. v. 4.11.2020 – 206 St RR 1459/19–1461/19, BeckRS 2020, 32545 Rn. 106 ff.

[257] *Gaede*, HRRS 2013, 449 (461 ff.); *Löw*, Erkundigungspflicht, 2002, S. 111 ff., insb. S. 112; *Neumann*, in: NK-StGB, 2023, § 17 Rn. 76; *Roxin/Greco*, Strafrecht AT I, 2020, § 21 Rn. 62 ff., insb. Rn. 62e: mit dem Schuldprinzip nicht vereinbar; für Syndikusanwälte der Rechtsprechung zustimmend *Rodenbeck*, Verbotsirrtum, 2012, S. 213 ff.

[258] Ausdrücklich BGH, Urt. v. 11.10.2012 – 1 StR 213/10, BGHSt 58, 15 (30); siehe auch Urt. v. 17.12.2019 – 1 StR 364/18, StV 2020, 378 (381).

[259] *Busch*, Rechtsauskunft, 2020, S. 277 f.; *Kudlich/Wittig*, ZWH 2013, 253 (257 f.); vgl. auch *Löw*, Erkundigungspflicht, S. 118; *Roxin/Greco*, Strafrecht AT I, 2020, § 21 Rn. 62.

[260] BGH, Urt. v. 6.2.2014 – IX ZR 245/12, NJW 2014, 993 (994); Urt. v. 7.2.2013 – IX ZR 138/11, NJW 2013, 1591 (1592); mit Vorbehalt gegenüber angestellten Rechtsanwälten BGH, Urt. v. 23.2.1995 – IX ZR 29/94, NJW 1995, 1425 (1430).

[261] BGH, Urt. v. 6.2.2014 – IX ZR 245/12, NJW 2014, 993 (994).

[262] *Gaede*, HRRS 2013, 449 (461); aus diesem Grund plädiert auch *Fleischer*, EuZW 2013, 326 (328 ff.) für eine sehr restriktive Handhabung des unvermeidbaren Verbotsirrtums im Bereich des Kartellbußgeldrechts; siehe auch *Eidam*, ZStW 127 (2015), 120 (139).

[263] *Eidam*, ZStW 127 (2015), 120 (134 f., 139 f.).

Zwar muss in einem funktionierenden demokratischen System die Kenntnisnahme von Strafgesetzen erwartet werden; nicht jedoch kann in jedem Einzelfall eine zutreffende Subsumtion unter die prinzipiell als bekannt vorauszusetzende Vorschrift verlangt werden. Daher kann ein Mangel an Unrechtseinsicht auch dann unvermeidbar sein, wenn der Rechtslaie aufgrund einer vernünftigen sprachlichen Auslegung im Lichte des Wortlauts zu dem Ergebnis kommt, dass sein Verhalten nicht strafbar sei.[264] In den Grenzbereichen der Auslegung wird dem Teilnehmer am demokratischen Willensbildungsprozess eine Einordnung eigenen Verhaltens nicht ohne Hinzuziehung professioneller Auskunftsquellen möglich sein. Dann ist es weder zu viel noch zu wenig verlangt, dass sich der Auskunftssuchende an eine Person oder Institution wendet, die aus Sicht eines durchschnittlich aufmerksamen Betroffenen die erforderliche Qualifikation zur Beantwortung der Frage aufweist.

Das bedeutet im Einzelnen, dass der Auskunftssuchende in der Regel auf eine die Unrechtszweifel zerstreuende Auskunft eines zugelassenen Rechtsanwalts vertrauen darf, wenn ihm nicht ausnahmsweise Details über diesen bekannt sind, die an der Neutralität zweifeln lassen.[265] Nicht pauschal hingegen darf er sich auf die Auskunft von Juristen in Ausbildung verlassen.[266] Staatliche Stellen sind entgegen verbreiteter Auffassung grundsätzlich[267] auch dann als verlässlich anzunehmen, wenn sie für die Beantwortung der Frage nicht zuständig sind, aber sich implizit durch eindeutige Beantwortung der Rechtsfrage für zuständig erklären.[268] Die Behördenzuständigkeiten für Einzelfragen sind teilweise von internen Regeln abhängig, die der Auskunftsersuchende nicht nachvollziehen kann[269] und muss. Vielmehr darf er sich darauf verlassen, dass ihn eine für die Beantwortung der Frage unzuständige Stelle auch darüber in Kenntnis setzt. Nur dann, wenn dies der Fall ist, hat der Auskunftsersuchende einen Anlass, weitere Nachforschungen anzustellen. Ein Staat hingegen, der – unabhängig von der Stelle – falsche Auskünfte erteilt, büßt erheb-

[264] OLG Schleswig, Beschl. v. 20.7.1981 – 1 Ss OWi 282/81, GA 1982, 509 (510 f.); siehe auch LG Paderborn, Urt. v. 9.11.2015 – 15 Ns 72 Js 5720/15 (unveröffentlicht), dessen Erwägungen in OLG Hamm, Urt. v. 21.6.2016 – 4 RVs 51/16, BeckRS 2016, 13673 Rn. 3 ff. aufgegriffen, letztlich aber verworfen werden; ähnlich *Roxin/Greco*, Strafrecht AT I, 2020, § 21 Rn. 66.

[265] Ebenso *Busch*, Rechtsauskunft, 2020, S. 278, zu den Indizien im Einzelnen S. 280 ff.

[266] Siehe OLG Celle, Urt. v. 16.3.1967 – 1 Ss 10/67, NJW 1967, 1921 (1923) zum Jurastudenten; *Busch*, Rechtsauskunft, 2020, S. 264 zu Rechtsreferendaren.

[267] Nicht ausreichend nach BGH, Urt. v. 16.5.2000, StbSt (R) 2/00, NJW 2000, 2366 (2368), insoweit nicht abgedruckt in BGHSt 46, 67: Auskunft der Oberfinanzdirektion zur Versicherungspflicht eines Steuerbevollmächtigten; relativierend mit Blick auf offensichtliche Unzuständigkeit auch *Duttge*, in: D/D/K/R, Gesamtes Strafrecht, 2022, StGB, § 17 Rn. 19; *Heuchemer*, in: BeckOK-StGB, Stand 1.11.2025, § 17 Rn. 36; *Kaspar*, in: Leitner/Rosenau, WSS, 2022, StGB, § 17 Rn. 29; *Stam*, GA 2019, 338 (348).

[268] Für nicht offensichtlich unzuständige Stellen BGH, Beschl. v. 2.2.2000 – 1 StR 597/99, NStZ 2000, 461; großzügiger auch *Löw*, Erkundigungspflicht, 2002, S. 123 f.; wohl auch *Gaede*, HRRS 2013, 449 (455).

[269] Hierauf weist auch *Löw*, Erkundigungspflicht, 2002, S. 122 f. hin.

lich an Glaubwürdigkeit und Vertrauen ein, wenn er die daraus resultierenden Folgen nicht selbst trägt, sondern den Ersuchenden heranzieht.[270] Es besteht in diesem Fall auch kein Präventionsinteresse, weil der Täter deutlich gemacht hat, dass er die Grenzen des Rechts achten wollte.[271] Insofern höchst bedenklich ist es, wenn es der BGH nicht für die Annahme von Unvermeidbarkeit des Mangels an Unrechtseinsicht hat ausreichen lassen, dass sich ein angeklagter Apotheker sowohl bei einem Rechtsanwalt als auch bei seiner Landesapothekerkammer über die Erlaubnispflicht bezüglich der Ausfuhr von Benzodiazepinen und Non-Benzodiazepinen informierte und von diesen eine falsche Auskunft erhielt.[272]

Zumeist werden sich die erwähnten Konsequenzen nicht ergeben. Die Fälle, in denen sowohl ein Auskunftsersuchen wie im soeben geschilderten Sachverhalt vorliegt als auch eine der Auskunftsstellen eine die Unrechtszweifel zerstreuende Auskunft gibt, welche sich dann als falsch erweist, dürften nur selten vorkommen. Vielmehr sind Einschätzungen und Gutachten in Grenzfragen des Rechts oft relativierend formuliert und weisen auf entgegenstehende Auffassungen, Urteile oder gegebenenfalls auf ein „Aussagevakuum" hin, weshalb in diesen Fällen bereits der Mangel an Unrechtseinsicht fehlen kann.[273] Jedenfalls besteht dann zumeist Anlass zur weiteren Überprüfung der Rechtslage.[274] Die übrigen Fälle sind dann auch berechtigterweise als Fälle des unvermeidbaren Mangels an Unrechtseinsicht einzusortieren; der Täter hat dann seiner Rechtserforschungsobliegenheit Genüge getan.[275] Dasselbe gilt für den Fall, dass der Täter eine Erkundigung nicht einholt, aber der Rechtsrat ihm gegenüber ohnehin eine den Mangel an Unrechtseinsicht bestärkende Stellungnahme dargestellt hätte. Insoweit ist auf eine hypothetische Auskunftseinholung gemessen an den hier zuvor dargelegten Grundsätzen abzustellen.[276]

cc) Ressourceneinsatz im Spiegel des Ertrags

Das Bekenntnis zur freien Marktwirtschaft innerhalb des Grundgesetzes[277] bringt zum Ausdruck, dass die Wirtschaftlichkeit der gesellschaftlichen Betätigung nur so

---

[270] In diesem Sinne auch *Brettel/Thomas*, ZWeR 2013, 272 (285).

[271] Vgl. *Busch*, Rechtsauskunft, 2020, S. 202 im Kontext der Präventionsberatung, weswegen Unvermeidbarkeit nahe liege.

[272] BGH, Urt. v. 17.12.2019 – 1 StR 364/18, StV 2020, 378 (381).

[273] *Kunz*, GA 1983, 457 (461).

[274] Siehe auch *Roxin/Greco*, Strafrecht AT I, 2020, § 21 Rn. 63.

[275] Im Hinblick auf das Mindestlohngesetz *Cordes*, NZWiSt 2020, 139 (141).

[276] Ebenso *Löw*, Erkundigungspflicht, 2002, S. 146 f.; zur Frage, wie die hypothetische Auskunftsperson zu ermitteln ist, siehe *Rodenbeck*, Verbotsirrtum, 2012, S. 194 ff.; *Vogel/Bülte*, in: LK-StGB, 2020, § 17 Rn. 37 f.

[277] BVerfG, Beschl. v. 8.2.1972 – 1 BvR 170/71, BVerfGE 32, 311 (317); Beschl. v. 13.7.1992 – 1 BvR 303/90, NJW 1993, 1969 (1970); *Di Fabio*, in: Dürig/Herzog/Scholz, GG, August 2025, Art. 2 Abs. 1 Rn. 88.

weit beschränkt werden darf, wie dies erforderlich ist, um andere Marktteilnehmer zu schützen. Das bedeutet zugleich, dass der Ressourceneinsatz zur Rechtserforschung, der durch § 17 StGB bzw. § 11 Abs. 2 StGB zur Obliegenheit erhoben wird, einer individuellen Gewichtung zugänglich ist.[278] So wird für kleinere Unternehmen mit begrenztem Kundenstamm und geringem Umsatz bspw. bei der rechtskonformen Deklaration von Produkten im Regelfall eine weniger aufwendige Erforschung der Rechtslage ausreichend sein als bei einem Serienhersteller mit globaler Kundenreichweite und Umsätzen in Milliardenhöhe. Unvermeidbarkeit meint in diesem Sinne auch unvermeidbar aufgrund eines zu hohen erforderlichen Ressourceneinsatzes zur Aufklärung.[279]

3. Weitere Modifikationen nach Maßgabe der hiesigen Konzeption

Wird zur Rechtfertigung der Unterscheidung zwischen vorsatzausschließenden und schuldbeeinflussenden Erkenntnismängeln das Demokratieprinzip derart herangezogen, wie es im Rahmen der vorliegenden Arbeit geschehen ist, leitet dies zu weiteren Modifikationen.

a) Das Anlasskriterium bei Alltagsverhalten

Wie bereits festgehalten wurde, bedarf es eines Anlasses für den Täter, sich nach der Rechtslage zu erkundigen. Während dies im Hinblick auf spezielle Berufs- und Lebenskreise oft der Fall sein wird, gilt dies nicht in gleichem Maße für alltägliches Verhalten. Bei Verhaltensweisen des täglichen Lebens würde es eine nicht hinnehmbare Einbuße an Freiheit darstellen, wenn der Einzelne regelmäßig der Obliegenheit unterliegen würde, sich über die strafrechtliche Rechtmäßigkeit des eigenen Verhaltens zu informieren, obgleich es auch hier nicht selten zu rechtlichen Missverständnissen kommt. Ein Beispiel hierfür bietet das Verkennen von Trennungs- und Abstraktionsprinzip. Diese für die Rechtsdogmatik nützlichen Strukturgrundsätze des Rechts sind in der Wahrnehmung der Bevölkerung wenig verankert, sodass sich in alltäglichen Situationen Verstöße gegen Strafvorschriften des Eigentumsschutzes beobachten lassen. Dies gilt etwa für den Kunden, der sich nach seiner Bestellung und Hinlegen des Kleingelds auf den Tresen eigenmächtig am Brötchenbestand des Bäckers bedient, obgleich diesem das Konkretisierungsrecht bezüglich des Brötchens zusteht (= Diebstahl).

Ein ebenso denkbarer Verstoß liegt vor, wenn der Kunde mit bloßen Händen, wie von ihm immer so praktiziert, beherzt in das Brötchenfach greift, woraufhin der Bäcker die anderen Brötchen aus Hygienegründen nicht mehr verkaufen kann und somit in der Nutzbarkeit seines Eigentums strafrechtswidrig beeinträchtigt ist

---

[278] Herangezogen auch von *Löw*, Erkundigungspflicht, 2002, S. 118 f.

[279] Ebenso *Rodenbeck*, Verbotsirrtum, 2012, S. 186 ff.

(= Sachbeschädigung).[280] In diesen Fällen wird es vielfach an der Unrechtseinsicht fehlen. Weder besteht dann eine psychische Motivation als konkreter Anlass noch ist es normativ geboten, einen Anlass aus Rechtsgeltungsgründen zu konstruieren. Vielmehr wird von der Unvermeidbarkeit auszugehen sein, mit der Folge, dass es an strafrechtlicher[281] Schuld fehlt.

Anders ist dies zu beurteilen, wenn das Alltagsgeschäft zur Profession erhoben wird. Wer gewerblich Waren an- und verkauft, muss sich grundsätzlich auch mit den allgemeinen zivilrechtlichen Vorschriften zum Vertrags- und Sachenrecht vertraut machen. Entsprechend ist ein Anlass zur Rechtserforschung anzunehmen, wenn der Automobilhändler nach vertraglicher Einigung mit einem privaten Verkäufer dessen Autoschlüssel eigenmächtig mitnehmen möchte, um das Fahrzeug fortzubringen. Anders als nach üblicher Lösung[282] liegt hier kein vorsatzausschließender Irrtum im Hinblick auf das Merkmal „rechtswidrig" vor,[283] sondern ein Mangel an Unrechtseinsicht, der eine Strafmilderung in aller Regel rechtfertigt, einen Strafausschluss jedoch nur bei Vorliegen besonderer Umstände – womöglich etwa eine besondere geschäftliche Unerfahrenheit eines Jungunternehmers – zur Folge hat.

b) Mangel an Unrechtseinsicht bei rein materiellen Gesetzen

Grundlage der engeren Handhabung von § 16 Abs. 1 S. 1 StGB bzw. § 11 Abs. 1 OWiG ist die Idee der Mitwirkung an den geschaffenen Regeln. Je weiter aber die rechtsetzende Instanz in der demokratischen Legitimationskette vom Einzelnen entfernt liegt, desto weniger können Kenntnis und Kontrolle durch diesen erwartet werden. Daher ist neben den oben genannten Kriterien[284] zum Umfang der Erforschungsobliegenheit auch zu berücksichtigen, welche Institution an den gesetzlichen Grundlagen für die letztendliche Strafbarkeit mitgewirkt hat. Eine besondere Bedeutung hat dies für die sog. echten Blankettstrafgesetze, bei welchen das formelle Strafgesetz auf Rechtsakte anderer Rechtsetzer verweist. Nimmt dieses z.B. Ministerialverordnungen oder Rechtsakte der europäischen Kommission bzw. anderer demokratisch nur mittelbar legitimierter Institutionen in Bezug, ist dies zu-

[280] Zu den lebensmittelrechtlichen Grundlagen siehe VG München, Urt. v. 26.9.2012 – M 18 K 11.5138, BeckRS 2013, 45061.

[281] Zur Isolation von zivilrechtlicher Unrechtskenntnis siehe Kap. 4 B. I. 1.

[282] BGH, Urt. v. 12.1.1962 – 4 StR 346/61, BGHSt 17, 87 (91); aus jüngerer Zeit zu § 249 StGB auch BGH, Urt. v. 15.12.2021 – 6 StR 312/21, NStZ 2022, 47 (48); *Bosch*, in: TK-StGB, 2025, § 242 Rn. 45; *Fischer*, in: Fischer, StGB, 2025, § 242 Rn. 49; *Kindhäuser/Hoven*, in: NK-StGB, 2023, § 242 Rn. 120; *Schmitz*, in: MüKo-StGB, 2021, § 242 Rn. 168; *Wittig*, in: BeckOK-StGB, Stand 1.11.2025, § 242 Rn. 42.

[283] So auch *Berster*, ZStW 2016 (128), 785 (797 ff.); *Hirsch*, JZ 1963, 149 (150 ff.); differenzierend *Schröder*, DRiZ 1956, 69.

[284] Kap. 4 B. II. 2. b).

gunsten des Täters zu berücksichtigen.[285] Einerseits nimmt das Ausmaß des Selbstwiderspruchs bei bloß mittelbarer demokratischer Legitimation ab. Andererseits kann das Verkennen von nichtformellen Gesetzen plausibler gegenüber der Gemeinschaft kommuniziert werden, weil die Anforderungen an den Rechtsetzungsprozess geringer sind und sich hierdurch eine Änderung der Rechtslage schneller und unauffälliger herbeiführen lässt. Hierdurch liegt eine Reduktion der Wiederholungsgefahr durch Dritte vor. Daher kann es im Einzelfall dann an einem tragfähigen rechtlichen Grund fehlen, einen Anlass zur Rechtserforschung normativ zu konstruieren, wenn sich die materielle Rechtslage verändert, ohne, dass den Täter eine besondere Obliegenheit zur Erkundigung nach obiger Art trifft. Ein solcher Fall ist insbesondere dann anzunehmen, wenn ein Bereich bisher überhaupt nicht reglementiert war und daher auch berufsbezogene Obliegenheiten zur Erkundigung über den aktuellen Rechtsstand nicht sinnvoll auferlegt werden können. Aufgrund der fortwährenden Verrechtlichung aller gesellschaftlichen Bereiche dürften solche Situationen aber kaum vorkommen.

Häufiger wird eine Strafmilderung nach § 17 S. 2 StGB (analog für das Ordnungswidrigkeitenrecht) anzunehmen sein. Exemplifizieren lässt sich dies anhand des Betäubungsmittelstrafrechts. Geht der Täter davon aus, dass die Substanz, mit der er interagiert, kein Betäubungsmittel i. S. d. § 1 Abs. 1 BtMG darstellt, handelt es sich entgegen der ganz herrschenden Deklaration[286] nicht pauschal um einen den Vorsatz ausschließenden Tatbestandsirrtum nach § 16 Abs. 1 S. 1 StGB. Es kann auch aufgrund der Verkennung der gesetzlichen Einstufung ein bloßer Mangel an Unrechtseinsicht nach § 17 StGB vorliegen. Denn der Umfang der Stoffe, die als Betäubungsmittel eingestuft werden, ergibt sich erst aus den Anlagen zum BtMG, die aus Zweckmäßigkeitsgründen gemäß § 1 Abs. 2 bis 4 BtMG durch die Regierung bzw. das Gesundheitsministerium aktuell gehalten werden. Erstreckt sich die Fehlvorstellung des Täters lediglich auf die Einordnung der Substanz, liegt ein bloßer Rechtsirrtum vor, der die Anwendung von § 17 StGB vorrangig macht.

Anders ist hingegen zu verfahren, wenn der Täter nicht einmal die psychotrope Wirkung des Stoffes in seinen Vorsatz aufgenommen hat,[287] wie sie für den Begriff des Betäubungsmittels auch im Alltagssprachgebrauch konstitutiv ist. Dabei handelt es sich um eine sinnlich wahrnehmbare Erscheinung, welche die Tragweite des eigenen Handelns vermittelt und folglich im Rahmen von § 16 Abs. 1 StGB zu berücksichtigen ist.

---

[285] Zum denkbaren Vorsatzentfall bei nicht hinreichend bestimmter formell-materieller Gesetzeslage siehe schon Kap. 4 A. III.

[286] BGH, Urt. v. 20. 9. 2017 – 1 StR 64/17, NStZ 2018, 223 (224); *Patzak*, in: Patzak/Fabricius, BtMG, 2024, § 29 Rn. 334; *Weber*, in: Weber/Kornprobst/Maier/Dietsch, BtMG, 2025, Vor § 29 Rn. 408, 433; *Wettley*, in: BeckOK-BtMG, Stand 15. 9. 2025, § 29 Rn. 533.

[287] *Oğlakcioğlu*, StV 2013, 720 (722); *Teriet*, in: BeckOK-BtMG, Stand 15. 9. 2025, § 29 Rn. 50: Kenntnis vom Charakter eines Suchtstoffs.

Der Sache nach wird dies auch so gehandhabt, wenn es zum Bestehen des Vorsatzes regelmäßig als ausreichend erachtet wird, dass der Täter Kenntnis von der Wirkweise der Substanz hat, es aber auf die Kenntnis der Aufnahme in den Katalog von Anlage I zum BtMG nicht ankommen solle.[288] Beim bewussten Umgang mit chemischen Substanzen mit psychotroper Wirkung wird dann stets ein Anlass gegeben sein, sich mit der Erlaubtheit auseinanderzusetzen. Ebenso würde nach Einhaltung der Rechtserforschungsobliegenheit regelmäßig der Mangel an Unrechtseinsicht beseitigt sein. Jedoch ist dieser dann vermeidbare Irrtum aufgrund der fehlenden Nähe zum Rechtsetzungsprozess regelmäßig als strafmildernd gemäß § 17 S. 2 StGB zu berücksichtigen.

Für dieses Ergebnis lässt sich auch der historische Sinn des Art. 103 Abs. 2 GG ins Feld führen: Das Gesetzlichkeitsprinzip soll den Adressaten vor der Willkür der Rechtsanwendung schützen und bildet insoweit einen Gegenpol zur Rechtsmitwirkung der Exekutive durch Ermächtigungsakt nach Art. 80 GG und der richterlichen Freiheit nach Art. 97 Abs. 1 GG.[289] Ihm kommt damit entscheidende freiheitssichernde Wirkung zu.[290] Je weiter aber die konkrete Anwendung im Einzelfall vom zwingenden parlamentarischen Gesetzeswortlaut entfernt ist, desto weniger ist die Strafbarkeit aus dem solchen erkennbar. Wird zugleich auch die enge Verzahnung von Schuldprinzip und Bestimmtheitsgrundsatz anerkannt,[291] die ihrerseits schon daraus folgen muss, dass eine tatbestandlich eingefasste Verhaltensweise als schuldhaft zum Vorwurf gemacht wird, ist eine schuldmindernde Berücksichtigung eines Irrtums über in Bezug genommene Rechtsvorschriften der Exekutive naheliegend.

c) Mangel an Unrechtseinsicht bei richterlicher Rechtsfortbildung

Ähnliches gilt für die judikative Interpretation von Gesetzen. Unabhängig von der Frage, ob das Gesetz selbst bereits eine hinreichende, für den Einzelnen subsumierbare Konkretisierung ist, sodass die Annahme von Vorsatz begründet ist,[292] kommt die Rechtsprechung bei der Anwendung auf Einzelfälle zur Sicherung der

---

[288] BGH, Urt. v. 15.4.1975 – 5 StR 36/75, BeckRS 1975, 107550 Rn. 2; *Weber*, in: Weber/Kornprobst/Maier, BtMG, 2025, Vor § 29 Rn. 408, 433; auch *C. Wolf*, Error, 2019, S. 384 f.; differenzierend *Patzak*, in: Patzak/Volkmer/Fabricius, BtMG, 2024, § 29 Rn. 334.

[289] Vgl. zur kompetenzwahrenden Funktion von Art. 103 Abs. 2 GG *Appel*, Verfassung und Strafe, 1998, S. 117 f.

[290] *Naucke*, Betrug, 1964, S. 188 f.; *Wolff/Kluth*, in: Hörnig/Wolff/Kluth, GG, 2025, Art. 103 Rn. 16.

[291] BVerfG, Beschl. v. 26.2.1969 – 2 BvL 15, 23/68, BVerfGE 25, 269 (285 f.); *Kielwein*, Annales Universitatis Saraviensis 1960, 127 (135): Bestimmtheitsgrundsatz als Spezifizierung des Schuldgrundsatzes; *Schreiber*, Gesetz und Richter, 1976, S. 209 f.; wohl auch *Remmert*, in: Dürig/Herzog/Scholz, GG, August 2025, Art. 103 Abs. 2 Rn. 39 f.; dem entgegen *B. Schünemann*, Nulla poena, 1978, S. 15, der Art. 103 Abs. 2 GG als „über das Schuldprinzip hinausgehende Garantie" ansieht.

[292] Kap. 4 A.III.

Gleichheit nicht umhin,[293] konkretisierende Maßgaben zu treffen und Kategorisierungen vorzunehmen, die oftmals nicht mehr zwingende Folge des Gesetzeswortlauts sind.[294] Dies kommt in § 132 Abs. 4 GVG deutlich zum Ausdruck, wonach der Große Senat angerufen werden kann, wenn dies zur *Fortbildung des Rechts* für erforderlich erachtet wird. Hierbei könnte es sich – ähnlich wie bei der Schaffung rein materieller Gesetze – um Vorgaben handeln, die nur noch mittelbarer Ausfluss des demokratischen Wählerwillens sind, folglich eine zwingende Strafmilderung nach sich zögen. Dies gilt jedoch nur dann, wenn nicht jede Rechtsfortbildung im Gesetz vorgefunden wird.[295] Daher ist es zunächst von Bedeutung, ob der Richter im Strafrecht überhaupt als Rechtsetzer tätig wird bzw. werden darf. Ist das der Fall, muss in einem zweiten Schritt überprüft werden, wo die Grenze zwischen Rechtsanwendung und Rechtsetzung durch die Gerichte angesiedelt ist.

(1) Im nationalen Recht

Nach dem ehemaligen Präsidenten des BGH Hirsch dürfe der Richter das Gesetz wie ein Pianist die Komposition frei interpretieren, solange er das Werk nicht verfälsche.[296] Richtersprüche kreierten materielles Recht. Seit der Geltung des Grundgesetzes sei ein bloßer Gehorsam gegenüber dem positiven Recht nicht mehr angezeigt, im Konfliktfall müsse der Richter seine Entscheidung nach dem überpositiven Recht ausrichten[297] und damit dem Wandel der Zeit folgen.[298] Während C. Möllers letzterer These im Sinne der hiesigen Arbeit unter Verweis auf den demokratischen Gesetzgebungsprozess widerspricht,[299] stimmt er grundsätzlich zu, dass durch Gerichte Rechtsfortbildung stattfinde.[300] Das Beispiel von Hirsch offenbart, in welchen praktischen Kontexten sie eine herausragende Bedeutung hat. Er stellt auf die Entwicklung der Formulierung „öffentliche Ordnung" ab, um die Funktion richterlicher Rechtsfortbildung zu veranschaulichen.[301] Es handelt sich dabei um ein Tatbestandsmerkmal, das mindestens im Grenzbereich ausreichender

---

[293] Sog. Präzisierungsgebot, siehe dazu BVerfG, Beschl. v. 23.6.2010 – 2 BvR 2559/08 u. a., BVerfGE 126, 170 (198).

[294] *Buchner*, GS-Dietz 1973, 175 (183 f.): keine Beschränkung auf bloße Deduktion möglich; *Enderle*, Blankettstrafgesetze, 2000, S. 170: schöpferischer Prozess; *Schreiber*, Gesetz und Richter, 1976, S. 222: schöpferische Rechtswillenserklärung.

[295] So noch *Naucke*, Betrug, 1964, S. 189; wohl auch *Schuster*, in: TK-StGB, 2025, § 17 Rn. 20; *Tsoumanis*, Bestimmtheit, 2022, S. 968 ff.; kritisch *Dannecker/Schuhr*, in: LK-StGB, 2020, § 1 Rn. 213.

[296] *G. Hirsch*, ZRP 2006, 161 (161).

[297] *G. Hirsch*, ZRP 2006, 161 (161); ähnlich *Kielwein*, Annales Universitatis Saraviensis, 1960, 127 (135).

[298] *G. Hirsch*, JZ 2007, 853 (856 f.).

[299] *C. Möllers*, JZ 2008, 188 (188).

[300] *C. Möllers*, JZ 2008, 188 (188).

[301] *G. Hirsch*, JZ 2007, 853 (856); zu finden in § 118 OWiG.

Gesetzesbestimmtheit belegen ist.[302] Darunter ist nach traditioneller Auffassung[303] die Gesamtheit aller ungeschriebenen Regeln zu verstehen, deren Beachtung nach der jeweilig herrschenden ethischen und sozialen Ansicht der Bevölkerung in einem bestimmten Gebiet für das geordnete Zusammenleben als unerlässlich betrachtet wird. Um dieser „ethischen und sozialen Ansicht" schärfere Konturen zu verleihen, ist eine Konkretisierung durch die Rechtsprechung unter Berücksichtigung des grundgesetzlichen Rahmens unverzichtbar.[304] Nur hierdurch lassen sich die Fälle erkennen, welche eine sanktionswürdige Störung des Zusammenlebens nach sich ziehen. Dies ist im Lichte der judikativen Aufgaben legitimierbar. Während sich aus dem Begriff der „Rechtsprechung" zunächst nur herleiten lässt, dass das Recht verbalisiert wird und nicht das bloße „Nachsprechen" ausschließt,[305] kann die Rechtsprechung ihrer Pflicht zur Einhaltung der verfassungsmäßigen Ordnung nur dann nachkommen, wenn die Möglichkeit besteht, Begriffe (neu) zu interpretieren. Nur so kann den wechselnden gesellschaftlichen Verhältnissen bei unveränderter Rechtslage angemessen Rechnung getragen werden.[306]

Entgegen der Einschätzung von Tsoumanis[307] beschreibt der Begriff der Auslegung den Vorgang bisweilen nur unpräzise, weil dies die Ermittlung einzig richtiger Ergebnisse durch methodische Handhabung des Gesetzeswortlauts im Spiegel des Gesetzgebungsprozesses suggeriert. Bereits die unterschiedliche Einschätzung innerhalb der Methodenlehre bezüglich der Wichtigkeit der einzelnen Auslegungsmethoden[308] bringt jedoch zum Ausdruck, dass die Entscheidung für ein bestimmtes Auslegungsergebnis gelegentlich einen autoritären Entscheidungsakt wertender Art bedingt.[309] Es handelt sich um einen Ausdruck notwendiger Gewaltenverschrän-

---

[302] Kritisch bereits im Hinblick auf die Verwendung im Polizeirecht *Denninger*, Polizei, 1968, S. 32: Verzicht auf einheitliches Ordnungsbild geboten; *Gusy/Eichenhofer*, Polizei- und Ordnungsrecht, 2023, § 3 Rn. 100; *Kingreen/Poscher*, Polizei- und Ordnungsrecht, 2025, § 7 Rn. 44 ff.; *Wächter*, NVwZ 1997, 729 (734): überflüssig; überwiegend wird das Merkmal in allen Rechtsbereichen für verfassungskonform gehalten, siehe etwa OLG Oldenburg, Beschl. v. 16.9.2015 – 2 Ss (OWi) 163/15, NJW 2016, 887 (887); *Baudewin*, Öffentliche Ordnung, 2023, S. 86; *Fechner*, JuS 2003, 734 (734 f.).

[303] Zurückgehend auf PrOVG, Urt. v. 9.11.1933 – III. C 109.33 –, PrOVGE 91, 139 (140).

[304] OVG NRW, Urt. v. 27.9.2000 – 5 A 4916/98, BeckRS 2000, 23260 Rn. 40; *Baudewin*, Öffentliche Ordnung, 2023, S. 85 f.; *Schoch*, JuS 1994, 570 (575): hierdurch unbedenklich; kritisch *Peters/Rind*, LKV 2017, 251 (255); *Wächter*, NVwZ 1997, 729 (731 ff.).

[305] In diesem Sinne *Jachmann-Michel*, in: Dürig/Herzog/Scholz, GG, August 2025, Art. 95 Rn. 13; *Kirchhof*, NJW 1986, 2275 (2275).

[306] Siehe auch *Tsoumanis*, Bestimmtheit, 2022, S. 929 f.

[307] *Tsoumanis*, Bestimmtheit, 2022, S. 968.

[308] Zum Problem von Auswahl und Hierarchie der Auslegungsmethoden *Kaufmann*, Rechtsphilosophie, 1994, S. 79; *Tsoumanis*, Bestimmtheit, 2022, S. 969 hebt die Wichtigkeit des gesetzgeberischen Willens hervor, der aber – wie *Koch*, in: Juristische Begründungslehre, 2003, 155 (162 f.) herausstellt – seinerseits auf teilweise widerstreitenden Zielsetzungen basieren kann.

[309] *Rüßmann*, in: Juristische Begründungslehre, 2003, 135 (154).

kung.[310] Anders als von Hirsch behauptet, ist die Rechtsprechung dabei allerdings nicht frei in der Interpretation des Gesetzeswortlauts. So hält auch das BVerfG fest, dass schöpferische Rechtsfindung nur „mit Rücksicht auf den aus Gründen der Rechtsstaatlichkeit unverzichtbaren Grundsatz der Gesetzesbindung der Rechtsprechung" möglich sei, wenngleich sich die Grenze hierfür nicht in einer allgemeingültigen Formel für alle Rechtsverhältnisse erfassen lasse.[311] Für die Bereiche materiellen Strafrechts jedenfalls findet die Befugnis zur extensiven oder restriktiven Interpretation eines Begriffs ihre absolute Schranke darin, dass zumindest die Voraussetzungen für die Beeinträchtigung von Grundrechten im Kern durch den Gesetzgeber vorgezeichnet sein müssen.[312] Darüber hinaus besteht aufgrund von Art. 103 Abs. 2 GG im Strafrecht eine relative Grenze dahingehend, dass eine Interpretation zulasten des Täters von einem noch gängigen Sprachgebrauch getragen sein muss. Entsprechend geht Simon zu weit, wenn er im Lichte des Art. 103 Abs. 2 GG eine vorrangige juristische Begriffsbildung zulasten des Gesetzesadressaten für vertretbar hält, weil dieser eine andersartige Verwendung einkalkulieren müsse.[313] Vielmehr darf dieser sich darauf verlassen, dass eine Interpretation noch Ausfluss dessen ist, was der konventionelle Sprachgebrauch hergibt. Mit Recht hebt Simon hingegen hervor, dass dies nicht zugleich so missverstanden werden darf, dass ein sprachlicher Ableitungszusammenhang alleinige Begründung für die Interpretation eines Begriffs ist.[314]

Daraus folgt, dass der Anwendungsbereich für richterliche Rechtsfortbildung im materiellen Strafrecht stark begrenzt ist.[315] Es muss sich dabei um gesetzliche Formulierungen handeln, aus denen im Zusammenspiel mit den übrigen Tatbestandsvoraussetzungen die gesetzgeberische Idee strafwürdigen Verhaltens zum Ausdruck kommt und durch die Entscheidung eine Förderung erfährt,[316] sodass der Wesentlichkeitsvorbehalt gewahrt ist.[317] Das betrifft sowohl die täterbegünstigende als auch täterbelastende Rechtsfortbildung. Zugleich muss der Tatbestand jedenfalls

---

[310] *Vogel*, NJW 1996, 1505 (1506); kritisch *Kempf/Schilling*, NJW 2012, 1849 (1852).

[311] BVerfG, Beschl. v. 14.2.1973 – 1 BvR 112/65, BVerfGE 34, 269 (288); deutlich auch das Sondervotum in BVerfG, Beschl. v. 15.1.2009 – 2 BvR 2044/07, BVerfGE 122, 248 (282 ff.).

[312] Sog. Wesentlichkeitstheorie, dazu BVerfG, Urt. v. 14.7.1998 – 1 BvR 1640/97, BVerfGE 98, 218 (251 ff.).

[313] *Simon*, Gesetzesauslegung im Strafrecht, 2005, S. 117.

[314] *Simon*, Gesetzesauslegung im Strafrecht, 2005, S. 140.

[315] *Kempf/Schilling*, NJW 2012, 1849 (1850).

[316] *T. Möllers*, ZfPW 2019, 94 (110).

[317] Sondervotum BVerfG, Beschl. v. 15.1.2009 – 2 BvR 2044/07, BVerfGE 122, 248 (283, 285 f.); für den Begriff der öffentlichen Ordnung *Poscher*, FS-Würtenberger 2013, 1029 (1040).

dann, wenn hierdurch der Täter belastet werden soll,[318] grammatikalisch so offen sein, dass er das Gericht zu einer Interpretation anhält, welche nicht mehr bloßer Ausfluss des gewöhnlichen Sprachgebrauchs ist, sondern eine Mutmaßung einfordert, inwieweit der Gesetzgeber mit Blick auf die Tatbestandsidee ein typisierbares Verhalten bewerten würde.

Ein Beispiel für eine Rechtsfortbildung zugunsten des Täters findet sich im Heimtückemerkmal des § 211 StGB, welches durch verschiedene Ansätze eine Restriktion gegenüber der herkömmlichen Definition als bewusstes Ausnutzen der auf Arglosigkeit beruhenden Wehrlosigkeit erfährt.[319] Die gesetzgeberische Idee der besonderen Sanktionierung von Tötungen im Einzelfall kommt in der Gesamtschau aller Mordmerkmale zum Ausdruck: Es soll sich um Tötungen handeln, deren Unrecht deutlich über das der Vornahme einer Tötung hinausgeht. Zugleich ist der Begriff der Heimtücke zunächst nur mit einem Element der List verbunden,[320] weshalb es einer Ergänzung dieser sprachlichen Bedeutung bedarf, um die mutmaßlich gesetzgeberische Idee für diese Tatbestandsvariante umzusetzen.

Zulasten des Täters kann eine Rechtsfortbildung in der pauschalen Erfassung des Anlegens schwarzer Kassen unter dem Nachteilsbegriff des § 266 Abs. 1 StGB,[321] gelesen als Vermögensnachteil,[322] gesehen werden.[323] In einigen dieser Fälle werden Vermögenswerte dem rechtlichen Dispositionsbereich einer Organisation entzogen, um diese unter Umgehung gesetzlicher Grenzen zugunsten der Organisation zu verwenden. Wenn die Rechtsprechung hierin einen Vermögensnachteil der Organisation erblickt, verlässt sie den Boden eines im Sprachgebrauch von Wirtschaftlichkeit geprägten Vermögensbegriffs.[324] Naheliegend soll hiermit auch die Dispositionsbefugnis über die Gelder geschützt sowie den Risiken einer Zweck-

---

[318] Sondervotum BVerfG, Beschl. v. 15. 1. 2009 – 2 BvR 2044/07, BVerfGE 122, 248 (286) unter Verweis auf BVerfG, Beschl. v. 19. 10. 1983 – 2 BvR 485/80, 2 BvR 486/80, BVerfGE 65, 182 (194 f.): strengerer Maßstab.

[319] Dazu *Schneider*, in: MüKo-StGB, 2021, § 211 Rn. 33 ff.

[320] DWDS, Begriff „Heimtücke", https://www.dwds.de/wb/Heimt%C3%Bccke, Zusammensetzung aus „heimlich" und „tückisch"; anders BGH, Beschl. v. 22. 9. 1956 – GSSt 1/56, BGHSt 9, 385 (390), der in diesem Begriff auch die feindselige Willensrichtung eingeschlossen sieht.

[321] Im öffentlichen Sektor: BGH, Urt. v. 18. 10. 2006 – 2 StR 499/05, BGHSt 51, 100; Urt. v. 21. 10. 1994 – 2 StR 328/94, BGHSt 40, 287; im privaten Sektor: BGH, Urt. v. 29. 8. 2008 – 2 StR 587/07, BGHSt 52, 323; bestätigt durch BVerfG, Beschl. v. 23. 6. 2010 – 2 BvR 2559/08, 2 BvR 105/09, 2 BvR 491/09, BVerfGE 126, 170.

[322] Ganz herrschende Lesart, siehe nur BVerfG, Beschl. v. 10. 3. 2009 – 2 BvR 1980/07, NJW 2009, 2370 (2371); *Beukelmann*, in: D/D/K/R, Gesamtes Strafrecht, 2022, StGB, § 266 Rn. 25; *Dierlamm/Becker*, in: MüKo-StGB, 2022, § 266 Rn. 222; *Perron*, in: TK-StGB, 2025, § 266 Rn. 39b.

[323] *Kempf/Schilling*, NJW 2012, 1849 (1852 ff.).

[324] Siehe dazu *Schlösser*, HRRS 2009, 19 (24 f.); kritisch auch *Knauer*, NStZ 2009, 151 (153); *Satzger*, NStZ 2009, 297 (303).

entfremdung von Mitteln entgegengewirkt werden.[325] Damit liegt eine Auslegung vor, die nicht dem intuitiven Sprachgebrauch entspringt, sich jedoch grammatikalisch noch herleiten lässt. „Vermögensnachteil" kann auch Nachteile meinen, die aus dem (Umgang mit) Vermögen resultieren. Die Zusammenfügung zweier Nomen kann einmal so gelesen werden, dass sich beide durch das Wort „im/in" verbinden, oder so, dass sie sich mit „des" verbinden. Ein Beispiel: Der „Heimvorteil" kann einmal (abstrakt) das Phänomen „Vorteil des Heimes" meinen oder konkret den „Vorteil im Heim" bezeichnen, also bspw. die besondere Anfeuerung durch die Zuschauer. Sprachlich lässt sich somit die Eröffnung schwarzer Kassen durch Entzug von Geldern als Vermögensnachteil bezeichnen.[326]

Auch kann man eine solche gesetzgeberische Idee § 266 Abs. 1 StGB noch entnehmen: Zentral für die Untreue ist die Verletzung von Vermögensbetreuungspflichten zulasten des Geschäftsherrn. Der Tatbestand soll auch Organisationen umfassend vor wirtschaftlichen Nachteilszufügungen „von innen heraus" schützen.[327] Der Entzug von Vermögenswerten aus dem rechtlichen Wirkungskreis der Organisation stellt eine typisierbare Innenmaßnahme dar, der generell ein konkretes Risiko bezüglich des Verlustes inhärent ist.[328] Die Bekämpfung des konkreten Gefährdungsrisikos, welches üblicherweise von einem Versuchs- oder einem besonderen Gefährdungstatbestand erfasst wird, steht somit auch im Zeichen der gesetzgeberischen Grundidee des Tatbestands, obgleich sich der Vorschlag, den Versuch generell als strafbar auszuweisen, nicht durchgesetzt hat.[329] Eine zu starke Vorverlagerung der Strafbarkeit, wie sie mutmaßlich den Gesetzgeber bei der Einfügung eines Versuchstatbestands hemmte, ist in diesen Fällen nicht ersichtlich, weil die Erscheinungsform schwarzer Kassen bereits hinreichend konturierbare Risiken für das nicht mehr kontrollierte Vermögen aufweist. Es handelt sich somit um einen Fall zulässiger richterlicher Rechtsfortbildung.

Nicht hingegen zulässig war nach den obigen Kriterien das Vorgehen des BGH[330] in folgendem Fall: Der Fahrer eines Kraftfahrzeugs wechselte aufgrund eines Staus vom Geradeaus-Fahrstreifen auf den Abbiegefahrstreifen. Er überfuhr sodann eine Kreuzung, vor welcher auf dem Abbiegefahrstreifen ein Rotsignal mit Schwarzpfeil leuchtete, in gerader Richtung. Auf dem Geradeaus-Fahrstreifen gab es ein Grünlichtsignal. Der BGH nahm in diesem Zusammenhang einen sanktionierbaren Rotlichtverstoß gemäß §§ 49 Abs. 3 Nr. 2, 37 Abs. 2 StVO an, obgleich es in § 37 Abs. 2 Nr. 1 S. 11 StVO heißt: „Schwarzer Pfeil auf Rot ordnet das Halten, schwarzer Pfeil auf Gelb das Warten *nur für die angegebene Richtung*

---

[325] *Knauer*, NStZ 2009, 151 (153); *Satzger*, NStZ 2009, 297 (303).

[326] I. Erg. auch BVerfG, Beschl. v. 10.3.2009 – 2 BvR 1980/07, NJW 2009, 2370 (2371).

[327] *Dierlamm/Becker*, in: MüKo-StGB, 2022, § 266 Rn. 2.

[328] Ähnlich *Kindhäuser/Hoven*, in: NK-StGB, 2023, § 266 Rn. 121b.

[329] Siehe dazu BT-Drs. 13/8587, S. 43 sowie BT-Drs. 13/9064, S. 20; darauf gestützt auch die Kritik von *Knauer*, NStZ 2009, 151 (153).

[330] BGH, Beschl. v. 30.10.1997 – 4 StR 647/96, BGHSt 43, 285.

an“[331]. Der BGH begründet dieses Ergebnis (ausschließlich) mit systematischen und teleologischen Erwägungen.[332] Diese mögen noch so plausibel[333] sein: Die Ausführungen des Gesetzes zur Aussagekraft des Zeichens sind eindeutig und mit keinem gängigen Sprachgebrauch in die Richtung des BGH umdeutbar. Hier erfolgte eine richterliche Rechtsfortbildung, die unzulässig ist, weil sie keinen Niederschlag mehr im Wortlaut des Verbotsgesetzes findet, selbst wenn sie der Idee des Gesetzgebers entspricht.[334]

Für die Irrtumslehre bedeutet die zulässige richterliche Rechtsfortbildung zunächst, dass bei einer Neuschaffung dieses Rechts durch erstmalige Konzeption oder durch Abänderung vorheriger Rechtsprechung ein unvermeidbarer Verbotsirrtum die zwingende Folge ist.[335] Die Parallele zum Rückwirkungsverbot nach Art. 103 Abs. 2 GG[336] wird hier augenfällig, weil das Gericht als Rechtsetzer tätig wird. Dies gilt auch dann, wenn es in der nun überholten Rechtsprechung Andeutungen[337] zur bevorstehenden Rechtsprechungsänderung gibt.

Dies stimmt damit überein, als dass die Bestimmtheit eines Gesetzes auch nach Auffassung des BVerfG durch konkretisierende Rechtsprechung erhöht werden kann.[338] Konsequent ist es dann nur, das Vertrauen in eine noch gültige Rechtsprechung an diesem umfassenden Schutz durch Art. 103 Abs. 2 GG teilhaben zu lassen. Eine Entschuldigung scheidet damit erst dann aus, wenn die „neue“ Rechtsprechung durch Anwendung „in Kraft tritt“. So lange, wie es keine abweichende höchstinstanzliche Rechtsprechung gibt oder diese verbindlich[339] bekundet wird, darf sich der Gesetzesadressat auf den Status quo der Rechtshandhabung verlassen.

---

[331] Herv. d. Verf.

[332] BGH, Beschl. v. 30.10.1997 – 4 StR 647/96, BGHSt 43, 285 (288 ff.).

[333] Dementgegen *Lessing*, MDR 1998, 771 (771).

[334] I. Erg. auch *Lessing*, MDR 1998, 771 (772); *Simon*, Gesetzesauslegung im Strafrecht, 2005, S. 175.

[335] BVerfG, Beschl. v. 16.5.2011 – 2 BvR 1230/10, BeckRS 2011, 52468; *Heuchemer*, in: BeckOK-StGB, Stand 1.11.2025, § 17 Rn. 39; *Kulhanek*, in: MüKo-StGB, 2024, § 17 Rn. 62; *Pawlik*, Unrecht, 2012, S. 328; *Vogel/Bülte*, in: LK-StGB, 2020, § 17 Rn. 63; siehe auch BGH, Urt. v. 21.6.1990 – 1 StR 477/89, BGHSt 37, 55 (67 f.); auf das Rückwirkungsverbot nach Art. 103 Abs. 2 GG stützend *Löw*, Erkundigungspflicht, 2002, S. 218; von einem entschuldbaren Rechtsirrtum spricht auch *Buchner*, GS-Dietz 1973, 175 (185).

[336] *Kempf/Schilling*, NJW 2012, 1849 (1853 f.); das BVerfG lehnt eine Gleichstellung aber weiterhin ab, siehe etwa BVerfG, Beschl. v. 16.5.2011 – 2 BvR 1230/10, BeckRS 2011, 52468 Rn. 20; dazu kritisch *Kment*, in: Jarass/Pieroth, GG, 2024, Art. 103 Rn. 90.

[337] *Neumann*, in: NK-StGB, 2023, § 17 Rn. 68; ähnlich *Löw*, Erkundigungspflicht, 2002, S. 219 f., die ein Obiter Dictum nicht ausreichen lässt; anders *Roxin/Greco*, Strafrecht AT I, 2020, § 21 Rn. 65.

[338] Siehe dazu nur BVerfG, Beschl. v. 9.2.2022 – 2 BvL 1/20, BVerfGE 160, 284 (319 f.); Beschl. v. 11.3.2020 – 2 BvL 5/17, BVerfGE 153, 310 (341); Beschl. v. 21.9.2016 – 2 BvL 1/15, BVerfGE 143, 38 (55); Beschl. v. 23.6.2010 – 2 BvR 2559/08 u.a., BVerfGE 126, 170 (196 f.).

[339] Zum sog. „prospective overruling“ *Löw*, Erkundigungspflicht, 2002, S. 220 ff.

Insbesondere bedarf es dann keiner weiteren Sichtung von Rechtsliteratur[340] oder Erkundigungsbemühungen bei einem Rechtsanwalt, um der Erforschungsobliegenheit nachzukommen. Praktisch kann es allerdings dazu kommen, dass der Täter, wenn er diese Maßnahmen ergreift, (faktische) Einsicht in das zukünftige Unrecht erlangt, weil ihm die bevorstehende Auslegung des Strafgesetzes als de facto nun geltende Rechtslage aufgezeigt wird. Dann stellt sich die Frage nach der Rechtserforschungsobliegenheit nicht mehr.

Doch auch eine etablierte rechtsfortbildende Rechtsprechung zulasten des Täters muss bei Unkenntnis zu einer Strafmilderung nach § 17 S. 2 StGB führen. Die Schuld des Täters ist gegenüber dem Täter, der wissentlich unmittelbar gegen ein von ihm getragenes Gesetz verstößt, merklich reduziert. Der Selbstwiderspruch tritt aufgrund des geringeren demokratischen Legitimationsniveaus der Gerichte weniger stark zu Tage. Wiederum gilt: Der Konflikt, welcher im Defizit fehlender Konkretheit der gesetzlichen Grundlage und der Notwendigkeit ihrer Geltung angelegt ist, darf nicht einseitig zulasten des Gesetzesadressaten aufgelöst werden.[341] Dieser Schritt ist notwendig, aber im Lichte der gesicherten Möglichkeit zur Erkenntnis strafbaren Verhaltens ausreichend.[342]

(2) Europarecht

Auch die Auslegung von Gesetzen anhand europäischer Rechtsvorgaben kann eine richterliche Rechtsfortbildung im strafrechtlichen Bereich zur Folge haben. Eine Überschreitung der Grenzen bloßer Rechtsanwendung liegt hier vor, wenn dem Gericht bei der Auslegung nationalen Rechts ein Ermessensspielraum zur Herstellung eines unionsrechtskonformen Zustands zugesprochen wird. Das Problem hierbei lässt sich anhand der Formulierung „verhältnismäßig" aufzeigen: Wenn die Vorgabe des Europarechts lediglich darin besteht, eine „verhältnismäßige" Sanktion auszusprechen, es aber dem nationalen Gericht überlassen wird, aus einer Reihe tatbestandlicher Einengungsmöglichkeiten eine auszuwählen,[343] schwingt sich das Gericht mit der Entscheidung zwischen diesen Einengungsmöglichkeiten faktisch zum Gesetzgeber auf.[344]

Grundsätzlich ist bei der zwingenden Umsetzung höherrangigen Rechts der gestalterische Spielraum für das Gericht größer, jedenfalls dann, wenn dies zur Durchsetzung von Rechten des Betroffenen beiträgt.[345] Wenn durch die Gerichte der Anwendungsbereich eines Straftatbestands reduziert wird, dann kommt das prinzi-

---

[340] *Roxin/Greco*, Strafrecht AT I, 2020, § 21 Rn. 65.

[341] Siehe schon Kap. 2 A. III. 4. und Kap. 4 B. II. 2. b).

[342] Anders *Kempf/Schilling*, NJW 2012, 1849 (1854).

[343] So in EuGH, Urt. v. 8. 3. 2022 – C-205/20, EuZW 2022, 606 (609).

[344] *Breitler*, EuR 2023, 270 (293 f.).

[345] Für das Verfassungsrecht siehe das Sondervotum BVerfG, Beschl. v. 15. 1. 2009 – 2 BvR 2044/07, BVerfGE 122, 248 Rn. 105.

piell dem Betroffenen zugute und kann somit – wie bereits oben gesehen – zulässiger Gegenstand einer richterlichen Rechtsfortbildung sein. Andererseits sind hier die Gefahren eines Verstoßes gegen den Gleichheitsgrundsatz nach Art. 3 Abs. 1 GG besonders groß.[346] Denn die willkürliche Auswahl eines Restriktionskriteriums kann dazu führen, dass bei vergleichbar verwirklichtem Unrechtsgehalt einmal eine Bestrafung erfolgt, ein anderes Mal nicht, obgleich beide Verhaltensweisen gleichermaßen evident oder nicht evident von der tatbestandlichen Umschreibung erfasst sind. Daher muss das Restriktionskriterium geeignet sein, alle tatbestandlichen Erscheinungen, die einen vergleichbaren Unrechtsgehalt haben, auszuscheiden. Gibt dies der Wortlaut des Gesetzes nicht her, so ist es nicht an den Gerichten, diesen Umstand zu beheben.[347]

Für die Irrtumslehre ergeben sich bei richterlichen Rechtsfortbildungen aufgrund europarechtlicher Vorgaben keine Besonderheiten gegenüber denjenigen, welche auf nationalrechtlichen Vorgaben fußen. Zu beachten ist jedoch der Zusammenhang zwischen der Wahlentscheidung und dem Rechtsetzungsakt, der durch zusätzliche Einschaltung europäischer Institutionen noch mittelbarer werden kann und damit die Evidenz des Selbstwiderspruchs weiter verringert.

d) Mangel an Unrechtseinsicht bei Nichtwahlberechtigten

Im Anschluss an die obigen Ausführungen[348] ist abschließend zu erörtern, wie mit Personen umzugehen ist, die einem Mangel an Unrechtseinsicht unterliegen und am demokratischen Willensbildungsprozess durch Wahlen nicht teilhaben. Es wurde bereits angedeutet, dass diese Personengruppen bei Unkenntnis im Hinblick auf das geltende Recht strukturell milder behandelt werden müssen. Dies wird sich oftmals darin niederschlagen, dass Personen dieser Gruppen entweder bereits durch besondere Schuldregeln (§ 19 StGB für Minderjährige unter 14 Jahren; das JGG für Heranwachsende zwischen 14 und 21 Jahren; § 20 StGB für geistig stark benachteiligte Personen) eine strafrechtliche Bevorzugung erfahren oder aber dadurch, dass regelmäßig zumindest – oder bei Minderjährigen kumulativ – ein schuldmindernder Verbotsirrtum nach § 17 S. 2 StGB (für vom Wahlrecht nach § 45 Abs. 5 StGB Ausgeschlossene; für nicht-wahlberechtigte ausländische Staatsbürger) zu attestieren ist.[349]

So ist im Rahmen der Überprüfung, ob ein Anlass zur Rechtserforschung vorliegt, besonders zu berücksichtigen, dass hier die Vermutung der Rechtskenntnis nicht greift und demnach der Anlass nur psychologisch, nicht jedoch normativ konstruiert werden kann. Das bedeutet, dass insbesondere in den Bereichen, in denen sich die Pönalisierung nicht aufgrund eines evidenten Überwiegens fremder

---

[346] Dazu ausführlich *Simon*, Gesetzesauslegung im Strafrecht, 2005, S. 465 ff.

[347] *Simon*, Gesetzesauslegung im Strafrecht, 2005, S. 548 f.

[348] Kap. 1 B. IV. 6.

[349] *Kulhanek*, in: MüKo-StGB, 2024, § 17 Rn. 92.

Interessen gegenüber den eigenen aufdrängt, der Anlass zur Rechtserforschung beim Täter fehlen kann. So etwa, wenn der Täter einen kleineren bis mittelhohen Geldbetrag auf der Straße findet und dabei keine Einsicht in das Unrecht der Unterschlagung hat. Es handelt sich hierbei um den Grenzbereich des strafwürdigen Verhaltens, was sich daran zeigt, dass in einigen Rechtsordnungen, etwa dem georgischen Strafrecht,[350] die Fundunterschlagung nicht strafbar ist. Ähnliches gilt auch im Bereich der Erziehungsmethoden von Eltern gegenüber Kindern. So sehr sich in Deutschland die Überzeugung durchgesetzt hat, dass Körperstrafen gegenüber Kindern verboten sind und Freiheitsentziehungen nur maßvoll vorgenommen werden dürfen, kann es bei einer diese Vorgaben übersteigenden Behandlung von Eltern gegenüber Kindern an der Unrechtseinsicht in unvermeidbarer Weise fehlen. Auch die unterlassene Hilfeleistung nach § 323c StGB fungiert insoweit als Beispiel.[351]

Wenn demgegenüber zum Teil pauschal behauptet wird, dass sich Ausländer, die hier leben, mit den geltenden Strafvorschriften vertraut zu machen haben[352] oder in gewissen Kernbereichen ein Mangel an Unrechtseinsicht kaum vorstellbar sei,[353] kann dem auf den ersten Blick ein gewisses Maß an Plausibilität nicht abgesprochen werden. Es spiegelt jedoch nicht die komplizierte Rechtswirklichkeit wider, in der sich die Gesellschaft insgesamt zurechtfinden muss, wie die oben genannten Beispiele zeigen. Und für die Annahme einer normativen Korrektur des Anlassbegriffs besteht aufgrund der fehlenden Teilhabe am Gesetzgebungsprozess keine hinreichende Grundlage. Zwar scheint insoweit noch immer die Idee des Gastes gegenwärtig zu sein, der sich mit den Regeln des Hauses vertraut zu machen hat. Doch krankt dieser Vergleich sowohl daran, dass sich das Haus den Gast individuell aussucht, als auch daran, dass die Regeln des Hauses überschaubar sind.

Anderes gilt, wenn sich die Strafbarkeit bereits aus der Heimatrechtsordnung eines Ausländers ergibt,[354] sofern dort die demokratische Teilhabe in vergleichbarem Maße gewährleistet ist. In den allermeisten Fällen dürfte dann aber auch bereits Unrechtseinsicht vorliegen. Trotzdem ist zu berücksichtigen, ob das durch die Heimatrechtsordnung des Täters gefällte rechtliche Unwerturteil von demjenigen des nach dem Recht der Bundesrepublik damit verbundenen abweicht. Falls dies zugunsten des Täters der Fall ist, kann sich eine Strafmilderung anbieten.[355]

---

[350] Vgl. dazu Art. 182 1. des georgischen Strafgesetzbuches, wonach die Strafbarkeit vom vorherigen rechtmäßigen Besitz des Unterschlagenden abhängig ist und insoweit der Untreue nahesteht.

[351] LG Mannheim, Urt. v. 3.5.1990 – (12) 2 Ns 70/89, NJW 1990, 2212 (2213).

[352] *Heuchemer*, in: BeckOK-StGB, Stand 1.11.2025, § 17 Rn. 35; *Lesch*, JA 1996, 607 (609).

[353] *Roxin*, FS-Neumann 2017, 1023 (1029).

[354] A.A. wohl *Laubenthal/Baier*, GA 2000, 205 (214 f.).

[355] Dazu schon Kap. 2 A.II.2. mit Blick auf das Völkerrecht.

Im Übrigen ist auch bei der Frage nach den Anstrengungen zur Rechtserforschung die besondere Situation der vom Wahlrecht ausgeschlossenen Bürger zu berücksichtigen: Wem das Wahlrecht nach § 45 Abs. 5 StGB aberkannt wird, der wird sich in vielen Fällen in einer Strafvollzugseinrichtung befinden. Dort sind die Möglichkeiten der Straftatbegehung ebenso begrenzt wie die Möglichkeiten der Rechtserforschung. Dies muss bei der Beurteilung des Umfangs der Rechtserforschungsobliegenheit berücksichtigt werden. Außerdem wird bei Ausländern häufig zu beachten sein, dass diese der deutschen Sprache nicht hinreichend mächtig sind und sie folglich selbst bei einfachen rechtlichen Angelegenheiten eine Beratung benötigen werden, um etwaige Unrechtszweifel auszuräumen. Es besteht somit die Gefahr, diese Personengruppe durch übersteigerte Anforderungen an die Rechtserforschungsobliegenheit in ihrer Handlungsfreiheit unzumutbar zu beeinträchtigen. Das wird deutlich, wenn Laubenthal/Baier abstrakt festhalten, dass aus „schlechteren Sprachkenntnissen resultierende Defizite [...] durch die Konsultation von Anwälten und Übersetzern auszugleichen" seien.[356] Darauf ist ein besonderes Augenmerk zu legen, sowohl im Zusammenhang mit der Überprüfung eines schuldausschließenden als auch eines schuldmindernden Mangels an Unrechtseinsicht.

III. Zwischenergebnis

Es hat sich gezeigt, dass im Anwendungsbereich des § 17 StGB bzw. § 11 Abs. 2 OWiG auch nach über 50 Jahren Geltungskraft noch zahlreiche Auslegungsfragen offen sind. Für einige wurden in diesem Abschnitt Antwortvorschläge dargeboten, die sich an der Idee des Demokratieprinzips und der hier vorgenommenen Interpretation des Gehalts von Schuld orientieren. Sie seien an dieser Stelle noch einmal zusammengefasst:

- Unrecht i. S. d. § 17 StGB bzw. § 11 Abs. 2 OWiG meint nur strafbares Unrecht; die Annahme, zivilrechtswidrig zu handeln, schließt einen Mangel an Unrechtseinsicht nicht aus;[357]
- Einsicht in das Unrecht hat ein Täter nur, wenn er von der Strafbarkeit seines Verhaltens überzeugt ist; bloße Unrechtszweifel begründen keine Unrechtseinsicht;[358]
- § 17 StGB deckt dementsprechend nicht nur Fälle des Verbotsirrtums ab, sondern auch Fälle des bloßen Unrechtszweifels. Es ist daher treffender, allgemein vom *Mangel an Unrechtseinsicht* zu sprechen; einer analogen Anwendung bedarf es aufgrund des Wortlauts nicht;[359]

---

[356] *Laubenthal/Baier*, GA 2000, 205 (220).

[357] Kap. 4 B. I. 1.

[358] Kap. 4 B. I. 2.

[359] Kap. 4 B. I. 2.

- Es bedarf stets eines Anlasses, damit vom Täter eine Überprüfung der Rechtslage erwartet werden kann. Fehlt es an einem solchen, ist der Mangel an Unrechtseinsicht unvermeidbar;[360]
- Der Anlass kann in Ansehung der Prämisse, dass das geltende Recht zu kennen ist, normativ konstruiert werden, etwa im Falle der Unkenntnis bei berufsspezifischen Vorschriften. Im Übrigen ergeben sich Anlässe auch sozial-psychologisch, insbesondere bei einschneidenden Eingriffen in die Rechte Dritter oder wesentliche Allgemeinrechtsgüter;[361]
- Der Umfang der Erkundigungspflicht ist von zahlreichen Faktoren abhängig, die eine individuelle Begutachtung des Sachverhalts erforderlich machen. Es kann jedoch festgehalten werden, dass Auskünfte von Rechtsanwälten und Behörden aller Art ganz regelmäßig vertrauenswürdig sind und eine weitere Nachforschungspflicht nur dann auslösen, wenn dem Ratsuchenden die Fehlerhaftigkeit auffällt oder aber die Auskunft als solche uneindeutig ist;[362]
- Fehlt es an hinreichender Erkundigung, ist die Unvermeidbarkeit nicht prinzipiell gegeben; es muss weiter feststehen, dass eine realistische Auskunftseinholung des Täters den Mangel an Unrechtseinsicht beseitigt hätte;[363]
- Unter Berücksichtigung der Implikationen des Demokratieprinzips ist festzuhalten, dass bei Alltagsverhalten ein Anlass oftmals nicht gegeben sein wird, sodass hier die Unvermeidbarkeit eines Irrtums oft naheliegt;[364]
- Ebenfalls darauf zurückzuführen ist die Erwägung, dass die Erforschungsobliegenheit mit Blick auf nur materielle Gesetze und Rechtsprechung reduziert ist und ein schuldmindernder Mangel an Unrechtseinsicht naheliegt. Die Milderung ist zwingend, wenn das Urteil auf richterlicher Rechtsfortbildung baut. Ein Schuldausschluss ist zwingend, wenn durch das Urteil die richterliche Rechtsfortbildung konstruiert wird;[365]
- Nicht wahlberechtigte Personen erfahren durch die Gesetzeslage regelmäßig bereits eine Strafmilderung/einen Strafausschluss. Soweit dies nicht der Fall ist, ist die Annahme eines schuld- und damit strafmindernden Mangels an Unrechtseinsicht ebenfalls naheliegend und beschränkt sich nicht zwangsläufig auf Tatbestände, die einen Schutz weniger essenzieller Rechtsgüter bezwecken.[366]

---

[360] Kap. 4 B. I. 2. a).

[361] Kap. 4 B. I. 2. a).

[362] Kap. 4 B. I. 2. b).

[363] Kap. 4 B. I. 2. b).

[364] Kap. 4 B. I. 3. a).

[365] Kap. 4 B. I. 3. b) und c).

[366] Kap. 4 B. I. 3. d).

C. Prüfstein: Behandlung des sog. Umkehrirrtums

Im Zusammenhang mit der Auslegung von § 16 und § 17 StGB wird regelmäßig auch die Abgrenzung zwischen dem untauglichen Versuch, wie er in § 23 Abs. 3 StGB als strafbar angedeutet ist,[367] und dem straflosen Wahndelikt diskutiert. Der Hintergrund liegt in der Überlegung, dass die Vorstellung von der Tat, wie sie in § 22 StGB als notwendige Voraussetzung statuiert und gemeinhin mit dem Begriff des Tatentschlusses ersetzt wird,[368] dem Vorsatz beim vollendeten Delikt gleichzustellen ist. Dies bedeutet zugleich, dass die Differenzierung zwischen Vorsatz und Tatbestandsirrtum im Rahmen des § 16 Abs. 1 StGB bzw. § 11 Abs. 2 OWiG auch in die Versuchslehre hineinstrahlt.[369] Im Einzelnen umstritten ist aber, wie der Zusammenhang genau ausgestaltet ist. Es wird daher im Folgenden die Idee des Umkehrprinzips zwischen den oben untersuchten Irrtumsarten und den Folgen für die Versuchslehre entfaltet und die Kritik daran beleuchtet. Zum Abschluss wird aufgezeigt, dass sich das Umkehrprinzip sinnvoll in den hier vorgeschlagenen Abgrenzungsansatz einfügt.

I. Die Idee des Umkehrprinzips

Schon früh[370] wurde die Beziehung zwischen Irrtums- und Versuchslehre als Komplementärverhältnis[371] gedeutet. Dies wird heute auch als „Umkehrprinzip“ bzw. „Umkehrschluss“ bezeichnet.[372] Nach diesem Prinzip ist ein strafbarer (untauglicher) Versuch möglich, wenn die Vorstellung des Täters als wahr unterstellt den Vorsatz im Hinblick auf die Vollendung begründen würde. Umgekehrt bedeutet dies: Hätte die fehlerhafte Vorstellung des Täters keinen Einfluss auf das Bestehen von Vorsatz gehabt, liegt ein strafloses Wahndelikt vor. Wird dieses Verhältnis einer genaueren Betrachtung unterzogen, erwächst der Eindruck, dass die Formulierung „Umkehrprinzip“ nicht treffend ist.[373] Vielmehr wird eine Parallele zu den

---

[367] Äußerst kritisch mit Blick auf die Strafbarkeit schon *Binding*, GerS 85 (1917), 177 (259 ff. insb. 267 f., 272).

[368] Dazu *Struensee*, GS-Armin Kaufmann 1989, 523 (528).

[369] *Fabian*, Abgrenzung, 1905, S. 36: jeder Versuch ist irrtumsbelastet.

[370] In der Rechtsprechung erstmals ausdrücklich in RG, Urt. v. 3. 12. 1908 – III 739/08, RGSt 42, 92 (93 f.); zuvor schon *Häberlin*, GA 1865, 233 (236 f.); auch *Mezger*, JZ 1951, 179 (180).

[371] *Probst*, Abgrenzung, 1969, S. 107, 207: Komplementärerscheinung.

[372] Siehe auch BGH, Urt. v. 17. 10. 1996 – 4 StR 389/96, BGHSt 42, 268 (272 f.): „umgekehrte[r] Tatbestandsirrtum“ (272) bzw. „umgekehrter Verbotsirrtum“ (273); *Bosch*, in: TK-StGB, 2025, § 22 Rn. 69; *Fischer/Anstötz*, in: Fischer, StGB, 2025, § 16 Rn. 22, 27: umgekehrter Irrtum; *Herzberg*, JuS 1980, 469 (478 ff.); *Hotz*, JuS 2016, 221 (222 ff.); *Momsen*, in: S/S/W, StGB, 2024, § 16 Rn. 2: umgekehrter Tatbestandsirrtum; *Murmann*, in: LK-StGB, 2021, § 22 Rn. 230 ff.; *Streng*, GA 2009, 529.

[373] Dafür aber *Heidingsfelder*, Der umgekehrte Subsumtionsirrtum, 1991, S. 109.

Erwägungen beim Vorsatz gezogen, sodass sinnvoller von einem „Parallelitätsprinzip“ zu sprechen ist.[374] Zur Begründung wurde die mittlerweile anerkannte Überzeugung herangezogen, dass der Tatentschluss den gleichen Gegenstand aufweist wie der Vorsatz beim vollendeten Delikt.[375] Der Gesetzgeber entschied sich trotzdem gegen die Aufnahme des Vorsatzbegriffs in die Bestimmungen zum Versuch.[376] Vorschläge, nach denen dem Tatentschluss beim Versuch ein davon abweichender Inhalt attestiert wurde,[377] vermochten sich nicht durchzusetzen. In diesem Zusammenhang ist auch zu bemerken, dass die teilweise vorgeschlagene Einbeziehung überschießender Innentendenzen in das Kriterium des Tatentschlusses[378] bedenklich ist, weil die Motivation zu einem Entschluss und dessen Bestehen zu trennen sind. Beides bildet zusammen den Kern des subjektiven Tatbestands beim Versuchsdelikt.[379]

Wenn Struensee hingegen dem unmittelbaren Ansetzen insoweit eine subjektive Komponente beimisst, als dass es hier stets um gewillkürte Körperbewegungen geht,[380] ist dies zwar zutreffend, jedoch handelt es sich dabei nicht um ein Element des subjektiven Tatbestands. Es handelt sich vielmehr um das allgemeine Finalitätserfordernis, welches bereits dem Handlungsbegriff immanent ist und deswegen dem objektiven Tatbestand zugewiesen wird.[381] Gegenstand des subjektiven Tatbestands ist die Prognose im Hinblick auf die Herbeiführung einer Situation, wie sie der Umschreibung im Tatbestand entspricht. Das gilt es allerdings auch im Bereich des Tatentschlusses zu überprüfen. Jedoch weist Struensee in diesem Zusammenhang zutreffend darauf hin, dass das unmittelbare Ansetzen einerseits (auch) nach dem Vorstellungsbild des Täters zu bestimmen ist,[382] andererseits der Tatentschluss auch noch im Zeitpunkt der Vornahme des Verhaltens, die als unmittelbares An-

---

[374] *Burkhardt*, JZ 1981, 681 (683); *Engisch*, FS-Heinitz 1972, 185 (189); *Frisch*, GA 2019, 305 (307): Symmetriegedanke; *Puppe*, FS-Lackner 1987, 199 (213): Symmetriepostulat.

[375] BGH, Beschl. v. 9.1.2020 – 4 StR 324/19, NStZ 2020, 402 (402); *Engländer*, in: NK-StGB, 2023, § 22 Rn. 23; *Hoffmann-Holland*, in: MüKo-StGB, 2024, § 22 Rn. 36; *Kriegsmann*, Wahnverbrechen, 1904, S. 11; *Walter*, Kern, 2006, S. 371; i. Erg. auch *Ambos*, in: D/D/K/R, Gesamtes Strafrecht, 2022, StGB, § 22 Rn. 10 ff.; mit einigen Präzisierungen auch *Murmann*, in: LK-StGB, 2020, § 22 Rn. 29 ff.

[376] Siehe dazu § 26 Abs. 1 des Entwurfes eines Strafgesetzbuches (StGB) E 1962, welcher die Formulierung „Vorsatz, die Tat zu vollenden“ beinhaltete.

[377] Z. B. *Puppe*, NStZ 1984, 488 (491), die den Eventualvorsatz ausklammert; *Struensee*, GS-Armin Kaufmann 1989, 523, der den relevanten Vorsatz erst mit dem unmittelbaren Ansetzen als gegeben ansieht.

[378] *Engländer*, in: NK-StGB, 2023, § 22 Rn. 23; *Glandien*, Markenstrafrecht, 2018, S. 149; *Struensee*, GS-Armin Kaufmann 1989, 523 (528) mit Verweis auf die damalige Kommentarliteratur; wohl auch *Heger/Petzsche*, in: Matt/Renzikowski, StGB, 2020, § 22 Rn. 23.

[379] *Ambos*, in: D/D/K/R, Gesamtes Strafrecht, 2022, StGB, § 22 Rn. 11; *Cornelius*, in: BeckOK-StGB, Stand 1.11.2025, § 22 Rn. 24.

[380] *Struensee*, GS-Armin Kaufmann 1989, 523 (529 f.).

[381] Siehe dazu *Puppe/Grosse-Wilde*, in: NK-StGB, 2023, Vor §§ 13–15 Rn. 48 f.

[382] *Struensee*, GS-Armin Kaufmann 1989, 523 (532).

setzen angenommen wird, vorliegen muss.[383] Dementsprechend sind auch dort subjektive Elemente zu überprüfen, die im Einzelfall einer Versuchsstrafbarkeit entgegenstehen können.

Insbesondere die Rechtsprechung orientiert sich an der Idee des Umkehrprinzips.[384] Ganz deutlich wird dies, wenn es heißt: „Diese Unterscheidung [gemeint ist jene zwischen Tatbestandsirrtümern und Mängeln der Unrechtseinsicht] ist auch für die Frage, ob ein untauglicher Versuch oder ein Wahnverbrechen vorliegt, maßgebend".[385] Doch auch im dogmatischen Diskurs bildet das Umkehrprinzip nach wie vor eine wichtige Säule, um den untauglichen Versuch vom Wahndelikt abzugrenzen.[386] Eine andere Frage ist sodann, ob die dadurch als untaugliche Versuche herausgestellten Verhaltensweisen auch tatsächlich strafwürdig sind.[387]

II. Methodologische Kritik an der Strukturunterscheidung

Das Umkehrprinzip erfährt im rechtswissenschaftlichen Diskurs beharrlich Kritik. Dies betrifft zum einen das methodische Vorgehen als solches, zum anderen die daraus gezogenen Schlussfolgerungen mit Blick auf die Strafbarkeit der zugrundeliegenden Verhaltensweisen.

Bezogen auf das Vorgehen wurde schon von Spendel[388] herausgestellt, dass es sich nicht um ein Gebot der Logik handelt: Nur weil beim Fehlen der Vorstellung von tatbestandsbezogenen Umständen ein Vorsatz nicht attestiert werden kann, heißt dies nicht, dass beim irrigen Vorhandensein dieser Vorstellung Vorsatz attestiert werden muss. Das Vorhandensein der Vorstellung ist zunächst nur notwendige, aber nicht zwangsläufig hinreichende Bedingung.[389] Etwas anderes ergibt sich nur dann, wenn für den Vorsatz nicht mehr als diese Vorstellung verlangt

---

383 *Struensee*, GS-Armin Kaufmann 1989, 523 (530).

384 RG, Urt. v. 2.6.1913 – I 251/13, RGSt 47, 189 (190 f.); Urt. v. 3.3.1938 – 2 D 60/38, RGSt 72, 109 (112 f.); BGH, Urt. v. 5.1.1951 – 2 StR 29/50, BGHSt 1, 13 (16 f.); Urt. v. 1.4.1960 – 4 StR 450/59, BGHSt 14, 345 (350); Urt. v. 17.10.1996 – 4 StR 389/96, BGHSt 42, 268 (272 f.); Beschl. v. 29.11.2022 – 3 StR 238/22, BeckRS 2022, 40434 Rn. 20.

385 BGH, Urt. v. 1.4.1960 – 4 StR 450/59, BGHSt 14, 345 (350).

386 *Bachmann*, Vorsatz und Rechtsirrtum, 1993, S. 89 ff.; *Bruns*, Der untaugliche Täter, 1955, S. 14 f.; *Bosch*, in: TK-StGB, 2025, § 22 Rn. 68 ff.; *Engländer*, in: NK-StGB, 2023, § 22 Rn. 101; *Glandien*, Markenstrafrecht, 2018, S. 160 ff.; *Kudlich*, in: BeckOK-StGB, Stand 1.11.2025, § 16 Rn. 27 f.; *Murmann*, in: LK-StGB, 2020, § 22 Rn. 230; *Puppe*, ZStW 128 (2016), 301; *Schuster*, in: TK-StGB, 2025, § 16 Rn. 6; *Schlüchter*, Normative Tatbestandsmerkmale, 1983, S. 164; *Toepel*, ZIS 2017, 606 (610 f.); letztlich auch *Frisch*, GA 2019, 305 (321, 324).

387 Klarstellend *Walter*, Kern, 2006, S. 371; siehe auch Kap. 4 C.III.

388 *Spendel*, ZStW 69 (1957), 441.

389 *Puppe*, FS-Lackner 1987, 199 (210, 243).

wird,[390] wie im Rahmen der vorliegenden Untersuchung geschehen.[391] Dies ist allerdings kein originärer Ausfluss von Logik, sondern von einer im Lichte des besonderen Strafgrunds vorsätzlichen Handelns getroffenen Wertentscheidung abhängig. Erst recht kann nicht aus dem Umkehrprinzip die Strafbarkeit bestimmter Verhaltensweisen logisch hergeleitet werden.[392] Dies folgt schon daraus, dass das Erfordernis der Tatumstandskenntnis lediglich eine notwendige, nicht aber eine hinreichende Bedingung der Strafbarkeit ist.[393]

Wenn darüberhinausgehend auch eine systematische Kritik am Vorgehen geübt wird,[394] überzeugen die in diesem Zusammenhang vorgetragenen Argumente nicht. Wer im subjektiven Tatbestand des Versuchs ebenso wie im Vorsatz den gedanklichen Vollzug einer Entscheidung zulasten von Rechtsgütern sieht, nimmt bei der Annahme des einen zugleich Einfluss auf die Dogmatik des anderen Instituts. Von daher muss zwar nicht zwangsläufig eine exakt parallele Ausgestaltung vorgenommen werden;[395] jedoch erweist sich ein Gleichlauf als systemfördernd, womit nicht zuletzt dem wichtigen Anliegen der strafrechtlichen Gleichbehandlung von Tätern[396] und der Bestimmtheit von Strafgesetzen Rechnung getragen wird.[397]

Systembeeinträchtigend sind hingegen alle Ansätze, welche sowohl die Kenntnis der Tatsachengrundlage als auch die Bedeutungskenntnis zur Voraussetzung eines Tatentschlusses i. S. d. § 22 StGB machen.[398] Insoweit hebt Bachmann hervor, dass es fragwürdig sei, weshalb nach ganz herrschender Auffassung beim Vorsatz im Rahmen des Vollendungsdelikts die Bedeutungskenntnis ausreichend sei, hingegen

---

[390] Angedeutet bei *Puppe*, FS-Lackner 1987, 199 (210 Fn. 10); vgl. auch *Engisch*, FS-Heinitz 1972, 185 (187 f.); *Glandien*, Markenstrafrecht, 2018, S. 148; *Walter*, Kern, 2006, S. 371.

[391] Kap. 3 A. I.

[392] *Puppe*, FS-Lackner 1987, 199 (215, 243); *B. Schünemann*, GA 1986, 293 (314); kritisch bezüglich Täterqualifikationen auch *Hardwig*, GA 1957, 170 (172); der Hinweis von *Walter*, Kern, 2006, S. 371, dass dies auch nie so vertreten worden sei, ist im Lichte der Ausführungen älterer Rechtsprechung zweifelhaft, siehe etwa RG, Urt. v. 2. 6. 1913 – I 251/13, RGSt 47, 189 (190 f.), woraus sich jedenfalls eine hervorgehobene Wichtigkeit ableiten lässt.

[393] *Puppe*, FS-Lackner 1987, 199 (215).

[394] *Roxin*, Strafrecht AT II, 2003, § 29 Rn. 404: „Kein taugliches Instrument zur Abgrenzung von Versuch und Wahndelikt"; auch *Spendel*, ZStW 69 (1957), 441 (458 f.), der die Idee in Gänze für einen Trugschluss hält; kritisch dazu *Sax*, JZ 1964, 241 (243 ff.).

[395] So aber *Walter*, Kern, 2006, S. 386: Verletzung des Umkehrprinzips, das dogmatisch zwingend sei.

[396] Darauf weist auch *Puppe*, FS-Lackner 1987, 199 (201) hin.

[397] Ebenso *Glandien*, Markenstrafrecht, 2018, S. 161 f.: Förderung der Rechtssicherheit.

[398] Darauf läuft der Vorschlag von *Burkhardt*, JZ 1981, 681 hinaus; ebenso *Cornelius*, in: BeckOK-StGB, Stand 1. 11. 2025, § 22 Rn. 88; *Heidingsfelder*, Der umgekehrte Subsumtionsirrtum, 1991, S. 153; *Schroth*, Vorsatz und Irrtum, 1998, S. 78; *Schumann*, JZ 1987, 523 (526); *Streng*, GA 2009, 529 (531); *Timpe*, ZStW 125 (2013), 755 (783 f.); teilweise auch *Frisch*, FS-Eisenberg 2019, 617 (623 f.); implizit kritisch *B. Schünemann*, GA 1986, 293 (313).

beim Tatentschluss nicht.[399] In der Tat stünde dieses Auseinanderfallen im Widerspruch zur sonstigen Gleichbehandlung von Vorsatz und Tatentschluss und bedürfte einer guten grammatikalischen oder teleologischen Begründung.[400] Letztere ist eng verzahnt mit der inhaltlichen Kritik am Umkehrprinzip.

III. Inhaltliche Kritik im Hinblick auf den Aussagegehalt der Umkehrung

Der Schwerpunkt der Kritik liegt im Bereich des inhaltlichen Fehlgehens.[401] Das starre Festhalten am Umkehrprinzip nehme zu wenig Rücksicht auf Strafbarkeitsbedürfnisse,[402] es treffe keine hinreichende Aussage über die Strafwürdigkeit des Verhaltens[403] und erzeuge insbesondere im Bereich normativer Tatbestandsmerkmale eine nicht bestimmbare Grenze[404] bzw. nicht hinnehmbare Ergebnisse.[405] Es bedürfe bei einem „umgekehrten" Irrtum über normative Tatbestandsmerkmale oftmals nicht einer Normstabilisierung, weshalb eine pauschale Parallelisierung nicht geboten sei.[406] Daher könne das Prinzip in Fällen von Rechtsirrtümern nichts beitragen.[407] Hierdurch würde letztlich eine Verfälschung dergestalt stattfinden, dass aus der notwendigen Bedingung von Bedeutungskenntnis beim Vorsatz eine hinreichende Bedingung im Rahmen des Versuchs gemacht würde.[408] Entsprechend erfolgt bisweilen eine Marginalisierung des Umkehrprinzips als „Faustformel",[409] die jedenfalls bei „Absurditäten" nicht durchgehalten werden dürfe.[410]

---

[399] *Bachmann*, Vorsatz und Rechtsirrtum, 1993, S. 96; *Jäger*, in: SK-StGB, 2025, § 22 Rn. 60.

[400] *Rinck*, Deliktsaufbau, 2000, S. 345.

[401] Kritisch mit Blick auf die dahinterliegende subjektive Versuchslehre *Binding*, GerS 85 (1917), 177 (281 ff.); *Spendel*, NJW 1965, 1881 (1885 ff.).

[402] *Burkhardt*, JZ 1981, 681 (685); ähnlich *Weber*, MDR 1961, 426 (427).

[403] *Frisch*, FS-Eisenberg 2019, 617 (622); i. Erg. auch *Baumann*, NJW 1962, 16 (18); *Hardwig*, GA 1957, 170 (172).

[404] *Burkhardt*, JZ 1981, 681 (684); kritisch auch *Bosch*, in: TK-StGB, 2025, § 22 Rn. 89.

[405] *Paeffgen/Zabel*, in: NK-StGB, 2023, Vor §§ 32–35 Rn. 260; *Papathanasiou*, Normative Tatbestandsmerkmale, 2014, S. 276 f.; *Schroth*, Vorsatz und Irrtum, 1998, S. 77 f.

[406] *Cornelius*, in: BeckOK-StGB, Stand 1.11.2025, § 22 Rn. 88; *Frisch*, GA 2019, 305 (317 f.); in diese Richtung auch *B. Schünemann*, GA 1986, 293 (315 ff.).

[407] *Roxin*, JZ 1996, 981 (985).

[408] *Timpe*, ZStW 125 (2013), 755 (783 Fn. 151).

[409] *Paeffgen/Zabel*, in: NK-StGB, 2023, Vor §§ 32–35 Rn. 261; ähnlich *Hotz*, JuS 2016, 221 (223): zur Ergebnisüberprüfung; *Murmann*, in: LK-StGB, 2020, § 22 Rn. 230: erste Wegweisung; *Schmitz*, JURA 2003, 593 (596): Merkregel.

[410] *Jakobs*, Strafrecht AT, 1991, 25. Abschn. Rn. 41; *Probst*, Abgrenzung, 1969, S. 207: vernünftigerweise adäquater Bereich; ähnlich *Schlüchter*, wistra 1985, 43 (95).

Tatsächlich weist die Anwendung des Umkehrprinzips zwangsläufig jene Schwierigkeiten auf, die schon bei der Abgrenzung zwischen vorsatzausschließendem und nicht vorsatzausschließendem Irrtum aufgekommen sind.[411] Trotzdem wendet Probst die insoweit nicht weniger problematische Parallelwertungslehre[412] auch „umgekehrt" an und erkennt sowohl Wahndelikte als auch untaugliche Versuche als mögliche Folge des täterbelastenden Irrtums über normative Tatbestandsmerkmale an.[413] Entscheidend sei der Bezugsgegenstand des Irrtums: Soweit dieser nur subsumtionsbezogen ist, läge ein Wahndelikt vor; betrifft er dagegen die Parallelwertung als solche, läge ein untauglicher Versuch vor.[414]

Die Konsequenz daraus, dass der Täter bei der Annahme einer Situation, die dem Bedeutungsgehalt der strafvorschriftsbezogenen Tatsituation entspricht, stets strafrechtsrelevanter Tatentschluss nachzusagen wäre, wird jedoch überwiegend abgelehnt.[415] Ähnliches gilt auch für die „Umkehrung" der Lehre von den Vorfeldirrtümern, wie sie Herzberg ursprünglich zur Begründung der Abgrenzung von untauglichem Versuch und Wahndelikt entwickelte, die aber sodann auch allgemein zur Abgrenzung von Tatbestands- und Verbotsirrtümern herangezogen wurde.[416] Zur Begründung wird einerseits auf die tatsächliche Rechtmäßigkeit des vorgenommenen Verhaltens verwiesen, weswegen dem Täter durch ein strafendes Urteil nur aufgezeigt werden könne, dass das, was er tat, rechtskonform war.[417] Andererseits ginge es bei der Abgrenzung von untauglichem Versuch und Wahndelikt auch um die Frage der Strafwürdigkeit von Verhaltensweisen insgesamt, weshalb ein Gleichlauf der Erwägungen nicht pauschal angezeigt sei.[418]

An diese Kritik anknüpfend gibt es Versuche, die Abgrenzung von untauglichem Versuch und Wahndelikt stärker zugunsten von Letzterem aufzulösen. Gängig ist insoweit der Verweis auf eine Einzelfallbetrachtung, im Zuge derer die Art des

---

411 So auch *Frisch*, FS-Eisenberg 2019, 617 (620 ff.): „Fehlerträchtig"; *Jakobs*, Strafrecht AT, 1991, 25. Abschn. Rn. 38; *C. Wolf*, Error, 2019, S. 220; siehe auch Kap. 1 D. IV. 2. und Kap. 4 A. II.

412 Dazu schon Kap. 1 D. IV. 2. und Kap. 4 A. II.

413 *Probst*, Abgrenzung, 1969, S. 208 f.; zuvor schon *Foth*, JR 1965, 366 (370); *Traub*, JuS 1967, 113 (117).

414 *Probst*, Abgrenzung, 1969, S. 205.

415 *Burkhardt*, JZ 1981, 681 (684); *Frisch*, FS-Eisenberg 2019, 617 (622 ff.); *Paeffgen/Zabel*, in: NK-StGB, 2023, Vor §§ 32–35 Rn. 260; kritisch auch *Bosch*, in: TK-StGB, 2025, § 22 Rn. 89; *Heidingsfelder*, Der umgekehrte Subsumtionsirrtum, 1991, S. 107; *Kuhlen*, Irrtum, 1987, S. 565 f.; *Otto*, GK Strafrecht, 2000, § 18 Rn. 72 f.; *Reiß*, wistra 1986, 193 (195 f.); *Streng*, GA 2009, 529 (539 f.); enger am Wortlaut von § 22 StGB *Hoffmann-Holland*, in: MüKo-StGB, 2024, § 22 Rn. 77.

416 Siehe dazu knapp Kap. 4 A. II.

417 *Burkhardt*, wistra 1982, 178 (180); ähnlich *Toepel*, ZIS 2017, 606 (610); dazu auch *Murmann*, in: LK-StGB, 2020, § 22 Rn. 271; kritisch im Hinblick auf dieses Argument *Hoffmann-Holland*, in: MüKo-StGB, 2024, § 22 Rn. 78.

418 *Frisch*, FS-Eisenberg 2019, 617 (622 f.); siehe auch *Murmann*, in: LK-StGB, 2020, § 22 Rn. 230.

normativen Tatbestandsmerkmals zu untersuchen sei. So ist bei Roxin die entscheidende Frage, ob es sich bei dem Merkmal um einen Sammelbegriff handelt, der eine stellvertretende Kurzbezeichnung für eine Vielzahl denkbarer rechtlich relevanter Erscheinungen ist.[419] Liegt ein solcher Begriff vor, handele es sich bei fehlerhafter rechtlicher Wertung des Täters nur um ein Wahndelikt.[420] Vergleichbar, wenn auch feiner differenziert, ist die Lösung von Heidingsfelder, der die fraglichen Verweisvorschriften in merkmalsumschreibende, merkmalsausfüllende, merkmalsbegrenzende und normbereichsneutrale Normen unterscheidet, wobei er nur beim „umgekehrten" Irrtum über letztere die Möglichkeit eines untauglichen Versuchs sieht und im Übrigen stets Wahndelikte annimmt.[421] Jedoch lassen die Bezeichnung „Sammelbegriff" und die von Roxin diesbezüglich gelieferte Bestimmung viel Raum für Interpretation.[422] Es kann ebenso plausibel behauptet werden, dass es sich beim Merkmal der Fremdheit um einen Sammelbegriff für all diejenigen Vorschriften handelt, die einer bestimmten Person die Eigentümerrechte zuweisen, wie plausibel behauptet werden kann, dass es sich beim Merkmal der steuerlichen Erheblichkeit nach § 370 Abs. 1 Nr. 1 AO um einen Sammelbegriff für all diejenigen Vorschriften handelt, die dem Staat „Steuererhebungsrechte" zuweisen.[423] Das bedeutet, dass neben dem Bruch mit dem struktursichernden Umkehrprinzip ein Ersatzkriterium angeboten wird, das eine vergleichbare Unschärfe aufweist wie die Abgrenzungskriterien von normativen Tatbestandsmerkmalen und Blanketten, wobei hier noch hinzutritt, dass die Abgrenzung nicht parallel gelagert ist.[424]

Der darüber hinausgehenden Kritik, dass hierdurch bei Nichtsammelbegriffen Fälle erfasst werden, in denen der Täter auf stark abwegiger Tatsachengrundlage einen nicht gegebenen Bedeutungsgehalt annimmt,[425] kann hingegen mit einem Verweis auf § 23 Abs. 3 StGB, der das Urteil der Straflosigkeit ermöglicht, sinnvoll begegnet werden.

Trotzdem verbleiben sowohl Bestimmtheitsprobleme als auch generell Schwierigkeiten bei der Legitimation einer Strafverhängung. Vergleichbares gilt für den

---

[419] *Roxin*, JZ 1996, 981 (986 f.); zustimmend *Frisch*, FS-Eisenberg 2019, 617 (626); mit diesem Kriterium arbeiten auch *Herzberg*, GS-Schlüchter 2002, 189 (203 ff.) und *Hoffmann-Holland*, in: MüKo-StGB, 2024, § 22 Rn. 93 ff.

[420] *Roxin*, JZ 1996, 981 (986).

[421] *Heidingsfelder*, Der umgekehrte Subsumtionsirrtum, 1991, S. 154 ff.

[422] *Engländer*, in: NK-StGB, 2023, § 22 Rn. 105 Fn. 385: Konturen diffus; *Paeffgen/Zabel*, in: NK-StGB, 2023, Vor §§ 32–35 Rn. 268: Unsicherheit der Grenze belaste die Konzeption.

[423] *Rinck*, Deliktsaufbau, 2000, S. 343 f. Fn. 89; *C. Wolf*, Error, 2019, S. 232 f.; am Beispiel des § 258 StGB auch *Glandien*, Markenstrafrecht, 2018, S. 170.

[424] *Engländer*, in: NK-StGB, 2023, § 22 Rn. 105 Fn. 385.

[425] *Paeffgen/Zabel*, in: NK-StGB, 2023, Vor §§ 32–35 Rn. 268; das verleitet *Jakobs*, Strafrecht AT, 1991, 25. Abschn. Rn. 41 dazu, für diese Fälle eine Ausnahme von seinem Abgrenzungsvorschlag zuzulassen; ebenso *Schlüchter*, wistra 1985, 43 (95).

Vorschlag von B. Schünemann, sich bei der Bestimmung der Strafwürdigkeit am „Sekuritätsgefühl" der Bevölkerung zu orientieren.[426] Denn wann das Sekuritätsgefühl (hinreichend) tangiert ist, lässt sich kaum aus rationalen Kriterien, sondern nur mit einem gewissen kriminalpolitischen Bauchgefühl herleiten. Dies verleitet Teile der Literatur dazu, pauschal jeden belastenden Rechtsirrtum des Täters als zu einem straflosen Wahndelikt führenden Irrtum einzuordnen.[427] Ein Verstoß gegen eine erdachte Rechtslage führe niemals zu einer Gefährdungslage für Rechtsgüter und der Täter verdiene daher keine Bestrafung.[428] Diese überzeugende Einschätzung führt immer dann zu einem systematischen Bruch, wenn als Vorsatzgegenstand die Bedeutungskenntnis – unabhängig von deren Grundlage – für ausreichend erachtet wird.[429] Wenn in diesem Zusammenhang teilweise vorgetragen wird, es müsse ebenso wie beim Vorsatz im Rahmen des Vollendungsdelikts die Tatsachen- und Bedeutungsgrundlage hinreichend bekannt sein,[430] entspricht dies zwar einer gängigen Auffassung im Lichte der Anforderungen an den Vorsatz.[431] Jedoch darf trotz dieser Bekenntnisse bezweifelt werden, dass bei Vorliegen der Bedeutungskenntnis und tatsächlicher Verwirklichung des Tatbestands eine vorsätzliche Begehung aufgrund des Verkennens der Tatsachenlage immer abgelehnt würde. So fordert etwa der BGH beim Verstoß gegen das Betätigungsverbot eines Vereins auch nicht das konkrete Vorstellungsbild eines Bescheids, welcher die formellen und materiellen Anforderungen erfüllt, sondern lässt das Vorliegen eines laienhaften Verbotsverständnisses ausreichen,[432] also der Sache nach die Bedeutungskenntnis. Auch im Bierdeckel-Fall bleibt offen, ob der Täter, der den Bedeutungsgehalt des Bierdeckels als Urkunde zutreffend erfasst, bei einem Tatsachenirrtum freigesprochen würde.

Man nehme nur an, dass es in einer Kneipe die Bierdeckel „Gaffel" und „Peters" gibt. Auf dem Bierdeckel „Gaffel" werden – wie allgemein dort bekannt ist – die konsumierten Getränke vermerkt, auf dem Bierdeckel „Peters" unverbindlich die gewonnenen Darts-Partien. Wenn nun der Täter aufgrund von Unaufmerksamkeit annimmt, er habe einen Bierdeckel „Peters" vor sich, aber nicht darum weiß, dass

---

[426] *B. Schünemann*, GA 1986, 293 (316 ff.).

[427] *Abrahams/Schwarz*, JURA 1997, 355 (358); *Burkhardt*, JZ 1981, 681 (683 ff.); *ders.*, GA 2013, 346 (346); *Glandien*, Markenstrafrecht, 2018, S. 160 ff.; *Kriegsmann*, Wahnverbrechen, 1904, insb. S. 51 ff.; *Lüderssen*, FS-Roxin 2001, 457 (463); *Rinck*, Deliktsaufbau, 2000, S. 344 Fn. 89; *C. Wolf*, Error, 2019, S. 237; i. Erg. auch *Schumann*, JZ 1987, 523 (526); letztlich auch *Bosch*, in: TK-StGB, 2025, § 22 Rn. 89.

[428] *Burkhardt*, GA 2013, 346 (359); *Glandien*, Markenstrafrecht, 2018, S. 162; ähnlich schon *Kriegsmann*, Wahnverbrechen, 1904, S. 3 ff.

[429] *C. Wolf*, ZIS 2019, 418 (431 ff.) hebt dies als entscheidende Frage hervor.

[430] *Schumann*, JZ 1987, 523 (526); *Timpe*, ZStW 125 (2013), 755 (783 f.); für § 370 AO *Weidemann*, FS-Herzberg 2008, 299 (304).

[431] *Gaede*, in: Matt/Renzikowski, StGB, 2020, § 16 Rn. 20; *Kulhanek*, in: MüKo-StGB, 2024, § 16 Rn. 74; wohl auch *Schuster*, in: TK-StGB, 2025, § 15 Rn. 43.

[432] BGH, Beschl. v. 10.6.2020 – 3 StR 52/20, NStZ 2020, 682 (683).

dies – wenn es zuträfe – nur die unverbindlich festgehaltene Siegesliste beträfe, sondern er vielmehr trotzdem davon ausgeht, es handele sich um eine Liste der konsumierten Getränke (sog. Doppelirrtum), dann dürfte es unter den gängigen Strafwürdigkeitsgesichtspunkten schwer fallen, eine strafbare Urkundenfälschung abzulehnen, wenn er sodann mit dem Ausradieren von Strichen beginnt. Immerhin hat den Täter der „Unrechtsappell"[433] erreicht, wenn auch nicht so, wie eigentlich gedacht.[434] Das ist jedoch die Konsequenz, wenn verlangt würde, dass der Täter nicht nur die Bedeutung seines Verhaltens, sondern auch die zugrundeliegenden Tatsachen, die diesen Schluss (eigentlich) erst ermöglichen, erfasst haben muss.[435] Somit lässt sich festhalten, dass die behauptete vollständige Parallelisierung der Anforderungen zumindest in Zweifel gezogen werden kann.

Gleichwohl stimmt das Ergebnis mit den Erkenntnissen der vorliegenden Untersuchung überein: Entscheidend ist nicht, ob der Täter eine Rechtsgutsverletzung als solche erkennt, sondern ob er sich für eine Situation entscheidet, die den Tatbestand erfüllt. Und das tut der Täter gerade nicht, weil er sich nicht für die Situation „Manipulation eines Gaffel-Bierdeckels" entschieden hat, wie sie von der Gemeinschaft als Urkundenfälschung eingeordnet würde, sondern für eine Manipulation des Peters-Bierdeckels, die von der Gemeinschaft nicht als Urkundenfälschung eingeordnet wird. Die Wiederholungsgefahr ist in diesem Zusammenhang minimiert, weil die Situation dieses Doppelirrtums nur einmal auftreten kann, und dem Täter jetzt aufgezeigt ist, dass das von ihm angedachte Verhalten Sanktionen nach sich zieht. C. Wolf zieht hier eine Parallele zu den sog. „Gettier-Fällen".[436] Hierbei erlangt der Urteilende eine im philosophischen Sinne gerechtfertigte, also nach allgemeinen Erfahrungs- und Denksätzen plausibel begründete Überzeugung von einer wahren Tatsache über einen Weg, der hierzu nicht hätte führen dürfen, sodass die Richtigkeit der Überzeugung aus Sicht eines Dritten zufällig erscheint.[437] In den „originalen" Gettier-Fällen ist es dabei aber so, dass das betrachtete Subjekt aufgrund der objektiven Gegebenheiten eine gerechtfertigte Überzeugungsbildung vornimmt;[438] das ist hier aber gerade nicht der Fall. Der Täter in diesem Bierdeckel-

---

[433] Dazu Kap. 1 C.II.2.

[434] Daher auch abweichend BayObLG, Urt. v. 14.11.1962 – RReg. 1 St 532/62, NJW 1963, 310; *Foth*, JR 1965, 366 (371 f.), wobei dieser einen untauglichen Versuch annimmt; *Gropp*, ZIS 2016, 601 (605); *Kuhlen*, Irrtum, 1987, S. 494 ff.; *Maurach/Gössel/Zipf/Hoyer/Momsen*, Strafrecht BT I, 2019, § 34 Rn. 36 zum Merkmal der Fremdheit; *Puppe*, in: NK-StGB, 2023, § 16 Rn. 39; *Vogel/Bülte*, in: LK-StGB, 2020, § 16 Rn. 30; vgl. auch BGH, Urt. v. 11.11.1960 – 4 StR 402/60, BGHSt 15, 210 (212 f.).

[435] Vgl. im Rahmen des von *Baumann*, Strafrecht AT, 1964, S. 383 entwickelten Mauswieselfalls *Fischer/Anstötz*, in: Fischer, StGB, 2025, § 16 Rn. 25; *Gaede*, in: NK-StGB, 2023, § 292 Rn. 25; *Haft*, JuS 1980, 430 (589); *Schroth*, Vorsatz und Irrtum, 1998, S. 48; deutlich auch *Kulhanek*, in: MüKo-StGB, 2024, § 16 Rn. 5: Irrtümer isoliert zu betrachten.

[436] *C. Wolf*, ZIS 2019, 418 (427 Fn. 118); zurückgehend auf den Aufsatz von *Gettier*, Analysis 23.6, 1963, 121.

[437] Vgl. dazu *Grundmann*, Erkenntnistheorie, 2017, S. 78.

[438] Siehe dazu das Beispiel Case I von *Gettier*, Analysis 23.6, 1963, 121 (122).

Fall gelangt zur richtigen (wahren) Einsicht (Überzeugung) „Urkunde“ dadurch, dass er sich ein anderes Tatobjekt vorstellt und diesem zusätzlich eine Bedeutung beimisst, die – wenn sie vorläge – diese Überzeugung plausibel macht (rechtfertigt). Dieser Unterschied legitimiert es, den Irrtum als vorsatzrelevant herauszustellen.[439] Es fehlt dem Täter am „Wissen, dass etwas so ist“ und somit an der Kenntnis vom Umstand „Urkunde“, der zum Tatbestand gehört.

IV. Folgen der Anwendung auf den hiesigen Trennungsansatz

Mit dem hier getätigten Vorschlag zur Abgrenzung von Tatbestandsirrtum und Mangel an Unrechtseinsicht erübrigen sich diese Diskussionen in Gänze. Denn er ermöglicht die uneingeschränkte Einhaltung des Umkehrprinzips und erlaubt es, sicher jegliche Verhaltensweisen aus der Strafbarkeit auszusortieren, die bei Unterstellung der vom Täter erdachten Tatsachenlage keine Rechtsgutsgefährdung mit sich bringen können.

Der Rechtsirrtum, der auf der Vorsatzebene jedenfalls dann nicht entlastet, wenn der Gesetzgeber für eine hinreichende Gesetzesdichte gesorgt hat,[440] kann den Täter nicht als untauglichen Versuch belasten. Stellt sich der Täter irrig eine Rechtslage vor, die sein Verhalten als strafbar herausstellt, ist darin immer eine Fehlvorstellung über den Bestand oder die Reichweite von Gesetzen zu sehen. Die vorgestellte Rechtslage weist sodann auch eine hinreichende Gesetzesdichte auf, weil der Täter sonst nicht die Überzeugung gewinnen würde, sein eigenes Verhalten sei strafbar. Somit liegt nach dem Umkehrprinzip mit Blick auf den hier vorgeschlagenen Ansatz immer ein Wahndelikt vor.

Entsprechend begeht der Täter nur ein Wahndelikt, wenn er eine Sache aufgrund irriger Einschätzung der Zivilrechtslage für fremd hält und diese zerstört. Erachtet ein Täter einen Beamten rechtsirrig als für die Abnahme von Eiden zuständig, handelt dieser ebenfalls straflos.[441] Wer hier die bloße Manifestation krimineller Energie ausreichen lässt,[442] entledigt den Versuch seiner Strafbarkeitslegitimation gegenüber einem bloßen Gesinnungsstrafrecht.[443]

---

[439] Im Ergebnis auch *Momsen*, in: S/S/W, StGB, 2024, § 16 Rn. 24.

[440] Kap. 4 A. III.

[441] So schon *Roxin*, Offene Tatbestände, 1970, S. 165 mit dem berühmten Beispiel des Verkehrspolizisten, der vom Täter irrig als vereidigungsfähig angesehen wird.

[442] *Busch*, Rechtsauskunft, 2020, S. 129.

[443] *Abrahams/Schwarz*, JURA 1997, 355 (358); *Glandien*, Markenstrafrecht, 2018, S. 162.

Kapitel 5

Zusammenfassung und Ausblick

Die vorliegende Studie hat gezeigt, wie umfangreich und offen die Prämissen und Folgen der Verarbeitung von Irrtümern aufgrund des gesetzlichen Rahmens im Strafrecht sind, weshalb nicht von „einer richtigen Irrtumslehre“ gesprochen werden kann.[1] Die in den §§ 16 und 17 StGB sowie in § 11 Abs. 1 und Abs. 2 OWiG verwendeten Formulierungen sind trotz ihrer Interpretationsbedürftigkeit nicht in ihrer Bedeutung für die Auslegung zu unterschätzen. So haben sich im Verlauf der Untersuchung viele entscheidende Erkenntnisse[2] zu einer schlüssigen Anwendung unmittelbar oder mittelbar daraus ableiten lassen. Hinzu kommt, dass das übergeordnete Verfassungs- und Europarecht sowie das Völkerrecht die Möglichkeiten der Auslegung weiter einengen und Ideen für eine zielführende Handhabung bieten.[3]

Klar geworden ist im Lichte dessen, dass bei der Anwendung der Irrtumsvorschriften keine Unterschiede zwischen einem Kernstrafrecht und einem Nebenstrafrecht gemacht werden dürfen.[4] Weder lässt sich eine solche Unterscheidung nach materiellen Kriterien zielführend durchführen[5] noch spiegeln denkbare Differenzierungsversuche die dahinterliegenden Strafwürdigkeitsaspekte[6] wider.[7] Wie Art. 1 EGStGB bereits festhält, gelten die Vorschriften des Allgemeinen Teils für alle Bundesgesetze – so auch für „Nebengesetze“ gleichermaßen.

Die entscheidende Weichenstellung für den hiesigen Auslegungs- und Anwendungsvorschlag bildet sodann die Einschätzung, welche Inhalte mit Vorsatz und Schuld verbunden sind. Nach dem hier vertretenen Standpunkt ist die generell erhöhte Strafwürdigkeit des Vorsatzdelikts nur aus präventiven Gesichtspunkten zu erklären.[8] Die Einstellung zur Tat erhöht weder die Tatgefährlichkeit noch die Schwere der eintretenden Folgen, sodass Repression im Sinne einer Vergeltung für hinzugefügte Schäden an dieser Stelle keinen Raum findet. Vielmehr sind es spezial- und generalpräventive Erwägungen, die dazu verleiten, in der Vorsatztat ein

---

[1] Siehe auch Kap. 4 A. V.

[2] Kap. 2 A. IV. 3.

[3] Kap. 2 A. I.–III.

[4] Kap. 2 B.

[5] Kap. 2 B. I.

[6] Kap. 2 B. II.

[7] Kap. 2 B. III.

[8] Kap. 1 C. II. 2. b).

sanktionsbedürftigeres Unrecht zu sehen. Durch die Entscheidung für eine tatbestandsmäßige Situation zeigt der Täter, dass ihn die Verwirklichung von Umständen, die vom Gesetzgeber als straftatbestandswürdig angesehen werden, nicht gehemmt hat, er somit geneigt ist, vergleichbare Situationen wieder hervorzurufen. Gegenüber der Gemeinschaft kann dies sehr viel eher den Eindruck erwecken, dass diese Herbeiführung faktisch legitim ist, als in dem Fall, in dem der Täter diese Situation gerade nicht herbeiführen wollte. Denn dann erweist sich der Täter selbst als „Opfer" seiner eigenen Fehleinschätzung; sein Verhalten wird regelmäßig nicht gleichermaßen als Absprechen der Geltung von Vorschriften wahrgenommen und bedarf daher keiner vergleichbaren Bestrafung. Ein Rückgriff auf die Figur der materiellen Rechtswidrigkeit ist somit entbehrlich, um eine schuldangemessene Strafe zu ermöglichen.[9]

In diesem Zusammenhang war festzuhalten, dass ein selbstständiges voluntatives Element im Bereich des Vorsatzes nicht zielführend ist.[10] Vielmehr kommt es allein auf die hinreichende Kenntnis bzw. Prognose des Täters an, die tatbestandsmäßige Situation herbeizuführen. Jedenfalls dann, wenn der Täter die Erfolgsherbeiführung für überwiegend wahrscheinlich hält oder aber er die für ihn erfolgversprechendste Handlung vornimmt, kann eine Entscheidung für die Herbeiführung der tatbestandsmäßigen Situation angenommen werden. Denn eine Entscheidung für etwas setzt eine Überzeugung diesbezüglich voraus. Vorsatz kann aber auch dann gegeben sein, wenn der Täter aufgrund anderer Motivationen/Fernziele eine Tatbegehungsvariante ergreift, die den Taterfolg nicht überwiegend wahrscheinlich herbeiführt, sofern der Taterfolg trotzdem im Zentrum der Planung steht.[11]

Gegenstand der Schuld, wie sie verfassungsrechtlich und einfachrechtlich als notwendige Voraussetzung ausgeformt ist,[12] ist grundsätzlich die begangene Tat in dem Unrecht, wie es der Täter gesehen hat; eine pauschale Unrechtseinsicht gibt es nicht.[13] Diese Unrechtseinsicht auf Grundlage einer Vernunftherrschaft über die eigenen Sinne[14] ist zwar – anders als die Grundlage selbst – keine notwendige Voraussetzung strafrechtlicher Schuld.[15] Gleichwohl kann ihr Fehlen dem vollen Schuldvorwurf entgegenstehen.[16] Hintergrund ist die Idee einer funktionierenden Demokratie, in welcher der Gesetzgeber zugleich der Gesetzesunterworfene ist.[17] Wenn ein Gesetzesunterworfener das von ihm selbst mitgestaltete Gesetz bricht und dadurch zum Täter wird, begründet dies einen Selbstwiderspruch, der ihm vorge-

[9] Kap. 1 C.II.2.c).
[10] Kap. 3 A.I.
[11] Kap. 3 A.I.
[12] Kap. 1 D.III.
[13] Kap. 1 D.III.4.
[14] Kap. 1 D.III.2.
[15] Kap. 1 D.IV.2.
[16] Kap. 1 D.IV.4.
[17] Kap. 1 B.

halten werden kann.[18] Ein ebensolcher Widerspruch kann aber auch dann vorliegen, wenn sich der Täter darauf beruft, das Strafgesetz nicht gekannt zu haben, obgleich ihm dieses die notwendigen Hinweise darauf gibt. Immerhin behauptet dann derjenige, der eine Regel festlegt, sich an diese nicht erinnern zu können. Die Frage, ob dies im Einzelfall trotzdem strafmildernd oder strafaufhebend zu berücksichtigen ist, ist dann zielführender auf der Ebene der Schuld zu thematisieren, wo das individuelle Vorwerfbarkeitsurteil getroffen wird. Insoweit lässt sich konstatieren, dass § 17 StGB ebenso wie § 11 Abs. 2 OWiG nicht nur verfassungsgemäß sind, sondern im Lichte des Demokratieprinzips auch eine überzeugende Lösungsmöglichkeit anbieten.[19]

Wer dem entgegnet, dass diese Lösung an der Realität vorbeigehe, weil sie die Vielzahl an Rechtsunterworfenen außer Acht lässt, die keinen Einfluss durch Wahlen ausüben können, findet hier eine Gegendarstellung.[20] Ein beachtlicher Teil dieser Personen, etwa Jugendliche oder geistig Beeinträchtigte, erfahren bereits im geltenden Recht eine besondere Berücksichtigung mit Blick auf den Schuldvorwurf. Bei verurteilten Straftätern ist eine Entziehung des Wahlrechts nach § 45 Abs. 5 StGB im Lichte der Bedeutung des Wahlrechts für den Schuldvorwurf nicht statthaft; die Vorschrift ist durch den Gesetzgeber aufzuheben. Bei Ausländern ist regelmäßig eine Schuldminderung anzunehmen, wenn diese einem Mangel an Unrechtseinsicht unterliegen. Dies ist über eine großzügigere Anwendung des § 17 StGB zu realisieren.

An diesen Maßgaben orientiert sich die hiesige Auslegung der Irrtumsvorschriften: Die Differenzierung zwischen verschiedenen Merkmalsarten in Tatbeständen (deskriptive und normative Tatbestandsmerkmale, Blankettmerkmale, gesamttatbewertende Merkmale, Wertprädikate) erwies sich jedenfalls für die Irrtumslehre als unfruchtbar.[21] Zu unklar sind die Konturen, die den einzelnen Merkmalsphänomenen gegeben werden, um bei einer Irrtumsklassifizierung ausschlaggebende Bedeutung zu erlangen.

Entscheidend ist daher grundsätzlich, ob der Täter den Bedeutungsgehalt der tatbestandsmäßigen Situation erfasst hat.[22] Nur dann kann davon gesprochen werden, dass sich der Täter für eine Situation entschieden hat, die vom Tatbestand erfasst wird. Zu beachten sind allerdings in diesem Zusammenhang die Implikationen des Demokratieprinzips: Wenn sich die Bedeutungskenntnis gerade bei Gesetzeskenntnis erschlossen hätte, muss gefragt werden, ob eine Ausnahme von diesem Erfordernis angezeigt ist. Nach hier vertretener Auffassung ist dies immer dann angezeigt, wenn die Gesetzesdichte derart groß ist, dass sich für den Regelfall

[18] Kap. 1 D.IV.4.

[19] Kap. 1 D.IV.4.

[20] Kap. 1 D.IV.6.

[21] Kap. 3 C.II.

[22] Kap. 1 C.II.2.b).

die Strafbarkeit des eigenen Verhaltens durch Gesetzeslektüre erkennen lässt.[23] Denn klar ist: So wie der Auftrag an die gesetzesfassenden Institutionen darin besteht, das Gesetz so verständlich wie möglich zu halten, besteht der Auftrag des Rechtsunterworfenen darin, das eigene Verhalten daran auszurichten. In einem demokratischen Rechtsstaat kann im Ausgangspunkt nicht mehr, darf aber auch nicht weniger verlangt werden als die Kenntnis der den Einzelnen betreffenden Vorschriften. Reicht das bloße Studium dieser Vorschriften nicht aus, um für den Rechtsunterworfenen im Regelfall zielsicher eine Verhaltenseinordnung vorzunehmen, sondern bedarf es der Heranziehung weiterer Erkenntnisquellen wie etwa der Rechtsprechung zur Vorschrift, dann greift das Demokratieprinzip aufgrund der mittelbareren demokratischen Legitimation von Richtern nicht Platz. Es verbleibt dann dabei, dass einem Irrtum über die Rechtslage vorsatzausschließende Wirkung beizumessen ist.[24]

Gesetzestechnisch umzusetzen ist dies durch ein von der üblichen Anschauung abweichendes Verständnis vom Verhältnis der §§ 16 Abs. 1 und 17 StGB bzw. § 11 Abs. 1 und Abs. 2 OWiG zueinander.[25] Der Behauptung, dass § 16 Abs. 1 StGB bzw. § 11 Abs. 1 OWiG vorrangig vor § 17 StGB bzw. § 11 Abs. 2 OWiG zu betrachten sind, wird hier entgegengetreten. Weder der Wortlaut noch die Systematik zwingen dazu, bei Vorliegen beider Erscheinungen dem Tatbestandsirrtum eine verdrängende Wirkung beizumessen. Wird zur Einordnung auf das Kriterium der Irrtumsursache zurückgegriffen, erscheint es vorzugswürdig, die Vorschriften zum Mangel an Unrechtseinsicht jedenfalls dann anzuwenden, wenn dieser Mangel auf einer verfehlten Gesetzeskenntnis in dem soeben geschilderten Sinne beruht. Diese Lösung ist einerseits verträglich mit der gesetzlichen Ausgestaltung und andererseits teleologisch begründet, weil hierdurch dem wichtigen Anliegen der Rechtsgeltung kraft demokratischer Legitimation Rechnung getragen wird. Sie bildet eine Kombination aus den in den letzten Jahrzehnten gewonnenen Erkenntnissen und den historischen Wurzeln der modernen Irrtumsdogmatik ab dem 19. Jahrhundert.[26]

Ist nach diesen Maßgaben nicht § 16 Abs. 1 StGB bzw. § 11 Abs. 1 OWiG anzuwenden, stellt sich die Frage, inwieweit sich ein Mangel an Unrechtseinsicht auf die Bestrafung des Täters auswirkt. Dabei wurde festgestellt, dass Unrechtseinsicht erst dann anzunehmen ist, wenn der Täter durch Annahme überwiegender Wahrscheinlichkeit[27] von der Strafbarkeit seines Verhaltens[28] überzeugt ist. Kann beim Täter ein Mangel an Unrechtseinsicht festgestellt werden, ist in einem zweiten Schritt zu untersuchen, ob dem Mangel schuldausschließende, schuldmindernde

[23] Kap. 4 A.III.

[24] Kap. 4 A.III.

[25] Kap. 4 A.III.

[26] Kap. 2 A.IV.3. für die §§ 16f. StGB, Kap. 2 A.IV.4. für § 11 OWiG.

[27] Kap. 4 B.I.2.

[28] Kap. 4 B.I.1.

oder keine schuldbeeinflussende Wirkung beikommt. Wird als Idee des Vermeidbarkeitskriteriums[29] die Schaffung einer Balance zwischen der Wahrung des Vertrauens in die Geltung der Rechtsvorschriften einerseits und der Rücksichtnahme auf individuelle Verhaltensmöglichkeiten des Täters als Basis des Schuldvorwurfs andererseits zugrunde gelegt, folgt hieraus, dass die Vermeidbarkeit sowohl eine psychologische als auch eine normative Komponente in sich vereinigt. Die Unvermeidbarkeit ist daher nicht als fixer Punkt, sondern als in Grenzbereichen verschiebbare Markierung zu begreifen, die sich je nach Interessenübergewicht zwischen dem „Nicht-anders-handeln-können" und dem „Nicht-anders-handeln-sollen" bewegt.

Im Begriff des Anlasses zum Zweifeln an der Rechtmäßigkeit kommt dieser Konflikt prägnant zum Ausdruck.[30] Der Anlassbegriff kann einmal unter Rücksicht auf das Befinden des Opfers in der Tatsituation (= versubjektivierter Anlass), ein anderes Mal unter Rücksicht auf die Erwartungshaltung der Gemeinschaft an den Täter (= verobjektivierter Anlass) aufgeladen werden. Durch letzteres ist es sodann auch möglich, ein „Vorverschulden" des Täters zu berücksichtigen, welches in der Tatsituation erst zur Unvermeidbarkeit des Mangels an Unrechtseinsicht führt.[31] Denn hier ist regelmäßig eine Verobjektivierung angezeigt, um die Kenntnisnahme insbesondere berufsbezogener Vorschriften sicherzustellen, deren Einhaltung gegebenenfalls dem Schutz von Leib und Leben Dritter dient.

Bestand ein Anlass für den Täter, hat dieser die Beseitigung seiner Unrechtszweifel durch adäquate Maßnahmen vorzunehmen.[32] Dabei genügt entgegen der strafgerichtlichen Rechtsprechung in aller Regel die Konsultation eines Anwalts, auch eines Syndikusanwalts.[33] Unabhängig von der Frage, ob diese Rechtsprechung Ausdruck eines systemischen Misstrauens in die Arbeit der Anwaltschaft ist, darf ein Misstrauen jedenfalls nicht auf die Bürgersphäre übertragen werden. Sonst fiele eine wichtige – und häufig auch einzig vielversprechende – Erkenntnisquelle für den Rechtsunkundigen weg, der mit der Konsultation zugleich seinen Willen zur Gesetzesbefolgung zum Ausdruck bringt. Auch fehlerhafte Behördenauskünfte muss sich der auskunftgebende Staat grundsätzlich immer als eigenes Versäumnis, mithin ein darauf gründendes Zerstreuen der Unrechtszweifel zurechnen lassen.[34]

Holt der Täter keine Auskunft ein, obwohl es Anlass dazu gab, kann trotzdem ein Mangel an Unrechtseinsicht unvermeidbar sein, nämlich dann, wenn eine hypo-

[29] Kap. 4 B. II. 1.

[30] Kap. 4 B. II. 2. a).

[31] Kap. 4 B. II. 2. a).

[32] Kap. 4 B. II. 2. b).

[33] Kap. 4 B. II. 2. b).

[34] Kap. 4 B. II. 2. b).

thetische verlässliche Auskunftsquelle gemessen am Umfeld des Täters die Unrechtszweifel zerstreut hätte. Es fehlt dann am Vermeidbarkeitszusammenhang.[35]

Aufgrund der engen Anbindung an das Demokratieprinzip sind zudem weitere Konsequenzen zu ziehen. So ist zum einen darauf hinzuweisen, dass bei randkriminellem Alltagsverhalten ein unvermeidbarer Mangel an Unrechtseinsicht naheliegt.[36] Ebenso ist dem Täter bei einem Irrtum über Rechtsquellen nicht formalparlamentarischer Art, also Rechtsprechung und rein materielle Gesetze, mit einer hervorgehobenen Nachsicht zu begegnen.[37] Besonders bei einem Rechtsprechungswandel ist – auch wenn dieser als obiter dictum angekündigt wird – von einem unvermeidbaren Verbotsirrtum auszugehen.[38] Gleiches gilt für die wenigen Fälle richterlicher Rechtsetzung im Strafrecht.[39]

Bei Nichtwahlberechtigten sind bereits zum Teil gesetzliche Schuldminderungs- oder -ausschlussgründe vorgesehen. Im Übrigen wird regelmäßig einem Mangel an Unrechtseinsicht schuldmindernde Wirkung nach § 17 S. 2 StGB beizumessen sein, unabhängig davon, in welchem Bereich sich diese Fehlanschauung bewegt.[40] Etwas anderes gilt immer dann, wenn der Täter aus einem Rechtskreis kommt, in welchem die vorgenommene Verhaltensweise ebenfalls strafbares Unrecht darstellt, sofern er dort an der Rechtsgestaltung in vergleichbarer Weise mitwirken kann.

Die Anschauung umgekehrter Irrtümer[41] hat gezeigt, dass der hier vorgeschlagene Abgrenzungsansatz auch bei der Unterscheidung zwischen strafloser Wahnvorstellung und versuchsrelevantem Tatentschluss zu sachgerechten Ergebnissen führt. Die aufgrund fehlerhafter Rechtsanschauung vorhandene Annahme, strafbares Unrecht zu begehen, verdient keine Strafe und ist daher umfänglich aus der Versuchsstrafbarkeit auszuklammern.[42] Dies kann hier durch eine bloße „Umkehr" bzw. Parallelisierung der Erwägungen zur Abgrenzung von Tatbestandsirrtum und Mangel an Unrechtseinsicht erfolgen, wohingegen dies nach gängiger Auslegung unter Einhaltung des rechtssichernden[43] sog. „Umkehrprinzips" nicht oder nur unter Aufstellung von Prämissen, deren konsequentes Durchhalten zweifelhaft erscheint,[44] möglich ist.

Die weiteren Entwicklungen auf dem Gebiet der Irrtumslehre sind offen. Wo sich völker-, europa-, verfassungs- und einfachrechtliche Fragestellungen bündeln

---

[35] Kap. 4 B.II.2.b).

[36] Kap. 4 B.II.3.a).

[37] Kap. 4 B.II.3.b) und c).

[38] Kap. 4 B.II.3.c).

[39] Kap. 4 B.II.3.c).

[40] Kap. 4 B.II.3.d).

[41] Kap. 4 C.

[42] Kap. 4 C.III. und IV.

[43] Kap. 4 C.II.

[44] Kap. 4 C.III.

und wo Philosophie, Psychologie, Sozialwissenschaften und Kriminalpolitik eine Schnittstelle finden, spürt der Strafrechtsanwender im Besonderen den Puls der Zeit bei wissenschaftlichen Auseinandersetzungen. Und in diesen Zeiten scheint die Schere der Extreme im Bereich der Irrtumslehre wieder weiter auseinanderzugehen, wenn einerseits sogar die Vorsatztheorie „neue" Vertreter findet,[45] andererseits die alte Unterscheidung zwischen Tat- und Rechtsirrtum ihren zweiten Frühling erlebt.[46] An dieser Stelle zeigt sich, dass für die Zukunft der Irrtumslehre ein Blick in die Vergangenheit und die Reflexion über sowie gegebenenfalls die Reaktivierung von in Vergessenheit geratenen Erkenntnissen von unschätzbarem Wert sein kann. Dabei dürfen aber die veränderten rechtlichen und gesellschaftlichen Umstände nicht aus dem Blick geraten. In diesem Sinne wurde hier versucht, mit der hervorgehobenen Berücksichtigung des Demokratieprinzips einen Impuls für die verstärkte Auseinandersetzung mit den Vorgaben des Verfassungsrechts zu geben, die für die Irrtumslehre fruchtbar gemacht werden können. Während dies beim Gesetzlichkeitsprinzip, dem Schuldgrundsatz und der allgemeinen Handlungsfreiheit bereits gewinnbringend geschehen ist, fristet das Demokratieprinzip eher ein Schattendasein in den Überlegungen.[47] Wenn es mit dieser Arbeit gelungen sein sollte, hieran etwas zu ändern, dürfte einem wichtigen Anliegen Rechnung getragen sein.

---

[45] *Herzberg*, ZfIStW 1 (2022), 253 (268).

[46] Siehe nur *Liu*, Rekonstruktion, 2023, S. 71 ff.; *C. Wolf*, Error, 2019, S. 4 m.w.N.

[47] *Appel*, Verfassung und Strafe, 1998, S. 330.

Literaturverzeichnis

Abrahams, Peter/*Schwarz*, Thomas: Nichtzahlung des Entgelts für „Telefon-Sex" – Vollendeter Betrug, untauglicher Versuch oder Wahndelikt? – LG Mannheim – Urt. v. 18.5. 1995 – (12) 3 Ns 21/95 = NJW 1995, 395 –, Juristische Ausbildung 1997, S. 355–358 [Zitiert: *Abrahams/Schwarz*, JURA 1997, 355].

Adam, Jürgen/*Schmidt*, Karsten/*Schumacher*, Jörg: Nulla poena sine culpa – Was besagt das verfassungsrechtliche Schuldprinzip?, Neue Zeitschrift für Strafrecht 2017, S. 7–13 [Zitiert: *Adam/Schmidt/Schumacher*, NStZ 2017, 7].

Albrecht, Hans-Jörg: Legalbewährung bei zu Geldstrafe und Freiheitsstrafe Verurteilten (Kriminologische Forschungsberichte aus dem Max-Planck-Institut für Ausländisches und Internationales Strafrecht, Freiburg i. Br.), Band 9, 1982, Freiburg [Zitiert: *Albrecht*, Legalbewährung, 1982].

Ambos, Kai: Der Allgemeine Teil des Völkerstrafrechts. Ansätze einer Dogmatisierung, 2. Auflage 2004, Berlin [Zitiert: *Ambos*, Völkerstrafrecht AT, 2004].

Ambos, Kai: Internationales Strafrecht. Strafanwendungsrecht, Völkerstrafrecht, Europäisches Strafrecht, Rechtshilfe, 5. Auflage 2018, München [Zitiert: *Ambos*, Internationales Strafrecht, 2018].

Ambrosius, Jürgen: Untersuchungen zur Vorsatzabgrenzung. Zugleich ein Beitrag zur dogmatischen Einordnung des bedingten Vorsatzes in den Verbrechensaufbau, 1966, Freiburg [Zitiert: *Ambrosius*, Vorsatzabgrenzung, 1966].

Ansorge, Ulrich/*Leder*, Helmut: Wahrnehmung und Aufmerksamkeit, 2. Auflage 2017 [Zitiert: *Ansorge/Leder*, Wahrnehmung und Aufmerksamkeit, 2017].

Appel, Ivo: Verfassung und Strafe. Zu den verfassungsrechtlichen Grenzen staatlichen Strafens, 1998, Berlin [Zitiert: *Appel*, Verfassung und Strafe, 1998].

Arzt, Gunther: Zum Verbotsirrtum beim Fahrlässigkeitsdelikt, Zeitschrift für die gesamte Strafrechtswissenschaft Band 91 (1979), S. 857–887 [Zitiert: *Arzt*, ZStW 91 (1979), 857].

Assmann, Heinz-Dieter/*Schneider*, Uwe H./*Mülbert*, Peter O. (Hrsg.): Wertpapierhandelsrecht. Kommentar. WpHG. MAR, PRIIP, MiFiR. LeerVerkaufsVO. EMIR, Band 1, 8. Auflage 2023, Köln [Zitiert: *Bearbeiter*, in: Assmann/Schneider/Mülbert, WpHG, 2023].

Ayer, Alfred Jules: The Problem of Knowledge, 1956, New York [Zitiert: *Ayer*, Knowledge, 1956].

Bachmann, Jochen: Vorsatz und Rechtsirrtum im Allgemeinen Strafrecht und im Steuerstrafrecht, 1993, Berlin [Zitiert: *Bachmann*, Vorsatz und Rechtsirrtum, 1993].

Backes, Peter: Zur Problematik der Abgrenzung von Tatbestands- und Verbotsirrtum im Steuerstrafrecht, 1981, Köln [Zitiert: *Backes*, Steuerstrafrecht, 1981].

Backhaus, Daniel/*Engbert*, Ralf/*Rothkegel*, Lars O. M./*Trukenbrod*, Hans A.: Task-dependence in scene perception: Head unrestrained viewing using mobile eye-tracking, Journal of Vision (2020), Heft 5, 3, S. 1–21 [Zitiert: *Backhaus/Engbert/Rothkegel/Trukenbrod*, JoV 2020, Nr. 5, 3].

Backmann, Leonhard E.: Grundfälle zum strafrechtlichen Irrtum, Juristische Schulung 1972, S. 452–456 [Zitiert: *Backmann*, JuS 1972, 452].

Bader, Karl Siegfried: Schuld – Verantwortung – Sühne als rechtshistorisches Problem, in: Frey, Erwin R., Schuld. Verantwortung. Strafe, 1964, S. 61–79 [Zitiert: *Bader*, in: Frey (Hrsg.), Schuld – Verantwortung – Strafe, 1964, 61].

Balog, Andreas: Rekonstruktion von Handlungen. Alltagsintuitionen und soziologische Begriffsbildung, 1989, Opladen [Zitiert: *Balog*, Rekonstruktion von Handlungen, 1989].

Bar, Ludwig von: Gesetz und Schuld im Strafrecht: Fragen des geltenden deutschen Strafrechts und seiner Reform, Band 2: Die Schuld nach dem Strafgesetze, 1907, Berlin [Zitiert: *v. Bar*, Schuld, 1907].

Bartelborth, Thomas: Begründungsstrategien. Ein Weg durch die analytische Erkenntnistheorie, 1996, Berlin [Zitiert: *Bartelborth*, Begründungsstrategien, 1996].

Baudewin, Christian: Öffentliche Ordnung und Versammlungsrecht, 4. Auflage 2023, Baden-Baden [Zitiert: *Baudewin*, Öffentliche Ordnung, 2023].

Baumann, Jürgen: Das Umkehrverhältnis zwischen Versuch und Irrtum im Strafrecht, Neue Juristische Wochenschrift 1962, S. 16–18 [Zitiert: *Baumann*, NJW 1962, 16].

Baumann, Jürgen: Strafrecht Allgemeiner Teil, 3. Auflage 1964, Bielefeld [Zitiert: *Baumann*, Strafrecht AT, 1964].

Baumann, Jürgen: Grenzfälle im Bereich des Verbotsirrtums, in: Stratenwerth, Günther u. a., Festschrift für Hans Welzel zum 70. Geburtstag am 25. März 1974, 1974, S. 533–542 [Zitiert: *Baumann*, FS-Welzel 1974, 533].

Baumann, Jürgen (Begr.)/*Weber*, Ulrich (Fortf.)/*Mitsch*, Wolfgang/*Eisele*, Jörg (Hrsg.): Strafrecht Allgemeiner Teil, 13. Auflage 2021, Bielefeld [Zitiert: *Baumann/Weber/Mitsch/Eisele*, Strafrecht AT, 2021].

Becker, Christian: Anmerkung zu BGH, Urt. v. 18.11.2020 – 2 StR 246/20, NStZ 2022, 30, Neue Zeitschrift für Strafrecht 2022, S. 32–34 [Zitiert: *C. Becker*, NStZ 2022, 32].

Becker, Gary S.: Crime and Punishment: An Economic Approach, Journal of Political Economy, Vol. 76 (1968), No. 2, S. 169–217 [Zitiert: *G. Becker*, JPE 1968, 169].

Becker, Ulrich/*Hatje*, Armin/*Schoo*, Johann/*Schwarze*, Jürgen: EU-Kommentar, 4. Auflage 2019, Baden-Baden [Zitiert: *Bearbeiter*, in: Schwarze/Becker/Hatje/Schoo, EU-Kommentar, 2019].

Berg, Otto: Der gegenwärtige Stand der Schuldlehre im Strafrecht, 1927, Breslau [Zitiert: *Berg*, Schuldlehre, 1927].

Berster, Lars: Schuldrechtliche Ansprüche als carte blanche zur straflosen Selbstvollstreckung? – Zum Rechtswidrigkeitsmerkmal im Tatbestand der Vermögensverschiebungsdelikte, Zeitschrift für die gesamte Strafrechtswissenschaft Band 128 (2016), S. 785–803 [Zitiert: *Berster*, ZStW 128 (2016), 785].

Binding, Karl: Der umgekehrte Irrtum, Der Gerichtssaal Band 85 (1917), S. 177–339 [Zitiert: *Binding*, GerS 85 (1917), 177].

Binding, Karl: Die Normen und ihre Übertretung. Eine Untersuchung über die rechtmässige Handlung und die Arten des Delikts, Band I, Normen und Strafgesetze, 1. Auflage 1872, Leipzig, 4. Auflage 1922, Leipzig [Zitiert: *Binding*, Normen I, [Jahr]].

Blei, Hermann: Unrechtsbewußtsein und Verbotsirrtum: Probleme im Licht zweier neuer Monographien, Juristische Arbeitsblätter 1970, S. 205–206, 333–334, 525–526, 599–600, 665–672 [Zitiert: *Blei*, JA 1970, 205].

Blok, Josine: Recht und Ritus der Polis. Zu Bürgerstatus und Geschlechterverhältnissen im klassischen Athen, Historische Zeitschrift Band 278 (2004), S. 1–26 [Zitiert: *Blok*, HZ 278 (2004), 1].

Bockelmann, Paul: Anmerkung zu OGHBrZ Köln, I. StS, Urt. v. 4. 4. 1950 – StS 416/49, NJW 1950, 551, Neue Juristische Wochenschrift 1950, S. 830–832 [Zitiert: *Bockelmann*, NJW 1950, 830].

Boecken, Winfried/*Düwell*, Franz Josef/*Diller*, Martin/*Hanau*, Hans (Hrsg.): NomosKommentar Gesamtes Arbeitsrecht, 2. Auflage 2023, Baden-Baden [Zitiert: *Bearbeiter*, in: NK-ArbR, 2023].

Bohnen, Wolfgang/*Schmidt*, Detlev: Beck'scher Online-Kommentar BtMG, 28. Edition, Stand: 15. 9. 2025, München [Zitiert: *Bearbeiter*, in: BeckOK-BtMG, Stand 15. 9. 2025].

Bohnert, Joachim: Strafmündigkeit und Normkenntnis, Neue Zeitschrift für Strafrecht 1988, S. 249–255 [Zitiert: *Bohnert*, NStZ 1988, 249].

Bohnert, Joachim (Begr.)/*Krenberger*, Benjamin/*Krumm*, Karsten (Fortf.): Ordnungswidrigkeitengesetz. Kommentar, 8. Auflage 2024, München [Zitiert: *Krenberger/Krumm*, OWiG, 2024].

Bollacher, Florian: Die neue „Beitragsanspruchstheorie" zu § 266a StGB – Ein Irrtum zu viel? – Anmerkungen zu BGH-Urteil vom 24. Januar 2018 – 1 StR 331/17, Neue Zeitschrift für Wirtschafts-, Steuer- und Unternehmensstrafrecht 2019, S. 59–62 [Zitiert: *Bollacher*, NZWiSt 2019, 59].

Börchers, Katrin: Schuldprinzip und Fahrlässigkeit, 2010, Saarland [Zitiert: *Börchers*, Schuldprinzip, 2010].

Borgel, Laura/*Pradel*, Anne: Wie Bratwürste zu lagern sind, muss man (nicht) wissen. Zur Bedeutung von Rechtsgutachten für die Vermeidbarkeit von Verbotsirrtümern mit besonderem Blick auf das Lebensmittelstrafrecht, Lebensmittel und Recht 2023, S. 219–223 [Zitiert: *Borgel/Pradel*, LMuR 2023, 219].

Bosch, Nikolaus: Bedingter Vorsatz und Indizienbeweis, Juristische Ausbildung 2018, S. 1225–1238 [Zitiert: *Bosch*, JURA 2018, 1225].

Brammsen, Jörg: Inhalt und Elemente des Eventualvorsatzes – Neue Wege in der Vorsatzdogmatik?, JuristenZeitung 1989, S. 71–82 [Zitiert: *Brammsen*, JZ 1989, 71].

Brand, Christian/*Reschke*, Dennis: Die Bedeutung der Stoffgleichheit im Rahmen betrügerischer Telefonanrufe, Neue Zeitschrift für Strafrecht 2011, S. 379–383 [Zitiert: *Brand/Reschke*, NStZ 2011, 379].

Breitler, Christian: Die unmittelbare Wirkung des Verhältnismäßigkeitsgrundsatzes zwischen Rechtsanwendung und Rechtsetzung, Europarecht 2023, S. 270–295 [Zitiert: *Breitler*, EuR 2023, 270].

Brettel, Hauke/*Schneider*, Hendrik: Wirtschaftsstrafrecht, 3. Auflage 2021, Baden-Baden [Zitiert: *Brettel/Schneider*, Wirtschaftsstrafrecht, 2021].

Brettel, Hauke/*Thomas*, Stefan: Der Verbotsirrtum im europäischen und nationalen Kartellbußgeldrecht – Zugleich Besprechung des Schenker-Urteils des EuGH, Zeitschrift für Wettbewerbsrecht 2013, S. 272–298 [Zitiert: *Brettel/Thomas*, ZWeR 2013, 272].

Broadbent, Donald Eric: Perception and Communication, 1958, London [Zitiert: *Broadbent*, Perception and Communication, 1958].

Bruns, Hans-Jürgen: Der untaugliche Täter im Strafrecht, Vortrag gehalten vor der juristischen Studiengesellschaft in Karlsruhe am 8. Juli 1955, 1955, Karlsruhe [Zitiert: *Bruns*, Der untaugliche Täter, 1955].

Buchner, Herbert: Vertrauensschutz bei Änderung der Rechtsprechung. Verfassungsrechtliches Gebot oder Hemmnis der Rechtsfortbildung?, in: Hueck, Götz/Richardi, Reinhard, Gedächtnisschrift für Rolf Dietz, 1973, S. 175–197 [Zitiert: *Buchner*, GS-Dietz 1973, 175].

Buddendiek, Hans/*Göhler*, Erich/*Lenzen*, Karl (Begr.)/*Rutkowski*, Jörg (Bearb.): Strafrechtliche Nebengesetze. Stichwortband. Lexikon des Nebenstrafrechts mit einer umfassenden Einführung in das System des Nebenstrafrechts, 48. Ergänzungslieferung, Stand: 1. 1. 2025, München [Zitiert: *Bearbeiter*, in: Buddendiek/Rutkowski, Lexikon des Nebenstrafrechts, 2025].

Bülte, Jens: Der Irrtum über das Verbot im Wirtschaftsstrafrecht, Neue Zeitschrift für Strafrecht 2013, S. 65–72 [Zitiert: *Bülte*, NStZ 2013, 65].

Bülte, Jens: Blankette und normative Tatbestandsmerkmale: Zur Bedeutung von Verweisungen in Strafgesetzen, Juristische Schulung 2015, S. 769–777 [Zitiert: *Bülte*, JuS 2015, 769].

Bülte, Jens: Blankette und normative Tatbestandsmerkmale im Steuerstrafrecht, in: v. Dünkel, Frieder u. a., Strafrecht, Wirtschaftsstrafrecht, Steuerrecht, Gedächtnisschrift für Wolfgang Joecks, 2018, S. 365–381 [Zitiert: *Bülte*, GS-Joecks 2018, 365].

Bürger, Sebastian: Anmerkung zu LG Frankfurt (Oder), Urteil vom 9. März 2020 – 23 Wi KLs 1/18, NZWiSt 2021, 155, Neue Zeitschrift für Wirtschafts-, Steuer- und Unternehmensstrafrecht 2021, S. 158–161 [Zitiert: *Bürger*, NZWiSt 2021, 158].

Burkhardt, Björn: Rechtsirrtum und Wahndelikt – Zugleich Anmerkungen zum Beschluß des BayObLG v. 15. 10. 1980, JZ 1981, 715, JuristenZeitung 1981, S. 681–688 [Zitiert: *Burkhardt*, JZ 1981, 681].

Burkhardt, Björn: Zur Abgrenzung von Versuch und Wahndelikt im Steuerstrafrecht – Zugleich Anm. zum Urt. des KG vom 9. 9. 1981, wistra 1982, 196 –, Zeitschrift für Wirtschafts- und Steuerstrafrecht 1982, S. 178–181 [Zitiert: *Burkhardt*, wistra 1982, 178].

Burkhardt, Björn: Nachschlag zum Wahndelikt, Goltdammer's Archiv für Strafrecht 2013, S. 346–359 [Zitiert: *Burkhardt*, GA 2013, 346].

Busch, Andrea Elisabeth: Rechtsauskunft und strafrechtlicher Verantwortungsausschluss. Zugleich ein intrasystematischer und jurisdiktionsübergreifender Rechtsvergleich, 2020, Tübingen [Zitiert: *Busch*, Rechtsauskunft, 2020].

Calliess, Christian/*Ruffert*, Matthias: EUV/AEUV. Das Verfassungsrecht der Europäischen Union mit Europäischer Grundrechtecharta. Kommentar, 6. Auflage 2022, München [Zitiert: *Bearbeiter*, in: Calliess/Ruffert, EUV/AEUV, 2022].

Cirener, Gabriele/*Radtke*, Henning/*Rissing-van Saan*, Ruth/*Rönnau*, Thomas/*Schluckebier*, Wilhelm (Hrsg.): Leipziger Kommentar zum StGB, Band 1, 13. Auflage 2020, Band 2, 13. Auflage 2021, Berlin/Boston [Zitiert: *Bearbeiter*, in: LK-StGB].

Cordes, Malte: Ordnungswidrigkeitenrechtliche Sanktionierung von Mindestlohnverstößen, Neue Zeitschrift für Wirtschafts-, Steuer- und Unternehmensstrafrecht 2020, S. 139–146 [Zitiert: *Cordes*, NZWiSt 2020, 139].

Cressey, Donald Ray: Other people's Money. A Study in the social psychology of embezzlement, 1953, Glencoe [Zitiert: *Cressey*, Other people's Money, 1953].

Dannecker, Gerhard: Die Dynamik des materiellen Strafrechts unter dem Einfluss europäischer und internationaler Entwicklungen, Zeitschrift für die gesamte Strafrechtswissenschaft Band 117 (2005), S. 697–748 [Zitiert: *Dannecker*, ZStW 117 (2005), 697].

Danzer, Jürgen: Steuer- und strafrechtliche Aspekte der Parteienfinanzierung durch Spenden. Zum Hintergrund einiger als „Spendenaffäre" bekanntgewordener Sachverhalte, Die AG 1982, S. 57–68 [Zitiert: *Danzer*, Die AG 1982, 57].

Darnstädt, Thomas: Der Irrtum über normative Tatbestandsmerkmale im Strafrecht, Juristische Schulung 1978, S. 441–447 [Zitiert: *Darnstädt*, JuS 1978, 441].

Dästner, Moritz: Bestimmtheitsgrundsatz und Schuldprinzip im EU-Kartellbußgeldrecht, 2016, Frankfurt am Main [Zitiert: *Dästner*, Kartellrecht, 2016].

Dauner-Lieb, Barbara/*Langen*, Werner: NomosKommentar BGB. Schuldrecht | ProdHaftG | UKlaG, Band 2, 4. Auflage 2021, Baden-Baden [Zitiert: *Bearbeiter*, in: NK-BGB, 2021].

Dehne-Niemann, Jan: „Alea iacta est" – Straflosigkeit der Vermittlung privater Sportwetten? – Besprechung des Urteils des BGH vom 16. 8. 2007 – 4 StR 62/07 –, Zeitschrift für Wirtschafts- und Steuerstrafrecht 2008, S. 361–367 [Zitiert: *Dehne-Niemann*, wistra 2008, 361].

Denninger, Erhard: Polizei in der freiheitlichen Demokratie, 1968, Frankfurt am Main/Berlin [Zitiert: *Denninger*, Polizei, 1968].

Dimakis, Alexandros: Der Zweifel an der Rechtswidrigkeit der Tat. Eine Untersuchung zur Problematik des bedingten Unrechtsbewusstseins, 1993, Berlin [Zitiert: *Dimakis*, Zweifel, 1993].

Dohna, Alexander Graf zu: Recht und Irrtum. Zwei Kernprobleme der Verbrechenslehre, 1925, Mannheim/Berlin/Leipzig [Zitiert: *zu Dohna*, Recht und Irrtum, 1925].

Dölling, Dieter/*Duttge*, Gunnar/*König*, Stefan/*Rössner*, Dieter (Hrsg.): Gesamtes Strafrecht, StGB | StPO | Nebengesetze, Handkommentar, 5. Auflage 2022, Baden-Baden [Zitiert: *Bearbeiter*, in: D/D/K/R, Gesamtes Strafrecht, 2022].

Dopslaff, Ulrich: Plädoyer für einen Verzicht auf die Unterscheidung in deskriptive und normative Tatbestandsmerkmale, Goltdammer's Archiv für Strafrecht 1987, S. 1–26 [Zitiert: *Dopslaff*, GA 1987, 1].

Dreher, Eduard/*Maassen*, Hermann (Begr.)/*Lackner*, Karl/*Kühl*, Kristian (Fortf.)/*Heger*, Martin (Bearb.): Strafgesetzbuch. Kommentar, 31. Auflage 2025, München [Zitiert: *Bearbeiter*, in: Lackner/Kühl/Heger, StGB, 2025].

Dreier, Horst (Begr.)/*Brosius-Gersdorf*, Frauke (Hrsg.): Grundgesetz-Kommentar, Band 2, 3. Auflage 2015, Tübingen [Zitiert: *Bearbeiter*, in: Dreier, GG, 2015].

Dürig, Günter/*Maunz*, Theodor (Begr.)/*Herzog*, Roman/*Scholz*, Rupert/*Herdegen*, Matthias/*Klein*, Hans H. (Hrsg.): Grundgesetz. Kommentar, 1. Aufl. 1958 sowie Werksstand 108. Ergänzungslieferung August 2025, München [Zitiert: *Bearbeiter*, in: Maunz/Dürig, 1958 bzw. Dürig/Herzog/Scholz, GG, August 2025].

Duttge, Gunnar: Ein neuer Vorsatzbegriff? Besprechung zu BGH, Urteil v. 8. September 2011 (1 StR 38/11) = BGH HRRS 2011 Nr. 1139, Onlinezeitschrift für höchstrichterliche Rechtsprechung im Strafrecht 2012, S. 359–362 [Zitiert: *Duttge*, HRRS 2012, 359].

Ebermayer, Ludwig/*Eichelbaum*, Julius/*Lobe*, Adolf/*Rosenberg*, Werner: Das Reichs-Strafgesetzbuch mit besonderer Berücksichtigung der Rechtsprechung des Reichsgerichts, 1920, Berlin und Leipzig [Zitiert: *Ebermayer/Eichelbaum/Lobe/Rosenberg*, RStGB, 1920].

Ebermayer, Ludwig/*Lobe*, Adolf/*Rosenberg*, Werner (Begr.): Strafgesetzbuch. Leipziger-Kommentar, Band 1, 8. Auflage 1957, Berlin [Zitiert: *Bearbeiter*, in: Ebermayer/Lobe/Rosenberg, StGB, 1957].

Ebert, Theodor: Platon: Menon. Übersetzung und Kommentar, 2018, Berlin [Zitiert: *Platon*, nach: Ebert, Platon, 2018].

Eidam, Lutz: Auswirkung und Stellenwert strafrechtlicher Expertengutachten auf die Anwendbarkeit von § 17 StGB in wirtschaftsstrafrechtlichen Fallkonstellationen, Zeitschrift für die gesamte Strafrechtswissenschaft Band 127 (2015), S. 120–142 [Zitiert: *Eidam*, ZStW 127 (2015), 120].

Eisenberg, Ulrich (Begr.)/*Kölbel*, Ralf (Hrsg.): Kriminologie, 8. Auflage 2024, München [Zitiert: *Eisenberg/Kölbel*, Kriminologie, 2024].

Eisenberg, Ulrich (Begr.)/*Kölbel*, Ralf (Hrsg.): Jugendgerichtsgesetz, 26. Auflage 2025, München [Zitiert: *Bearbeiter*, in: Eisenberg/Kölbel, JGG, 2025].

Elsner, Thomas/*Schobert*, Klara: Gedanken zur Abwägungsresistenz der Menschenwürde – angestoßen durch das Urteil des Bundesverfassungsgerichts zur Verfassungsmäßigkeit der Sicherungsverwahrung, Deutsches Verwaltungsblatt 2007, S. 278–287 [Zitiert: *Elsner/Schobert*, DVBl 2007, 278].

Enderle, Bettina: Blankettstrafgesetze. Verfassungs- und strafrechtliche Probleme von Wirtschaftsstraftatbeständen, 2000, Frankfurt am Main [Zitiert: *Enderle*, Blankettstrafgesetze, 2000].

Engisch, Karl: Untersuchungen über Vorsatz und Fahrlässigkeit, 1930, Berlin [Zitiert: *Engisch*, Untersuchungen, 1930].

Engisch, Karl: Die normativen Tatbestandselemente im Strafrecht, in: Bockelmann, Paul u. a., Festschrift für Edmund Mezger zum 70. Geburtstag, 15. 10. 1953, 1953, S. 127–163 [Zitiert: *Engisch*, FS-Mezger 1953, 127].

Engisch, Karl: Die Lehre von der Willensfreiheit in der strafrechtphilosophischen Doktrin der Gegenwart, 1965, Berlin [Zitiert: *Engisch*, Willensfreiheit, 1965].

Engisch, Karl: Der „umgekehrte Irrtum“ und das „Umkehrprinzip“, in: Lüttger, Hans/Blei, Hermann/Hanau, Peter (Hrsg.), Festschrift für Ernst Heinitz zum 70. Geburtstag am 1. Januar 1972, 1972, S. 185–205 [Zitiert: *Engisch*, FS-Heinitz 1972, 185].

Epping, Volker/*Hillgruber*, Christian (Hrsg.): Beck'scher Online-Kommentar Grundgesetz, 64. Edition, Stand: 15.11.2025, München [Zitiert: *Bearbeiter*, in: BeckOK-GG, Stand 15.11.2025].

Erb, Volker/*Schäfer*, Jürgen (Hrsg.): Münchener Kommentar zum StGB, Band 1, 5. Auflage 2024, München [Zitiert: *Bearbeiter*, in: MüKo-StGB, 2024].

Erber-Schropp, Julia Maria: Schuld und Strafe: eine strafrechtsphilosophische Untersuchung des Schuldprinzips, 2016, Tübingen [Zitiert: *Erber-Schropp*, Schuld und Strafe, 2016].

Exner, Thomas: Kompendium der strafrechtlichen Irrtumslehre, Zeitschrift für das Juristische Studium 2009, S. 516–527 [Zitiert: *Exner*, ZJS 2009, 516].

Fabian, Theodor: Abgrenzung von untauglichem Versuch und Putativdelikt, und Erörterung ihrer Strafbarkeit, 1905, Breslau [Zitiert: *Fabian*, Abgrenzung, 1905].

Fechner, Frank: „Öffentliche Ordnung“ – Renaissance eines Begriffs?, Juristische Schulung 2003, S. 734–739 [Zitiert: *Fechner*, JuS 2003, 734].

Feld, Lars P./*Huber*, Peter M./*Jung*, Otmar/*Welzel*, Christian/*Wittreck*, Fabian (Hrsg.): Jahrbuch für direkte Demokratie, 2009, 2010, Baden-Baden [Zitiert: *Bearbeiter*, in: Jahrbuch für direkte Demokratie, 2009, 2010].

Feuerbach, Paul Johann Anselm von: Lehrbuch des gemeinen in Deutschland gültigen Peinlichen Rechts, hrsgg. v. Mittermaier, Carl Joseph Anton, 14. Auflage 1847, Glessen [Zitiert: *v. Feuerbach*, Lehrbuch, 1847].

Fischer, Thomas: Strafgesetzbuch mit Nebengesetzen, 72. Auflage 2025, München [Zitiert: *Bearbeiter*, in: Fischer, StGB, 2025].

Fleischer, Holger: Verbotsirrtum und Vertrauen auf Rechtsrat im europäischen Wettbewerbsrecht, Europäische Zeitschrift für Wirtschaftsrecht 2013, S. 326–331 [Zitiert: *Fleischer*, EuZW 2013, 326].

Floeth, Michael: Strafbarkeit wegen Vorenthaltens und Veruntreuens von Arbeitsentgelt in Fällen sog. Scheinselbständigkeit – Arbeitgeberstellung des „Auftraggebers“ und die insoweit im Rahmen des subjektiven Tatbestandes zu stellenden Anforderungen. Zugleich eine Besprechung des Urteils des BGH vom 5.8.2015 – 2 StR 172/15, Neue Zeitschrift für Sozialrecht 2016, S. 771–774 [Zitiert: *Floeth*, NZS 2016, 771].

Follert, Florian: Kriminalität und Strafrecht aus ökonomischer Sicht, Zeitschrift für die gesamte Strafrechtswissenschaft Band 130 (2018), S. 420–437 [Zitiert: *Follert*, ZStW 130 (2018), 420].

Foth, Heinrich: Neuere Kontroversen um den Begriff des Wahnverbrechens, Juristische Rundschau 1965, S. 366–372 [Zitiert: *Foth*, JR 1965, 366].

Frank, Reinhard: Über den Aufbau des Schuldbegriffs, Sonderabdruck aus der Festschrift der Juristischen Fakultät der Universität Gießen zur dritten Jahrhundertfeier der Alma Mater Ludoviciana, 1907, Gießen [Zitiert: *Frank*, Schuldbegriff, 1907].

Frank, Reinhard: Das Strafgesetzbuch für das Deutsche Reich nebst dem Einführungsgesetz, 5.–7. Auflage 1908, 17. Auflage 1926, Tübingen [Zitiert: *Frank*, Strafgesetzbuch, [Jahr]].

Franzen, Klaus/*Gast-de Haan*, Brigitte (Begr.)/*Bülte*, Jens u. a. (Bearb.): Steuerstrafrecht. Kommentar. §§ 369–412 AO; § 32 ZollVG; §§ 26a, 26c UStG; §§ 73 ff., § 261 StGB, 9. Auflage 2023 [Zitiert: *Bearbeiter*, in: Joecks/Jäger/Randt, Steuerstrafrecht, 2023].

Freund, Georg: Erfolgsdelikt und Unterlassen. Zu den Legitimationsbedingungen von Schuldspruch und Strafe, 1992, Köln/Berlin/Bonn/München [Zitiert: *Freund*, Unterlassen, 1992].

Freund, Georg/*Rostalski*, Frauke: Strafrecht Allgemeiner Teil. Personale Straftatlehre, 3. Auflage 2019, Berlin/Heidelberg [Zitiert: *Freund/Rostalski*, Strafrecht AT, 2019].

Frisch, Wolfgang: Vorsatz und Risiko. Grundfragen des tatbestandsmäßigen Verhaltens und des Vorsatzes. Zugleich ein Beitrag zur Behandlung außertatbestandlicher Möglichkeitsvorstellungen, 1983, Köln/Berlin/Bonn/München [Zitiert: *Frisch*, Vorsatz und Risiko, 1983].

Frisch, Wolfgang: Vorsatz und Mitbewußtsein – Strukturen des Vorsatzes. Zur normativen Relevanz psychologischer Befunde im Strafrecht, in: Dornseifer, Gerhard u. a. (Hrsg.), Gedächtnisschrift für Armin Kaufmann, 1989, S. 311–350 [Zitiert: *Frisch*, GS-Armin Kaufmann 1989, 311].

Frisch, Wolfgang: Schwächen und berechtigte Aspekte der Theorie der positiven Generalprävention. Zur Schwierigkeit des „Abschieds von Kant und Hegel", in: Schünemann, Bernd/Hirsch, Andrew von/Jareborg, Nils (Hrsg.), Positive Generalprävention: kritische Analysen im deutsch-englischen Dialog: Uppsala-Symposium 1996, 1998, S. 125–145 [Zitiert: *Frisch*, in: Positive Generalprävention, 1998, 125].

Frisch, Wolfgang: Faszinierendes, Berechtigtes und Problematisches der Lehre von der objektiven Zurechnung des Erfolgs, in: Schünemann, Bernd u. a. (Hrsg.), Festschrift für Claus Roxin zum 70. Geburtstag am 15. Mai 2001, 2001, S. 213–237 [Zitiert: *Frisch*, FS-Roxin 2001, 213].

Frisch, Wolfgang: Objektive Zurechnung des Erfolgs. Entwicklung, Grundlinien und offene Fragen der Lehre von der Erfolgszurechnung, Juristische Schulung 2011, S. 19–24, 116–123, 205–211 [Zitiert: *Frisch*, JuS 2011, 19].

Frisch, Wolfgang: Schuldgrundsatz und Verhältnismäßigkeitsgrundsatz, Neue Zeitschrift für Strafrecht 2013, S. 249–256 [Zitiert: *Frisch*, NStZ 2013, 249].

Frisch, Wolfgang: Untauglicher Versuch und Wahndelikt, insbesondere bei Irrtümern über außerstrafrechtliche Normen. Normentheoretische, straftheoretische und verfassungsrechtliche Überlegungen, Goltdammer's Archiv für Strafrecht 2019, S. 305–324 [Zitiert: *Frisch*, GA 2019, 305].

Frisch, Wolfgang: Untauglicher Versuch oder Wahndelikt? Überlegungen zu einem dogmatischen Problem aus der Perspektive der Normen- und Straftheorie, in: Goeckenjan, Ingke/Puschke, Jens/Singelnstein, Tobias (Hrsg.), Für die Sache – Kriminalwissenschaften aus unabhängiger Perspektive. Festschrift für Ulrich Eisenberg zum 80. Geburtstag, 2019, S. 617–639 [Zitiert: *Frisch*, FS-Eisenberg 2019, 617].

Frister, Helmut: Vorsatzdogmatik in Deutschland, Zeitschrift für Internationale Strafrechtsdogmatik 2019, S. 381–386 [Zitiert: *Frister*, ZIS 2019, 381].

Frister, Helmut: Strafrecht Allgemeiner Teil, 10. Auflage 2023, München [Zitiert: *Frister*, Strafrecht AT, 2023].

Fromm, Ingo: Vorsatz bei Überschreitung der zulässigen Höchstgeschwindigkeit, Straßenverkehrsrecht 2011, S. 110–112 [Zitiert: *Fromm*, SVR 2011, 110].

Fuchs, Andreas/*Zimmermann*, Martin (Hrsg.): Wertpapierhandelsrecht. WpHG, MAR. Kommentar, 3. Auflage 2024, München [Zitiert: *Bearbeiter*, in: Fuchs/Zimmermann, WpHG, 2024].

Fukuda, Taira: Bedeutungskenntnis und Vorsatz, in: Weigend, Thomas/Küpper, Georg (Hrsg.), Festschrift für Hans Joachim Hirsch zum 70. Geburtstag am 11. April 1999, 1999, S. 175–182 [Zitiert: *Fukuda*, FS-Hirsch 1999, 175].

Funken, Benedikt/*Weitzell*, Andreas: Irren ist menschlich – im Kapitalmarktrecht auch straflos?, Neue Zeitschrift für Wirtschafts-, Steuer- und Unternehmensstrafrecht 2023, S. 201–207 [Zitiert: *Funken/Weitzell*, NZWiSt 2023, 201].

Gaede, Karsten: Der unvermeidbare Verbotsirrtum des anwaltlich beratenen Bürgers – eine Chimäre? Zugleich ein Beitrag zur angemessenen Einordnung präventiv erstatteter Gutachten, Onlinezeitschrift für höchstrichterliche Rechtsprechung im Strafrecht 2013, S. 449–464 [Zitiert: *Gaede*, HRRS 2013, 449].

Gallas, Wilhelm: Zum gegenwärtigen Stand der Lehre vom Verbrechen, Zeitschrift für die gesamte Strafrechtswissenschaft Band 67 (1955), S. 1–47 [Zitiert: *Gallas*, ZStW 67 (1955), 1].

Gärditz, Klaus Ferdinand: Strafbegründung und Demokratieprinzip, Der Staat Band 49 (2010), S. 331–367 [Zitiert: *Gärditz*, Der Staat 49 (2010), 331].

Gassner, Kathi/*Seith*, Sebastian: Ordnungswidrigkeitengesetz. Handkommentar, 3. Auflage 2025, Baden-Baden [Zitiert: *Bearbeiter*, in: Gassner/Seith, OWiG, 2025].

Geerds, Detlev: Der vorsatzausschließende Irrtum, Juristische Ausbildung 1990, S. 421–431 [Zitiert: *Geerds*, JURA 1990, 421].

Geiger, Rudolf/*Khan*, Daniel-Erasmus/*Kotzur*, Markus/*Kirchmair*, Lando (Hrsg.): EUV. AEUV. Vertrag über die Europäische Union. Vertrag über die Arbeitsweise der Europäischen Union. Kommentar, 7. Auflage 2023, München [Zitiert: *Bearbeiter*, in: Geiger/Khan/Kotzur/Kirchmair, EUV/AEUV, 2023].

Geisler, Claudius: Zur Vereinbarkeit objektiver Bedingungen der Strafbarkeit mit dem Schuldprinzip. Zugleich ein Beitrag zum Freiheitsbegriff des modernen Schuldstrafrechts, 1998, Berlin [Zitiert: *Geisler*, Objektive Bedingungen, 1998].

Geng, Bernd: Wirtschaftskriminalität – eine kriminologische Perspektive, in: Dünkel, Frieder u. a. (Hrsg.), Strafrecht, Wirtschaftsstrafrecht, Steuerrecht, Gedächtnisschrift für Wolfgang Joecks, 2018, S. 221–241 [Zitiert: *Geng*, GS-Joecks 2018, 221].

Gerhold, Sönke: Das historische Argument in der Strafrechtslehre. Plädoyer für eine Wiederbelebung, Juristische Schulung 2021, S. 97–103 [Zitiert: *Gerhold*, JuS 2021, 97].

Germann, Oscar Adolf: Rechtsstaatliche Schranken im internationalen Vergleich, Schweizerische Zeitschrift für Strafrecht Band 69 (1954), S. 237–252 [Zitiert: *Germann*, SchwZStR 69 (1954), 237].

Germann, Oscar Adolf: Vorsatzprobleme dargestellt auf Grund kritischer Analyse der neuern Judikatur des Schweizerischen Bundesgerichtes, Schweizerische Zeitschrift für Strafrecht Band 77 (1961), S. 345–415 [Zitiert: *Germann*, SchwZStR 77 (1961), 345].

Gettier, Edmund L.: Is justified true belief knowledge?, Analysis Vol. 23. No. 6, 1963, S. 121–123 [Zitiert: *Gettier*, Analysis 23.6, 1963, 121].

Glandien, Julian: Fehlvorstellungen im Markenstrafrecht. Zugleich ein Beitrag zur Abgrenzung von Tatbestands- und Verbotsirrtum sowie von untauglichem Wahndelikt, 2018, Baden-Baden [Zitiert: *Glandien*, Markenstrafrecht, 2018].

Goltdammer, Theodor: Die Materialien zum Straf-Gesetzbuche für die preußischen Staaten: aus den amtlichen Quellen nach den Paragraphen des Gesetzbuches zusammengestellt und in einem Kommentar erläutert, Teil 1, 1851, Berlin [Zitiert: *Goltdammer*, Materialien, 1851].

Gómez, Yamila Fakhouri: Vorsatztheorie vs. Schuldtheorie. Zum Umgang mit der Irrtumsproblematik bei normativen Tatbestandsmerkmalen und Blankettstrafgesetzen, Goltdammer's Archiv für Strafrecht 2010, S. 259–274 [Zitiert: *Gómez*, GA 2010, 259].

Grabenwarter, Christoph/*Pabel*, Katharina: Europäische Menschenrechtskonvention. Ein Studienbuch, 7. Auflage 2021, München [Zitiert: *Grabenwarter/Pabel*, Europäische Menschenrechtskonvention, 2021].

Grabitz, Eberhard (Begr.)/*Hilf*, Meinhard (Fortf.)/*Nettesheim*, Martin (Hrsg.): Das Recht der Europäischen Union, Werksstand: 86. Ergänzungslieferung September 2025, München [Zitiert: *Bearbeiter*, in: Grabitz/Hilf/Nettesheim, Das Recht der EU, September 2025].

Graf, Jürgen (Hrsg.): Beck'scher Online-Kommentar zum OWiG, 48. Edition, Stand: 1.10. 2025, München [Zitiert: *Bearbeiter*, in: BeckOK-OWiG, Stand 1.10.2025].

Graf, Jürgen/*Jäger*, Markus/*Wittig*, Petra (Hrsg.): Wirtschafts- und Steuerstrafrecht, Band 1, 3. Auflage 2024, München [Zitiert: *Bearbeiter*, in: Graf/Jäger/Wittig, WSS, 2024].

Groeben, Hans von der (Begr.)/*Schwarze*, Jürgen/*Hatje*, Armin/*Terhechte*, Philipp (Hrsg.): Europäisches Unionsrecht. Vertrag über die Europäische Union. Vertrag über die Arbeitsweise der Europäischen Union. Charta der Grundrechte der Europäischen Union, 8. Auflage 2025, Baden-Baden [Zitiert: *Bearbeiter*, in: von der Groeben/Schwarze/Hatje/Terhechte, Europäisches Unionsrecht, 2025].

Gropp, Walter: Abschied vom „Doppelirrtum", Zeitschrift für Internationale Strafrechtsdogmatik 2016, S. 601–607 [Zitiert: *Gropp*, ZIS 2016, 601].

Groteguth, Thomas: Norm- und Verbots(un)kenntnis. § 17 Satz 2 StGB, 1993, Berlin [Zitiert: *Groteguth*, Verbots(un)kenntnis, 1993].

Grumach, Ernst (Begr.)/*Flashar*, Hellmut (Hrsg.): Aristoteles Werke in deutscher Übersetzung, Band 7: Eudemische Ethik, 1979, Berlin [Zitiert: *Aristoteles*, Eudemische Ethik, in: Grumach/Flashar, Aristoteles Werke, 1979].

Grundmann, Thomas: Analytische Einführung in die Erkenntnistheorie, 2. Auflage 2017, Berlin/Boston [Zitiert: *Grundmann*, Erkenntnistheorie, 2017].

Grünhut, Max: Begriffsbildung und Rechtsanwendung im Strafrecht, akademische Antrittsrede gehalten am 16. Januar 1926, 1926, Tübingen [Zitiert: *Grünhut*, Begriffsbildung, 1926].

Grzeszick, Bernd: Gemischte Wahlsysteme und Verfassungsrecht: Freiheit des Gesetzgebers statt Gleichheit der Wahl?, Neue Zeitschrift für Verwaltungsrecht 2025, S. 1–8 [Zitiert: *Grzeszick*, NVwZ 2025, 1].

Gsell, Beate/*Krüger*, Wolfgang/*Lorenz*, Stephan/*Reymann*, Christoph (Hrsg.): Beck-online. Grosskommentar zum Zivilrecht, Stand: 1.10.2025, München [Zitiert: *Bearbeiter*, in: BeckOGK BGB, Stand 1.10.2025].

Günther, Klaus: Individuelle Zurechnung im demokratischen Verfassungsstaat, in: Byrd, B. Sharon/Hruschka, Joachim/Joerden, Jan C. (Hrsg.), Jahrbuch für Recht und Ethik, 1994, S. 143–157 [Zitiert: *Günther*, in: JRE 1994, 143].

Gusy, Christoph/*Eichenhofer*, Johannes: Polizei- und Ordnungsrecht, 11. Auflage 2023, Tübingen [Zitiert: *Gusy/Eichenhofer*, Polizei- und Ordnungsrecht, 2023].

Habbe, Julia Sophia/*de Schmidt*, Sebastian: Der subjektive Tatbestand im Kapitalmarktordnungswidrigkeitenrecht, Neue Juristische Wochenschrift 2022, S. 3186–3190 [Zitiert: *Habbe/de Schmidt*, NJW 2022, 3186].

Häberlin, Karl Franz: Ueber Rechtswahn und Wahnverbrechen, Goltdammer's Archiv für Strafrecht 1865, S. 233–238 [Zitiert: *Häberlin*, GA 1865, 233].

Haft, Fritjof: Der doppelte Irrtum im Strafrecht. Ein Beitrag zur Funktion des Strukturdenkens bei der juristischen Falllösung, Juristische Schulung 1980, S. 430–436, 588–592 und 659–664 [Zitiert: *Haft*, JuS 1980, 430].

Haft, Fritjof: Grenzfälle des Irrtums über normative Tatbestandsmerkmale im Strafrecht, Juristische Arbeitsblätter 1981, S. 281–285 [Zitiert: *Haft*, JA 1981, 281].

Hälschner, Hugo: Das gemeine deutsche Strafrecht. Systematisch dargestellt, Band 1, 1881, Bonn [Zitiert: *Hälschner*, Strafrecht, 1881].

Hardwig, Werner: Sachverhaltsirrtum und Pflichtirrtum, Goltdammer's Archiv für Strafrecht 1956, S. 369–379 [Zitiert: *Hardwig*, GA 1956, 369].

Hardwig, Werner: Der Versuch bei untauglichem Subjekt, Goltdammer's Archiv für Strafrecht 1957, S. 170–176 [Zitiert: *Hardwig*, GA 1957, 170].

Harnos, Rafael: Geschäftsleiterhaftung bei unklarer Rechtslage. Eine Untersuchung am Beispiel des Kartellrechts, 2013, Berlin [Zitiert: *Harnos*, Geschäftsleiterhaftung, 2013].

Hart, Herbert Lionel Adolphus: Recht und Moral. Drei Aufsätze, aus dem Englischen übersetzt und mit einer Einleitung, hrsgg. v. Hoerster, Norbert, 1971, Göttingen [Zitiert: *Hart*, Recht und Moral, 1971].

Hartung, Fritz: Der Rechtsirrtum in der Rechtsprechung des Reichsgerichts. Zugleich ein Beitrag zur Lehre vom Unrechtsbewusstsein, Deutsche Rechts-Zeitschrift 1949, S. 342–347 [Zitiert: *Hartung*, DRZ 1949, 342].

Hassemer, Winfried: Kennzeichen des Vorsatzes, in: Dornseifer, Gerhard u. a., Gedächtnisschrift für Armin Kaufmann, 1989, S. 289–309 [Zitiert: *Hassemer*, GS-Armin Kaufmann 1989, 289].

Haus, Klaus-Ludwig/*Krumm*, Carsten/*Quarch*, Matthias (Hrsg.): Gesamtes Verkehrsrecht. Verkehrszivilrecht, Versicherungsrecht, Ordnungswidrigkeiten- und Strafrecht, Verkehrsverwaltungsrecht, 3. Auflage 2021, Baden-Baden [Zitiert: *Bearbeiter*, in: Haus/Krumm/Quarch, Verkehrsrecht, 2021].

Hegel, Georg Wilhelm Friedrich: Grundlinien der Philosophie des Rechts oder Naturrecht und Staatswissenschaft im Grundrisse. Nach der Ausgabe von Eduard Gans herausgegeben und mit einem Anhang versehen von Hermann Klenner, 1981, Berlin [Zitiert: *Hegel*, Grundlinien, hrsgg. v. Klenner, 1981].

Heidingsfelder, Thomas: Der umgekehrte Subsumtionsirrtum, 1991, Berlin [Zitiert: *Heidingsfelder*, Der umgekehrte Subsumtionsirrtum, 1991].

Heinemann, Hugo: Die Binding'sche Schuldlehre. Ein Beitrag zu ihrer Widerlegung, 1889, in: Liszt, Franz von (Hrsg.), Abhandlungen des Kriminalistischen Seminars zu Marburg, Freiburg, S. 251–367 [Zitiert: *Heinemann*, Binding'sche Schuldlehre, 1889].

Heinrich, Bernd: Der Irrtum über normative Tatbestandsmerkmale, in: Heinrich, Manfred u. a. (Hrsg.), Strafrecht als Scientia Universalis, Festschrift für Klaus Roxin zum 80. Geburtstag am 15. Mai 2011, 2011, S. 449–465 [Zitiert: *Heinrich*, FS-Roxin II 2011, 449].

Heinrich, Bernd: Strafrecht Allgemeiner Teil, 8. Auflage 2025, Stuttgart [Zitiert: *Heinrich*, Strafrecht AT, 2025].

Heintschel-Heinegg, Bernd von/*Kudlich*, Hans (Hrsg.): Beck'scher Online-Kommentar StGB, 67. Edition, Stand: 1.11.2025, München [Zitiert: *Bearbeiter*, in: BeckOK-StGB, Stand 1.11.2025].

Herdegen, Matthias/*Masing*, Johannes/*Poscher*, Ralf/*Gärditz*, Klaus Ferdinand: Handbuch des Verfassungsrechts. Darstellung in transnationaler Perspektive, 1. Auflage 2021, München [Zitiert: *Bearbeiter*, in: Handbuch des Verfassungsrechts, 2021].

Herz, Clara: Blankettstrafgesetze vor dem Bundesverfassungsgericht – Eine Bestandsaufnahme anlässlich BVerfG Beschl. v. 11.3.2020 – 2 BvL 5/17, Neue Zeitschrift für Wirtschafts-, Steuer- und Unternehmensstrafrecht 2020, S. 253–257 [Zitiert: *Herz*, NZWiSt 2020, 253].

Herz, Clara: Die konkrete Normenkontrolle in Strafsachen. Zugleich ein Beitrag zur Reformbedürftigkeit des Art. 100 Abs. 1 GG, 2022, Baden-Baden [Zitiert: *Herz*, konkrete Normenkontrolle, 2022].

Herzberg, Rolf Dietrich: Das Wahndelikt in der Rechtsprechung des BGH, Juristische Schulung 1980, S. 469–480 [Zitiert: *Herzberg*, JuS 1980, 469].

Herzberg, Rolf Dietrich: Die Abgrenzung von Vorsatz und bewußter Fahrlässigkeit – ein Problem des objektiven Tatbestandes, Juristische Schulung 1986, S. 249–262 [Zitiert: *Herzberg*, JuS 1986, 249].

Herzberg, Rolf Dietrich: Das Wollen beim Vorsatzdelikt und dessen Unterscheidung vom bewußt fahrlässigen Verhalten, JuristenZeitung 1988, S. 573–579 und 635–643 [Zitiert: *Herzberg*, JZ 1988, 573].

Herzberg, Rolf Dietrich: Tatbestands- oder Verbotsirrtum?, Goltdammer's Archiv für Strafrecht 1993, S. 439–459 [Zitiert: *Herzberg*, GA 1993, 439].

Herzberg, Rolf Dietrich: Rechtsirrige Annahme einer Straftatbegehung – Versuch oder Wahndelikt?, in: Duttge, Gunnar/Geilen, Gerd/Meyer-Goßner, Lutz/Warda, Günter (Hrsg.), Gedächtnisschrift für Ellen Schlüchter, 2002, S. 189–208 [Zitiert: *Herzberg*, GS-Schlüchter 2002, 189].

Herzberg, Rolf Dietrich: Fahrlässigkeit, Unrechtseinsicht und Verbotsirrtum, in: Dannecker, Gerhard u. a. (Hrsg.), Festschrift für Harro Otto zum 70. Geburtstag am 1. April 2007, 2007, S. 265–285 [Zitiert: *Herzberg*, FS-Otto 2007, 265].

Herzberg, Rolf Dietrich: Fahrlässigkeit als Deliktsvoraussetzung und das Bestimmtheitsgebot (Art. 103 Abs. 2 GG), Zeitschrift für Internationale Strafrechtsdogmatik 2011, S. 444–452 [Zitiert: *Herzberg*, ZIS 2011, 444].

Herzberg, Rolf Dietrich: Tatumstands- und Verbotsirrtum, Zeitschrift für Internationale Strafrechtswissenschaft Band 1 (2022), S. 253–275 [Zitiert: *Herzberg*, ZfIStW 1 (2022), 253].

Heuser, Martin: Die uneingeschränkte Schuldtheorie beim Erlaubnistatbestandsirrtum – Zur gesetzmäßigen Handhabung der Vermeidbarkeitsklausel des § 17 S. 1 StGB, Zeitschrift für die gesamte Strafrechtswissenschaft Band 132 (2020), S. 330–366 [Zitiert: *Heuser*, ZStW 132 (2020), 330].

Hippel, Robert von: Lehrbuch des Strafrechts, 1932, Berlin/Heidelberg [Zitiert: *v. Hippel*, Strafrecht, 1932].

Hirsch, Günter: Zwischenruf. Der Richter wird's schon richten, Zeitschrift für Rechtspolitik 2006, S. 161–162 [Zitiert: *G. Hirsch*, ZRP 2006, 161].

Hirsch, Hans-Joachim: Eigenmächtige Zueignung geschuldeter Sachen, Rechtswidrigkeit und Irrtum bei den Zueignungsstrafbestimmungen, JuristenZeitung 1963, S. 149–156 [Zitiert: *Hirsch*, JZ 1963, 149].

Hirsch, Hans-Joachim: Einordnung und Rechtswirkung des Erlaubnissachverhaltsirrtums – Über eine vermittelnde Schuldtheorie –, in: Hoyer, Andreas/Müller, Henning Ernst/Pawlik, Michael/Wolter, Jürgen (Hrsg.), Festschrift für Friedrich-Christian Schroeder zum 70. Geburtstag, 2006, S. 223–239 [Zitiert: *Hirsch*, FS-Schroeder 2006, 223].

Hobbes, Thomas: Leviathan oder Stoff, Form und Gewalt eines kirchlichen und bürgerlichen Staates, hrsgg. v. Fetscher, Iring, 2011, Berlin [Zitiert: *Hobbes*, Leviathan, 2011].

Hochmayr, Gudrun: Eine echte Kriminalstrafe gegen Unternehmen und das Schuldprinzip, Zeitschrift für Internationale Strafrechtsdogmatik 2016, S. 226–230 [Zitiert: *Hochmayr*, ZIS 2016, 226].

Hoffmann-Holland, Klaus: Strafrecht Allgemeiner Teil, 4. Auflage 2023, Tübingen [Zitiert: *Hoffmann-Holland*, Strafrecht AT, 2023].

Honer, Mathias: Elemente einer demokratischen Verfassungstheorie, Juristische Arbeitsblätter 2025, S. 1–8 [Zitiert: *Honer*, JA 2025, 1].

Horn, Eckard: Verbotsirrtum und Vorwerfbarkeit. Eine systematische Grundlagenanalyse der Schuldtheorie, 1969, Berlin [Zitiert: *Horn*, Verbotsirrtum, 1969].

Hörnig, Dieter/*Seifert*, Karl-Heinz (Begr.)/*Wolff*, Heinrich Amadeus (Fortf.)/*Kluth*, Winfried (Hrsg.): Grundgesetz für die Bundesrepublik Deutschland. Handkommentar, 14. Auflage 2025, Baden-Baden [Zitiert: *Bearbeiter*, in: Hörnig/Wolff/Kluth, GG, 2025].

Hörnle, Tatjana: Gutachten C, in: Verhandlungen des 70. Deutschen Juristentages Hannover 2014, Band I Gutachten, München [Zitiert: *Hörnle*, Gutachten C zum 70. DJT, 2014].

Hotz, Dominik: Untauglicher Versuch und Wahndelikt bei Fehlvorstellungen über rechtsinstitutionelle Umstände, Juristische Schulung 2016, S. 221–225 [Zitiert: *Hotz*, JuS 2016, 221].

Hruschka, Joachim: Über Schwierigkeiten mit dem Beweis des Vorsatzes, in: Gössel, Karl-Heinz/Kauffmann, Hans (Hrsg.), Strafverfahren im Rechtsstaat. Festschrift für Theodor

Kleinknecht zum 75. Geburtstag am 18. August 1985, 1985, S. 191–202 [Zitiert: *Hruschka*, FS-Kleinknecht 1985, 191].

Hruschka, Joachim: Strafrecht nach logisch-analytischer Methode. Systematisch entwickelte Fälle mit Lösungen zum Allgemeinen Teil, 1987, Berlin/New York [Zitiert: *Hruschka*, Strafrecht AT, 1987].

Hruschka, Joachim: Der Standard-Fall der aberratio ictus und verwandte Fallkonstellationen, JuristenZeitung 1991, S. 488–492 [Zitiert: *Hruschka*, JZ 1991, 488].

Huber, Peter M./*Voßkuhle*, Andreas (Hrsg.): Grundgesetz. Kommentar, 8. Auflage 2024, München [Zitiert: *Bearbeiter*, in: Huber/Voßkuhle, GG, 2024].

Hwang, Shu-Perng: Anwendungsvorrang statt Geltungsvorrang? Normlogische und institutionelle Überlegungen zum Vorrang des Unionsrechts, Europarecht 2016, S. 355–373 [Zitiert: *Hwang*, EuR 2016, 355].

Jaber, Dunja: Über den mehrfachen Sinn von Menschenwürde-Garantien. Mit besonderer Berücksichtigung von Artikel 1 Abs. 1 Grundgesetz, 2003, Frankfurt am Main/London [Zitiert: *Jaber*, Menschenwürde-Garantien, 2003].

Jakobs, Günther: Schuld und Prävention, 1976, Tübingen [Zitiert: *Jakobs*, Schuld und Prävention, 1976].

Jakobs, Günther: Strafrecht Allgemeiner Teil. Die Grundlagen und die Zurechnungslehre, 2. Auflage 1991, Berlin/New York [Zitiert: *Jakobs*, Strafrecht AT, 1991].

Jakobs, Günther: Dolus Malus, in: Rogall, Klaus/Puppe, Ingeborg/Stein, Ulrich/Wolter, Jürgen (Hrsg.), Festschrift für Hans-Joachim Rudolphi zum 70. Geburtstag, 2004, S. 107–122 [Zitiert: *Jakobs*, FS-Rudolphi 2004, 107].

Jakobs, Günther: Bemerkungen zur subjektiven Tatseite der Untreue, in: Widmaier, Gunter/Lesch, Heiko/Müssig, Bernd/Wallau, Rochus (Hrsg.), Festschrift für Hans Dahs, 2005, S. 49–63 [Zitiert: *Jakobs*, FS-Dahs 2005, 49].

Jäncke, Lutz: Lehrbuch Kognitive Neurowissenschaften, 3. Auflage 2021, Bern [Zitiert: *Jäncke*, Kognitive Neurowissenschaften, 2021].

Jarass, Hans D.: Charta der Grundrechte der Europäischen Union unter Einbeziehung der sonstigen Grundrechtsregelungen des Primärrechts und der EMRK. Kommentar, 4. Auflage 2021, München [Zitiert: *Jarass*, Charta der Grundrechte der EU, 2021].

Jarass, Hans D./*Kment*, Martin: Grundgesetz für die Bundesrepublik Deutschland. Kommentar, 18. Auflage 2024, München [Zitiert: *Bearbeiter*, in: Jarass/Pieroth, GG, 2024].

Jenny, Guido: Tatbestands- und Verbotsirrtum im Nebenstrafrecht, Schweizerische Zeitschrift für Strafrecht Band 107 (1990), S. 241–258 [Zitiert: *Jenny*, SchwZStR 107 (1990), 241].

Jescheck, Hans-Heinrich: Neue Strafrechtsdogmatik und Kriminalpolitik in rechtsvergleichender Sicht, Zeitschrift für die gesamte Strafrechtswissenschaft Band 98 (1986), S. 1–27 [Zitiert: *Jescheck*, ZStW 98 (1986), 1].

Jescheck, Hans-Heinrich/*Weigend*, Thomas: Lehrbuch des Strafrechts. Allgemeiner Teil, 5. Auflage 1996, Berlin [Zitiert: *Jescheck/Weigend*, Strafrecht AT, 1996].

Kahlo, Michael: Die Handlungsform der Unterlassung als Kriminaldelikt. Eine strafrechtlich-rechtsphilosophische Untersuchung zur Theorie des personalen Handelns, 2001, Frankfurt am Main [Zitiert: *Kahlo*, Unterlassung, 2001].

Kania, Harald/*Brand*, Thomas/*Zimmermann*, Sina/*Walter*, Michael: Die Einschätzung von Gewaltdelikten im europäischen Vergleich. Eine Fragebogenuntersuchung an Studierenden in zehn Ländern, MschrKrim 2003, S. 247–264 [Zitiert: *Kania/Brand/Zimmermann/Walter*, MschrKrim 2003, 247].

Karami, Pedram: Unrechtsbewusstsein von Wirtschafts- und Unternehmensstraftätern im Lichte der aktuellen Compliance-Diskussion, 2020, Berlin [Zitiert: *Karami*, Unrechtsbewusstsein, 2020].

Kaufmann, Armin: Lebendiges und Totes in Bindings Normentheorie. Normlogik und moderne Strafrechtdogmatik, 1954, Göttingen [Zitiert: *Armin Kaufmann*, Bindings Normentheorie, 1954].

Kaufmann, Armin: Schuldfähigkeit und Verbotsirrtum. Zugleich ein Beitrag zur Kritik des Entwurfs 1960, in: Bockelmann, Paul/Gallas, Wilhelm (Hrsg.), Festschrift für Eberhard Schmidt zum 70. Geburtstag, 1961, S. 319–332 [Zitiert: *Armin Kaufmann*, FS-Eb. Schmidt 1961, 319].

Kaufmann, Arthur: Das Unrechtsbewusstsein in der Schuldlehre des Strafrechts. Zugleich ein Leitfaden durch die moderne Schuldlehre, 1949, Mainz [Zitiert: *Arthur Kaufmann*, Unrechtsbewusstsein, 1949].

Kaufmann, Arthur: Die Parallelwertung in der Laiensphäre. Ein sprachphilosophischer Beitrag zur allgemeinen Verbrechenslehre, 1982, München [Zitiert: *Arthur Kaufmann*, Parallelwertung, 1982].

Kaufmann, Arthur: Schuld und Strafe: Studien zur Strafrechtsdogmatik, 2. Auflage 1983, Köln [Zitiert: *Arthur Kaufmann*, Schuld und Strafe, 1983].

Kaufmann, Arthur: Einige Anmerkungen zu Irrtümern über den Irrtum, in: Küper, Winfried/Puppe, Ingeborg/Tenckhoff, Jörg (Hrsg.), Festschrift für Karl Lackner zum 70. Geburtstag am 18. Februar 1987, 1987, S. 185–197 [Zitiert: *Arthur Kaufmann*, FS-Lackner 1987, 185].

Kempf, Eberhard/*Schilling*, Hellen: Revisionsrichterliche Rechtsfortbildung in Strafsachen, Neue Juristische Wochenschrift 2012, S. 1849–1854 [Zitiert: *Kempf/Schilling*, NJW 2012, 1849].

Kerscher, Ludwig: Tatbestands- und Verbotsirrtum im Nebenstrafrecht und bei den Übertretungen, 1969, München [Zitiert: *Kerscher*, Tatbestands- und Verbotsirrtum, 1969].

Kiel, Eva: Risiko als Konstruktion. Studien zu einer interdisziplinären Risikodogmatik im Strafrecht, 2024, Baden-Baden [Zitiert: *Kiel*, Risiko als Konstruktion, 2024].

Kielwein, Gerhard: Grundgesetz und Strafrechtspflege, Annales Universitatis Saraviensis, Band 8, 1960, S. 127–136 [Zitiert: *Kielwein*, Annales Universitatis Saraviensis 1960, 127].

Kindhäuser, Urs: Rohe Tatsachen und normative Tatbestandsmerkmale, Juristische Ausbildung 1984, S. 465–478 [Zitiert: *Kindhäuser*, JURA 1984, 465].

Kindhäuser, Urs: Zur Unterscheidung von Tat- und Rechtsirrtum, Goltdammer's Archiv für Strafrecht 1990, S. 407–423 [Zitiert: *Kindhäuser*, GA 1990, 407].

Kindhäuser, Urs: Erlaubtes Risiko und Sorgfaltswidrigkeit. Zur Struktur strafrechtlicher Fahrlässigkeitshaftung, Goltdammer's Archiv für Strafrecht 1994, S. 197–223 [Zitiert: *Kindhäuser*, GA 1994, 197].

Kindhäuser, Urs: Zur Abgrenzung des Irrtums über Tatumstände vom Verbotsirrtum, Juristische Schulung 2019, S. 953–960 [Zitiert: *Kindhäuser*, JuS 2019, 953].

Kindhäuser, Urs: Einige Anmerkungen zur Tatbestandslehre, in: v. Bülte, Jens/Dölling, Dieter/Haas, Volker/Schuhr, Jan, Strafrecht in Deutschland und Europa, Festschrift für Gerhard Dannecker zum 70. Geburtstag 2023, 2023, S. 41–52 [Zitiert: *Kindhäuser*, FS-Dannecker 2023, 41].

Kindhäuser, Urs/*Neumann*, Ulfrid/*Paeffgen*, Hans-Ullrich/*Saliger*, Frank (Hrsg.): Nomos-Kommentar Strafgesetzbuch, 6. Auflage 2023, Baden-Baden [Zitiert: *Bearbeiter*, in: NK-StGB, 2023].

Kindhäuser, Urs/*Zimmermann*, Till: Strafrecht Allgemeiner Teil, 11. Auflage 2024, Baden-Baden [Zitiert: *Kindhäuser/Zimmermann*, Strafrecht AT, 2024].

Kingreen, Thorsten/*Poscher*, Ralf: Polizei- und Ordnungsrecht mit Versammlungsrecht. 13. Auflage 2025, München [Zitiert: *Kingreen/Poscher*, Polizei- und Ordnungsrecht, 2025].

Kirchhof, Paul: Richterliche Rechtsfindung, gebunden an „Gesetz und Recht", Neue Juristische Wochenschrift 1986, S. 2275–2280 [Zitiert: *Kirchhof*, NJW 1986, 2275].

Klein, Franz/*Orlopp*, Gerd (Begr.): Abgabenordnung. Einschließlich Steuerstrafrecht, 18. Auflage 2024, München [Zitiert: *Bearbeiter*, in: Klein, AO, 2024].

Klesczewski, Diethelm/*Krenberger*, Benjamin: Ordnungswidrigkeitenrecht, 3. Auflage 2023, München [Zitiert: *Bearbeiter*, in: Klesczewski/Krenberger, OWiR, 2023].

Knauer, Christoph: Bildung verdeckter Kassen als Untreue – Fall Siemens, Neue Zeitschrift für Strafrecht 2009, S. 151–153 [Zitiert: *Knauer*, NStZ 2009, 151].

Knauer, Christoph/*Schomburg*, Sören: „Cum/Ex-Geschäfte – kommen Strafrechtsdogmatik und Strafrechtspraxis an ihre Grenzen?", Neue Zeitschrift für Strafrecht 2019, S. 305–317 [Zitiert: *Knauer/Schomburg*, NStZ 2019, 305].

Knigge, Dagmar/*Wittig*, Petra: Die zivil-, steuer- und strafrechtlichen Dimensionen von Cum/Ex- und Cum/Cum-Geschäften. Ein Überblick (Teil II.), Zeitschrift für Wirtschaftsstrafrecht und Haftung im Unternehmen 2019, S. 37–44 und 69–81 [Zitiert: *Knigge/Wittig*, ZWH 2019, 37].

Knobloch, Nils: Examensrelevante Irrtümer im Strafrecht – Eine systematische Darstellung, Juristische Schulung 2010, S. 864–868 [Zitiert: *Knobloch*, JuS 2010, 864].

Koch, Hans-Joachim: Die Auslegungslehre der Reinen Rechtslehre im Lichte der jüngeren sprachanalytischen Forschung, in: Alexy, Robert/Koch, Hans-Joachim/Kuhlen, Lothar/Rüßmann, Helmut (Hrsg.), Elemente einer juristischen Begründungslehre, 2003, Baden-Baden, S. 155–167 [Zitiert: *Koch*, in: Juristische Begründungslehre, 2003, 155].

Koch, Hans-Joachim/*Rüßmann*, Helmut: Juristische Begründungslehre. Eine Einführung in Grundprobleme der Rechtswissenschaft, 1982, München [Zitiert: *Koch/Rüßmann*, Begründungslehre, 1982].

Köhler, Michael: Vorsatzbegriff und Bewußtseinsform des Vorsatzes. Zur Kritik der Lehre vom „sachgedanklichen Mitbewußtsein“, Goltdammer's Archiv für Strafrecht 1981, S. 285–300 [Zitiert: *Köhler*, GA 1981, 285].

Kohlrausch, Eduard: Irrtum und Schuldbegriff im Strafrecht, I. Teil, 1903, Berlin [Zitiert: *Kohlrausch*, Irrtum, 1903].

Koriath, Heinz: Überlegungen zu einigen Grundsätzen der strafrechtlichen Irrtumslehre, Juristische Ausbildung 1996, S. 113–127 [Zitiert: *Koriath*, JURA 1996, 113].

Korte, Marcus: Die Irrtumsregelung des Art. 32 IStGH-Statut, Zeitschrift für Internationale Strafrechtsdogmatik 2008, S. 419–425 [Zitiert: *Korte*, ZIS 2008, 419].

Krauß, Detlef: Das Unrechtsbewußtsein. Studie an zwei Gerichtsurteilen, in: Deckers, Rüdiger (Hrsg.), Unrechtsbewußtsein. Aus der Sicht des Täters. Aus der Sicht des Richters, 1982, S. 30–57 [Zitiert: *Krauß*, in: Unrechtsbewußtsein, 1982, 30].

Kriegsmann, Nikolaus Hermann Hartwig: Wahnverbrechen und untauglicher Versuch. Ueber die Begriffe und deren Unterscheidung, 1904, Breslau [Zitiert: *Kriegsmann*, Wahnverbrechen, 1904].

Kubiciel, Michael: Grund und Grenzen strafrechtlicher Anweisungskompetenz der Europäischen Gemeinschaft, Neue Zeitschrift für Strafrecht 2007, S. 136–141 [Zitiert: *Kubiciel*, NStZ 2007, 136].

Kudlich, Hans/*Montiel*, Juan Pablo/*Schuhr*, Jan C.: Gesetzlichkeit und Strafrecht, 2012, Berlin [Zitiert: *Bearbeiter*, in: Gesetzlichkeit und Strafrecht, 2012].

Kudlich, Hans/*Wittig*, Petra: Strafrechtliche Enthaftung durch juristische Präventionsberatung? Teil 1: Allgemeine Irrtumslehren, Zeitschrift für Wirtschaftsstrafrecht und Haftung im Unternehmen 2013, S. 253–260 [Zitiert: *Kudlich/Wittig*, ZWH 2013, 253].

Kühl, Kristian: Strafrecht Allgemeiner Teil, 8. Auflage 2017, München [Zitiert: *Kühl*, Strafrecht AT, 2017].

Kuhlen, Lothar: Die Unterscheidung von vorsatzausschließendem und nichtvorsatzausschließendem Irrtum, 1987, Frankfurt am Main/New York [Zitiert: *Kuhlen*, Irrtum, 1987].

Kuhlen, Lothar: Übertragbarkeit der Anforderungen der Unvermeidbarkeit auf den Tatbestandsirrtum?, Zeitschrift für Wirtschafts- und Steuerstrafrecht 2022, S. 45–49 [Zitiert: *Kuhlen*, wistra 2022, 45].

Kunert, Karl-Heinz: Die normativen Merkmale der strafrechtlichen Tatbestände, 1958, Berlin [Zitiert: *Kunert*, normative Merkmale, 1958].

Kunz, Karl-Ludwig: Strafausschluß oder -milderung bei Tatveranlassung durch falsche Rechtsauskunft?, Goltdammer's Archiv für Strafrecht 1983, S. 457–471 [Zitiert: *Kunz*, GA 1983, 457].

Küpper, Georg: Zum Verhältnis von dolus eventualis, Gefährdungsvorsatz und bewußter Fahrlässigkeit, Zeitschrift für die gesamte Strafrechtswissenschaft Band 100 (1988), S. 758–785 [Zitiert: *Küpper*, ZStW 100 (1988), 758].

Lange, Richard: Literaturbericht. Strafrecht – Allgemeiner Teil, Zeitschrift für die gesamte Strafrechtswissenschaft Band 63 (1951), S. 456–506 [Zitiert: *Lange*, ZStW 63 (1951), 456].

Lange, Richard: Der Strafgesetzgeber und die Schuldlehre. Zugleich ein Beitrag zum Unrechtsbegriff bei den Zuwiderhandlungen, JuristenZeitung 1956, S. 73–79 [Zitiert: *Lange*, JZ 1956, 73].

Langer, Winrich: Vorsatztheorie und strafgesetzliche Irrtumsregelung – Zur Kompetenzabgrenzung von Strafgesetzgebung, Verfassungsgerichtsbarkeit und Strafrechtswissenschaft –, Goltdammer's Archiv für Strafrecht 1976, S. 193–218 [Zitiert: *Langer*, GA 1976, 193].

Lang-Hinrichsen, Dietrich: Tatbestandslehre und Verbotsirrtum (Zur Entscheidung des Bundesgerichtshofs über den Verbotsirrtum vom 18.3.1952), Juristische Rundschau 1952, S. 302–307 [Zitiert: *Lang-Hinrichsen*, JR 1952, 302].

Laubenthal, Klaus/*Baier*, Helmut: Durch die Ausländereigenschaft bedingte Verbotsirrtümer und die Perspektiven europäischer Rechtsvereinheitlichung, Goltdammer's Archiv für Strafrecht 2000, S. 205–223 [Zitiert: *Laubenthal/Baier*, GA 2000, 205].

Leite, Alaor: Der Unrechtszweifel als Verbotsirrtum, Goltdammer's Archiv für Strafrecht 2012, S. 688–703 [Zitiert: *Leite*, GA 2012, 688].

Leite, Alaor: Vorsatz und Irrtum bezüglich der Pflichtwidrigkeit bei der Untreue (§ 266 StGB). Pflichtwidrigkeit als gemischtes Blankett- bzw. gesamttatbewertendes Merkmal?, Goltdammer's Archiv für Strafrecht 2015, S. 517–529 [Zitiert: *Leite*, GA 2015, 517].

Leitner, Werner/*Rosenau*, Henning (Hrsg.): Wirtschafts- und Steuerstrafrecht, 2. Auflage 2022, Baden-Baden [Zitiert: *Bearbeiter*, in: Leitner/Rosenau, WSS, 2022].

Lemme, Dirk: Anmerkung zu BGH, Urteil vom 11.4.2001 – 3 StR 456/00, Neue Zeitschrift für Strafrecht 2001, S. 602–603 [Zitiert: *Lemme*, NStZ 2001, 602].

Lesch, Heiko: Die Vermeidbarkeit des Verbotsirrtums, Juristische Arbeitsblätter 1996, S. 607–612 [Zitiert: *Lesch*, JA 1996, 607].

Lessenich, Stephan: Grenzen der Demokratie. Teilhabe als Verteilungsproblem, 2019, Stuttgart [Zitiert: *Lessenich*, Grenzen der Demokratie, 2019].

Lessing, Karen: Anmerkung zu BGH, Beschluss vom 30.10.1997 – 4 StR 647/96, Monatsschrift für Deutsches Recht 1998, S. 771–772 [Zitiert: *Lessing*, MDR 1998, 771].

Lichtenthäler, Sören/*Scheinfeld*, Jörg: Vorsatztheorie de lege lata? Eine Replik auf Herzberg, ZfIStW 3/2022, 253, Zeitschrift für Internationale Strafrechtswissenschaft Band 1 (2022), S. 420–426 [Zitiert: *Lichtenthäler/Scheinfeld*, ZfIStW 1 (2022), 420].

Linke, Tobias: Kontinuitätslinien und „historische Erbschaften" im Grundgesetz, Juristische Arbeitsblätter 2023, S. 353–359 [Zitiert: *Linke*, JA 2023, 353].

Liu, He: Rekonstruktion des Verbotsirrtums: Die einheitliche Irrtumslehre, 2023, Baden-Baden [Zitiert: *Liu*, Rekonstruktion, 2023].

Locke, John: Versuch über den menschlichen Verstand, Band II: Buch III und IV, übersetzt von Winckler, C., 1988, Hamburg [Zitiert: *Locke*, Verstand, Band II, Buch IV].

Loening, Richard: Geschichte der strafrechtlichen Zurechnungslehre, Erster Band. Die Zurechnungslehre des Aristoteles, 1903, Jena [Zitiert: *Loening*, Aristoteles, 1903].

Lüderssen, Klaus: Die Parteispendenproblematik im Steuerrecht und Steuerstrafrecht – Vorsatz und Irrtum, Zeitschrift für Wirtschafts- und Steuerstrafrecht 1983, S. 223–231 [Zitiert: *Lüderssen*, wistra 1983, 223].

Lüderssen, Klaus: Irrtum und Prävention, in: Schünemann, Bernd u. a., Festschrift für Claus Roxin zum 70. Geburtstag am 15. Mai 2001, 2001, S. 457–481 [Zitiert: *Lüderssen*, FS-Roxin 2001, 457].

Lüderssen, Klaus: Bemerkungen zum Irrtum über die Pflicht zur Wahrnehmung fremder Vermögensinteressen im Sinne des § 266 StGB, in: Kempf, Eberhard/Jansen, Gabriele/Müller, Egon, Festschrift für Christian Richter II. Verstehen und Widerstehen, 2006, S. 373–378 [Zitiert: *Lüderssen*, FS-Richter II 2006, 373].

Madauß, Norbert: Allgemeindelikt und Vorsatz der Steuerhinterziehung, Neue Zeitschrift für Wirtschafts-, Steuer- und Unternehmensstrafrecht 2021, S. 12–16 [Zitiert: *Madauß*, NZWiSt 2021, 12].

Maiwald, Manfred: Unrechtskenntnis und Vorsatz im Steuerstrafrecht, 1984, Heidelberg [Zitiert: *Maiwald*, Unrechtskenntnis, 1984].

Manssen, Gerrit: Staatsrecht II, 20. Auflage 2024, München [Zitiert: *Manssen*, Staatsrecht II, 2024].

Marwedel, Niklas: Der Pflichtwidrigkeitsvorsatz bei § 266 StGB – Jagd nach einem weißen Schimmel, Zeitschrift für die gesamte Strafrechtswissenschaft Band 123 (2011), S. 548–569 [Zitiert: *Marwedel*, ZStW 123 (2011), 548].

Matt, Holger/*Renzikowski*, Jürgen (Hrsg.): Strafgesetzbuch Kommentar, 2. Auflage 2020, München [Zitiert: *Bearbeiter*, in: Matt/Renzikowski, StGB, 2020].

Mattern, David: Das Schuldprinzip im europäischen Kartellbußgeldrecht, 2023, Berlin [Zitiert: *Mattern*, Kartellbußgeldrecht, 2023].

Mattil, Friedrich: Gewissensanspannung, Zeitschrift für die gesamte Strafrechtswissenschaft 74 (1962), S. 201–244 [Zitiert: *Mattil*, ZStW 74 (1962), 201].

Maurach, Reinhart/*Schroeder*, Friedrich-Christian/*Maiwald*, Manfred/*Hoyer*, Andreas/*Momsen*, Carsten: Strafrecht Besonderer Teil. Teilband 1. Persönlichkeits- und Vermögenswerte, 11. Auflage 2019, Heidelberg [Zitiert: *Maurach/Schroeder/Maiwald/Hoyer/Momsen*, Strafrecht BT I, 2019].

Maurach, Reinhart/*Zipf*, Heinz: Strafrecht. Allgemeiner Teil. Ein Lehrbuch, 5. Auflage 1977, Teilband 1, Heidelberg [Zitiert: *Maurach/Zipf*, Strafrecht AT 1, 1977].

Mayer, Hellmuth: Strafrecht Allgemeiner Teil, 1953, Stuttgart/Köln [Zitiert: *H. Mayer*, Strafrecht AT, 1953].

Meden, Philip von der: Objektive Zurechnung und mittelbare Täterschaft, Juristische Schulung 2015, S. 22–28 [Zitiert: *von der Meden*, JuS 2015, 22].

Meier, Bernd-Dieter/*Rössner*, Dieter/*Trüg*, Gerson/*Wulf*, Rüdiger/*Bannenberg*, Britta/*Bartsch*, Tillmann, Nomos Handkommentar Jugendgerichtsgesetz, 3. Auflage 2024, Baden-Baden [Zitiert: *Bearbeiter*, in: HK-JGG, 2024].

Meister, Jan B.: ‚Adel‘ und gesellschaftliche Differenzierung im archaischen und frühklassischen Griechenland, 2020, Stuttgart [Zitiert: *Meister*, Adel, 2020].

Meyer, Fritz: Der Verbotsirrtum im Steuerstrafrecht, Neue Zeitschrift für Strafrecht 1986, S. 443–446 [Zitiert: *Meyer*, NStZ 1986, 443].

Meyer, Jürgen/*Hölscheidt*, Sven: Charta der Grundrechte der Europäischen Union, 6. Auflage 2024, Baden-Baden [Zitiert: *Bearbeiter*, in: Meyer/Hölscheidt, EU-Grundrechtecharta, 2024].

Mezger, Edmund: Anmerkung zu RG v. 7.4.1927 – 2 D 22/27, Juristische Wochenschrift 1927, S. 2006–2008 [Zitiert: *Mezger*, JW 1927, 2006].

Mezger, Edmund: Rechtsirrtum und Rechtsblindheit, in: Bockelmann, Paul u.a. (Hrsg.), Probleme der Strafrechtserneuerung, Festschrift für Eduard Kohlrausch zum 70. Geburtstage dargebracht, 1944, S. 180–198 [Zitiert: *Mezger*, FS-Kohlrausch 1944, 180].

Mezger, Edmund: Moderne Wege der Strafrechtsdogmatik. Eine ergänzende Betrachtung zum Lehrbuch des Strafrechts in seiner 3. Auflage (1949), 1950, Berlin [Zitiert: *Mezger*, Moderne Wege, 1950].

Mezger, Edmund: Anmerkung zu BGH, Urt. v. 5.1.1951 – 2 StR 29/50, JuristenZeitung 1951, S. 179–180 [Zitiert: *Mezger*, JZ 1951, 179].

Mezger, Edmund: Wandlungen der strafrechtlichen Tatbestandslehre, Neue Juristische Wochenschrift 1953, S. 2–6 [Zitiert: *Mezger*, NJW 1953, 2].

Mitsch, Wolfgang: Entkriminalisieren des unerlaubten Entfernens vom Unfallort, Deutsches Autorecht 2024, S. 15–19 [Zitiert: *Mitsch*, DAR 2024, 15].

Mitsch, Wolfgang (Hrsg.): Karlsruher Kommentar zum Gesetz über Ordnungswidrigkeiten, 6. Auflage 2025, München [Zitiert: *Bearbeiter*, in: KK-OWiG, 2025].

Möllers, Christoph: Erwiderung auf Günter Hirsch JZ 2007, 853, JuristenZeitung 2008, S. 188–189 [Zitiert: *C. Möllers*, JZ 2008, 188].

Möllers, Thomas M. J.: Wie Juristen denken und arbeiten – Konsequenzen für die Rolle juristischer Methoden in der juristischen Ausbildung –, Zeitschrift für die gesamte Privatrechtswissenschaft 2019, S. 94–121 [Zitiert: *T. Möllers*, ZfPW 2019, 94].

Mommsen, Theodor: Römisches Strafrecht, in: Binding, Karl (Hrsg.), Systematisches Handbuch der Deutschen Rechtswissenschaft, 1899, Leipzig [Zitiert: *Mommsen*, Römisches Strafrecht, 1899].

Momsen, Carsten: Überlegungen zum zweckrationalen Schuldbegriff, in: Koriath, Heinz u.a. (Hrsg.), Festschrift für Heike Jung zum 65. Geburtstag am 23. April 2007, 2007, S. 569–579 [Zitiert: *Momsen*, FS-Jung 2007, 569].

Morlok, Martin: Die Grundzüge des Wahlrechts, Juristische Schulung 2022, S. 1019–1025 [Zitiert: *Morlok*, JuS 2022, 1019].

Müller, Hermann J./*Krummenacher*, Joseph/*Schubert*, Torsten: Aufmerksamkeit und Handlungssteuerung. Grundlagen für die Anwendung, 2015, Berlin/Heidelberg [Zitiert: *Müller/Krummenacher/Schubert*, Aufmerksamkeit und Handlungssteuerung, 2015].

Müller-Dietz, Heinz: Schuld, Strafe und Strafzumessung, Humanistische Union, Heft 5, 1977, S. 29–37 [Zitiert: *Müller-Dietz*, HU 5/1977, 29].

Münch, Ingo von/*Kunig*, Philip (Begr.)/*Kämmerer*, Jörn-Axel/*Kotzur*, Markus (Hrsg.): Grundgesetz. Kommentar, 8. Auflage 2025, München [Zitiert: *Bearbeiter*, in: v. Münch/Kunig, GG, 2025].

Murmann, Uwe: Zur Berücksichtigung besonderer Kenntnisse, Fähigkeiten und Absichten bei der Verhaltensnormkonturierung, in: Hörnle, Tatjana u. a. (Hrsg.), Strafrecht zwischen System und Telos. Festschrift für Rolf Dietrich Herzberg zum siebzigsten Geburtstag am 14. Februar 2008, 2008, S. 123–140 [Zitiert: *Murmann*, FS-Herzberg 2008, 123].

Murmann, Uwe: Grundkurs Strafrecht. Allgemeiner Teil, Tötungsdelikte, Körperverletzungsdelikte, 8. Auflage 2024, München [Zitiert: *Murmann*, GK Strafrecht, 2024].

Naka, Yoshikatsu: Die Appellfunktion des Tatbestandsvorsatzes, JuristenZeitung 1961, S. 210–211 [Zitiert: *Naka*, JZ 1961, 210].

Naucke, Wolfgang: Zur Lehre vom strafbaren Betrug. Ein Beitrag zum Verhältnis von Strafrechtsdogmatik und Kriminologie, 1964, Berlin [Zitiert: *Naucke*, Betrug, 1964].

Naucke, Wolfgang: Über die Zerbrechlichkeit des rechtsstaatlichen Strafrechts, Kritische Vierteljahresschrift für Gesetzgebung und Rechtswissenschaft Heft 73 (1990), S. 244–259 [Zitiert: *Naucke*, KritV 1990, 244].

Nestler, Nina: Anmerkung zu OLG Stuttgart, Beschl. v. 29.3.2012 – 1 Ss 142/12, NZWiSt 2014, 301, Neue Zeitschrift für Wirtschafts-, Steuer- und Unternehmensstrafrecht 2014, S. 303–306 [Zitiert: *Nestler*, NZWiSt 2014, 303].

Neubacher, Frank: Kriminologie, 5. Auflage 2023, Baden-Baden [Zitiert: *Neubacher*, Kriminologie, 2023].

Neumann, Ulfrid: Der Verbotsirrtum (§ 17 StGB), Juristische Schulung 1993, S. 793–799 [Zitiert: *Neumann*, JuS 1993, 793].

Neurath, Otto: Soziologie im Physikalismus, Erkenntnis 1931, S. 393–431 [Zitiert: *Neurath*, Erkenntnis 1931, 393].

Nowakowski, Friedrich: Rechtsfeindlichkeit, Schuld, Vorsatz, Zeitschrift für die gesamte Strafrechtswissenschaft Band 65 (1953), S. 379–402 [Zitiert: *Nowakowski*, ZStW 65 (1953), 379].

Obenhaus, Nils/*Brügge*, Philipp/*Herden*, Verena/*Jäger*, Manuel/*Meyer*, Petra Claudia/*Pielke*, Walther (Hrsg.): Schwarzarbeitsbekämpfungsgesetz. Kommentar, 2. Auflage 2025, München [Zitiert: *Bearbeiter*, in: O/H/J/M/P, SchwarzArbG, 2025].

Oehler, Dietrich: Der rechtswidrige Vorsatz, Juristische Rundschau 1951, S. 65–70 [Zitiert: *Oehler*, JR 1951, 65].

Oehler, Dietrich: Internationales Strafrecht. Geltungsbereich des Strafrechts. Internationales Rechtshilferecht. Recht der Gemeinschaften. Völkerstrafrecht, 2. Auflage 1983, Köln/Berlin/Bonn/München [Zitiert: *Oehler*, Internationales Strafrecht, 1983].

Oelbermann, Jan/*Pollähne*, Helmut: Wahlrechtsbehinderungen im Maßregelvollzug, Recht und Psychiatrie Band 33 (2015), S. 86–99 [Zitiert: *Oelbermann/Pollähne*, R & P 33 (2015), 86].

Oğlakcıoğlu, Mustafa Temmuz: „Keine Ahnung was das ist, aber es macht high“ – Der Irrtum über die Eigenschaft eines Stoffes als Betäubungsmittel, Strafverteidiger 2013, S. 720–723 [Zitiert: *Oğlakcıoğlu*, StV 2013, 720].

Ostendorf, Heribert (Hrsg.): NomosKommentar Jugendgerichtsgesetz, 11. Auflage 2021, Baden-Baden [Zitiert: *Bearbeiter*, in: Ostendorf, JGG, 2021].

Otto, Harro: Der vorsatzausschließende Irrtum in der höchstrichterlichen Rechtsprechung, in: Geppert, Klaus/Dehnicke, Diether (Hrsg.), Gedächtnisschrift für Karlheinz Meyer, 1990, S. 583–605 [Zitiert: *Otto*, GS-Meyer 1990, 583].

Otto, Harro: Grundkurs Strafrecht. Allgemeine Strafrechtslehre, 6. Auflage 2000, Berlin [Zitiert: *Otto*, GK Strafrecht, 2000].

Paeffgen, Hans-Ullrich: Fotografieren von Demonstranten durch die Polizei und Rechtfertigungsirrtum. Zu BGH JZ 1976, 31 f. und BGH JZ 1978, 762, JuristenZeitung 1978, S. 738–746 [Zitiert: *Paeffgen*, JZ 1978, 738].

Panfilov, Vladimir Zinov'evich: Wechselbeziehungen zwischen Sprache und Denken, hrsgg. v. Albrecht, Erhard/Meier, Georg Friedrich, 1974, Berlin [Zitiert: *Panfilov*, Sprache und Denken, 1974].

Papathanasiou, Konstantina: Die Widerspiegelung der gesetzgeberischen Grundentscheidung im Verständnishorizont des Täters. Vorschlag eines verfassungsbezogenen Kriteriums als Alternative zur Parallelwertung in der Laiensphäre, in: Heinrich, Manfred u. a. (Hrsg.), Strafrecht als Scientia Universalis, Festschrift für Klaus Roxin zum 80. Geburtstag am 15. Mai 2011, 2011, S. 468–486 [Zitiert: *Papathanasiou*, FS-Roxin II 2011, 468].

Papathanasiou, Konstantina: Irrtum über normative Tatbestandsmerkmale. Eine Verortung der subjektiven Zurechnung innerhalb der verfassungsrechtlichen Koordinaten des Bestimmtheitsgrundsatzes und des Schuldprinzips, 2014, Berlin [Zitiert: *Papathanasiou*, Normative Tatbestandsmerkmale, 2014].

Papathanasiou, Konstantina: Erlaubnispflichtigkeit von Bankgeschäften, strafrechtliche Irrtumslehre und die Herausforderung der Kryptowährungen. Anlässlich von BGH 2 StR 416/16 – 18. 7. 2018 in diesem Heft Seite 409, Juristische Rundschau 2019, S. 369–373 [Zitiert: *Papathanasiou*, JR 2019, 369].

Patzak, Jörn/*Fabricius*, Jochen/*Huth*, Felix (Hrsg.): Betäubungsmittelgesetz. Betäubungsmittel-Verschreibungsverordnung. Konsumcannabisgesetz. Medizinal-Cannabisgesetz. Arzneimittelgesetz. Tierarzneimittelgesetz. Neue-psychoaktive-Stoffe-Gesetz. Anti-Doping-Gesetz. Grundstoffüberwachungsgesetz, 11. Auflage 2024, München [Zitiert: *Bearbeiter*, in: Patzak/Fabricius, BtMG, 2024].

Pawlik, Michael: Person, Subjekt, Bürger. Zur Legitimation von Strafe, 2004, Berlin [Zitiert: *Pawlik*, Person, Subjekt, Bürger, 2004].

Pawlik, Michael: Das Unrecht des Bürgers. Grundlinien der Allgemeinen Verbrechenslehre, 2012, Tübingen [Zitiert: *Pawlik*, Unrecht, 2012].

Pérez-Barberá, Gabriel: Vorsatz als Vorwurf. Zur Abkehr von der Idee des Vorsatzes als Geisteszustand, Goltdammer's Archiv für Strafrecht 2013, S. 454–472 [Zitiert: *Pérez-Barberá*, GA 2013, 454].

Peters, Wilfried/*Rind*, Justus: Allgemeines Ordnungsrecht – Grundlagen und aktuelle Rechtsfragen, Landes- und Kommunalverwaltung 2017, S. 251–257 [Zitiert: *Peters/Rind*, LKV 2017, 251].

Pfeifer, Philipp Raffael: „Waz skel iz sin?". Typologie der Verwendungsweisen des Verbs sculan im althochdeutschen Tatian und bei Otfrid, Diplomarbeit zur Erlangung des akademischen Grades eines Magisters der Philosophie an der Karl-Franzens-Universität Graz, 2021, abrufbar unter https://unipub.uni-graz.at/obvugrhs/content/titleinfo/6321854/full.pdf [Zitiert: *Pfeifer*, „Waz skel iz sin?", 2021].

Platzgummer, Winfried: Die Bewußtseinsform des Vorsatzes. Eine strafrechtsdogmatische Untersuchung auf psychologischer Grundlage, 1964, Wien [Zitiert: *Platzgummer*, Die Bewußtseinsform des Vorsatzes, 1964].

Poscher, Ralf: Öffentliche Ordnung und Grundgesetz. Zur verfassungsrechtlichen Einhegung eines rechtsstaatlichen Risikos, in: Heckmann, Dirk/Schenke, Ralf P./Sydow, Gernot (Hrsg.), Verfassungsstaatlichkeit im Wandel. Festschrift für Thomas Würtenberger zum 70. Geburtstag, 2013, S. 1029–1045 [Zitiert: *Poscher*, FS-Würtenberger 2013, 1029].

Posner, Michael I./*Snyder*, Charles R.: Attention and Cognitive Control, Information Processing and Cognition 1975, S. 55–85 [Zitiert: *Posner/Snyder*, IPC 1975, 55].

Potter, Mary C.: Short-Term Conceptual Memory for Pictures, Journal of Experimental Psychology, Vol. 2 No. 5 September 1976, S. 509–522 [Zitiert: *Potter*, JoEP 1976, 509].

Preis, Ulrich: § 611a BGB – Potenziale des Arbeitnehmerbegriffs, Neue Zeitschrift für Arbeitsrecht 2018, S. 817–826 [Zitiert: *Preis*, NZA 2018, 817].

Puppe, Ingeborg: Zurechnung und Wahrscheinlichkeit. Zur Analyse des Risikoerhöhungsprinzips, Zeitschrift für die gesamte Strafrechtswissenschaft Band 95 (1983), S. 287–315 [Zitiert: *Puppe*, ZStW 95 (1983), 287].

Puppe, Ingeborg: Die logische Tragweite des sog. Umkehrschlusses, in: Küper, Winfried/ Puppe, Ingeborg/Tenckhoff, Jörg (Hrsg.), Festschrift für Karl Lackner zum 70. Geburtstag am 18. Februar 1987, 1987, S. 199–245 [Zitiert: *Puppe*, FS-Lackner 1987, 199].

Puppe, Ingeborg: Tatirrtum, Rechtsirrtum, Subsumtionsirrtum, Goltdammer's Archiv für Strafrecht 1990, S. 145–182 [Zitiert: *Puppe*, GA 1990, 145].

Puppe, Ingeborg: Der Vorstellungsinhalt des dolus eventualis, Zeitschrift für die gesamte Strafrechtswissenschaft Band 103 (1991), S. 1–42 [Zitiert: *Puppe*, ZStW 103 (1991), 1].

Puppe, Ingeborg: Vorsatz und Zurechnung, 1992, Heidelberg [Zitiert: *Puppe*, Vorsatz, 1992].

Puppe, Ingeborg: Anmerkung zu BGH 4 StR 322/93, Neue Zeitschrift für Strafrecht 1993, S. 594–597 [Zitiert: *Puppe*, NStZ 1993, 594].

Puppe, Ingeborg: Zur Struktur der Rechtfertigung, in: Küper, Wilfried (Hrsg.), Beiträge zur Rechtswissenschaft. Festschrift für Walter Stree und Johannes Wessels zum 70. Geburtstag, 1993, S. 183–201 [Zitiert: *Puppe*, FS-Stree/Wessels 1993, 183].

Puppe, Ingeborg: Bemerkungen zum Verbotsirrtum und seiner Vermeidbarkeit, in: Rogall, Klaus/Puppe, Ingeborg/Stein, Ulrich/Wolter, Jürgen (Hrsg.), Festschrift für Hans-Joachim Rudolphi zum 70. Geburtstag, 2004, S. 231–241 [Zitiert: *Puppe*, FS-Rudolphi 2004, 231].

Puppe, Ingeborg: Vorsatz und Rechtsirrtum, in: Hörnle, Tatjana u. a. (Hrsg.), Strafrecht zwischen System und Telos. Festschrift für Rolf Dietrich Herzberg zum siebzigsten Geburtstag am 14. Februar 2008, 2008, S. 275–297 [Zitiert: *Puppe*, FS-Herzberg 2008, 275].

Puppe, Ingeborg: Der Umkehrschluss, Zeitschrift für die gesamte Strafrechtswissenschaft Band 128 (2016), S. 301–315 [Zitiert: *Puppe*, ZStW 128 (2016), 301].

Puppe, Ingeborg: Kleine Schule des juristischen Denkens, 5. Auflage 2023, Göttingen [Zitiert: *Puppe*, Kleine Schule, 2023].

Puppe, Ingeborg: Über Irrtümer im Strafrecht, Zeitschrift für die gesamte Strafrechtswissenschaft Band 136 (2024), S. 255–270 [Zitiert: *Puppe*, ZStW 136 (2024), 255].

Radbruch, Gustav: Anmerkung zu KG, Urt. v. 12.8.1947 – Sa 92/47 –, Süddeutsche Juristenzeitung 1947, Spalte 633–636 [Zitiert: *Radbruch*, SJZ 1947, Sp. 633].

Radtke, Henning: Tatbestands- und Verbotsirrtum bei der Steuerhinterziehung, in: Dünkel, Frieder u.a. (Hrsg.), Strafrecht, Wirtschaftsstrafrecht, Steuerrecht, Gedächtnisschrift für Wolfgang Joecks, 2018, S. 543–558 [Zitiert: *Radtke*, GS-Joecks 2018, 543].

Ransiek, Andreas/*Hüls*, Silke: Zum Eventualvorsatz bei der Steuerhinterziehung, Neue Zeitschrift für Strafrecht 2011, S. 678–681 [Zitiert: *Ransiek/Hüls*, NStZ 2011, 678].

Reiß, Wolfram: Zur Abgrenzung von untauglichem Versuch und Wahndelikt am Beispiel der Steuerhinterziehung, Zeitschrift für Wirtschafts- und Steuerstrafrecht 1986, S. 193–199 [Zitiert: *Reiß*, wistra 1986, 193].

Rengier, Rudolf: Strafrecht Allgemeiner Teil, 17. Auflage 2025, München [Zitiert: *Rengier*, Strafrecht AT, 2025].

Renzikowski, Joachim: Der Gegenstand des Unrechtsbewusstseins, in: Joerden, Jan C./Schmoller, Kurt (Hrsg.), Festschrift für Prof. Dr. Dr. h.c. mult. Keiichi Yamanaka zum 70. Geburtstag am 16. März 2017, 2017, S. 185–195 [Zitiert: *Renzikowski*, FS-Yamanaka 2017, 185].

Richter, Dagmar: Die Würde der Kreatur. Rechtsvergleichende Betrachtungen, Zeitschrift für ausländisches öffentliches Recht und Völkerrecht Band 67 (2007), S. 319–349 [Zitiert: *Richter*, ZaöRV 67 (2007), 319].

Rinck, Klaus: Der zweistufige Deliktsaufbau, 2000, Berlin [Zitiert: *Rinck*, Deliktsaufbau, 2000].

Rinken, Alfred: Demokratie als Organisationsform der Bürgergesellschaft. Ausgewählte Schriften zu Demokratie und Öffentlichkeit, 2020, hrsgg. v. Sieveking, Klaus, Baden-Baden [Zitiert: *Rinken*, Demokratie, 2020].

Rodenbeck, Julian: Die Berufung auf einen Verbotsirrtum als Schutzbehauptung. Gleichzeitig eine kritische Betrachtung der Verbotsirrtumsdogmatik, 2012, Baden-Baden [Zitiert: *Rodenbeck*, Verbotsirrtum, 2012].

Roffael, Esther/*Wollau*, Rochus: „Wenn du nicht irrst, kommst du nicht zu Verstand“. Einige Überlegungen zum (un-)vermeidbaren Verbotsirrtum im Lebensmittelstrafrecht, Lebensmittel und Recht 2020, S. 218–222 [Zitiert: *Roffael/Wollau*, LMuR 2020, 218].

Rohland, Woldemar von: Die Gefahr im Strafrecht, 2. Auflage 1888, Dorpat [Zitiert: *v. Rohland*, Die Gefahr im Strafrecht, 1888].

Rolfs, Christian/*Giesen*, Richard/*Meßling*, Miriam/*Udsching*, Peter (Hrsg.): Beck'scher Online-Kommentar zum Arbeitsrecht, 78. Edition, Werksstand: 1.12.2025, München [Zitiert: *Bearbeiter*, in: BeckOK-Arbeitsrecht, Stand 1.12.2025].

Rönnau, Thomas/*Becker*, Christian: Grundwissen – Strafrecht: Der Verbotsirrtum (§ 17 StGB), Juristische Schulung 2022, S. 491–495 [Zitiert: *Rönnau/Becker*, JuS 2022, 491].

Rosenbaum, Birgit: Die Arbeit der Großen Strafrechtskommission zum Allgemeinen Teil. Analytische Betrachtung eines gescheiterten Gesetzgebungsvorhabens am Beispiel der Diskussionen zum Irrtum, 2004, Berlin [Zitiert: *Rosenbaum*, Große Strafrechtskommission, 2004].

Rostalski, Frauke: Der Tatbegriff im Strafrecht. Entwurf eines im gesamten Strafrechtssystem einheitlichen normativ-funktionalen Begriffs der Tat, 2019, Tübingen [Zitiert: *Rostalski*, Tatbegriff, 2019].

Rostalski, Frauke: Theorie und Praxis der Fallbearbeitung beim Fahrlässigkeitsdelikt, Juristische Schulung 2021, S. 827–832 [Zitiert: *Rostalski*, JuS 2021, 827].

Roughley, Neil: Normbegriff und Normbegründung im moralphilosophischen Kontraktualismus, in: Leist, Anton (Hrsg.), Moral als Vertrag? Beiträge zum moralischen Kontraktualismus, 2003, Berlin/New York, S. 213–243 [Zitiert: *Roughley*, in: Moral als Vertrag?, 2003, 213].

Roxin, Claus: Zur Kritik der finalen Handlungslehre, Zeitschrift für die gesamte Strafrechtswissenschaft Band 74 (1962), S. 515–561 [Zitiert: *Roxin*, ZStW 74 (1962), 515].

Roxin, Claus: Die Behandlung des Irrtums im Entwurf 1962, Zeitschrift für die gesamte Strafrechtswissenschaft Band 76 (1964), S. 582–618 [Zitiert: *Roxin*, ZStW 76 (1964), 582].

Roxin, Claus: Zur Abgrenzung von bedingtem Vorsatz und bewußter Fahrlässigkeit – BGHSt 7, 363, Juristische Schulung 1964, S. 53–61 [Zitiert: *Roxin*, JuS 1964, 53].

Roxin, Claus: Einige Bemerkungen zum Verhältnis von Rechtsidee und Rechtsstoff in der Systematik unseres Strafrechts, in: Kaufmann, Arthur (Hrsg.), Gedächtnisschrift für Gustav Radbruch 21.11.1878–23.11.1949, 1968, S. 260–267 [Zitiert: *Roxin*, GS-Radbruch 1968, 260].

Roxin, Claus: Offene Tatbestände und Rechtspflichtmerkmale, 2. Auflage 1970, Berlin [Zitiert: *Roxin*, Offene Tatbestände, 1970].

Roxin, Claus: Zur Problematik des Schuldstrafrechts, Zeitschrift für die gesamte Strafrechtswissenschaft Band 96 (1984), S. 641–660 [Zitiert: *Roxin*, ZStW 96 (1984), 641].

Roxin, Claus: Die Abgrenzung von untauglichem Versuch und Wahndelikt, JuristenZeitung 1996, S. 981–987 [Zitiert: *Roxin*, JZ 1996, 981].

Roxin, Claus: Über Tatbestands- und Verbotsirrtum, in: Sieber, Ulrich (Hrsg.), Strafrecht und Wirtschaftsstrafrecht: Dogmatik, Rechtsvergleich, Rechtstatsachen. Festschrift für Klaus Tiedemann zum 70. Geburtstag, 2008, S. 375–390 [Zitiert: *Roxin*, FS-Tiedemann 2008, 375].

Roxin, Claus: Immer wieder: Tatbestands- und Verbotsirrtum, in: Saliger, Frank u. a. (Hrsg.), Rechtsstaatliches Strafrecht. Festschrift für Ulfrid Neumann zum 70. Geburtstag, 2017, S. 1023–1037 [Zitiert: *Roxin*, FS-Neumann 2017, 1023].

Roxin, Claus: Die strafrechtliche Beurteilung unbehebbarer Unrechtszweifel, Goltdammer's Archiv für Strafrecht 2018, S. 494–509 [Zitiert: *Roxin*, GA 2018, 494].

Roxin, Claus/*Greco*, Luís: Strafrecht Allgemeiner Teil. Band I. Grundlagen. Der Aufbau der Verbrechenslehre, 5. Auflage 2020, München [Zitiert: *Roxin/Greco*, Strafrecht AT I, 2020].

Rudolph, Tobias: Das Korrespondenzprinzip im Strafrecht. Der Vorrang von ex-ante-Betrachtungen gegenüber ex-post-Betrachtungen bei der strafrechtlichen Zurechnung, 2006, Berlin [Zit.: *Rudolph*, Korrespondenzprinzip, 2006].

Rudolph, Tobias: Wenn Täter und Richter dasselbe wissen, aber unterschiedlicher Meinung sind. Weshalb Irrtümer über Wertungen den Vorsatz nicht berühren, in: Joerden, Jan C./Schuhr, Jan C. (Hrsg.), Jahrbuch für Recht und Ethik, 2019 – zugleich Gedächtnisschrift für Joachim Hruschka, S. 649–665 [Zitiert: *Rudolph*, GS-Hruschka 2019, 649].

Rudolphi, Hans-Joachim: Unrechtsbewußtsein, Verbotsirrtum und Vermeidbarkeit des Verbotsirrtums, 1969, Göttingen [Zitiert: *Rudolphi*, Unrechtsbewusstsein, 1969].

Rudolphi, Hans-Joachim: Das virtuelle Unrechtsbewußtsein als Strafbarkeitsvoraussetzung im Widerstreit zwischen Schuld und Prävention, in: Deckers, Rüdiger (Hrsg.), Unrechtsbewußtsein. Aus der Sicht des Täters. Aus der Sicht des Richters, 1982, S. 1–29 [Zitiert: *Rudolphi*, in: Unrechtsbewußtsein, 1982, 1].

Rüping, Hinrich/*Jerouschek*, Günter: Grundriß der Strafrechtsgeschichte, 4. Auflage 2002, München [Zitiert: *Rüping/Jerouschek*, Strafrechtsgeschichte, 2002].

Russell, Bertrand: Human Knowledge. Its Scope and Limits, 1923, London [Zitiert: *Russell*, Human Knowledge, 1923].

Rüßmann, Helmut: Möglichkeit und Grenzen der Gesetzesbindung, in: Alexy, Robert/Koch, Hans-Joachim/Kuhlen, Lothar/Rüßmann, Helmut (Hrsg.), Elemente einer juristischen Begründungslehre, 2003, Baden-Baden, S. 135–154 [Zitiert: *Rüßmann*, in: Juristische Begründungslehre, 2003, 135].

Ruttloff, Marc/*Niemann*, Friederike/*Misztl*, Marius: Die Wahlrechtsreform der Ampel-Koalition: Ein Pyrrhussieg?, Neue Juristische Online-Zeitschrift 2023, S. 512–515 [Zitiert: *Ruttloff/Niemann/Misztl*, NJOZ 2023, 512].

Ryle, Gilbert: The Concept of Mind, 1949, New York [Zitiert: *Ryle*, The Concept of Mind, 1949].

Sachs, Michael (Begr.)/*Coelln,* Christian von/*Mann*, Thomas (Hrsg.): Grundgesetz. Kommentar, 10. Auflage 2024, München [Zitiert: *Bearbeiter*, in: Sachs, GG, 2024].

Safferling, Christoph: Vorsatz und Schuld. Subjektive Täterelemente im deutschen und englischen Strafrecht, 2008, Tübingen [Zitiert: *Safferling*, Vorsatz und Schuld, 2008].

Saliger, Frank: Rechtsphilosophische Probleme des Verbotsirrtums, in: Böse, Martin/Schumann, Kay H./Toepel, Friedrich, Festschrift für Urs Kindhäuser zum 70. Geburtstag, 2019, S. 425–440 [Zitiert: *Saliger*, FS-Kindhäuser 2019, 425].

Saliger, Frank/*Saucken*, Alexander von/*Graf*, Pia-Franziska: Strafgesetzgebung als Fehlerquelle, Zeitschrift für Rechtspolitik 2016, S. 54–56 [Zitiert: *Saliger/v. Saucken/Graf*, ZRP 2016, 54].

Samson, Erich: Irrtumsprobleme im Steuerstrafrecht, in: Kohlmann, Günter (Hrsg.), Strafverfolgung und Strafverteidigung im Steuerstrafrecht. Grundfragen des Steuerstrafrechts heute, 1983, S. 99–112 [Zitiert: *Samson*, in: Steuerstrafrecht, 1983, 99].

Sarstedt, Werner: Wandlungen des Strafrechts, in: Glanzmann, Roderich (Hrsg.), Ehrengabe für Bruno Heusinger, gewidmet v. Mitgliedern des Bundesgerichtshofes, der Bundesanwaltschaft u. der Rechtsanwaltschaft beim Bundesgerichtshof, 1968, S. 341–354 [Zitiert: *Sarstedt*, FS-Heusinger 1968, 341].

Sartwell, Crispin: Knowledge Is Merely True Belief, American Philosophical Quarterly, Vol. 28 No. 2, 1991, S. 157–165 [Zitiert: *Sartwell*, APQ, 28.2, 1991, 157].

Satzger, Helmut: Die Europäisierung des Strafrechts. Eine Untersuchung zum Einfluß des Europäischen Gemeinschaftsrechts auf das deutsche Strafrecht, 2001, Köln/Berlin/Bonn/München [Zitiert: *Satzger*, Europäisierung, 2001].

Satzger, Helmut: „Schwarze Kassen" zwischen Untreue und Korruption – Eine Besprechung des Urteils BGH – 2 StR 587/07 (Siemens-Entscheidung) –, Neue Zeitschrift für Strafrecht 2009, S. 297–306 [Zitiert: *Satzger*, NStZ 2009, 297].

Satzger, Helmut: Die Zukunft des Allgemeinen Teils des Strafrechts vor dem Hintergrund der zunehmenden Europäisierung des Strafrechts, Zeitschrift für Internationale Strafrechtsdogmatik 2016, S. 771–776 [Zitiert: *Satzger*, ZIS 2016, 771].

Satzger, Helmut: Internationales und Europäisches Strafrecht, 10. Auflage 2022, Baden-Baden [Zitiert: *Satzger*, Internationales und Europäisches Strafrecht, 2022].

Satzger, Helmut/*Schluckebier*, Wilhelm/*Werner*, Raik (Hrsg.): Strafgesetzbuch. Kommentar, 6. Auflage 2024, Köln [Zitiert: *Bearbeiter*, in: S/S/W, StGB, 2024].

Sauer, Wilhelm: Tatbestand, Unrecht, Irrtum und Beweis. Zur Strafrechtsreform, Zeitschrift für die gesamte Strafrechtswissenschaft Band 69 (1957), S. 1–13 [Zitiert: *Sauer*, ZStW 69 (1957), 1].

Sax, Walter: Zum logischen und sachlichen Gehalt des sog. „Umkehrschlusses aus § 59 StGB", JuristenZeitung 1964, S. 241–245 [Zitiert: *Sax*, JZ 1964, 241].

Sax, Walter: „Tatbestand" und Rechtsgutsverletzung. Überlegungen zur Neubestimmung von Gehalt und Funktion des „gesetzlichen Tatbestandes" und des „Unrechtstatbestandes", JuristenZeitung 1976, S. 9–16, 80–85 und 429–439 [Zitiert: *Sax*, JZ 1976, 9].

Schewe, Günter: Bewußtsein und Vorsatz, 1967, München [Zitiert: *Schewe*, Bewußtsein, 1967].

Schick, Stefan: Demokratie oder Rechtsgüterschutz – Was legitimiert das Strafrecht?, Goltdammer's Archiv für Strafrecht 2020, S. 14–31 [Zitiert: *Schick*, GA 2020, 14].

Schiefelbein, Mirko Christian: Schuld. Kategorie, Kompetenz und Prinzip, Dissertation Jena 2010 [Zitiert: *Schiefelbein*, Schuld, 2010].

Schladitz, Pepe: Normtheoretische Grundlagen der Lehre von der objektiven Zurechnung, 2021, Tübingen [Zitiert: *Schladitz*, Objektive Zurechnung, 2021].

Schladitz, Pepe: Abstraktes Gefahrbewusstsein und die Vorstellung von der konkreten Möglichkeit der Tatbestandsvollendung: Begriffliche Klarstellungen zum Vorsatz – Zugleich ein Beitrag zum Verhältnis von Gefährdungs- und Verletzungsvorsatz, Zeitschrift für die gesamte Strafrechtswissenschaft Band 134 (2022), S. 97–148 [Zitiert: *Schladitz*, ZStW 134 (2022), 97].

Schlösser, Jan: Der Schaden der Siemens-Entscheidung. Zum Begriff des endgültigen Schadens bei der Untreue durch Führung verdeckter Kassen im Bereich privater Unternehmungen – Zugleich Besprechung von BGH, Urteil vom 29. August 2008 – 2 StR 587/07 (BGH

HRRS 2008 Nr. 1100), Onlinezeitschrift für höchstrichterliche Rechtsprechung im Strafrecht 2009, S. 19–28 [Zitiert: *Schlösser*, HRRS 2009, 19].

Schlüchter, Ellen: Irrtum über normative Tatbestandsmerkmale im Strafrecht, 1983, Tübingen [Zitiert: *Schlüchter*, Normative Tatbestandsmerkmale, 1983].

Schlüchter, Ellen: Zur Irrtumslehre im Steuerstrafrecht, Zeitschrift für Wirtschafts- und Steuerstrafrecht 1985, S. 43–51 und 94–97 [Zitiert: *Schlüchter*, wistra 1985, 43].

Schmidhäuser, Eberhard: Zum Begriff des bedingten Vorsatzes in der neuesten Rechtsprechung des BGH und in § 16 Komm. Entw. StGB Allg. Teil 1955, Goltdammer's Archiv für Strafrecht 1958, S. 161–181 [Zitiert: *Schmidhäuser*, GA 1958, 161].

Schmidhäuser, Eberhard: Über Aktualität und Potentialität des Unrechtsbewußtseins, in: Geerds, Friedrich/Naucke, Wolfgang (Hrsg.), Beiträge zur gesamten Strafrechtswissenschaft. Festschrift für Hellmuth Mayer zum 70. Geburtstag am 1. Mai 1965, 1966, S. 317–338 [Zitiert: *Schmidhäuser*, FS-Mayer 1966, 317].

Schmidhäuser, Eberhard: Unrechtsbewußtsein und Schuldgrundsatz. Schwerpunkte der BGH-Rechtsprechung auf dem Gebiet des Strafrechts, Neue Juristische Wochenschrift 1975, S. 1807–1813 [Zitiert: *Schmidhäuser*, NJW 1975, 1807].

Schmidhäuser, Eberhard: „Objektiver" und „subjektiver" Tatbestand: Eine verfehlte Unterscheidung, in: Walder, Hans (Hrsg.), Lebendiges Strafrecht. Festgabe zum 65. Geburtstag von Hans Schultz, 1977, S. 61–71 [Zitiert: *Schmidhäuser*, FS-Schultz 1977, 61].

Schmidhäuser, Eberhard: Der Verbotsirrtum und das Strafgesetz (§ 16 I Satz 1 und § 17 StGB). Zugleich zum Beschluß des Bundesverfassungsgerichts vom 17. 12. 1975 über die Verfassungsmäßigkeit des § 17 StGB: JZ 1976, 91, BVerfGE 41, 121, JuristenZeitung 1979, S. 361–369 [Zitiert: *Schmidhäuser*, JZ 1979, 361].

Schmidhäuser, Eberhard: Strafrecht Allgemeiner Teil. Studienbuch, 2. Auflage 1984, Tübingen [Zitiert: *Schmidhäuser*, Strafrecht AT, 1984].

Schmidt-Aßmann, Eberhard: Verwaltungslegitimation als Rechtsbegriff, Archiv des öffentlichen Rechts 1991, S. 329–390 [Zitiert: *Schmidt-Aßmann*, AöR 1991, 329].

Schmidt-Leichner, Erich: Unrechtsbewußtsein und Irrtum in ihrer Bedeutung für den Vorsatz im Strafrecht, 1935, Breslau-Neukirch [Zitiert: *Schmidt-Leichner*, Unrechtsbewußtsein, 1935].

Schmidt-Leichner, Erich: Zur Problematik des Parteiverrats. Zugleich eine Besprechung der Entscheidung des BGH v. 20. 11. 1952, Neue Juristische Wochenschrift 1953, S. 404–407 [Zitiert: *Schmidt-Leichner*, NJW 1953, 404].

Schmitz, Roland: Die Abgrenzung von strafbarem Versuchen und Wahndelikt, Juristische Ausbildung 2003, S. 593–602 [Zitiert: *Schmitz*, JURA 2003, 593].

Schneider, Maximilian: Untreuestrafbarkeit des Wohnungseigentumsverwalters zu Lasten der Gemeinschaft nach neuem Recht, insbesondere unter Berücksichtigung des neuen § 27 WEG, Zeitschrift für Wohnungseigentumsrecht 2021, S. 253–261 [Zitiert: *Schneider*, ZWE 2021, 253].

Schoch, Friedrich: Fälle im Ordnungsrecht, Juristische Schulung 1994, S. 570–575 [Zitiert: *Schoch*, JuS 1994, 570].

Scholz, Philipp/*Weiß*, Christian: Grundlegende Missverständnisse um den kapitalmarktrechtlichen Vorsatzbegriff, Zeitschrift für Bank- und Kapitalmarktrecht 2013, S. 324–326 [Zitiert: *Scholz/Weiß*, BKR 2013, 324].

Schönke, Adolf (Begr.)/*Schröder*, Horst (Fortf.)/*Eisele*, Jörg (Hrsg.): Tübinger Kommentar Strafgesetzbuch, 31. Auflage 2025, 17. Auflage 1974, München [Zitiert: *Bearbeiter*, in: TK-StGB, 2025 bzw. Schönke/Schröder, StGB, 1974].

Schott, Albert: Zufälliger Erfolg als Strafschärfung, 1895, Göttingen [Zitiert: *Schott*, Zufälliger Erfolg, 1895].

Schreiber, Hans-Ludwig: Gesetz und Richter. Zur geschichtlichen Entwicklung des Satzes nullum crimen, nulla poena sine lege, 1976, Frankfurt am Main [Zitiert: *Schreiber*, Gesetz und Richter, 1976].

Schreiber, Wolfgang: Bundeswahlgesetz: BWahlG. Kommentar, 12. Auflage 2025, Köln [Zitiert: *Bearbeiter*, in: Schreiber, BWahlG, 2025].

Schröder, Horst: Die Irrtumsrechtsprechung des BGH, Zeitschrift für die gesamte Strafrechtswissenschaft Band 65 (1953), S. 178–209 [Zitiert: *H. Schröder*, ZStW 65 (1953), 178].

Schröder, Horst: Rechtswidrigkeit und Irrtum bei Zueignungs- und Bereicherungsabsicht, Deutsche Richterzeitung 1956, S. 69–72 [Zitiert: *H. Schröder*, DRiZ 1956, 69].

Schröder, Ulrich: Das Demokratieprinzip des Grundgesetzes, Juristische Arbeitsblätter 2017, S. 809–818 [Zitiert: *U. Schröder*, JA 2017, 809].

Schroth, Ulrich: Vorsatz und Irrtum, 1998, München [Zitiert: *Schroth*, Vorsatz und Irrtum, 1998].

Schubert, Werner: Die Quellen zum Strafgesetzbuch von 1870/71. Zugleich ein Beitrag zur Entstehung der Bestimmungen über den Irrtum, den Versuch, die Teilnahme und die Notwehr, Goltdammer's Archiv für Strafrecht 1982, S. 191–218 [Zitiert: *Schubert*, GA 1982, 191].

Schuhr, Jan C.: Die Nachfahren der culpa im Wirtschaftsstrafrecht, Zeitschrift für die gesamte Strafrechtswissenschaft Band 131 (2019), S. 985–1008 [Zitiert: *Schuhr*, ZStW 131 (2019), 985].

Schülke, Annika/*Schuster*, Luisa: Der ahnungslose Arbeitgeber-Fall, Der Fall des Monats im Strafrecht 01/2019, S. 1–6 [Zitiert: *Schülke/Schuster*, famos 01/2019, 1].

Schulz, Joachim: Parallelwertung in der Laiensphäre und Vorsatzbegriff. Skizzen zur Dogmengeschichte eines dogmatischen Kuriosums, in: Schulz, Joachim/Vormbaum, Thomas (Hrsg.), Festschrift für Günter Bemmann zum 70. Geburtstag am 15. Dezember 1997, 1997, S. 246–258 [Zitiert: *Schulz*, FS-Bemmann 1997, 246].

Schumann, Heribert, Anmerkung zu BGH, Beschluss v. 14. 8. 1986 – 4 StR 400/86, Juristen-Zeitung 1987, S. 523–526 [Zitiert: *Schumann*, JZ 1987, 523].

Schünemann, Bernd: Nulla poena sine lege? Rechtstheoretische und verfassungsrechtliche Implikationen der Rechtsgewinnung im Strafrecht, 1978, Berlin/New York [Zitiert: *B. Schünemann*, Nulla poena, 1978].

Schünemann, Bernd: Die deutschsprachige Strafrechtswissenschaft nach der Strafrechtsreform im Spiegel des Leipziger Kommentars und des Wiener Kommentars. 1. Teil: Tatbestands- und Unrechtslehre, Goltdammer's Archiv für Strafrecht 1985, S. 341–380 [Zitiert: *B. Schünemann*, GA 1985, 341].

Schünemann, Bernd: Die deutschsprachige Strafrechtswissenschaft nach der Strafrechtsreform im Spiegel des Leipziger Kommentars und des Wiener Kommentars. 2. Teil: Schuld und Kriminalpolitik, Goltdammer's Archiv für Strafrecht 1986, S. 293–352 [Zitiert: *B. Schünemann*, GA 1986, 293].

Schünemann, Hans-Wilhelm: Verbotsirrtum und faktische Verbotskenntnis, Neue Juristische Wochenschrift 1980, S. 735–743 [Zitiert: *H.-W. Schünemann*, NJW 1980, 735].

Schurz, Gerhard: Erkenntnistheorie. Eine Einführung, 2021, Berlin [Zitiert: *Schurz*, Erkenntnistheorie, 2021].

Schuster, Frank Peter: Das Verhältnis von Strafnormen und Bezugsnormen aus anderen Rechtsgebieten. Eine Untersuchung zum Allgemeinen Teil im Wirtschafts- und Steuerstrafrecht, 2012, Berlin [Zitiert: *Schuster*, Strafnormen, 2012].

Sieckmann, Jan-Reinard: Semantischer Normbegriff und Normbegründung, Archiv für Rechts- und Sozialphilosophie, 1994, Vol. 80 No. 2, S. 227–245 [Zitiert: *Sieckmann*, ARS 1994, 227].

Simon, Eric: Gesetzesauslegung im Strafrecht. Eine Analyse der höchstrichterlichen Rechtsprechung, 2005, Berlin [Zitiert: *Simon*, Gesetzesauslegung im Strafrecht, 2005].

Spendel, Günter: Der sogenannte Umkehrschluß aus § 59 StGB nach der subjektiven Versuchstheorie. Eine logisch-juristische Studie, Zeitschrift für die gesamte Strafrechtswissenschaft Band 69 (1957), S. 441–458 [Zitiert: *Spendel*, ZStW 69 (1957), 441].

Spendel, Günter: Kritik an der subjektiven Versuchstheorie, Neue Juristische Wochenschrift 1965, S. 1881–1888 [Zitiert: *Spendel*, NJW 1965, 1881].

Spendel, Günter: Zum Begriff des Vorsatzes, in: Küper, Winfried/Puppe, Ingeborg/Tenckhoff, Jörg, Festschrift für Karl Lackner zum 70. Geburtstag am 18. Februar 1987, 1987, S. 167–183 [Zitiert: *Spendel*, FS-Lackner 1987, 167].

Stam, Fabian: Das (un-)vermeidbare Fehlen der Einsicht, Unrecht zu tun (§ 17 StGB) – Analyse der obergerichtlichen Rechtsprechung seit 1952, Goltdammer's Archiv für Strafrecht 2019, S. 338–356 [Zitiert: *Stam*, GA 2019, 338].

Steinberg, Georg: Indizwert einer höchst lebensgefährlichen Tathandlung für den Tötungsvorsatz, JuristenZeitung 2010, S. 712–718 [Zitiert: *Steinberg*, JZ 2010, 712].

Stern, Klaus/*Sodan*, Helge/*Möstl*, Markus (Hrsg.): Das Staatsrecht der Bundesrepublik Deutschland im europäischen Staatenverbund, Band 1, 2. Auflage 2022, München [Zitiert: *Bearbeiter*, in: Stern/Sodan/Möstl, Staatsrecht, 2022].

Sternberg-Lieben, Detlev/*Sternberg-Lieben*, Irene: Der Tatumstandsirrtum (§ 16 I 1 StGB), Juristische Schulung 2012, S. 289–297 [Zitiert: *Sternberg-Lieben/Sternberg-Lieben*, JuS 2012, 289].

Sternberg-Lieben, Detlev/*Sternberg-Lieben*, Irene: Vorsatz im Strafrecht, Juristische Schulung 2012, S. 884–888 sowie 976–980 [Zitiert: *Sternberg-Lieben/Sternberg-Lieben*, JuS 2012, 884].

Stratenwerth, Günter: Dolus eventualis und bewußte Fahrlässigkeit, Zeitschrift für die gesamte Strafrechtswissenschaft Band 71 (1959), S. 51–71 [Zitiert: *Stratenwerth*, ZStW 71 (1959), 51].

Streinz, Rudolf (Hrsg.): EUV/AEUV. Vertrag über die Europäische Union. Vertrag über die Arbeitsweise der Europäischen Union. Charta der Grundrechte der Europäischen Union, 3. Auflage 2018, München [Zitiert: *Bearbeiter*, in: Streinz, EUV/AEUV, 2018].

Streng, Franz: Das „Wahndelikt" – ein Wahn? Überlegungen zum umgekehrten Irrtum über normative Tatbestandsmerkmale, Goltdammer's Archiv für Strafrecht 2009, S. 529–540 [Zitiert: *Streng*, GA 2009, 529].

Streng, Franz: Der Erlaubnistatbestandsirrtum und die Teilnahmefrage – Elemente einer Akzessorietätslösung –, in: Stuckenberg, Carl-Friedrich/Gärditz, Klaus Ferdinand (Hrsg.), Strafe und Prozess im freiheitlichen Rechtsstaat. Festschrift für Hans-Ullrich Paeffgen zum 70. Geburtstag am 2. Juli 2015, 2015, S. 231–245 [Zitiert: *Streng*, FS-Paeffgen 2015, 231].

Strohkendl, Dominik: Das Strafgesetzbuch für die Preußischen Staaten vom 14. April 1851. Entscheidungsgeschichte und Inhalt im Lichte weiterer deutscher Strafgesetzbücher des 19. Jahrhunderts, 2019, Berlin [Zitiert: *Strohkendl*, Strafgesetzbuch für die Preußischen Staaten, 2019].

Struensee, Eberhard: Versuch und Vorsatz, in: Dornseifer, Gerhard u. a. (Hrsg.), Gedächtnisschrift für Armin Kaufmann, 1989, S. 523–539 [Zitiert: *Struensee*, GS-Armin Kaufmann 1989, 523].

Stuckenberg, Carl-Friedrich: Erwiderung. Zum Streit um die echte Wahlfeststellung. Zu Freund/Rostalski JZ 2015, 164–170, JuristenZeitung 2015, S. 714–716 [Zitiert: *Stuckenberg*, JZ 2015, 714].

Sykes, Gresham M./*Matza*, David: Techniques of Neutralization: A Theory of Delinquency, American Sociological Review, Vol. 22, No. 6, 1957, S. 664–670 [Zitiert: *Sykes/Matza*, ASR Vol. 22 (1957), 664].

Theile, Hans: Arbeitgebervorsatz (§ 266a StGB) und der Fiktionstatbestand des § 10 AÜG, Neue Zeitschrift für Wirtschafts-, Steuer- und Unternehmensstrafrecht 2022, S. 311–317 [Zitiert: *Theile*, NZWiSt 2022, 311].

Thomas, Karl: Die Steueranspruchstheorie und der Tatbestandsirrtum im Steuerstrafrecht, Neue Zeitschrift für Strafrecht 1987, S. 260–264 [Zitiert: *Thomas*, NStZ 1987, 260].

Tiedemann, Klaus: Tatbestandsfunktionen im Nebenstrafrecht. Untersuchungen zu einem rechtsstaatlichen Tatbestandsbegriff, entwickelt am Problem des Wirtschaftsstrafrechts, 1969, Tübingen [Zitiert: *Tiedemann*, Tatbestandsfunktionen, 1969].

Tiedemann, Klaus: Der Allgemeine Teil des europäischen supranationalen Strafrechts, in: Herrmann, Joachim u. a. (Hrsg.), Festschrift für Hans-Heinrich Jescheck zum 70. Geburtstag, 1985, S. 1411–1440 [Zitiert: *Tiedemann*, FS-Jescheck 1985, 1411].

Tiedemann, Klaus: Zum Stand der Irrtumslehre, insbesondere im Wirtschafts- und Nebenstrafrecht, in: Schlüchter, Ellen (Hrsg.), Kriminalistik und Strafrecht: Festschrift für Friedrich Geerds zum 70. Geburtstag, 1995, S. 95–111 [Zitiert: *Tiedemann*, FS-Geerds 1995, 95].

Timmermann, Oliver: Die Änderung der BGH-Rechtsprechung zu § 266a StGB als Symptom und die Bedeutung für die Compliance, Zeitschrift für Vertriebsrecht 2023, S. 26–34 [Zitiert: *Timmermann*, ZVertriebsR 2023, 26].

Timpe, Gerhard: Untauglicher Versuch und Wahndelikt, Zeitschrift für die gesamte Strafrechtswissenschaft Band 125 (2013), S. 755–787 [Zitiert: *Timpe*, ZStW 125 (2013), 755].

Tischler, Werner Georg: Verbotsirrtum und Irrtum über normative Tatbestandsmerkmale. Dogmengeschichte eines Abgrenzungsproblems, 1984, Berlin [Zitiert: *Tischler*, Verbotsirrtum, 1984].

Toepel, Friedrich: Zur Abgrenzung von untauglichem Versuch und Wahndelikt, Zeitschrift für Internationale Strafrechtsdogmatik 2017, S. 606–611 [Zitiert: *Toepel*, ZIS 2017, 606].

Towfigh, Emanuel Vahid: Komplexität und Normenklarheit – oder: Gesetz sind für Juristen gemacht, Der Staat Band 48 (2009), S. 29–73 [Zitiert: *Towfigh*, Der Staat 48 (2009), 29].

Traub, Fritz: Die umgekehrte „Parallelwertung in der Laiensphäre" – Wahndelikt oder untauglicher Versuch? – BGHSt 13, 235, Juristische Schulung 1967, S. 113–117 [Zitiert: *Traub*, JuS 1967, 113].

Troemer, Emily: Die Lehre vom Irrtum in den Entwürfen zu einem deutschen Strafgesetzbuch, 1926, Jena [Zitiert: *Troemer*, Die Lehre vom Irrtum, 1926].

Tsoumanis, Nikolaos: Bestimmtheit und Normativität im Strafrecht. Eine bedeutungstheoretische Untersuchung, 2022, Baden-Baden [Zitiert: *Tsoumanis*, Bestimmtheit, 2022].

Turri, John: Is Knowledge justified true belief?, Synthese, Vol. 184, No. 3 (2012), S. 247–259 [Zitiert: *Turri*, Synthese 2012, 247].

Valerius, Brian: Das globale Unrechtsbewusstsein. Oder: Zum Gewissen im Internet, Neue Zeitschrift für Strafrecht 2003, S. 341–346 [Zitiert: *Valerius*, NStZ 2003, 341].

Valerius, Brian: Die Berücksichtigung kultureller Wertvorstellungen im Strafrecht, Juristische Arbeitsblätter 2010, S. 481–486 [Zitiert: *Valerius*, JA 2010, 481].

Voesch, Gesine: Gleichheit und Verhältnismäßigkeit. Eine prinzipientheoretische Analyse des allgemeinen Gleichheitssatzes, 2023, Baden-Baden [Zitiert: *Voesch*, Gleichheit und Verhältnismäßigkeit, 2023].

Vogel, Hans-Jochen: Gewaltenvermischung statt Gewaltenteilung?, Neue Juristische Wochenschrift 1996, S. 1505–1511 [Zitiert: *Vogel*, NJW 1996, 1505].

Volk, Klaus: Spenden – Steuern – Strafrecht, Deutsche Steuer-Zeitung 1983, S. 223–230 [Zitiert: *Volk*, DStZ 1983, 223].

Voßkuhle, Andreas/*Flaig*, Jonathan: Demokratie und Grundgesetz, Juristische Schulung 2024, S. 617–627 [Zitiert: *Voßkuhle/Flaig*, JuS 2024, 617].

Voßkuhle, Andreas/*Schemmel*, Jakob: Grundwissen – Öffentliches Recht: Die Verfassungsgerichtsbarkeit, Juristische Schulung 2021, S. 1137–1140 [Zitiert: *Voßkuhle/Schemmel*, JuS 2021, 1137.

Wahl, Rainer: Der Vorrang der Verfassung, Der Staat Band 20 (1981), S. 485–516 [Zitiert: *Wahl*, Der Staat 20 (1981), 485].

Walter, Tonio: Der Kern des Strafrechts. Die allgemeine Lehre vom Verbrechen und die Lehre vom Irrtum, 2006, Tübingen [Zitiert: *Walter*, Kern, 2006].

Walter, Tonio: Der vermeintliche Tötungsvorsatz von „Rasern", Neue Juristische Wochenschrift 2017, S. 1350–1353 [Zitiert: *Walter*, NJW 2017, 1350].

Warda, Heinz-Günter: Die Abgrenzung von Tatbestands- und Verbotsirrtum bei Blankettstrafgesetzen, 1955, Berlin [Zitiert: *Warda*, Blankettstrafgesetze, 1955].

Warda, Heinz-Günter: Zur gesetzlichen Regelung des vermeidbaren Verbotsirrtums. Zugleich einige verfassungsrechtliche Bemerkungen zum richterlichen Ermessen als Gesetzgebungsproblem, Zeitschrift für die gesamte Strafrechtswissenschaft Band 71 (1959), S. 252–280 [Zitiert: *Warda*, ZStW 71 (1959), 252].

Warda, Heinz-Günter: Schuld und Strafe beim Handeln mit bedingtem Unrechtsbewußtsein, in: Stratenwerth, Günther u. a. (Hrsg.), Festschrift für Hans Welzel zum 70. Geburtstag am 25. März 1974, 1974, S. 499–532 [Zitiert: *Warda*, FS-Welzel 1974, 499].

Warda, Heinz-Günter: Grundzüge der strafrechtlichen Irrtumslehre, Juristische Ausbildung 1979, S. 1–5 [Zitiert: *Warda*, JURA 1979, 1].

Weber, Klaus/*Kornprobst*, Hans/*Maier*, Stefan/*Dietsch*, Antje (Hrsg.): Betäubungsmittelgesetz. Arzneimittelgesetz. Anti-Doping-Gesetz. Neue-psychoaktive-Stoffe-Gesetz, 7. Auflage 2025, München [Zitiert: *Bearbeiter*, in: Weber/Kornprobst/Maier/Dietsch, BtMG, 2025].

Weber, Ulrich: Anmerkung zu BGH, Urt. v. 11.11.1960 – 4 StR 402/60, Monatsschrift für Deutsches Recht 1961, S. 426–427 [Zitiert: *Weber*, MDR 1961, 426].

Wedler, Simone: Der Rechtsirrtum im Steuerstrafrecht – zugleich Anmerkung zu AG Köln, Urt. v. 10.1.2013 – 585 Ds 124/12, Neue Zeitschrift für Wirtschafts-, Steuer- und Unternehmensstrafrecht 2015, S. 99–102 [Zitiert: *Wedler*, NZWiSt 2015, 99].

Weidemann, Jürgen: Der Irrtum über die Steuerrechtslage, in: Hörnle, Tatjana u. a. (Hrsg.), Strafrecht zwischen System und Telos. Festschrift für Rolf Dietrich Herzberg zum siebzigsten Geburtstag am 14. Februar 2008, 2008, S. 299–307 [Zitiert: *Weidemann*, FS-Herzberg 2008, 299].

Weigend, Thomas/*Wasser*, Lena: Warum sind untaugliche Versuche strafbar?, Juristische Arbeitsblätter 2021, S. 793–799 [Zitiert: *Weigend/Wasser*, JA 2021, 793].

Weinberg, Hans: Der Verbotsirrtum, 1928, Band 2, Bonn [Zitiert: *Weinberg*, Verbotsirrtum, 1928].

Weiz, Gerhart: Die Arten des Irrtums. Ein Beitrag zur allgemeinen Strafrechtslehre, 1931, Breslau [Zitiert: *Weiz*, Arten des Irrtums, 1931].

Welke, Wanja A.: „Handeln im Unrechtszweifel und Verbotsirrtum" – diskutiert anhand der Frage der Strafbarkeit des Handelns mit sogenannten E-Zigaretten, Neue Zeitschrift für Wirtschafts-, Steuer- und Unternehmensstrafrecht 2014, S. 339–344 [Zitiert: *Welke*, NZWiSt 2014, 339].

Welzel, Hans: Kausalität und Handlung, Zeitschrift für die gesamte Strafrechtswissenschaft Band 51 (1931), S. 703–720 [Zitiert: *Welzel*, ZStW 51 (1931), 703].

Welzel, Hans: Über Wertungen im Strafrecht. Eine prinzipielle Bemerkung zur sog. emotional-normativen Logik, Der Gerichtssaal Band 103 (1933), S. 340–347 [Zitiert: *Welzel*, GerS 103 (1933), 340].

Welzel, Hans: Studien zum System des Strafrechts, Zeitschrift für die gesamte Strafrechtswissenschaft Band 58 (1939), S. 491–566 [Zitiert: *Welzel*, ZStW 58 (1939), 491].

Welzel, Hans: Persönlichkeit und Schuld, Zeitschrift für die gesamte Strafrechtswissenschaft Band 60 (1941), S. 428–474 [Zitiert: *Welzel*, ZStW 60 (1941), 428].

Welzel, Hans: Nochmals der Verbotsirrtum, Neue Juristische Wochenschrift 1951, S. 577–579 [Zitiert: *Welzel*, NJW 1951, 577].

Welzel, Hans: Anmerkung zu BGH, Beschl. v. 18.3.1952 – GSSt 2/51, JuristenZeitung 1952, S. 340–344 [Zitiert: *Welzel*, JZ 1952, 340].

Welzel, Hans: Anmerkung zu BGH, Urt. v. 1.7.1952 – 1 StR 119/52, JuristenZeitung 1952, S. 596–599 [Zitiert: *Welzel*, JZ 1952, 596].

Welzel, Hans: Anmerkung zu BGH, Urt. v. 28.10.1952 – 1 StR 450/52, JuristenZeitung 1953, S. 119–121 [Zitiert: *Welzel*, JZ 1953, 119].

Welzel, Hans: Irrtumsfragen im Steuerstrafrecht, Neue Juristische Wochenschrift 1953, S. 486–488 [Zit.: Welzel, NJW 1953, 486].

Welzel, Hans: Der Parteiverrat und die Irrtumsprobleme (Tatbestands-, Verbots- und Subsumtionsirrtum), JuristenZeitung 1954, S. 276–280 [Zitiert: *Welzel*, JZ 1954, 276].

Welzel, Hans: Die Regelung von Vorsatz und Irrtum im Strafrecht als legislatorisches Problem, Zeitschrift für die gesamte Strafrechtswissenschaft Band 67 (1955), S. 196–228 [Zitiert: *Welzel*, ZStW 67 (1955), 196].

Welzel, Hans: Der Verbotsirrtum im Nebenstrafrecht, JuristenZeitung 1956, S. 238–241 [Zitiert: *Welzel*, JZ 1956, 238].

Werner, Stefan: Die ökonomische Analyse des Rechts im Strafrecht. Eine modernistische Variante generalpräventiver Tendenzen?, Kritische Vierteljahresschrift für Gesetzgebung und Rechtswissenschaft 1992, S. 433–451 [Zitiert: *Werner*, KritV 1992, 433].

Wikström, Per-Olof H.: Why crime happens: A situational action theory, in: Manzo, Gianluca (Hrsg.), Analytical Sociology. Actions and Networks, 2014, Chichester, S. 74–94 [Zitiert: *Wikström*, in: Analytical Sociology, 2014, 74].

Wissmann, Philipp: Der Irrtum im Urheberstrafrecht. Ein Konzeptioneller Beitrag zur strafrechtlichen Irrtumslehre und deren Übertragung auf die §§ 106 UrhG unter besonderer Berücksichtigung neuer Medien, 2017, Berlin [Zitiert: *Wissmann*, Urheberstrafrecht, 2017].

Wolf, Christoph: Doppelirrtümer im Strafrecht. Zugleich eine Erwiderung auf Gropp, ZIS 2016, 601, Zeitschrift für Internationale Strafrechtsdogmatik 2019, S. 418–434 [Zitiert: *C. Wolf*, ZIS 2019, 418].

Wolf, Christoph: Error facti et error iuris. Die Vorsatzrelevanz des Rechtsirrtums, Tübingen [Zitiert: *C. Wolf*, Error, 2019].

Wolter, Jürgen: Schuldhafte Verletzung einer Erkundigungspflicht, Typisierung beim Vermeidbarkeitsurteil und qualifizierte Fahrlässigkeit beim Verbotsirrtum – OLG Celle, Neue Juristische Wochenschrift 1977, 1644, Juristische Schulung 1979, S. 482–488 [Zitiert: *J. Wolter*, JuS 1979, 482].

Wolter, Jürgen: Objektive und personale Zurechnung von Verhalten, Gefahr und Verletzung in einem funktionalen Straftatsystem, 1981, Berlin [Zitiert: *J. Wolter*, Zurechnung, 1981].

Wolter, Jürgen/*Hoyer*, Andreas (Hrsg.): Systematischer Kommentar zum Strafgesetzbuch, Band 1, 10. Auflage 2025, Band 3, 9. Auflage 2019, Köln [Zitiert: *Bearbeiter*, in: SK-StGB, [Jahr]].

Wolter, Ladislaus: Normative Tatbestandsmerkmale, Monatsschrift für Kriminalpsychologie und Strafrechtsreform Band 21 (1930), S. 455–468 [Zitiert: *L. Wolter*, MonKrimPsych 21 (1930), 455].

Zabel, Benno: Aktuelle Begründungs- und Anwendungsprobleme in der Dogmatik zu § 17 StGB, Goltdammer's Archiv für Strafrecht 2008, S. 33–55 [Zitiert: *Zabel*, GA 2008, 33].

Zaczyk, Rainer: Das Unrecht der versuchten Tat, 1989, Berlin [Zitiert: *Zaczyk*, versuchte Tat, 1989].

Zaczyk, Rainer: Der verschuldete Verbotsirrtum, Juristische Schulung 1990, S. 889–895 [Zitiert: *Zaczyk*, JuS 1990, 889].

Ziegert, Ulrich: Vorsatz, Schuld und Vorverschulden, 1987, Berlin [Zitiert: *Ziegert*, Vorsatz, 1987].

Zirpins, Walter: Wirtschaftskriminalität. Wesen und Gefährlichkeit der Wirtschaftsdelikte, Kriminalistik 1967, S. 576–579 [Zitiert: *Zirpins*, Kriminalistik 1967, 576].

Sachwortverzeichnis